宗教社会科学

Journal of Social Science of Religion

2008

第一辑

Volume I

中国社会科学出版社

图书在版编目（CIP）数据

宗教社会科学.2008.第1辑/方立天主编.—北京：
中国社会科学出版社，2008.12
ISBN 978-7-5004-7470-8

I.宗… II.方… III.宗教社会学－文集 IV.B920-53

中国版本图书馆 CIP 数据核字（2009）第 006403 号

责任编辑	冯春凤
责任校对	周　吴
封面设计	王　华
版式设计	王炳图

出版发行	中国社会科学出版社		
社　址	北京鼓楼西大街甲158号	邮　编	100720
电　话	010—84029450（邮购）		
网　址	http://www.csspw.cn		
经　销	新华书店		
印　刷	北京新魏印刷厂	装　订	广增装订厂
版　次	2008年12月第1版	印　次	2008年12月第1次印刷
开　本	710×980 1/16		
印　张	19	插　页	2
字　数	312千字		
定　价	35.00元		

凡购买中国社会科学出版社图书，如有质量问题请与本社发行部联系调换
版权所有　侵权必究

主　　编：方立天
执行主编：杨凤岗　　魏德东
主　　办：中国人民大学佛教与宗教学理论研究所
编　　委：方立天　　高师宁　　宫哲兵　　何其敏
　　　　　金　泽　　李向平　　刘　威　　瞿海源
　　　　　吴梓明　　魏德东　　杨凤岗　　张风雷
　　　　　赵星光

Editor Fang Litian
Executive Editor Yang Fenggang   Wei Dedong
Editorial Board Fang Litian   Gao Shining   Gong Zhebing   He Qimin
Jin Ze   Li Xiangping   Liu Wei   Qu Haiyuan   Wu Ziming
Wei Dedong   Yang Fenggang   Zhang Fenglei
Zhao Xingguang

目　录

发刊词 ……………………………………… 本刊编委会（1）
宗教社会学研究：方法与问题 …………………… 彼得·伯格（1）
科学地研究宗教？开玩笑吧！ …………………… 艾琳·巴克（13）
宗教社会性及其表达
　　——中国宗教社会学的基本理论问题 ………… 李向平（46）
宗教经济学导论 ………………………… 劳伦斯·艾纳孔（76）
赞美上帝，缴纳税收
　　——意大利的宗教经济 ………… 马西莫·英特罗维吉（116）
华人社会的宗教市场 ……………………… 约瑟夫·谭穆尼（129）
当代中国宗教红市的发展
　　——以生活禅夏令营为中心 …………………… 魏德东（160）
中国人的宗教皈依历程
　　——以山西佛教徒与基督教徒为中心 ………… 梁丽萍（181）
中国城乡基督教会的差异问题浅析
　　——以泰安市区青年路教会为个案 …………… 刘　贤（202）
南方某市基督徒伦理调查 ………………………… 杨凤岗（223）
台湾宗教社会学的发展 …………………………… 瞿海源（251）
中国宗教人类学研究综述 ………………… 于丽娜　胡晓娟（277）
推动中国宗教的实证研究
　　——"宗教社会科学"年会及中美欧暑期宗教学
　　　　高级研讨班介绍 ………………………… 魏德东（291）
稿约 ……………………………………………………（298）

Contents

Foreword ··· (1)
Sociology of Religion: Approaches and Issues ········· Peter L. Berger (1)
The Scientific Study of Religion? You Must
　Be Joking! ·· Eileen Barker (13)
The Sociality of Religion and its Expression ················ Li Xiangping (46)
Introduction to the Economics of Religion ··· Laurence R. Iannaccone (76)
"Praise God and Pay the Tax": Italian Religious
　Economy ··· Massimo Introvigne (116)
The Religious Market in Sinitic Societies ············ Joseph B. Tamney (129)
The Development of Religious Red Market in China:
　With Life Chan Summer Camp as an Example ········· Wei Dedong (160)
The Religious Conversion of Chinese ······················· Liang Liping (181)
A Study of Urban and Rural Churches in China ················ Liu Xian (202)
The Survey of Christian Ethics in a South City
　of China ·· Yang Fenggang (223)
The Development of Sociology of Religion In Taiwan ······ Qu Haiyuan (251)
An Overview of Anthropology of Religion
　in China ··· Yu Lina　Hu Xiaojuan (277)
Promoting the Empirical Study of Religion in China ······ Wei Dedong (291)
Notice To Contributors ·· (298)

发刊词

本刊编委会

　　宗教与时俱进，是影响现代历史的重要力量。从美国欧洲等传统发达国家，到亚洲新兴工业化地区，从东欧俄罗斯等前社会主义国家，到当代中国，宗教与现代化携手并进，不仅没有消亡，反而在对社会的适应与奉献中，不断发展，成为决定全球事务的基本元素。在世界范围内，传统宗教旧命维新，在现代化过程中焕发生机；新兴宗教生生不已，为社会有机体注入新的活力。

　　现代宗教的发展，深刻地影响了宗教研究的景观，促进了宗教社会科学的繁荣。所谓宗教社会科学，就是用社会科学的方法，对宗教现象及变迁所作的实证研究。在对宗教思想、历史作文本研究的同时，宗教社会科学强调对宗教现象的实地调查，重视定量研究与定性研究的结合，主张在把握经验事实的基础上，解释宗教的变迁与发展规律。宗教社会科学的分支学科包括宗教社会学、宗教人类学、宗教心理学、宗教经济学和宗教政治学等。

　　从国际学术界看，宗教社会科学是当代宗教研究最活跃的版块之一。在美国，相关的学会有科学研究宗教学会（Society for the Scientific Study of Religion）、宗教社会学学会（Association for the Sociology of Religion）和宗教研究学会（Religious Research Association），分别出版《科学研究宗教学刊》（Journal for the Scientific Study of Religion）、《宗教社会学》（Sociology of Religion）和《宗教研究评论》（Review of Religious Research）。在欧洲，重要的学术团体有国际宗教社会学会议（International Conference for the Sociology of Religion），出版物有法国的《宗教社会科学辑刊》（Archives de Sciences socials des Religions）、荷兰的《社会罗盘》（Social Compass）和英国的《当代宗教学刊》（Journal of Contemporary Religion）等。

这些学会和刊物，为宗教社会科学的进步提供了组织保证。

20世纪70年代末以来，中国大陆的宗教生活开始复兴，宗教研究也随之起步。经过几十年的努力，有关中国宗教的哲学、史学和文学研究取得了丰硕成果，用社会科学的方法，对宗教的实证研究则一直较为薄弱。这一状况，无论与宗教学理论的发展，还是社会的和谐进步，都是不相适应的。中国悠久的宗教历史及日益丰富的当代宗教生活，为宗教社会科学的开展提供了丰厚的土壤。格物致知，实事求是，科学地解释、把握中国的宗教及其与社会的关系，是宗教社会科学的使命所在。

近年来，中国人民大学佛教与宗教学理论研究所与海内外同仁一道，积极推动中国宗教的社会科学研究。自2004年起，主办了"宗教社会科学"年会和暑期研讨班，现在，又创办《宗教社会科学》学刊。我们衷心期待海内外同行齐心协力，共襄盛举，使宗教社会科学在汉语学界生根开花，产生无愧于中国宗教生活的理论成果。

宗教社会学研究：方法与问题

彼得·伯格（Peter L. Berger）[①]

提　要

　　传统的宗教世俗化理论已经不能经受经验的检验。现代化并不导致世俗化，现代化必然导致宗教的多元化，这是当今世界宗教的最重要特征，也是宗教社会学家最该关注的核心问题。对当代宗教社会学家来说，有8个方面的问题最为重要，构成了宗教社会科学未来的发展走向。

　　按照我的理解，你们希望我在这篇论文中论述两个主题。1. 评论当前宗教社会学的几种研究进路（approaches），并与我自己的研究进路进行比较；2. 对一些在我看来应该引起研究当代宗教的社会学家关注的重大经验问题进行综览和概述。方法论和理论的讨论是沉闷乏味的，而当下的经验世界无疑更令人兴奋。因此，我将简明扼要地论述第一部分，而将大部分篇幅留给第二部分。请允许我在这里引用歌德的一句名言："理论是灰色的，生活之树常青！"
　　很久以前，当我刚刚开始学术生涯时，宗教社会学还是一个非常边缘的研究领域，美国是这样，其他地方也不例外。这个领域得不到研究经费；从在学术市场上找工作的角度来看，从事宗教社会学研究也不是一个明智的选择，并且，任何一个对此感兴趣的人都会有被看做是不切实际的怪人的危险。近来，这种情况已经有所改观。原因很明显：在世界上很多

[①] 作者系波士顿大学文化、宗教与世界事务研究所所长。本文为作者于2008年5月29日在中国人民大学所作的演讲，孙晓舒译，黄剑波校。

地方，宗教逐渐浮出水面，已经成为一种十分显著而重要的社会现象，并且通常都会造成非常重大的政治影响。不用说，对于那些特别关注这些现象的社会学家来说，这是件好事。同时，对于宗教社会学这个学科也是一件好事，因为，归根结底，宗教社会学的目的是更好地理解世界事务的重大发展。

与20世纪50年代的结构功能主义或70年代新马克思主义等流派相比，今天的美国宗教社会学还没有发展出一个可以统摄、涵盖所有研究进路的理论框架。其他国家的情形也与此类似。现在，越来越多的学者投身于一些十分有趣的经验研究，但是他们还没有联合起来形成一个可以被称之为学派的东西。尽管如此，仍然有两个研究进路脱颖而出，跃入我们的眼帘。一是越来越多地使用复杂、高级的调查方法，通常被用于多个国家的横向比较分析。在这里要特别指出罗恩·英格哈特（Ron Inglehart）的贡献，还有皮尤研究中心（Pew Research Center）的大量学术产出。另一个受到广泛瞩目的研究进路则是理性行动者（rational-actor）概念在宗教领域的应用，这代表着经济学对其他社会科学的渗透。这一进路与罗德尼·斯达克（Rodney Stark）有着紧密的联系（尽管在最近的研究中，他似乎开始逐渐偏离这个进路）。对于这两个进路，我并没有具体的异议和微词，尽管它们各自都有局限。关于宗教的调查数据往往没有深度，并且容易把我们引入歧途，除非我们能够把它们和深入的定性研究放在一起进行对照和比较。例如，在跨国调查中，日本被认为是一个非常世俗的国家；但任何一个熟悉日本的人都知道这一调查结果有问题，并且会很自然地怀疑，这一错误结论是由对调查问卷的误解造成的。尽管如此，有一些调查结果还是非常有用的，比如皮尤研究中心通过调查灵恩派基督教（charismatic Christianity）的全球传播得出的结论。至于理性行动者进路，只有在多元主义确实孕育出了一个宗教市场，从而使得用经济学来分析市场行为具有某种启发作用的时候，这个视角才能给我们带来有价值的认识。然而，这一进路往往容易忽略宗教动机与众不同的特质。例如，一个引发自杀式爆炸的伊斯兰圣战主义者的动机，就不能够被想当然地解释为对成本/收益进行理性权衡的结果。

早在研究生学习期间，我自己的研究进路就同时受到了马克斯·韦伯和阿尔弗莱德·舒茨两位大师的研究视角的影响（虽然肯定不是在韦伯或舒茨的正统学说的意义上来说）。从根本上说，我的研究进路可以表述如下：宗教是人类行为和意识的一个特定领域，不能被化约为其他事物，比如说，认为宗教行为"实际上"是建立在非宗教利益的基础之上，如阶级、族群、精神压力以及诸如此类的东西。这样的观点恰恰就是韦伯曾经表达的意思，他说，社会学分析必须以理解（Verstehen）为目标——也就是，对社会行动者自身对其行动的说明进行解释性理解。换句话说，这一进路摒弃了还原论（reductionism），但同时也抛弃了将宗教理解为独立于其他社会力量的唯心论（idealism）。恰恰相反，在任何既定的经验境况中，宗教都与多种社会力量（经济、政治、文化）交织在一起，互相影响。不管是宗教，还是其他社会力量，都不能被臆断为是一种先验存在，任何因素都不能成为其他因素的终极起因。任何因素（不管是宗教，还是其他）的因果状态都是相对的，必须由经验实践来决定，不能在一开始就预先加以假定。宗教既是行为的一个客观维度，又是主观意识的一个组成部分。这意味着，在作为一门科学的社会学的领域里，宗教社会学必须被纳入知识社会学的范畴内进行考察（这就可以引入舒茨式的分析视角）。最后，作为一门经验科学，宗教社会学必须坚持"价值中立"——也就是说，研究者必须谨慎地和自己的神学或意识形态信仰保持距离。简单地说，理解不是去倡导某种宗教。

灰色的理论梳理已经足够了。现在让我们转向郁郁葱葱的生活之树吧。

我在前面已经指出，对宗教社会学的研究兴趣已经被重新点燃，这主要是受现实世界所发生的一些事情和变化的驱动。请允许我补充一点，同样重要，或许更为重要的，是那些没有发生的事情。那个没有发生的事情，就是世俗化，即宗教的衰退。在很长一段时间里，社会科学家、历史学家和宗教思想家（把他们放在最后，并不是说他们是最不重要的）都认为，现代性会毫不留情地降低宗教在人类生活中的重要性。在20世纪中叶的社会学界，这一看法被概括为世俗化理论（美其名曰理论，似乎有点夸张了），那些研究第三世界宗教进展的学者对这个理论尤其情有独钟。这个理论的学术渊源很深。它起源于启蒙哲学，也就是这样一种预设信念：现代理性终将取代所谓的宗教迷信。其鼎盛时期的标志，或许就是在法国大革命中，革命党人在巴黎马德莲大教堂（the Church of the Madeleine）举行登基仪式，隆重地为理性女神（the goddess of reason）加冕的那一刻。"社会学"一词的创造者奥古斯特·孔德坚信，这个新兴的学科

（社会学）将取代神学和哲学，成为科学的皇后。理性将取代宗教的启蒙观点也得到了马克思、尼采和弗洛伊德的支持和拥护（虽然他们各自侧重不同的方面）。同样，还有20世纪社会学之父——埃米尔·迪尔凯姆和马克斯·韦伯。前者是个无神论者，欣然接受所谓的进步和发展。而后者（最好把他定位成一位忧心忡忡的、对逝去的"入魅之花园"〔garden of enchantment〕念念不忘的不可知论者）只是在万不得已的情况才不得不选择屈从于这种进步和发展，尽管他对此已经没有半点热情。

  虽然这些前辈值得我们尊敬（在过去两百多年的学术发展史上，除了他们，我们还能找出其他值得我们不时回顾的社会学思想吗？），但是到了20世纪70年代，局势越来越明了，所谓的世俗化理论已经无法经受经验的考验了。它预测世人的宗教性越来越弱；实际上，只要我们环顾四周，就可以轻易发现，这个世界的宗教性越来越强了。一开始，我自己也在世俗化理论的框架里进行研究，之后慢慢地被迫放弃了。事实上，几乎每一个这一领域里的学者都跟我一样。但是，还是有少数几个学者仍在负隅顽抗——众所周知，已故的布莱恩·威尔森（Bryan Wilson）及其追随者斯蒂夫·布鲁斯（Steve Bruce）就是很好的例子。我非常尊敬他们二位（我应该加一句，我一直以来都很尊敬那些敢于公然挑战主流舆论的人），我们这个时代的宗教现象纷繁复杂，热闹得很，但是，他们把这个解释为宗教在世俗化必然胜利之前的一种苟延残喘，这在我看来不合情理，站不住脚。我们暂且称之为奄奄一息理论，它与欧洲中心的现代化观点密不可分：最终，至少在宗教领域，整个世界都将变成伦敦政治经济学院的公共休息室。除了应有的尊重，我对这个理论深表怀疑。

  因此，在我看来，现代性并不必然会导致世俗化。它可能会导致世俗化（我将在后面给出这方面的例子）。但这不是一种必然。理解这一点非常重要。现代性必然会导致的是多元化（pluralization）。弄清楚多元化这个现象的本质，以及它给这个世界带来的影响，才是当代宗教社会学必须关注的核心问题之一。

  在绝大部分历史时期（偶尔有一些例外），人类都生活在各种社区里，不管是在认知还是在规范层面，他们对现实世界的理解和认识都是高度一致的。多元化就是这种高度一致的共识逐渐动摇，最终土崩瓦解的过程。现代性为什么会导致这种结果，这个问题并不神秘。社会心理学已经告诉我们如何才能得到和维持一致性共识——只要让个体生活在这样的环境里，在其中，他们接触和交往的人绝大部分都拥护这种一致性共识。现代性的所有力量——城市化、人口迁移、旅游、大众教育、公众通讯工具——都会破坏、扰乱这样的环境。慢慢地，个体发现自己越来越多地在和持不同信仰和价值观的人打交道。这不可避免地会影响到他，让他自己的信仰和价值观相对化。在传统社会，某一个特定宗教以及某种世界观的其他要素，都是理所当然地被人们所接受。人们无法选择宗教，正如他不能选择自己的基因一样。一旦宗教多元性成为一种既定的事实，个体就不仅可以而且必须在各种可能性当中做出选择。并且，即使他选择保持或回到他一生下来就身处其中的宗教，那也将是一种选择，再也不是理所当然的。这样，从根本上说，任何形式的新传统主义（neo-traditionalism）都不同于真正的传统，即使在表面上两者似乎都遵循着同样的信仰和价值观。

  现在，很明显，如果一个社会的法律保护宗教自由，宗教多元性就会被强化。但是，即使政府当局试图去阻止这种多元化，它也会悄然渗透进来——除非政府能够成功地阻止前面提到过的所有现代性力量。要做到这一点，同时又不拦腰切断现代性本身是非常困难的。西方世界最近一次这样的试验发生在佛朗哥统治时期的西班牙。国民革命（the Nationalist Revolution）的目的是重建一个"整合的"西班牙，其中又包括将罗马天主教教会恢复为唯一的合法宗教。在高压统治下，这个目标在起初几年成功了。当政权向市场经济转变时，高压政策就开始瓦解了（吊诡的是，这个过程是在天主教极端保守主义势力天主事工会[Opus Dei]的影响之下进行的），随之而来的，是与外界日益频繁的互动。当政权打开了对外的窗户，各种各样的多元化力量，特别是来自比利牛斯山以北的欧洲国家的影响，开始蜂拥而至。当政权最终为民主让道，宗教自由得到保证之后，这些力量便以不可阻挡之势蜂拥而来。由于受文化的影响，今天大多数西班牙人都还是天主教徒，至少在名义上是这样，但是天主教已经完全失去了昔日的辉煌，不再被认为是想当然的了。我认为，即使西班牙在威权政体的支持下进行现代化，这样的情形也会发生：无论在何种政治设置的统治之下，现代性本身都会导致宗教多元化。

  一旦明白了这一点，我们就能够理解现代世界与众不同的独特辩证，即相对主义与原教旨主义之间的辩证。多元主义必然会造成相对化；一旦相对化作为一种巨大的进步被接受，其结果便是，相对主义成了一种世界观。这种情况的实际发生过程很微妙,其复杂程度各不相同,但它有一个核心观点:既然宗教问题不存在必然之事,选择某种宗教就和选择其他宗教一样,没有好坏之分。真理这个概念变得难以企及,甚至是毫不相干的。我认为,这种相对主义可以在不破坏社会秩序的情况下持续相当长一段时间。例如,信仰基督宗教的人们能够与不信的人和平共处。通常情况下,只有目标从宗教领域转向道德层面的时候,相对主义才会变成一个社会问题。很显然,没有宗教共识,社会秩序也能维持(如果想要证明这一点,去现在的西班牙看看你就明白了)。但是,如果丧失了一定程度的道德共识,也就是没有了迪尔凯姆所谓的"集体意识",一个社会就难以为继了。

相对主义从宗教领域转向道德层面的危险自不待言,对于许多人来说,理所当然的信仰和价值观的消失也成了一种沉重的体验负担。在某种程度上,人类似乎向往和渴望生活有一种确定性。于是,声称提供这种确定性的(宗教或非宗教的)活动就有了市场。我们最好把原教旨主义定义为任何承诺重新找回理所当然的信仰和宗教的活动或意识形态。在当代条件下,实现这种承诺不是不可能,但是却非常困难——如果要想让整个社会都接受这种更新了的确定性,那更会难上加难(不说其他,就比如佛朗哥统治时期的西班牙)——如果只是希望在大社会中的某个亚文化群体里确立这样一种理所当然的信仰,那就相对容易一些。后者也可以被称之为教派工程(sectarian project)。不管怎样,我们必须明白,相对主义和原教旨主义是一枚硬币的两面。而这枚硬币就是现代性。

到这里为止,我讨论的是现代化导致的一般性后果。当然,地方不同,表现形式也不尽相同,但是这个星球上几乎没有一个地方可以置身世外,不受现代化的影响。接下来,我要简要地讨论一下当代宗教在跨国发展过程出现的8种新情况。我知道,这篇报告的对象是中国听众,但我不会贸然评论这些发展是否,以及在多大程度上对中国有影响——我将这些工作留给中国的同行们。

1. 在公众视野里最为显著和突出的,是伊斯兰教的强盛复兴,其中的理由不消多说。它横扫世界、遍及大片广阔的地域,从北非到东亚之间的穆斯林国家,到欧洲的穆斯林聚居区,以及美洲(范围相对较小),到处都能看到这种迹象。正如研究伊斯兰教的众多专家再三指出的那样,如果这个复兴被等同于圣战主义者的暴力活动,或者由此把它与任何形式的狂热盲信联系在一起，那就大错特错了。当然，我们有理由高度关注那些激进的伊斯兰意识形态，并对其暴力形式采取必要的措施，这是无可厚非的。但是世界上绝大部分穆斯林并不狂热盲信，也不极端。伊斯兰教复兴的原因，是成千上万的人通过皈依这种信仰来寻找人生的意义和方向。这种需求由来已久，但是，由于现代化带来的大规模错位和混乱，以及（前文提到的）那种理所当然的信仰随之消逝，这种需求就变得尤为急迫起来。因此，伊斯兰教研究的关键方向是：弄清楚在面对现代性的挑战时，穆斯林做出的各种应对方式，不管这种反应是成功还是失败。这就触及了问题的核心本质，正确的说法是：追寻伊斯兰之灵魂。不过，除了穆斯林，这也是其他人应该关注的内容。

2. 被学术界和媒体相对较少关注的另一个大规模现象，是基督新教中的福音派（Evangelical Protestantism），特别是五旬节教会（Pentecostal）在全球范围内的爆发。在宗教历史上，后者的增长速度一定是最快的。人们之所以很少关注它们，原因是，它比较平和，并且到现在为止还没有造成任何政治影响。现代五旬节教派（Pentecostalism）起源于一百多年前洛杉矶一个被叫做亚苏撒街的复兴运动（Azusa Street Revival），从那里，这个教派的传教士四处传道，一开始在美国，然后去了其他地方。但是，它在世界范围的大规模爆发发生在第二次世界大战之后——扩展到了拉丁美洲、撒哈拉以南的非洲地区和亚洲的一些地方。基本上它在各地都被彻底本土化了，与美国的传教士很少或根本没有任何联系。研究五旬节教会的泰斗、英国社会学家大卫·马丁（David Martin）估计，全世界至少有2亿5000万五旬节派教徒；皮尤研究中心用灵恩派基督教这个更为宽泛的分类方法做出了4亿的估算。不管你相信哪一个数字，这都是一个必将被载入史册的事件。最值得我们注意的是，它极大地影响其信徒（大多数都是新近归信的，或者是信徒的孩子）的文化转型。不可思议的是，这个转型与马克斯·韦伯所说的新教伦理存在惊人的类似，而在韦伯看来，新教伦理与欧洲和北美的现代资本主义起源和萌芽之间存在一种类似于原因和结果的关系。迄今为止的经验数据表明，五旬节教派在今天扮演着一种类似的角色。

与依靠传统穆斯林而复兴的伊斯兰教不同，五旬节派的传播依靠的是改变人们的信仰，在改信之前，这些人往往与这种信仰毫无关联。通常，对比这两种宗教现象是十分有意义的，能给我们带来有趣的结果——比如二者在与国家的关系、女性角色、家庭生活形式等方面的区别。关键的研究方向是：直到现在，五旬节派主要还是在贫穷和边缘群体中传播。在某种程度上，我们现在可以自信地说，它的"韦伯式效应"（Weberian effect）——即它所谆谆教诲的道德伦理——可以帮助人们更好地应对贫穷，从而有可能实现社会流动。我们现在需要知道的是，在进入中产阶级以后，他们的宗教、道德还有社会关系发生了什么变化。

3. 当今的基督教世界正在发生着一次大规模的人口学转变。菲利普·詹金斯（Philip Jenkins）对此有迄今为止最为中肯的论述，他指出，现如今，大部分基督徒已经不住在欧洲或北美洲，而是栖居在南半球国家。在那些地方发展起来的基督教，在信仰上与西方世界所熟悉的基督教完全不同。它更强调领袖的卡里斯玛魅力，对超自然力也持更加开放的态度。此外，它在道德上问题上的观念也更加保守。现在，圣公会内部正在就同性婚姻和是否可以委任公开的同性恋者为神职人员等问题展开激烈的争论，论辩双方鲜明地体现了西方与非西方信徒之间的分歧，需要引起我们注意的，是后者如何反过来影响了前者。于是，我们就可以看到这样一些非常有意思的现象：美国的保守宗派听从非洲主教的管辖；非洲裔牧师让圣公会的一些教区重新焕发出活力。在接纳、吸收非西方（特别是非洲）天主教的信仰和实践时，梵蒂冈教廷也遇到了很多困难——比如祖先崇拜、通灵、一夫多妻制等。基督教研究的关键方向是：这些不同版本的基督教相互作用、相互交流的过程会给我们带来什么样的后果？

4. 在所有主要的宗教里，原教旨主义或新传统主义运动如雨后春笋般不断涌现，不仅在基督教和伊斯兰教世界——犹太教、印度教、佛教也不例外。儒教也在复兴，而且也表现出某种保守倾向，此外，有人告诉我，道教和中国民间宗教也有类似的情况。关键的研究方向是：这些运动有什么共同点，相互之间的区别又是什么？

5. 我们又一次证明，与世俗化理论所预测的相反，当代世界的宗教舞台欣欣向荣，精彩纷呈。但是，有两个地方与这个观点相左，是例外。一个是地理意义上的——西欧和中欧（外加一些欧洲的延伸地带，如澳大利亚和魁北克）；另一个是社会学意义上的——跨国知识分子（我称这个群体为"教授俱乐部文化"[faculty club culture]）。后者解释起来相对容易一些：毕竟，知识分子们自诩为启蒙运动的后代，并且仍然受到世俗的启蒙意识形态的影响。这里，社会学的主要兴趣是，精英的世俗论与大众宗教虔诚之间的频繁冲突——我会在下文回到这个问题上来。欧洲的例外构成了当今宗教社会学最主要的兴趣点：为什么欧洲如此与众不同？它独特在哪里？这里，将欧洲与美国放在一起比较能给我们很多启发，同时也能证明世俗化理论的谬误：如果现代性必然导致宗教的衰退，那么，我们怎么解释美国——一个现代化程度一点都不低于瑞典的国家——的宗教文化能够如此长盛不衰。我们在波士顿大学的研究中心刚刚完成了一项关于我们称之为"欧洲世俗性"（Eurosecularity）的研究；这项研究由丹尼勒·赫维-莱杰（Daniele Hervieu-Leger，她现在是法国社会科学研究所的领导人）主持；我与英国社会学家格蕾斯·戴维（Grace Davie）合作，就这项研究成果写了一本书，将于明年秋天出版。在这里我不可能详尽地描述其中的细节，只能这么说：任何单个因素是解释不了这样一个复杂的历史现象的——格蕾斯和我总结出了7个因素。

世俗化（secularization）的存在是一个社会事实——无论你喜欢与否。世俗主义（secularism）则是对这一事实的欢呼，迫不及待地宣称理性即将战胜迷信和巫术。

很多地方都出现了一个非常有趣的问题，即这些地方的政治和/或文化精英试图将世俗主义强加于怀有强烈宗教热情的普通民众身上。通常，这些精英的表现只能被称为一种世俗主义者的原教旨主义（a secularist fundamentalism）。今天的土耳其就戏剧化地演绎着这样一个冲突（凯默尔主义［Kemalist］意识形态就是世俗原教旨主义的一个主要例子）。还有其他一些案例——比如以色列和印度——它们都是在世俗精英的领导下获得了独立，最近都分别遭遇了保守犹太教和保守印度教宗教运动的反抗。最后的、但并非是最不重要的，美国也是一个恰当的例子。我们的政治精英并不是世俗论者，但我们的文化精英是。一旦明白世俗主义/宗教信仰之间的冲突，那么你对自1963年（这一年最高法院做出如下判决：在公立学校祈祷是违反宪法的）以来的美国政治历史就能有一个更深入的理解。现在，这种冲突仍然具有很大的政治影响。

6. 其他可以进一步研究的方向。马克斯·韦伯认为，宗教与社会经济变革之间存在某种关系，这些结论中有一部分肯定是错误的，例如，他认为，儒家文化是反经济的（anti-economic），试想如果他一觉醒来，发现身处今天的北京或上海，他会作何感想?！他在其他某些方面所做的结论可能是正确的（如他对新教伦理的看法）。然而，他提出的问题肯定是正确的，特别是那些关于不同的宗教与现代化发展之间的关系的问题。和韦伯时代一样，这个问题在今天也是十分中肯和重要的，确切地说，这个问题已经变得更加切合实际了，因为和以往相比，今天的现代化影响了更多的社会。宗教只是冰山的一角，更大的问题是，在现代化发展过程中，文化的角色是什么。这个问题已经被劳伦斯·哈里森（Lawrence Harrison）有力地提了出来，从那本富于挑衅性的关于拉丁美洲的著作《低度发展是一种心智状态》(Underdevelopment is a State of Mind)，到在塔夫斯大学（Tufts University）研究中心开展的学术研究，他一直都在关注这个问题。

韦伯提出了很多有用的概念，其中一个就是"此世苦修主义"（this-worldly asceticism），即把勤奋劳作和节俭当成是一种美德，他认为是新教教义催生了这种道德伦理。但是，其他宗教与文化语境里也有功能类似的东西，其中一些非常让人不可思议，比如前文提到的天主事工会（就是用天主教色彩对新教伦理的有趣复制），还有印度尼西亚最大的伊斯兰运动（除了其他活动，他们把信仰穆斯林的年轻马来人送到中国人开的银行里去实习）。若干年前，一直有人在讨论所谓的"后儒家假说"（post-Confucian hypothesis），最近，这个概念被改为"亚洲价值观"（Asian values）。不管这些想法的优点是什么，这个问题本身无疑是很重要的：文化因素（包括宗教在内）真的有助于解释东亚的经济成功现象么？如果成功经验能够应用于其他地方，这个问题就变得更加有趣了："亚洲价值观"能够出口到世界其他地方吗，比如非洲？

7. 研究方向：自愿结社（voluntary association）成了宗教一种越来越流行的社会形式。当然，这种制度事实（institutional fact）直接起源于上文提到过的多元化：如果一种宗教信仰不再是理所当然的东西，从而必须被个体的选择行为挑选、修改甚至抛弃，宗教制度就越来越倾向于自愿结社了。当然，宗教自由环境强化了这个趋势。并且，不管某个特定的宗教传统是否在神学意义上能够接受，这种形式依然会发生。天主教就是体现这种新情况的一个绝好的例子。把教会当做自愿结社与天主教的神学教义相去甚远，而一旦天主教采纳了这种形式，恰当地说，就是某种程度的"新教化"（Protestantization）了。整个19世纪，天主教会都在顽强地抵抗这种趋势，只要可能，它就试图恢复昔日惟我独尊的垄断地位。自愿结社式的宗教意味着竞争。如果把教会看做真理的储藏室，那么它就会抵制一种在真理与谬误之间的自由竞争。然而，天主教企图恢复垄断地位的努力越来越多地遭到了失败——在某些国家（如法国和墨西哥），原因是自由主义政权采纳的是宗教自由政策——而在另一些国家（如英国和美国），原因是天主教本来就占少数。于是，天主教会不得不接受自愿主义（voluntarism）这个现实，尽管它在理论上还在负隅顽抗。后来，在梵蒂冈第二届大公会议上，天主教会从神学层面承认了宗教自由的合法性。今天看来，天主教在佛朗哥政权下扮演的角色是不可思议的；与此相反，今天的教皇和他的前任都直言不讳地像拥护其他人权一样赞成宗教自由。

研究美国教会史的历史学家对"宗派"（denomination）的定义是：一种承认其他教会之存在权利的教会形式。这个术语首先出现在英国，然后在美国这个宗教多样性极其发达的环境里被广泛使用。的确，后者与新教（自愿入会的肇始）在北美洲的大规模传播有很大的关系。因此，在某种程度上，我们正在探讨的这个现象可以被称为"新教化"，但是"宗派化"一词可能更加确切（虽然我不建议将它作为又一个社会学的学术术语！）：就事实（de facto）而不是正当性（de jure）而言，多元化的结果是，每一个宗教团体都变成了自愿入会。美国是这个现象的典型代表。美国犹太教就是一个很有趣的例子。如果说还有哪个宗教是建立在理所当然的基础之上的，那么这个宗教就是犹太教了——他们生来就是"选民"，这个选择是上帝很久以前在与以色列的契约中做出的——这不是一种个体选择。然而，经验事实显示，在美国，个体能够选择加入犹太教，甚至还可以选择某种特定类型的犹太教作为自己的身份认同，当然，也可以选择不把它作为身份认同（有两种方式：通过将自己定义为世俗的犹太人，或者改信其他信仰）。于是，具有讽刺意味的是，美国的犹太教已经发展出至少（取决于你怎么数）三个犹太宗派了——正统派（Orthodox）、保守派（Conservative）和改革派（Reform）。换句话说，美国犹太教已经"宗派化"了，即使"犹太教宗派"这个概念在犹太教历史中是不被理解和被排斥的。

8. 这里，有一个很大的进一步的研究方向：宗教自愿主义改变了宗教机构与国家之间的关系，国家不再是宗教垄断的实施者和倡导者，而是宗教市场的监管者。它改变了宗教机构之间的关系（基督教合一运动［ecumenism］和跨信仰对话，加上更高层面的神学议题，成了各个宗教共同应对市场竞争的手段）。它还改变了神职人员与信众之间的关系（实际上，在自愿的基础上，后者现在是前者生产出来的商品的消费者——这大大增加了信众对抗神职人员的力量）。最后，但并不是最不重要的，还有一些涉及到多元化的宗教选择如何影响个体心理状态的问题，也十分有趣：个体心理能够接受的选择数量有限制么？"自由的逃避"的心理学和社会模式是什么？

这篇论文试图从我的角度向大家展现一个当代宗教社会学的鸟瞰图。不可避免的，由于篇幅的限制，我不得不非常简明扼要地描述，还有很多话题无法一一顾及。但是，如果我已经在你们的脑海中留下了这样的印象：这个研究领域广袤无垠，其学术研究的质量令人热血沸腾，那么，我的努力也就不失为一个有用的尝试。我必须把决定权留给你们，让你们根据个人特定的境遇来决定宗教社会学应该研究什么。

科学地研究宗教? 开玩笑吧![1]

艾琳·巴克(Eileen Barker)

提　要

那些立志对宗教进行科学研究的学者,其研究过程或许会影响研究对象。本文考察了在新兴宗教研究中,由于方法论与道德、政治方面的原因,研究者影响对象的某些方式。本文还对社会科学家与新兴宗教、反膜拜运动、媒体、法律及临床医师间的不同兴趣点进行了比较。最后,文章讨论了由于介入有关新兴宗教的激烈争论而对科学的元价值所产生的潜在影响。

刘易斯·卡特(Lewis Carter)曾在1985年科学研究宗教学会(Society for the Scientific Study of Religion,简称SSSR)的年会上放过一段录像。有人手拿麦克风走到奥修(Bhagwan Sri Rajneesh)面前,问道:"您如何看待科学研究宗教学会?"经过一段很长很长的静默,大师轻微地抬了一下眉毛,说:"我想我这一辈子,也不曾听说过如此荒唐的事情。"

"科学研究宗教学会",单是这个名字就让一些人不寒而栗。对他们而言,这个概念所代表的内容本身几乎就是一种宗教:没有感情色彩的、客观的、系统的和精确的研究。这是一个多少有点荒唐的玩笑吗? 或者当我们将自己界定为献身于科学研究宗教的学者群体时,我们是在做一个重

---

[1] 本文是作者在1993年科学研究宗教学会(SSSR)年会上所做的"主席演讲"的修正稿,原载《科学研究宗教》1995年第3期,第287—310页(Journal for the Scientific Study of Religion, 1995 (3): 287-310)。作者为英国伦敦经济学院社会学教授(Professor of Sociology, London School of Economics),电子邮箱:E. Barker@ lse. ac. uk。本文译者为魏德东。

要的宣示吗？

我的基本问题是："介入的方法与策略"对作为宗教科学研究基础的元价值（meta-value）可能产生怎样的影响。我将讨论在"实在建构"的过程中，科学研究宗教学会的成员可能采取以及正在采取立场，在这个高度竞争的市场上，什么方式可能威胁到我们所主张的专门的"科学"态度。

我希望我所阐述的内容具有比较广泛的相关性，不过问题的提出却是基于非常个人化的经历，这就是我和科学研究宗教学会的其他成员所做的有关新兴宗教运动的研究。我根据自己的经验举出了一些例证，其中许多可能已被其他人讲述过。然而我的目的是，超越简单的趣闻轶事，提出具有公共性的话题；这些话题虽然在别处已经讨论过，但还不曾在方法论手册中得到例行阐述。

在过去大约四分之一世纪里，我们这些介入新兴宗教运动研究的人大多都领略到了宗教研究的乐趣。但是我们当中也有人受到了伤害，变得困惑，个别同行的反应甚至非常强烈，因为我们主张比其他人更加"科学"地理解这场运动，或者至少更加中允、客观和精确地，或在最低限度上，较少偏见、主观和错误地理解这场运动，而这种主张对某些人产生了威胁。

这引发出一系列的深思，即如何证明我们的研究是正当的。我们正在"从事"对宗教的科学研究吗？什么是关于宗教的科学研究？我们可以在何种程度上主张，以及为什么主张我们比某些人，甚至比那些为我们的研究提供原始资料的人"知道得更好"？而且同样重要的是，当我们自称为社会科学家的时候，我们需要在什么问题上谨慎地承认"那是我们不可以说的事情"。

我当然不想介入这一历时已久的争论，即关于宗教的研究是否或能否是"真正"科学的。不过，撇开语言的精确性不说，我必须承认我感觉做"宗教社会科学研究学会"（Society for the Social Scientific Study of Religion，简称 SSSSR）的成员比作"科学研究宗教学会"（SSSR）的成员更舒服。宗教社会科学研究学会承认自然科学和社会科学之间的基本差异，而这些差异正是我所关注的某些问题的根源。和其他人不同，我当然不会将社会科学这一概念当成一种矛盾修辞法，但是我确信，基于众多与社会实在的终极本质紧密相关的因素，对赤裸裸的实证主义的追求注定会失败。

由于我来自伦敦经济学院，毫不奇怪我受到卡尔·波普（Karl Popper）著作的深刻影响。如果必须选择单一的准则，将一项科学的事业与伪科学区别开来，我会从实证的可反驳性（Refutability）开始（Popper, 1963：37；1972：ch 1）。然而虽说如此，我们还是需要增加大量的条件，以使之深化（的确，波普就是这样做的），特别是在研究社会之时。与本文相关的自然科学与社会科学的差异是：（1）本体论方面，关心社会实在的本质；（2）认识论方面，关心如何获得有关社会实在的知识；（3）伦理和政治方面，探讨如何评价我们自己与他人关于实在的建构，以及我们对此做些什么。

关于社会实在的基础建构与二次建构

为了便于讨论，有必要对实在的基础建构（primary constructions）与二次建构（secondary constructions）做出分析性的区分。前者构成了社会科学的基础材料，后者则是对前者的说明。有关新兴宗教运动的基础建构，是该运动成员之间，以及在某种程度上该运动成员与社会其他成员之间直接或间接互动的产物。

对新兴宗教运动的二次建构则是社会学家和其他人在公共领域提出的关于该运动的描述，它既包括该运动自身，也包括"关于"该运动的内容。因此，二次建构比基础建构更为自觉，尽管基础建构的某些过程也可能非常自觉，二次建构也决不意味着总是深思熟虑。尽管如此，应当认识到，当描述更大范围的实在时，基础建构和二次建构之间的界限会变得模糊。因此，像本文这样探讨"膜拜现象"（cult scene）时，包括社会学家在内所作的二次建构就起了变化，它必须被看做是"那个"社会实在的基础建构的一部分。

"社会实在"（social reality）这一概念充满了张力和矛盾。它是一种客观实在，就像一堵砖墙一样，其存在不会随着一个社会团体个体成员的愿望而消失，由此它既吸引了实在论，也吸引了唯心论。与此同时，社会实在仅仅作为一种观念存在于人们的头脑之中，假如"无人"考虑它，不管是积极还是消极，也不管是有意还是无意，那么它就不存在（伯格与卢克曼，Berger & Luckmann, 1966）。换句话说，尽管社会实在独立存在于任何特定个人的意志，但只有在下述情况下，它才得以存在：个人的思想持续地承认它，而且以此为中介，使那源于其存在亦导致其存在的文化的观念与意义、角色与期望得到解释。

请伍斯诺（Wuthnow，1987）见谅，这意味着作为社会科学家，如果我们希望理解正在发生着的事情，那么除了将自身用作"中介"，别无它途。一个机器人无法进行社会科学研究；它没有理解（verstehen）的能力。机器人在深化我们的理解时不可能超越逻辑所具有的最高形式，它仅仅能够深化对已知事物的理解。然而，我们需要知道情境对于个人的意义，我们需要有能力理解情境如何被感知。

当然，其他人感知情境的方式和我们不会相同，永远不会有两个人以完全相同的方式感知同一情境，我们当中任何人的理解或感知都不完全相同。但是，同样重要的是，我们的感知或多或少会有共同之处。如果没有任何共同之处，就不会有社会，也就没有社会科学存在的可能；另一方面，如果人们的感知完全相同，那么同样地，我们也不会有社会，因为没有存在的动力——没有对外在环境进行变革、协商或调整的力量。

但是，个体关于社会实在的感知差异并不是随意的。差异取决于下列因素：人们天生的性格、他们过去的经验、期望、恐惧、兴趣、设想、价值观，以及他们看待所遭遇的社会实在时的预期和社会立场。一个新皈依者会从自己的角度看待新兴宗教运动，一位老练的领袖则会有不同的视角；成员的感知会异于非成员，非成员的不同群体则会依其各自独特的兴趣理解新兴宗教运动。

人们不只是从不同的角度感知新兴宗教运动，而且还以不同的方式描述或解释这一运动。有意无意地，人们会对呈现出来的特点做出选择。同样，在创建二次建构的过程中，所取与所弃的内容也不是随意的，而是受其兴趣的重要影响。

对于某些具有个人或职业动机的二次建构者而言，其兴趣可能会导致他们远不只是消极地接受自己的感知。某些希望强化既存形象的人，会将自己置于这样的立场：保护这一形象免遭驳斥，和/或提供肯定它的证据。另外一些根据波普准则希望检验其二次建构的人，则试图系统地反驳他们的假说。为了做到这一点，他们可能会积极地投身研究，对基础建构作尽可能严格的审查。

发挥影响

当我还是个学生的时候，我们被教导，社会科学家应当是冷静、超然的观察者，他们要关注正在发生着的事情，而不允许自己的观察对资料产生影响，这被看做是方法论上的常识。当科学家通过一个单向玻璃进行观察，观看一个偷拍的电影，或阅读日记或其他书面材料的时候，这一立场在某种程度上是可能的。但是，从已经讨论过的大量常识看（巴克，Barker，1987），我和其他人逐渐相信，在需要对新兴宗教运动做出可接受的二次建构的这类研究中，这一方法不仅有困难，而且在方法论上并不适合。对于有些信息，你要想获得它，就必须成为资料的一部分，并且对正在进行的社会实在的建构发挥一定的作用。我甚至还要走得更远，我要说的是，就方法论意义而言，与资料保持物理意义上的距离可能应当受到指责——作为社会科学家，这意味着责任的放弃。

但是，当我们行走在学术象牙塔的外面并且变成我们正在研究的内容的一部分的时候，我们当然已将原初的清白置于危险之中。大多数从事"田野"工作的社会科学家都意识到他们可能发生的影响，在着手分析资料时，他们会将自己的影响纳入考虑的范围之内。这种介入在何种程度上增强或削弱了我们对宗教的"科学的"研究呢？在回答这个问题之前，让我举一些例子，以说明我个人意识到的我的研究"发挥影响"的各种不同方式。

首先，单单在场就有可能产生影响。当我在20世纪70年代初开始研究统一教（the Unification Church）的时候，它是一个相对封闭的团体，以严格的界限将"他们"和"我们"区分开来。如果某个不是"我们"的人生活在团体里，就将威胁并削弱这一界限，乃至威胁并削弱与这一紧密型团体的现状相关的信念和行为（道格拉斯，Douglas，1970）[1]。正常情况下不可渗透的界限"能够"被一个局外人渗入，这一事实以许多具体方式影响了其群体及成员。举例来说，一个姑娘离开了，不是因为我建议她这样做，而是由于——按照她的说法——我的既在团体内又不在团体内的反常存在导致她意识到她不必在或者圣洁或者邪恶的生活方式中做出僵硬的选择；还可能有一条中间道路，这条道路允许她追求另一种侍奉上

---

[1] 在统一教伦敦总部进行参与性观察时，我偶尔会碰到其全国领导人。我们达到了一种默契，以近乎戏谑的关系实现最佳相处，他几乎总是这样跟我打招呼："别忘了，你要么跟我们一伙，要么反对我们！"我则总是一成不变地回答："但是，我是价值中立的客观的社会科学家！"于是，我们交换一声略微不太自然的干笑，并在各奔东西前调侃一下这几天谁正在给谁洗脑。

帝的方式，而不否认自己所有的关于统一教的善的体验。

与此同时，由于一个"职业的陌生人"的存在，也可能促使某些人逗留在该运动之中，至少比原本逗留稍长的时间（巴克，Barker 1987）。我的在场意味着存在这样一个人：她既不会向领导报告，也不会向媒体泄露，可是他们却可以向她宣泄自己的焦虑和失望。

在正式访谈、一般讨论或问卷调查表中提出研究对象以前未曾遇到过的问题，可能会导致意想不到的"意识的觉醒"。用一个应答者的话来说，"它使我将从前一直悬置的某些问题拿出来审视一番"。有时候我被告知说，这一结果深化了人们对神学的理解，而在另外一些场合，其结果强化了人们对其领导人的愤怒或怀疑。当小组访谈为成员提供公开讨论的机会，讨论某个他们通常保持沉默的问题之后，偶尔会发生一些改变。据我猜测，在我和美国国际克里希那意识协会（ISKCON）的一群女性皈依者待了一天之后，该组织发生了许多相当激烈的变化——在此之前，她们从来不曾交流过她们在男性僧侣制度下如何被对待的问题。

随着我对新兴宗教运动研究的深入，我发现自己在更有意识地影响环境。首先，我被要求在运动的成员与其父母之间作调停工作，这些父母也是我的研究资料的一部分。我能向非成员解释该运动的观点，也能向成员解释非成员的观点，这一事实意味着经常存在频繁的交流，并且有时候当一方加深了解"另一方"如何看待事情之后，其观点会做出调整。

进而，"发挥影响"变得不只是与作为我的资料组成部分的个体面对面互动的结果。出版书籍和论文，在庭审中作证，在各种媒体上陈述有关新兴宗教运动的观念，这意味着我正将自己的发现呈现给更广泛的受众。和其他学者一样，我正在提供一种另类的观点，这种观点对现存的许多二次建构及其想当然的假设提出了质疑。我正在对资料产生影响，这不仅仅是方法论上的程序问题，而且是政治行为的一部分。

我的研究结果一公开，就受到了愈发明显的挑战。最初接触反膜拜运动（Anti-Cult Movement，简称ACM）的时候，我多少带有一点天真的想法：既然我们都对发现新兴宗教运动的真相感兴趣，我们就可以交换信息，这对双方都有益。我的提议不仅仅遭到了拒绝，反膜拜人士还对我公开所说、所写的所有内容都发起了大规模的感情用事的攻击。由于我到新兴宗教运动那里从事一项重要的研究，尽管这绝非我的研究的全部，但显然我被看做是"站在另一边的"。令每一位知道我的人都感到吃惊和/或好笑的是，我发现自己被贴上了这样的标签：统一教会成员、基督教科学派、原教旨主义基督徒，膜拜团体的迷恋者，或较为仁慈的说法，一个正在受到新兴宗教运动欺骗的无辜者。我所说的"内容"很少受到质疑，因为我的这些陈述拥有无可辩驳的证据，奇怪十足的是，争议都在我的陈述之外。第一个争论的焦点是我所公布的英国统一教成员的数量，这既让统一教不满，他们既不想让其成员也不想让一般公众知道他们具有如此之高的人员更新率，也让反膜拜团体感到生气，因为他们当时坚持认为（在某些情况下现在依然这样认为）这些运动采用了不可抗拒和不可逆转的精神控制技术，当然，这暗示着统一教的成员即使没有数百万，也有几十万，而不是我所报告的区区几百人。

当我得出下述结论时，对"膜拜现象"的介入从方法论转向政治与伦理就变得更加明显，这个结论是：如果社会科学关于新兴宗教运动的建构在市场上更有竞争力的话，相当数量不必要的痛苦和不幸就有可能幸免。"通向大马士革之路"是一个反膜拜家庭支持团体（ACM Family Support Group），在某次聚会上，一位前成员受邀来讲述她的经历，这是我碰巧认识的一位喜欢思考且诚实的女人。很明显，事情很快就偏离了计划。根据计划，她应当讲述自己如何受苦，如何受骗，以及怎样受到思想控制的影响，但是，她抵住了压力。于是，有人认为她并没有"真正"离开该运动，而且她正决心蒙骗在场的听众。有人火上浇油，问她是否可以说一些对在场的父母有所帮助的事情。这时，一个妇女站了起来，大声吼道："我们不想听这种东西了；它只是欺骗和谎言。它没有任何帮助。我们不想再听了。"那一刻，我停住了做笔记。似乎需要做点更有价值的事情了。

依靠英国政府和主流教会的支持，我建立了一个名叫"宗教运动信息网络中心"（Information Network Focus on Religious Movements，简称INFORM，办公室设在伦敦经济学院）的慈善机构，目的是提供尽可能客观、中立和新颖的信息。在接下来的7年时间里，数以千计的新兴宗教运动成员的亲戚朋友、前成员、媒体、地方和中央政府、警察、社会福利工作者、监狱牧师、中小学、大学、学院、传统宗教和新兴宗教运动本身，都和该机构联系，以获取信息和帮助（巴克，Barker 1989a）。

宗教运动信息网络中心的建立理所当然地使我掌握了大量有关"膜拜现象"的信息，但我并不认为该中心的建立是我的研究的组成部分。毋宁说，它的目的是运用专业知识挑战另类的二次建构。它不是在任何意识形态的意义上为上帝而战，而是在最低限度上与有关新兴宗教运动的不真实言论进行争辩，不管这些言论是源于新兴宗教运动自身还是其他人。除了直接提供信息之外，该中心还向咨询者推荐一个由专家组成的国际网络，专家包括学者、律师、医生和临床医师。它每年组织两次关于特定主题的全天研讨会，主题包括《新兴宗教运动中的权威和依赖》、《法律与新兴宗教运动》、《新兴宗教运动中的儿童》、《远离新兴宗教运动》、《新兴宗教的变化》等。研讨会播放录像，发言者包括学者和其他专家、成员的父母、前成员，以及现在的成员。1993 年，一个为期 4 天的关于"新兴宗教运动和新欧洲"的会议吸引了 23 个国家的 200 多名与会者。受过职业训练的咨询人员和临床医师定期聚会，以便了解新兴宗教运动及其相关的问题。从有关某个运动的小册子到提供信息和实用建议的书籍，该中心发行了一系列资料，都由女王陛下档案局（Her Majesty's Stationery Office）总部出版（巴克，Barker 1989a）。宗教运动信息网络中心的职员、主管及网络成员还为中小学、大学、地方教会和各种各样的其他组织举办讲座。

尽管宗教运动信息网络中心不将自己看做是咨询机构，但是它指出各种行为可能的后果，从加入某一新宗教到诱使某人离开；它还是成员及其家庭之间的调停工具。当然，该中心并没有解决所有问题的魔杖，但其信息的可靠性和有关社会发展过程的知识意味着，它能够以这样一种方式和新兴宗教运动发生关联：很多新兴宗教运动愿意在此类事务上进行合作，比如让父母恢复与子女的沟通，返还在强迫情况下收取的资金等等。总而言之，该中心的政策是运用依据社会科学逻辑得出的二次建构，试图通过改进和调整解决问题，避免"变异扩大化"及问题恶化。

如果认为像宗教运动信息网络中心这样的组织不会遭到反对，那就太天真了。尽管如此，它所受到的恶意攻击依然出人意料，这些攻击来自新兴宗教运动、反膜拜运动、某些媒体和少数志趣相反的个人。20 世纪 80 年代中期，英国反膜拜人士似乎将更多的资源用于试图诋毁我们而不是新兴宗教上。有人给我的大学校长写信，建议为了学生，最好将我从教师队伍中清除出去；有位议员对我们的工作一无所知，但在接受了反膜拜运动精心制作的简短介绍后,在下院将我们指责得一无是处①;有人向唐宁街10号递交了请愿书,各种报纸文章和广播、电视节目也向公众推出了一系列特别节目,揭露该中心特别是我本人对国家构成了可怕的威胁。

十分奇怪的是,这些负面宣传在许多方面对我们起了帮助作用,尽管这不必津津乐道。它促使档案局总部对该中心的工作进行了彻底的清查,其结果是最初为期3年的资金支持又被延长了3年,并且直到今天仍然在使用本中心的服务,不曾更换。此外,主流教会、更负责任的大型媒体以及无数的个人似乎都持有这样的看法,即宗教运动信息网络中心的中立性信息既提醒人们注意潜在的问题,又减少了不必要的恐惧,比其竞争对手提供的耸人听闻的单面信息有用得多。

战斗当然仍在继续。当我们发挥影响的时候,其他人的二次建构也在对"膜拜现象"甚至我们产生影响。在对此类介入的方法论及伦理政治意涵作进一步的思考之前,让我们转向市场,比较一下社会科学与其竞争者在二次建构方面的异同。

竞 争 者

表1概括了6类典型的二次建构者之间的基本差异,这6类群体是:社会学家和其他科学研究宗教者、新兴宗教成员、反膜拜运动者、媒体、法律工作者及临床医师(我在1993年发表的一篇文章中曾对前4类建构者作过更详细的分析)。之所以选择这些群体,是因为他们在与社会科学家的竞争中表现得最为突出,当然该表格还可以进一步扩展,包括警察、社会服务机构、牧师、神学家、教育家和其他任何种类的建构者。

需要强调的是,这里讨论的不仅仅是个人对特定成果的信奉,也不是质疑个体建构者在对新兴宗教的描述中是否高效、愚蠢、诚实或欺骗。我们所关心的是知识社会学中的运用,是考察有关群体目标与利益的社会知识如何在各种二次建构间引发系统的差异。

---

① 遗憾的是,下院议员们受到"议员特权"的保护,不管他们在议会说些什么,都无法对其诽谤进行起诉。如果不是这样的话,宗教运动信息网络中心或许就能一举解决其财政困难了!

表 1　　　　　　　　　　对现实不同的二次建构

二次建构者	兴趣和/或目的	方法	拣选的资料	系统排除的资料	交流模式	与宗教社会学的关系
宗教社会学	无偏见、客观的社会学意义的描述、理解和解释	比较；方法论上的不可知论；访谈；问卷；观察	个人与社会；控制群；更大的范围	非实证性的评判；超验的变量；定义上的本质论	学术出版物；了解其他二次建构	研究方法的影响；由研究形成的应用上的影响
新兴宗教运动	基础建构；好的PR；促进信仰	对基础建构的选择性反映	好的行为；超自然的主张	丑闻；秘传教义	文献；见证	控制接近；使用正面资料
反膜拜运动	警告；揭露；控制；毁灭	前成员；父母；媒体（可能是循环的）	暴行传说	好的行为；变好的例子	游说；时事通讯；媒体	使用负面资料；攻击正面资料
媒体	好听的故事；获得/维持受众	采访容易接近的人和/或愿意交谈的话题；调查类的学术刊物；新闻稿	时下关注的；有关联性的；耸人听闻的	日常的；正常的；不特别的	报纸，杂志，电视，电台；大型公共场所；短暂的保存期限；难以核查或质疑	当有补充作用时优先使用反膜拜运动的资料；若有新颖、精练、色情和/或耸人听闻的资料时，也利用宗教社会学
法律	依据国家法律的"公正"；为个人赢得诉讼	敌对的；对抗性的；积极而非消极的	由对立双方出示的证据；专家证人；司法先例	中间立场，无是无非的观点；被认为与案件无关者；不能接受的证据	司法判决；习惯法；媒体报道	公正的专家或出卖原则的证人
临床医师	帮助顾客变好且能应对"现实"	倾听、接受和/或建构顾客关于现实的看法	个人的感知；实用的建构	关于现实的其他延伸看法	直接面对顾客；法庭；媒体；职业护理	对"全部的"、职业的专长的重要竞争

宗教社会学

显然，关心科学研究宗教的人怀有各自不同的目的，但大多数人都会同意他们希望提供尽可能精确、客观和不带偏见的观点。他们希望描述、理解并且解释社会分组以及权力结构、沟通网络和信仰制度等现象，在这里，成员能够（或被禁止）从事在其他社会环境中不能（或可以）做的事情。社会科学家还希望探索并解释个体行为者对实在的不同感知，并评估此类差异的后果。社会实在的本质意味着，社会科学的规律性是相对于社会的空间与时间的，自然法则很少如此。不管怎样，社会学的解释确实包含着实证的可辩驳的陈述，它是科学原理的一部分，其研究方法和结果应当可以接受公众的审查："促使我们进步的伟大工具是批评。"（波普，Popper 1972：34）

有些人相信，科学的任务就是发现真理，全部真理，除了真理别无其他。我不同意这种意见。没有任何人能说出全部真理；无人可能。所有的二次建构都或多或少地由基础建构组成。我们致力于精确，从自身与他人的解释中剔除谬误，在这种意义上，社会科学只寻求真理，别无他求。尽管如此，社会科学家还是要对进入我们解释的内容做出拣选，在某些方面人弃我取，或人取我弃。

不只是社会科学家要在方法论意义上做出取舍，或许是一个悖论，只有通过这种做法，我们才能将对基础建构的理解传递给他人。有时候我用这样一个例子来说明"不"过于精确地复制原物的重要性：一名演员扮演一个乏味的角色。这名演员之所以成功地传递出某些乏味的本质，恰恰在于他不乏味。与此类似，为了传递某些新兴宗教运动的本质，社会科学家不得不对基础建构做出"翻译"，以使受众能够理解某些仅仅观察运动本身可能理解不了的内容。雷尔教派的成员（Raelians）可以告诉其父母作为一个雷尔人的意义，但其父母或许听不懂他们所听到的。如果社会学家仅仅重复雷尔人的所说与所做，那是绝对不够的。必须将对象置于更广阔的语境中，对其父母解释时做出损益。就减损的方面而言，我们不用告诉其父母那些无关紧要的事情，比如每天早上刷牙；就增益的方面来说，我们要添加一些能帮助其父母理解的与其信仰和行为有关的信息。我们不仅需要知道雷尔人的信仰和行为，而且要懂得其成员的父母能否理解。在这个意义上，我们是"不诚实的"，或者说"隐瞒"了真相，无从选择；

我们是表演而非表现。

因此，社会科学的解释"排除那些似乎不具有特殊意义的细节"。确定哪一部分有意义取决于我们和我们潜在的顾客认为哪些是有用的知识，这或因为我们相信它会深化我们对社会行为的一般性理解，或由于我们相信它在实现我们自身或社会的利益时可能具有实际的用途。

其次，社会科学的解释"排除神学判断"。宗教社会学关注的问题是，什么人在什么情形下信仰什么，信仰如何成为文化环境的一部分并被用于解释人们的体验，持有特定的信仰可能导致什么结果。但是，它既不能否定也不能肯定意识形态意义上的信仰。社会科学家之谓社会科学家，在方法论上必须保持不可知论。实证科学的认识论无法知道上帝、诸神、魔鬼、天使、邪灵或圣灵是否一直在充当自变量；而奇迹，顾名思义，在科学的视野之外。

最后，为了一项特定的研究，社会科学家会"约定"以特定的概念或理想类型（韦伯，Weber 1947：92）表达其所指，但是他们不能断言这些定义的真伪，而只能判断其用处的大小。当然，概念是被"给予"的，在这个意义上，它们是基础建构的一部分，我们的解释则是阐述人们在使用"宗教"这样的概念时要表达的意思。我们还注意到，不同的群体会通过对定义的使用、商议或操纵，以增进自身的利益（巴克，Barker 1994；道格拉斯，Douglas 1966）。

"价值中立的社会科学是价值观较弱的社会科学"，关于这个问题的讨论仍然不是多余的。图1显示了社会科学实践中"事实"与"价值"（"应"与"是"）之间的某些不同联系。

大多数社会科学家都同意他们应尽量在实际收集和分析资料时"排除自身的主观价值评判"。这就是元价值：科学研究应当去关心事实"是"什么，而非"应"怎样，如线[1]所示。当然，正如任何方法论著作所证实的那样，我们的价值观的确会以多种方式进入研究之中，并且歪曲结果：除非使用我们自己主观的认知，我们不可能解释正在研究的实在；概念中可能充满了价值观；我们可能正在运用未经审查的假设进行工作，而这些假设对我们的认知具有暗示作用；等等。但是，通过各种技术，我们确实力图觉察并排除此类障碍，以提供尽可能客观的描述，这些描述涉及的是我们研究的客体，而非我们自己或他人的主观信仰。

尽管如此，社会科学家很有可能选择一个与其利益相关的主题，确信

科学地研究宗教？开玩笑吧！ 25

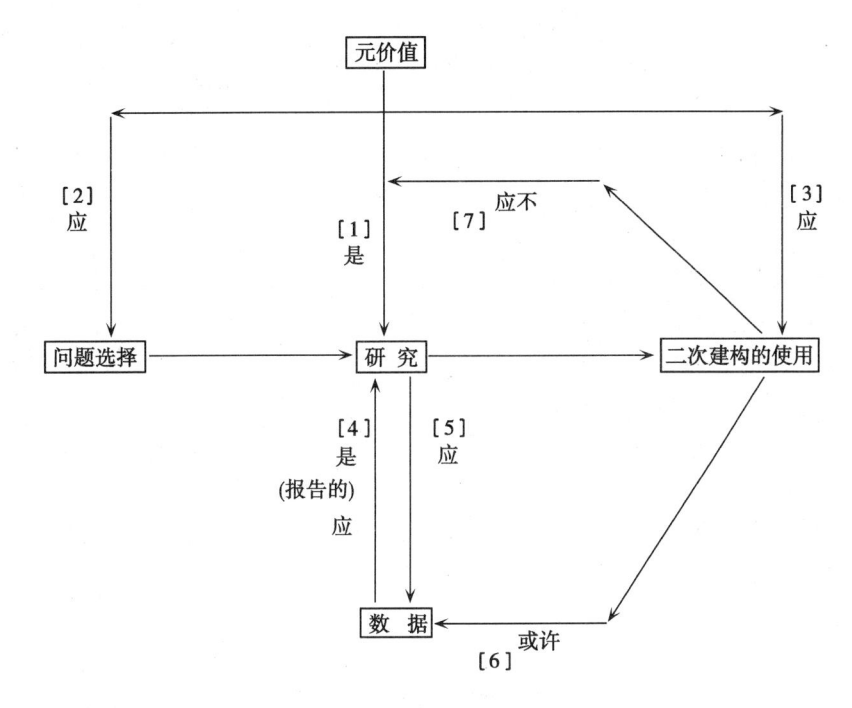

图 1　科学研究宗教的价值

它"应当"被研究［线2］。至少在理论上，这不一定会干扰研究的结果。与此类似，社会科学家可能会关注其研究成果的使用，也许，这些成果"应当"被用于促进其他人的理解和宽容［线3］。同样至少在理论上，这可能与其研究本身相分离。

仍是至少在理论上，即便社会学家正在研究的人群持有强烈的价值观，只要研究者所关心的是探讨这些价值观作为一个事实问题［线4］达到了何种程度，那么这些价值观就可以和研究者的价值观毫不相关。当然，我们会指出研究一个带有价值取向的目标是困难的，或者说这种研究必须借助工具，或者说其结果既可能冒犯对象的价值观，也可能冒犯其他有价值取向的目标（巴克，Barker 1993b；朗西曼，Runciman 1969）。我将在本文的结尾再来讨论表1其他各条线的意义。

然而社会科学不只是排除了意识形态、定义和价值评估等方面的忧虑，它还包含着超越所有新兴宗教运动的追求。通过访谈、问卷、参与性观察和审核书面资料所进行基础建构研究，需要其他来源的资料补充,对于社会学家需要建构的图像而言,所有这些资料都可能是必需的,但没有一个是充分的(巴克,Barker 1984:124 – 133)。我们可能希望考察新兴宗教的成员"从何而来",那就要与了解情况的人交谈,既有其皈依以前的,也有其皈依以后的。前成员是获取更多信息的无价资源,而且可以借其检验现成员的说法是否诚实。然而,必须牢记的是,没有任何个人(过去的或现在的)能够了解运动中发生的每一件事情。此外,对某一新兴宗教运动的社会学解释还需要一些与该运动没有任何关系的人的信息。这是因为科学的一个基本元素就是比较法,这意味着要将新兴宗教运动置于一个更广泛的参考系中,以使评估"平衡"。为了能够理解并检测"何种变量随何种因素发生变化",此基础建构必须与其他的基础建构进行比较,运用控制组(尽管这已变得令人悲哀的稀少)和总体人口数据统计处理这样的技术,对相关性进行检测。最低限度上,此类行业工具的运用会消除我们可能犯下的某些错误。

新兴宗教

通过在公众领域推出对其基本现实的二次建构,新兴宗教运动会在招徕新成员以及政治、经济、合法性等方面获取利益。和大多数组织一样,人们可以预期这一运动也会选取其可爱的闪光点加以展示,而较少暴露家丑。与社会科学家不同,新兴宗教运动通过非实证的启示至少部分地描述和诠释其对实在的建构,例如,上帝负责启示和皈依,邪恶力量对错事负责;当然,它会急于宣扬其神学教义,除非存在秘传教义。

显然,从某种意义上说,新兴宗教运动的成员拥有进入自己现实的特权,但也可能有人议论,身陷其中的事实意味着成员将不能或不愿像某些局外者那样超然地看待正在发生的事情(威尔逊,Wilson 1970:ix – xii)。尽管如此,也有一些新兴宗教运动的成员,比如米克勒(Mickler 1980,1992)和朱尔·罗塞(Jules Rosette 1975),作为社会科学家对其所属的新兴宗教运动做出了杰出的研究。

反膜拜运动

反膜拜运动包括各种各样的组织,其成员也五花八门,有焦虑的父母、前成员、专业的思想消毒员、"离教顾问",等等。在一定意义上,反膜拜运动可以被看做是新兴宗教运动的一个镜像。两者都试图在"我们"和"他们"之间做出清晰的、毫不含糊的分野，只不过新兴宗教运动只选择好的方面，反膜拜运动则专挑坏的方面。反膜拜运动的大多数声明往往都是关于"邪教"（destructive cults）的，它将所有的新兴宗教运动一刀切，好像它们是一个单一实体，一个新兴宗教的罪恶将被看做是所有新兴宗教运动的。任何对其消极解释造成麻烦或与之抵触的证据或争论（或可能引入的改革）都更可能被忽视或拒绝，其次才是否认[①]。

作为说客，反膜拜人士必须先发制人，他们不仅要推销自己的解释，还要否认或拒绝其他解释，并诋毁其他的解释者[②]。社会学的二次建构对反膜拜运动的威胁可能显得比对新兴宗教运动更大，在壁垒分明方面，新兴宗教运动更有可能与反膜拜运动趋同；因此，新兴宗教运动可能被驱使去强化反膜拜运动一方的立场，他们会对反膜拜运动作出明确的消极回应，加剧"变异扩大化"的过程，最终，为反膜拜运动的进一步指控提供了理由。

在对新兴宗教的二次建构中，社会科学家、媒体成员、法律工作者和临床医师都有自己的职业利益，都要实现各自的目的，但是他们并不总是期望从中获得比从事其他工作更大的利益。然而，当我们转向反膜拜运动和新兴宗教运动时，我们发现大多数普通成员的工作或完全志愿，或很少多于其生活费，因为他们相信，有时候相当情感化地相信，他们正在做的工作是正确的——与邪恶斗争是他们的使命。

新兴宗教运动存在"克里斯玛式的领袖"，反膜拜运动也有"杰出领导人"，当他们对现实的解释被人接受时，两者都可能获取巨大的经济利益。关于文鲜明、贺伯特（L. Ron Hubbard）或奥修（Bhagwan Rajneesh，这位大师拥有最新款的劳斯莱斯轿车和一堆劳力士手表）控制财富的故事已经广为人知。人们了解不够的是在反膜拜运动的二次建构中，用于研究洗脑或思想控制课题的巨额资金。一方面，"思想消毒员"和强度稍轻的

[①] 具有神学动机的"反膜拜人士"，其兴趣首先在于他们认为该运动的信仰是异端和/或渎神的，而也正是这些反膜拜人士更可能在反驳新兴宗教运动的信仰时，使用自己对《圣经》的诠释。（Introvigne 1995）正如反膜拜人士会忽略新兴宗教运动的任何积极因素一样，他们通常也无视自己的信仰与新兴宗教运动信仰间的任何重叠之处。

[②] 我的一个同事遇到一位活跃的反膜拜人士，被告知说，我除了赞扬膜拜，什么都没有做过。我的同事很是吃惊，就问她读过些什么。"哦，我可不想读她写的东西！"她这样回答。

"离教顾问"可能对他们的服务收取数以万计的美元；另一方面，"专家证人"也要在诉讼案中为出具洗脑的证据收取巨额费用。最近理查德·奥夫舍（Richard Ofshe）和玛格丽特·辛格（Margaret Singer）起诉科学研究宗教学会成员和美国社会学会、美国心理学会的案子说明了所涉金额的情况，该案的诉讼标的是数千万美元，在庭辩认为他们关于思想控制和洗脑的理论缺少任何科学支持之后，他们没得到这笔收入，而且被判决为双方支付数额巨大的诉讼费用。毫不奇怪，由于涉及金钱，思想控制这个议题就成为最为激烈的战场之一。

反膜拜运动"非此即彼"的鲜明立场在现实中的一个反应是，它经常披着秘密的外衣运作。不只是新兴宗教运动，甚至社会科学家都有可能被拒绝参加他们所谓的公开会议，而且拒绝提供有关的信息或证据，尽管这些材料或许能证实反膜拜运动对现实的解释。一位不断声称新兴宗教运动利用催眠术招募成员的反膜拜人士拒绝告诉我他所谈论的是哪些运动，其理由是不信任我，因为我是"另一边的"。另外一些根据推测属于非秘密的信息，人们以为反膜拜运动会希望广为传布，但依然被小心地保护起来。当然，如果涉及到非法的诱拐和思想消毒计划，保密是完全可以理解的。

由于它的目的，反膜拜运动对现实的二次建构既不客观也不中立，事实上，其成员经常公开承认他们认为中立地呈现实在会起反作用。一次，一位发表过我论文的期刊编辑接到电话，来电者是当时"家庭行动信息与救助"（Family Action Information and Rescue）组织的主席，他抗议说艾琳·巴克的文章如此中立、客观，他要求获得矫正这种中立的权力。

原则上，反膜拜人士很可能拒绝直接使用基础建构本身作为信息来源。这是基于一个前提，几乎从定义就可以看出，膜拜团体注定要行骗，并且可能很危险。因此，反膜拜运动倾向于从焦虑的父母、失望的前成员和负面的媒体报道收集资料。经常会有信息的循环：反膜拜人士通过"暴行传说"就孩子们参与的运动的消极方面向焦虑的父母提出警告（舒普和布罗姆利，Shupe & Bromley 1980），思想消毒员和离教顾问教育前成员相信他们曾被洗脑，他们的所有经验都要用负面概念来解释（刘易斯，Lewis 1986；所罗门，Solomon 1981；赖特，Wright 1987），媒体经常从反膜拜运动中搜集故事，反过来，反膜拜运动又将出现于印刷媒体这一事实作为该故事已被独立核实的证据。曾经有一个事例：反膜拜运动在提供给媒体的故事中有个反证,但他们故作天真地首先发问:为什么会提出这个问题?他们在暗示无风不起浪,即使有时候兴风作浪的就是他们自己[1]。

反膜拜运动和社会科学家之间存在兴趣上的差异,"家庭行动信息与救助"的另一位主席,已故的罗得尼勋爵(Lord Rodney)在该组织1990年的年会上对此做了清楚的阐述:

> 今天下午在座的大多数人之所以来到这里,是由于我们对膜拜团体的担忧。在大多数情况下,这种担忧产生于我们的个人经历……我基本上相信这种担忧是无私的,驱使这一担忧的原因是:其他人也可能遭受我们所经历过的创伤。有人指控我们过于情绪化、过于偏激,或许我们中的一些人确实如此,但他们有很好的理由:当你目睹自己的家庭正在变得支离破碎的时候,你很难保持平静和镇定。
>
> 也有另外一些人——大部分在学术界——他们申明以一种冷静的、逻辑的方式考察膜拜团体:什么力量促使人们加入这些团体?他们能自由行动吗?成员呆在一个膜拜团体中的平均时间是多长?如此等等。我不想指责这种方法,但是我不相信接受这种方法的人能够量化身陷其中者所遭受的痛苦。我不想诅咒任何人,但是假如他们也有亲人上当受骗加入膜拜团体,我想知道他们还能保持多大程度的超然。我反对他们的另外一个理由是,他们在研究过程中和这些膜拜团体的联系有助于这些团体提升自己的可信度。否则为什么他们会在膜拜团体的聚会上受到欢迎,为什么他们会成为膜拜团体报刊的特写对象!女士们,先生们,我相信最终你或者认为膜拜活动是反社会的、欺骗性的和破坏家庭生活的,或者你不这样认为。我不认为我们可以骑墙中立(《家庭行为信息与救助通讯》,FAIR News Autumn, 1990: 1)。

与某些反膜拜人士拒绝和我建立任何联系,以免自己受到玷污不同,罗得尼勋爵接受了伦敦经济学院的一次午餐邀请后,慷慨地邀请我两次去

---

[1] 只举一个例子:英国反膜拜运动在电视节目上抱怨,政府向宗教运动信息网络中心提供资金支持,却拒绝支持他们。在评论随后的节目时,"家庭行为信息与救助"新闻(1989年夏:14)报道说:"主持人就每一项评论向宗教运动信息网络中心的主席艾琳·巴克博士提出了质疑。采访给人的整体印象,尽管巴克博士做好了接受批评的心理准备,并且表现得游刃有余,但她并未成功地消除观众的疑虑:为什么人们会首先提出这么多尖锐的批评性问题。"

上院喝茶①。每一次他都相当清楚地表示,他对我所提供的事实没有异议,但是他确实强烈地反对我"蹚浑了水",因为我关于膜拜运动的描述和信息可能使人觉得这些运动有其无害的方面。他坚持,"除非你给出明确的信息,否则人们无法听懂你的意思——你只会让他们感到困惑"。在一定程度上,他的意见是正确的。

媒体

大众媒体压倒性的兴趣在于获得一个好故事,以维系忠诚的读者、观众或听众,如果可能,最好能赢得新的受众。它们不太可能有兴趣推出一个新兴宗教运动日常的"普通"生活故事,或信徒满意新兴宗教运动回报的新闻,除非它能揭露出欺诈、稀奇古怪或耸人听闻的内容。媒体几乎总是赶着最后的时间期限工作,与学者在研究中花费成年累月的时间相比,媒体的时间感是非常紧凑的。而且在时间与空间上,他们的叙述也受到极大的限制。只有在十分罕见的情况下,电子媒体才会在一个话题上集中 30 分钟以上的时间,印刷媒体分配超过几百字的版面②。

空间和时间的压力意味着传媒业者在搜集资料时要选择容易接近的信息来源和方便的引证。"悲伤的母亲"或"一名冒着坐牢风险从危险的膜拜团体魔爪下救出无助牺牲品的男子",这样的线人显然就比"一位得到信徒儿子定期探望的母亲"、"以优异成绩通过考试的统一教成员"有价值得多。此外,许多(尽管不是所有)媒体往往明显地不愿意向新兴宗教运动成员询问情况,他们拒绝该运动的新闻发布会要比拒绝反膜拜运动传递来的信息爽快得多。对于研究过新兴宗教运动并且知道不管多么不同

---

① 还有,"家庭行为信息与救助"的主席尼尔·道森(Neil Dawson)接到了宗教运动信息网络中心研讨会的邀请,却打电话不无尴尬地宣布其委员会告诉他不得参加。随着他对反膜拜现象的日益觉醒,他经常邀请我和他一起秘密共餐,席间他待我以上品红葡萄酒,以及接连不断的抱怨:"家庭行为信息与救助"的很多成员狂热得歇斯底里。说起来或许令人吃惊,无论是新兴宗教运动还是反膜拜运动,不知有多少"鼹鼠"正准备秘密地告知社会科学家团队正在发生着什么。新兴宗教运动成员会告诉我们消极的信息,是因为,他们说,他们觉得应当"有人"知道正在发生的事情,但他们希望这些信息能在中立的语境中披露。

② 某些例外会衍篇成书,例如基尔德夫(Kilduff, 1978)和克劳斯(Krause, 1978)的平装书在琼斯悲剧后不几天就面世。还有一些,比如霍耐姆和赫格(Hounam and Hogg, 1984)、费兹格拉尔德(Fitzgerald, 1986)的著作,开始只是发表在报纸或流行杂志上的文章,后来都做了令人难忘的深入调查。

寻常的宣言膜拜团体都有能力发表出去的人来说,这可能多少令人吃惊;然而,在许多场合下,当我主动向记者提供新兴宗教运动的电话号码时,他们都拒绝了我,这说明或者他们不想知道真相,或者他们的编辑希望他们采用更可靠的消息来源。

与社会科学家不同,媒体没有义务引入比较的方法以评估消极事件的相关几率。因此,当报道一场悲剧或某种不端行为时,他们会在标题中注明牺牲品或作恶者是一个膜拜信徒,但不太可能在任何地方提及他是否为循道宗成员。这样的结果是,即使此类悲剧和不端行为相对稀少,但它们依然十分显眼,公众因此感觉这与新兴宗教运动有异乎寻常的密切关系。

不只是媒体的目的和利益原则导致了它们很少能够达到社会科学所要求的深度或中立立场,而且其社会地位还意味着它所制造的二次建构既因其广为传播和引人入胜而力量强大,又极其难以检验或更正。可以投诉,也可以道歉,但是这些很少能够像原初报道那样吸引眼球。通常,要想追踪一个故事进行二次报道是很难的;一个短暂的电视报道或报刊故事被扔到一边之后,会给人留下印象,但不会让人品味,而且很少会有后续的参考线索。即使是较为中立的节目或文章,也是其耸人听闻的形象更容易深入人心。只有那些反膜拜运动为了引证而挑选出的节目和故事才更有可能循环流传下去。

法律

由法官(或陪审团)代表的法律的基本利益是确保正义能够根据国家法律而得到贯彻。没有人试图对基础建构进行完整的或均衡的描述,而只是涉及可能与案件有关的方面。的确,某些信息(比如过去的定罪)可能有助于做出更全面的理解,但这些信息被看做是不予承认的证据而排除在法庭之外。就辩方和控方而言,他们的明确目的就是为顾客打赢官司。每一方都试图描绘出一个事实图像,以有利于自己而不利于对方。有人可能会提出异议,认为在对立双方之间做出裁决的法官(或陪审团)可以采取中间立场,然而无法确保中间立场就是正确立场。首先我们想问:是相对于什么的中间立场?是法庭设置了球门的门柱,正确的立场可能在也可能不在其间的某个地方。

法律的确也使用"专家证人",他们通常会出示代表科学团体的证件,因此,就初步印象看,人们可能预期专家证人提供的对现实的二次建构会与社会科学家保持一致，但事实上未必如此。一个原因是，律师会邀请那些所持观点与其客户一致的证人，但更根本的原因是，提问或不提问哪些问题，以及回答或不回答，是由法庭决定的。

总而言之，控辩程序围绕对现实的不同描述展开辩论，任何一方或双方都有可能对基础建构做出严重歪曲。如果这一程序仅为法庭所用或许还不太要紧，但大量的证据显示，对一件事情的决定经常会被其他人用来"证明"可能几乎毫不相干的另外一个事实，这种情况甚至在诉讼中也流行起来。

临床医师

和辩护律师一样，临床医师和顾问的利益是帮助他们的客户。但是他们不需要确立客户对现实的见解，以取得战胜对方的公开胜利，他们可能需要帮助客户私下建构一个新的现实，使其能够生活其中并感觉良好。当然，具体操作会非常不同，很多临床医师试图帮助客户对其目前或过去参与的基础建构建立更清晰的理解，但这是一种实用性的建构，它以客户为中心，并非对整个群体做出中立的评价。事实上，当涉及特定客户的临床医师对新兴宗教运动的兴趣大到出席宗教运动信息网络中心的咨询讨论会时，他们会要求不要向其提供背景信息，比如讨论某运动的详尽记录。他们认为这会干扰其与客户的关系——听取另外一方而非其客户的观点，可能是一种背叛。

坦白地说，这并非是对临床医师的批评，在客户摆脱痛苦经验的康复过程中，他们发挥了积极作用。我只是想指出，他们的目的和社会科学家有所不同，因此他们会使用不同的方法，运用不同的知识；临床医师独特的二次建构可以与社会科学家的工作互补。然而，当顾问和医师根据他们以客户为中心的工作，声称他们知道某个特定运动，乃至普遍的新兴宗教运动时，他们与社会科学家之间的冲突就产生了。当临床医师作为专家证人在法庭上提供证据，或者向媒体或在公众聚会上讲述自己的经验的时候，这种冲突就很可能出现。同样地，如果这些陈述被界定为描述一些可能对公众有所帮助的方法，而不是声称这些描述出自"职业"来源，因而是精确与客观的话，冲突也不会发生。它们当然出自职业来源，但是，和法庭一样，该职业的基本目的不是建立精确、客观的描述。

顾问及临床医师与社会学家发生争执的两种主要情形是：（1）关于所谓洗脑或思想控制的主题（见上文），（2）关于仪式的丑恶滥用的争议。对后者的研究揭示出大量证据，显示临床医师不仅可能帮助客户建构对现实的二次建构，有些甚至建构出对现实本身的解释，进而对客户形成巨大压力并迫使其接受（穆克赫恩，Mulhern 1994；理查森等，Richardson et al，1991；休斯顿，Houston 1993：9）。

超越象牙塔

尽管社会科学无法声称像自然科学那样"科学"，但它无疑比其竞争者更为科学。在对新兴宗教运动的客观与精确的描述上，社会科学方法的逻辑性绝对优越于其竞争者。无差别的相对主义，就像解构主义和后现代主义的某些倡导者所主张的那样，对我而言似乎毫无意义。科学的规则，即便像本文宽泛描述的那样，也不仅仅是文字游戏；它们在认识论的意义上提供了纵然有限，但却是最低限度的保证。我们会狂热地争辩事无定性，但对于某些明显虚假的事情，经验观察就有能力凭借其合理的工作逻辑向任何人做出证明。无疑，有些陈述（道德评价和关于超自然的声明）是经不起实证检验的，而同样疯狂的是，有人自信能够向持有不同意见的人证明它们的真假。此类陈述不在社会科学的范围之内。我并非在暗示社会科学独占了真理。远非如此。但是我想说的是，社会科学的方法——它对批评和经验检验的开放性，以及最重要的，它对比较方法的使用——应该确信能比其竞争者提供更加客观与有用的记录，以观察事物的实然与应然：不是断定事物应当怎样，而是帮助判断它们应当怎样。

社会科学家应当不只是由于方法论的原因（如上所述），而且还要出于伦理或政治目的，介入其二次建构的应用，进而成为对更广泛的"膜拜现象"的基础建构的一部分。对科学的宗教研究而言，此类介入是适宜的？有害的？还是无关紧要的？在研究过程中，我们经常会遇到误解、误传和/或大肆歪曲，并似乎导致了不必要的痛苦，同时我们又确信，对我们的调查主题而言，我们所使用的方法比其他的方法优越，不容易发生错误，如果这样，我们该怎么办？如果我们发现一些自称具备专业技能的人，强调他们得出的一些结论源自科学的方法，却不能提供经得住检验的证据，而我们则怀疑科学方法不仅没有，而且也不可能产生这样的结论，我们又当如何呢？不管是作为个人还是专业团体的成员，难道我们不应该与我们这个领域里的无知、利用、偏见，或至少是善良但不精确的陈述做斗争吗？或者我们只是将疑虑发表在《科学研究宗教》（JSSR）杂志上，希望有人读到后用它向其他观点挑战吗？

我知道科学事业不曾暗示社会科学家应当到市场上赢取他们对现实的解释。同时我也知道在本质上科学不会禁止此类介入。事实是，我们中的一些人"已经"感觉到要运用宗教社会科学的二次建构，不管是对是错，他们认为，我们和任何人一样有权利（而且比大多数人具有更多的相关知识）不但要宣传社会科学的观点，而且当我们认为其他人的二次建构不够精确或带有偏见时，要对其提出质疑。

但生活不是这样简单。一旦跨出象牙塔的相对保护，我们就会发现将要受到竞争对手的影响。我早已说过，在我们的出现受到一些人欢迎的时候，对另外一些人就造成了威胁。而且它也给我们自己造成了威胁——不仅有时候对遭受攻击的方式不快，更阴险的威胁是针对我们的价值中立和方法，而这正是我们优越于竞争者之处。

下面我想探讨的是，在一个竞争激烈的市场中，我们变成行动者这一事实，意味着我们承受了这样的压力，即将某些竞争者的兴趣和方法结合到我们的活动中来。我们正处于被竞争者牵着鼻子走的危险之中。

不同的二次建构者兜售其商品的手段对于其成败至关重要，社会科学家面临的首要障碍就是如何在市场中找个好位置搭起货摊。当社会科学家完成研究后，最有可能在学术著作或在专业杂志上发表其成果，除了其他的社会科学家外，这些著述可能蒙尘书架，少为人知。单单将著述摆在科学研究宗教学会的年会书展上，甚至在《科学研究宗教》杂志上发表或被评，这都是不够的——这样做可能会引起内部的辩论，但如果局外人听不到，我们就不但会失去一些有价值的反馈，而且还很可能孤立自己，与"膜拜现象"无异。

我们可能需要比惯常更加清醒地意识到，我们所推出的内容在与我们希望中的受众相遇时，应当带有相关性。我的意思不是说，我们捏造结论以被人接受。相反我是说，像扮演枯燥角色的演员那样，我们需要推出我们的研究结果以使它们被理解，被听到，而不管它们是否受欢迎，也许特别在我们怀疑它可能不受欢迎的时候，就更该这么做。稍微密切地关注一下媒体和反膜拜运动，我们就可能学到一些教训并得到一些警告。媒体显然拥有最大数量的受众，能够产生巨大的影响，尽管（也许是由于）它具有保存期限短的局限，以及查阅或重新检索的困难。反膜拜运动提供十来个鲜明的观点，足以应对任何情形；就像老练的政客一样，他们长于回避探究问题。而且，反膜拜运动的讯息很受欢迎，不只是因为和他人相比膜拜团体具有的魅惑式的邪恶，而且，由于膜拜团体的思想控制技术，反膜拜运动只需简单地解释为什么人们会放弃"正常的"社会而去追求"令人难以置信的"信仰并且过着"难以忍受的"生活；此外，还可以将膜拜信徒与其家庭间的所有问题都归咎于膜拜团体。

如果我们希望保持神志清醒，我们就不得不承认，有些战斗永远不会获胜。有一些人会继续推行他们对现实的解释，无论有什么反驳性的证据，也有一些人（有时是同一批人）会坚持以歪曲的方式描述我们的二次建构。并非其他阵营的所有个人都注定摒弃我们对现实的解释：家庭行动信息与救助委员会的两个前任成员就变成了宗教运动信息网络中心主管委员会的不可多得的成员，过去习惯于依赖反膜拜运动的好几位媒体成员现在也大量运用宗教运动信息网络中心的资料和国际联系，但是更为现实的挑战是如何与那些没有任何特别企图，但对精确且客观地描述新兴宗教运动感兴趣的人获得沟通。但我们如何才能有效地表达我们的解释，而又不破坏记述的完整性呢？

他山之石

为了传播我们的观点，最显著的方法是与大众媒体合作，很多制片人和记者都愿意甚至急于使用我们的信息。但是如同我们看到的那样，他们的主要目的是得到一个好听的故事。我们怎样合作？用他们的术语还是用我们的？对于"一方面……另一方面"、"然而"或"不管怎样"的使用他们可以迁就，但数量上会有一个限度。我们必须准备付出多高的代价？我们希望像一篇文章的摘要那样，以对主要观点广泛而清晰的传播来换取限制条件的省略吗？

如果我们被错误地引述，又将怎样？我们从艰辛的经历中知道哪些媒体更不可靠，它几乎总是通过二手或三手渠道得到我们的陈述；很少有媒体成员（虽然也有）故意曲解他们的信息来源。尽管如此，也确有一些人会故意误导我们"升得高摔得惨"。对于如何编辑我们所说的话，以及别人如何说我们，我们无法控制。甚至在现场直播中，如果有人曲解或突然攻击我们从未做过的事情，要使人理解我们的实际立场都可能极其困难。我们可以抗议，但我们当中的大多数人会惊惶失措，以至无法想出有效的回应，直到直播结束。除了极度沮丧和不快，此类经历还可能让人怀疑是否同意参加任何节目都不仅仅具有反作用。

但是此类行为属于例外而非规律，而且有敌意的节目经常招来更多表示支持而非反对的信件。此处更加肯定的是，我们不会因为回应媒体或反膜拜运动的压力，就允许自己为获得一段好评而流于浅薄的概括；我们不以某些人的另类信仰为代价开一些廉价的玩笑；我们不对膜拜团体谁"好"谁"坏"做出评判，当然这不是说我们不能报道X运动将儿童用做了牺牲，Y运动每周有性放纵，而Z运动向飞碟中的绿色小矮人祈祷，只要我们所说的是真的，并清楚地说明其余99.9%的新兴宗教运动并非如此，也就够了。媒体通常会给我们机会，在比较中将事情放入具体的情境，尽管我曾被要求不要引证《路加福音》第14章第26节，因为它导致了如此众多愤怒的否认：耶稣从来不曾说过这样的事情。

我们和法庭的关系在某些方面类似于和媒体的关系。是他们基本上控制着传递出的内容及其语境。是他们提出问题。如果我们不屈从他们的利益，他们就会忽略我们，十之八九转向我们的竞争者。如果我们不带偏见的观点导致我们在法庭上做出的反应，在一种场合下对某方有利，而在另一种场合下对其有害，其律师就会侮辱我们是"不可靠的"或是"婊子证人"。存在这样的诱惑，即只说邀请我们（支付过费用）的一方希望我们所说的话，压制相关信息，或通过诡辩歪曲另一方的立场。

偏袒还是骑墙？

当我们试图显得不偏不倚的时候，一个更加微妙的问题产生了：我们变得有所偏向了。心胸开阔、言论自由的媒体经常要求我们提供客观的、不偏不倚的中间观点，这通常意味着在新兴宗教运动和反膜拜运动之间找一个中点。但是，如同在讨论法律解释时所表明的那样，给出不偏不倚的描述不一定非得在"中间"。科学并不是将两个极端立场相加然后除以二。有时候"一方"是正确的，但这样说可能被看做是偏袒，甚至连我们自己也这样看。的确，竞争者和潜在客户不断提出的一个问题是："你是站在哪一边的？"社会科学家的回答可能是"精确与中立的一边"，但我们发现自己在不同的方向上被推来拉去。我们中的一些人不太敢提供信息，因为害怕被送上法庭，而且即使自信我们最终能为自己的所说赢得辩护，这依然将耗费掉我们大量的时间和金钱。有时候是制片人或出版商不敢冒介入诉讼的危险，而我们则不希望吵吵嚷嚷地找到一个胆大的（或可能是较为有勇无谋的）制片人或出版商。

　　一方面是专业团体制定了伦理规则（英国社会学会就有这样的规则），同时也存在着灰色地带，我们的私人感情可能会驱使我们倾向一边而非其他。我们可能不想背叛线人的信任。在通常情况下，这不是一个太大的问题，因为如果匿名是重要的话，我们在吸收信息的同时，总能找到隐匿一个人姓名的方法。但是当我了解到犯罪或反社会的活动时，我曾经将信息通报给警察或其他部门，比如慈善或社会服务机构，偶尔也会通报给声誉好的媒体。这是对信任的背叛吗？如果不说难道就不是对另一种信任的背叛吗？我相信一个民主国家的任何公民，不管他们是不是社会科学家，都对其他社会成员负有责任，不允许犯罪或有害行为不受过问，但是应当在多大范围内散布这些信息并不总是一件轻而易举的事情。一个人可能希望提醒公众注意一些潜在的问题，但是他也需要意识到，对此类信息不负责任的利用可能会导致更大的损害。福音派反膜拜人士提醒公众滥用仪式的危害就给我们提供了一个有益的警告（理查森等，Richardson et al, 1991）。

　　我们所研究的新兴宗教运动很可能希望我们站在他们一边，其中的好几个组织实际上都拉近了和社会科学家的距离，因为他们相信，即使我们不为他们"漂白"，我们至少也会比大多数其他解释者更为公正（巴克，Barker 1984：15，1995：176）。我们都或多或少地受到"糖衣炮弹"、永恒诅咒的暗示和/或感情勒索的影响。此类技术对有经验的研究者往往具有反暗示作用，而且尽管一些新兴宗教运动可能试图让我们皈依，但我们不太可能宣传他们的信仰，比如赞美文鲜明是救世主，声称贝尔格是末世先知。无论如何，他们为我们提供了时间，我们接受了他们的款待，不管是一杯茶还是一次付费的会议[①]，这些不争的事实都可能让我们感到欠了

　　[①] 参见《社会学分析》（1983 44/3）的讨论：关于参加新兴宗教运动资助的会议的正当性问题。在这一特殊问题上，我要为下述事实辩护：我参加过统一教的会议，尽管我拒绝了任何谢礼，但我的费用是他们支付的。我一直不相信我的研究受到了这个事件的不利影响——事实上，我相信如果我没有参加过这些会议，无论是我的大学还是政府机构，都不会全力支持资助我的研究。尽管如此，事后看来，我承认当时我在政治上的幼稚；如果我知道日后要建立一个宗教运动信息网络中心这样的组织，那么我可能会再做些努力，争取独立基金的支持参加这些会议。自从宗教运动信息网络中心成立后，我就再也没有接受过由统一教支付费用的会议邀请，然而，过去的事情尽管不是虚伪而愚蠢，但它一直使我受到公开的攻击。

他们的人情，但是转而，我们可能会感觉同样或更多地欠了他们的父母和我们在调查中遇到的其他人的人情，而且，或许我们会察觉我们蒙受了整个社会的恩惠。肯定的，我们都是有血有肉的同类，这意味着随着我们在研究过程中对他们个人的了解，我们可能会成为朋友（或相反的，也可能产生敌意）。我们可能会逐渐产生保护意识，当我们看到他们遭受不公正的攻击时，我们会去为他们辩护。如果我们只是在事件中引入关于新兴宗教运动情况的精确、中立的看法，这样做也并无不妥，但如果是出于友谊的情感束缚或对"我们的"新兴宗教运动的忠诚，从而将我们在研究中知道的内容拔高到偏离真相的地步，那么根据科学的规则，就应当受到谴责了。

更经常的是，我怀疑我们压制提供信息是出于科学意义上的担忧，我们觉得如果信息被如此使用的话，我们无法接受。在这里，我更多的不是指来自新兴宗教运动的"拉拢"，而是指来自反膜拜运动或媒体部门的"拒斥"。我们从经验中了解到，我们所报道的消极方面会被断章取义，加到"膜拜团体所干坏事"的清单上，而较为积极的方面则被忽略，或被当做我们被蒙骗或收买了的证据。此外，我正痛苦地意识到，我当下正在写作的内容将向对手提供进一步的证据，说明我们并不像自称的那样科学。但此处的悖论是，压制对此类关切的讨论将是更不科学的、虚伪的。

如果我们诚实且能够自我批评的话，我们就不得不承认，我们当中已有好几个人对反膜拜运动的选择性使用资料做出了反抗，有时是非常无意识的，但他们牺牲了中立。存在这样的情形：思想消毒或信仰治疗的行为在总体上似乎是践踏人权的，当面对这些情况的时候，社会科学家压制了有关新兴宗教运动的信息，因为他们知道这些信息很可能被断章取义，用做证明思想消毒等行为正当的理由。多少有些悖论的情形是，我们越是感到人们说了关于新兴宗教运动"不真实的"坏事，我们就越是倾向于较少公开该运动"真实的坏事"。

问题的另一面是，有些社会科学家感到他们不得不出版一些有关新兴宗教消极方面的资料，而压制其较为积极的方面，原因是他们意识到自己有被界定为膜拜团体护教者的危险，或被指控为正在改信他们正研究的运动。就我所知，有两个宗教社会学家曾经受到警告：如果他们不明确表示他们的专著是对罪恶的揭露，他们将不被给予终身教职或不授予博士学位。

和"偏袒"相反的是,我们并非少见地受到这种评价的刺激:我们坚持骑墙的态度,我们对他人的痛苦无动于衷。我们当中的大多数人都激怒过媒体,因为拒绝对谁是好人,或更多地谁是坏蛋这样的问题给出毫不含糊的回答。一个计划落空的记者曾经在一篇题为《没有商量的余地》的幽默文章中将我当成笑柄。但是,如果我们在以社会科学家的身份和人谈话,我们就需要宣布我们的专业技能的限度,并且明确宣布在相互对立的神学或道德主张之间,我们并没有特殊的选择标准。科学的元价值要求我们在回答伦理或定义问题时,采用有前提的方式。当然,有些过于迂腐的陈述会显得很傻,比如,"如果你认为连续杀人是一件不好的事情,那么你就不会认为曼森会道门(Manson Family)是一件好事情",或"这完全取决于你所指的仪式祭祀是什么意思"。

当然,只要我们明确是以私人的公民身份说话,我们就拥有和其他人同样的表达信仰的权利。但是,正是由于我们当中的大多数人并不对正在发生着的事情无动于衷,一些人才利用了广播电视节目,传播自己的价值观与偏见。一方面我们不太可能宣传某一特定的神学信仰,但同时,我们的出发点很可能是这样一个假定,比如,预言将会落空[①]。一方面我们不太可能在良性的膜拜和破坏性的膜拜之间做出规定性的区分,但是另一方面当我们希望说明一个观点的时候,特别是当我们希望对一个竞争对手关于运动的主张提出质疑的时候,我们又确实往往提供我们认为(或相信我们的受众认为)应当受到责备或者值得赞扬的行为范例。与此类似,当社会科学家在法庭上受到压力,不得不说一个特定的新兴宗教运动是否"真正"是一个宗教时,他们并非总是像他们应该的那样,明确坚持科学并不能给出一个真正的宗教的定义。只有当法庭给出一个定义,或当我们运用"假如,你所说的宗教是……"这一句式时,我们才能说,"根据这个定义",该运动是不是"真正"的宗教。

长期研究者的孤独

随着我们进入一个竞争激烈的市场,孤独可能会变得极其强烈,这包

---

① 这并不意味着在研究过程中可以不告诉应答者我们拥有不同的预期。事实上,这可能是一个很好的基础,使我们能在更深层次上询问其信仰的含义。例如我曾经花费很多小时的时间,用"但是肯定地……"或"如果……那么"开头的句式,"怀疑式地提问"惊人的耐心的"家庭"(The Family)和其他千禧年新兴宗教成员,从中搜集信息。

括心理和情绪上的不适,以及思想的不确定。并不鲜见的一个情况是,社会科学家奇怪为什么任何其他人的解释似乎都与他所认识到的现实不相符合(阿施,Asch 1959;巴克,Barker 1992:246 - 247,1984:21 - 22)。有时候,我们渴望发现其他人同意我们的观点,进而将我们从令人苦恼的怀疑中解救出来,这种怀疑有时会达到这样的程度,在那些我们最知道真相的事情上,也难下断语。[①] 人们对孤独的反应各种各样,但是它们很少有利于科学研究。有几个人屈从于"归属"的欲望,介入或者非常偶然地加入了反膜拜运动或新兴宗教运动。其他一些人则回避或一起退出了这个舞台。对于我们当中的一些人来说,被标记为"敌人"后情绪上的不适会变得如此厌烦,以至于我们会寻找借口,不去核查本应尽可能彻底检查的资料来源。在少数几个场合下,我发现自己竟然请求同事或学生代表我出席会议,因为我怀疑我将遭受攻击。尽管我为这种怯懦寻找的理由是太忙了,或者他们代替我去会较少引起敌意进而更好地理解所发生的事情,但我怀疑真正的原因,是我宁可不去发现正在发生的事情,也不愿让自己再次遭受不快。

当一群受到类似中伤的社会科学家在科学研究宗教学会的会议或其他场合聚到一起交流体验时,情形就变得复杂了。在某些方面,我们完全是在做职业团体成员被期望做的事情——交流信息并且对相互的工作提出批评。但人们还可以这样认知这个过程,即我们正在创建一个投缘的小规模援助团体,合作构建出反膜拜运动的顽固形象,对运动的差异和变化做不充分的描述,集体性地归纳出对"他们"的偏见(参见布罗姆利和舒普,Bromley & Shupe,1995)。如果我们以这种方式应对反膜拜运动对我们的反应,就真有点危险了,我们可能会忽视一些与理解新兴宗教运动相关的必要的内容,而且就本文所关心的主题而言,更重要的是,这实际上会阻碍我们全面理解反膜拜运动如何在膜拜现象中运作。直接接触反膜拜运动的某些团体或成员会令人不快,在某些情形下还是不可能的,但这个事实

[①] 自从建立了宗教运动信息网络中心之后,我受邀阅读了大量信件,都是寄到支持我们的机构的。这些信件说,我是被科学派(Scientologists)操纵做这件事的,或者说,在这个主意背后有统一教或新时代的金钱。尽管我知道这些运动根本不知道我的计划,更没有任何关系,但是这些断言的数量和力量足以压得我喘不过气来,以至于我寻思是否应对他们展开调查。我不得不振作自己记住,如果有任何人知道我是如何建立以及为什么建立宗教运动信息网络中心,那就是我!

并不能成为我们的借口,用我们谴责他们描黑我们与新兴宗教运动的方法为其定性。

为了避免任何误解,请允许我明确地指出两点。第一,尽管并非所有的市场压力及其后果都得到了充分的承认和审查,但我不是说科学研究宗教学会的同事们全都放弃了作为学者的诚实。相反,他们一直在提供以精确与客观著称的关于现实的二次建构,对此我印象深刻。第二,我不希望否认任何个人或团体追求其利益的权利,只要他们不危害一个民主社会的法律,不侵犯他人的权利。我相信本文提到的所有团体在"膜拜现象"中都能并且已经扮演了重要角色;尽管如此,我还想说的是,像民主制度中存在着对立的党派一样,竞争的普遍存在也是一件"好事"。在向宗教运动信息网络中心咨询某一特别的运动及其是否"可靠"的时候,一位据称关心子女的父母,可能(或就)是运动自身、反膜拜运动、媒体——也可能真是关心孩子的家长。我们需要保持警觉;而且从长远来看,我们当中的任何人都不必担心失败——只要对我们的元价值保持忠诚。

元价值的反思

现在让我们回到图1,作个总结。正像我在前面所解释的,线[1]代表着科学的元价值:研究应当尽可能地保持价值中立,研究的目的是描述和解释事情是什么,不能将研究者的价值观掺到二次建构中去;线[2]和线[3]承认价值观贯穿着研究对象的选择及研究结果的使用;而线[4]则代表了被研究者的价值观。

其他的线关心的是研究者"发挥影响"时的效果,我认为应当运用的元价值在表2中进行了总结。线[5]显示基于方法论上的原因,社会科学家有时应介入到数据之中。在此类情形中,他们对数据产生的影响应像任何其他的研究部分那样受到关注和分析。线[6]显示的是社会科学家或许介入其研究的应用,并可能因此介入有关现实的更宽泛的基础建构之中。像线[5]的情形一样,这种政治而非方法论意义上的"扭曲"需要作为事实资料予以注意和分析。线[7]显示了在研究成果的应用中,政治介入不应影响元价值——社会科学实践应尽可能保持价值中立。

表 2　　　　　　　　　　　　发挥影响

受影响的领域	理由	元价值	要求的行为
数据	做研究	应当	考虑到宗教社会学的二次建构
数据	运用宗教社会学或其他的二次建构	或许	考虑到继发的二次建构
研究与二次建构	宗教社会学与其他二次建构的相互作用	不应当	根据科学的元价值和标准进行的反省和批评

结　　论

　　社会实在不是一成不变的结构；它是一个进行中的过程，而且只有当个人意识到它的存在，并且作为媒介在其中活动的时候，这一过程才得以存在。有些感知会重叠，但从没有两个人对现实拥有完全相同的看法。关于社会实在的所有解释都或多或少地不仅受到了主观理解的影响，比如从前的经历、价值观、假定、期望、恐惧和预期，而且还受到据以感知社会实在的社会立场的影响。二次建构展示了这些差异，观察可以发现，由于解释者的职业和团体利益不同，这些差异呈现出有系统的重大的变化。

　　作为社会科学家，我们的兴趣在于提供精确与客观的解释。为了这一目标，我们相信，不同于医患之间临床上的隔离状态，我们的部分研究需要我们介入正在被研究的人群。这导致了复杂性，即我们很可能影响数据，而且也很可能被数据所影响。每个人都持有特定的价值观，如果我们置身于开放市场，就同一个基本事实与正在兜售其他二次建构的人积极竞争的话，事情将更为复杂。

　　我不相信对宗教进行科学研究的想法是极端荒唐可笑的。我想强调的是，尽管社会科学也存在一些问题，但它是一门重要而有价值的学科。我们有系统的方法与原理，对于社会现实，它可以比其他二次建构者所采用的手段产生更加精确与客观的描述。就"膜拜现象"而言，我已经论证过，在方法论上，我们应当"深入其中"，以发现正在发生着的事情，而在政治意义上，应当"有所不同"。我们应当沟通，以便我们的声音能被听到；当我们看到无知与误传的时候，没有任何理由不与之展开斗争。作为公民，我们也没有任何理由不运用社会科学的成果向褊狭、不公正和我们认为不必要的苦难开战。

但是，如果我们要履行这项使命，我们就还要小心不要将孩子和洗澡水一起泼出去，或者我将这个比喻再引申一步，不要在经验研究的貂皮上续缝一截政治的狗尾巴。作为职业社会科学家，在维护元价值方面，我们需要比在诉讼案件中更加清醒、仔细和真实。我们需要认识到，其他人或许已经开始决定我们的行动——我们可能正以其损害社会科学利益的程度为标准对其做出选择和评价。当宣传和捍卫我们关于实在的观点时，我们必须记住，只有在一个有限的领域内，我们才能宣称业务上的精通——作为社会科学家，有许多真实的问题是我们不能也不应解决的。

如果我们要保持自身的专业水准（对我们这样一个专业社团来说，这肯定是基本职能之一），就需要磨砺我们的工具：自我反省、公开辩论和建设性的批评。我们需要保持长期的警惕，不只是对我们的团体成员以社会科学名义发表的声明，还要当心其他人以社会科学的名义提出的宣言。只有这样，科学研究宗教学会才会继续成为令我们所有人都为之自豪的真正的专业团体；即便科学地研究宗教是一个玩笑，那也是一个非常严肃的玩笑。

参考文献

Asch, Solomon E. 1959. Effects of group pressure upon the modification and distortion of judgments. In Readings in social psychology (3rd edition), edited by Eleanor E. Maccoby et al, 174 – 183. London: Methuen.

Barker, Eileen. 1984. The making of a Moonie: Brainwashing or choice? Reprinted by Gregg Revivals, Aldershot, 1993.

——1987. Brahmins don't eat mushrooms: Participant observation and the new religions. LSE Quarterly 1: 127 – 152.

——1989a. New religious movements: A practical introduction. London: HMSO.

——1989b. Tolerant discrimination: Church, state and the new religions. In Religion, state and society in modern Britain, edited by Paul Badham, 185 – 208. Lewiston NY: Edwin Mellen Press.

——1992. Authority and dependence in new religious movements. In Religion: Contemporary issues. The All Souls Seminars in the sociology of religion, edited by Bryan Wilson, 237 – 255. London: Bellew.

——1993a. Will the real cult please stand up? In Religion and the social order: The handbook of cults and sects in America, edited by David G. Bromley and Jeffrey Hadden, 193 – 211. Greenwich CT & London: JAI Press.

———1993b. Behold the New Jerusalems! Sociology of Religion 54: 337 – 352.

———1994. But is it a genuine religion? In Between sacred and secular: Research and theory on quasi – religion, edited by Arthur L. Greil and Thomas Robbins, 69 – 88. Greenwich CT & London: JAI Press.

———1995. Plus a change. In 20 years on: Changes in new religious movements. Special edition of Social Compass 42, edited by Eileen Barker and Jean – Fran? ois Mayer, 165 – 180.

Berger, Peter and Thomas Luckmann. 1966. The Social Construction of Reality. London: Penguin.

Bromley, David G. and Anson Shupe. 1995. Anti – cultism in the United States. Social Compass 42: 221 – 236.

Douglas, Mary. 1966. Purity and danger. London: Routledge & Kegan Paul.

———1970. Natural symbols: Explorations in cosmology. London: Barrie & Rockliff.

Fitzgerald, Frances. 1986. Cities on a hill. New York & London: Simon & Schuster.

Hounam, Peter and Andrew Hogg. 1984. Secret cult. Tring: Lion.

Houston, Gaie. 1993. The meanings of power. Self and Society 21: 4 – 9.

Introvigne, Massimo. 1995. L "évolution du `movement contre les sectes" chrétien 1978 – 1993. Social Compass 42: 237 – 247.

Jules – Rosette, Bennetta. 1975. African apostles. Ithaca: Cornell University Press.

Kilduff, Marshall and Ron Javers. 1978. The suicide cult. New York: Bantam.

Krause, Charles A. 1978. Guyana massacre: The eyewitness account. New York: Berkley Books.

Lewis, James R. 1986. Restructuring the 'cult' experience. Sociological Analysis 47: 151 – 159.

Mickler, Michael L. 1980. A history of the Unification Church in the Bay Area: 1960 – 1974. MA thesis. Graduate Theological Union, University of California, Berkeley.

———1992. The politics and political influence of the Unification Church. Paper given at SSSR, Washington D. C.

Mulhern, Sherrill. 1994. Satanism, ritual abuse, and multiple personality disorder: A sociohistorical perspective. The International Journal of Clinical and Experimental Hypnosis XLII: 265 – 288.

Popper, Karl. 1963. Conjectures and refutations: The growth of scientific knowledge. London: Routledge.

——1972. Objective knowledge: An evolutionary approach. Oxford: Clarendon Press.

Radcliffe – Brown, A. R. 1950. On joking relationships. Africa XIII: 195 – 210.

Richardson, James T., Joel Best and David G. Bromley (eds). 1991. The satanism scare. New York: de Gruyter.

Runciman, W. G. 1969. Sociological evidence and political theory. In Philosophy, politics and society, 2nd series, edited by Peter Laslett and W. G. Runciman, 34 – 47. Oxford: Blackwell, Shupe, Anson D. and David G. Bromley. 1980. The new vigilantes. Beverly Hills: Sage.

Solomon, Trudy. 1981. Integrating the "Moonie" experience. In In Gods we trust, edited by Thomas Robbins and Dick Anthony, 275 – 294. New Brunswick & London: Transaction.

Weber, Max. 1947. The theory of social and economic organization. New York: Free Press.

Wilson, Bryan (ed.). 1970. Rationality. Oxford: Blackwell.

Wright, Stuart. 1987. Leaving cults: The dynamics of defection. Washington DC: SSSR.

Wuthnow, Robert. 1987. Meaning and moral order: Explorations in cultural analysis. Berkeley: University of California Press.

宗教社会性及其表达

——中国宗教社会学的基本理论问题

李向平[①]

提　要

本文从中国宗教的传统形式如何转变为当代宗教的社会形式出发，讨论中国宗教通过社会变迁而反映出来的宗教社会性，进而把握中国宗教的基本社会特征，并以此展现当代中国社会变迁的广度与深度。

宗教的意义和秩序，被宗教社会学的基本理论旨趣界定为人类社会生活的重要构成部分，视之为人类社会生活秩序的一个社会存在形式。然而，宗教的社会本质及其表现形式，却在人类历史的演变过程之中被种种外在的政治、经济等等外衣所遮蔽。因此，伴随着社会历史的变迁，宗教的社会性特征被得以逐步地剥离出来，呈现了它应有的社会表达形式。

虽然社会的定义极其多元，但人们也常常把占据一定领域、能够从事人的再生产、具有为日常生活所必需的文化精神、超越个别群体、满足成员主要生活需要，即在功能方面大体上能够自给自足的生活范围称之为"社会"[②]。而在其与国家权力的关系层面上，"社会"还能够被视为一种渗透于权力之中并将之分解、分权的领域[③]。因此，本文拟将宗教的社会

[①] 作者为上海大学宗教与社会研究中心主任，电子邮箱：lxp_sh@mail.shu.edu.cn。
[②] 参见［日］清井和夫：《社会学原理》，刘振英译，华夏出版社2002年版，第100页。
[③] 泰勒语；引自杜赞奇《从民族国家拯救历史》，王宪明译，社会科学文献出版社2003年版，第141页。

性界定为一种占据有一定社会空间、能够体现出社会成员日常生活所必须的文化精神、组织上自立自为并能够从国家权力结构之中脱离、分化出来的宗教实践主体及其社会团体或社会组织形态，并作为本文论述的主要概念。

基于宗教社会学的理论方法，宗教作为一种社会现象或社会形式进入该论域，即将宗教社会性及其表达形式，作为当代中国宗教社会学研究的一个基本理论问题。这个问题，在总体性社会或全能主义的社会结构之中尤其显得重要。因为，在此社会结构之中，政权与财产权、经济交易权力和行政权力交相合一，社会中的社会组织和其他经济组织，大体上都成为了实现国家统治的一种组织化手段，从而存在着一种自下而上的依赖性向量和结构，即下级对上级的依赖，社会对国家的依赖，国家将一切权力掌握在自己手中，同时就剥夺了其他任何权力，国家基本取代了社会。在此前提之下，政治组织与具体的专业组织合二为一，专业取向和意识形态的行为取向融为一体[1]。在此社会生活之中，它的各个领域，包括经济、社会、文化、教育等，由于高度附着于政治框架而呈现出高度的交织、粘着和不分化状态[2]。那本来是属于社会专业服务范畴的宗教形式，因此也被划归为国家行政组织的管理范围并体现了高度的意识形态化、结构化趋向。就其制度层面而言，传统中国的"公共宗教"以及当代中国的"单位宗教"，就是这种存在形式的生动反映。

然而，从传统形式的公共宗教到当代中国的单位宗教，尽管还是一种总体性社会的意识形态表达方式，但是在当代中国社会变迁中，中国宗教的社会存在形式却及时表达了这种社会变迁的深刻影响，特别是伴随着当代中国社会逐步从国家控制的权力领域生成、发展、演进，当代中国宗教已具有了它本应具有的社会形式，在宗教制度上初步构成了社团法人或社会组织类型的社会性专业组织，宗教社会性及其表达方法已具雏形。

据近年来的不完全统计，目前中国有佛、道、伊、天、基五大主要宗教，信教群众大约上亿，各类宗教的教职人员30多万，宗教团体3000多

---

[1] 参见李汉林：《中国单位社会》，上海人民出版社2004年版，第10—11页。
[2] 参见孙立平：《总体性社会研究——对改革前中国社会结构的概要分析》，《中国社会科学季刊》1993年第1期。

个，宗教活动场所十多万处，另有74所宗教院校①。因此，它们所具有的社会特征及社会性表达形式，已经构成了中国宗教社会学研究的基本对象和基本问题。

本文拟从中国宗教的传统形式如何转变为当代宗教的社会形式，讨论中国宗教通过社会变迁而反映出来的宗教社会性，进而把握中国宗教的基本社会特征，并以此展现当代中国社会变迁的广度与深度。

一 公共宗教：中国宗教的传统形态

"社会"一词，起源于罗马，拉丁语中对societas一词的运用最初则带有明显的，尽管是有限的政治含义；它指的是为一个明确目标而组织起来的人与人之间的联盟②。亚里士多德和西赛罗所用的societas，意义是指公民形成的政治公共体。近代之后，随着civil society的形成，"社会"一词才开始具有了如下两种含义：第一，它明显指涉越出个人、家庭范围，形成市场、沙龙等组织的新人际关系的过程。当这种关系组成为公共团体的时候，它蕴涵着把个人组织为公共团体的意思；第二，当这种公共团体是人自愿形成的时候，"社会"意味着存在着将"私"合成为"公"的机制，这时的"社会"作为一个领域，包含了将"私"合成为"公"的场所。它本身可以在家庭与国家以外，是一个既非私人亦非公共的领域③。

然而，"一个既非私人又非公共的社会领域的兴起，严格说来是一个比较晚近的现象，从起源上讲，它是随着近代历史而开始的，并且在民族国家中获得了自己的政治形态"④。所以，近代社会之前，中国人常常不使用"社会"这个字眼，而往往使用"国家"或"天下"这些词汇来表达人类社会生活中的组织或制度。

---

① 《我国宗教工作出现新局面》，2001年12月12日《人民日报》、新华社报道。另见《中国宗教》2002年第1期。

② 汉娜·阿伦特：《人的条件》，竺乾威译，上海人民出版社1999年版，第19页。

③ 参见《从"群"到"社会"、"社会主义"——中国近代公共领域变迁的思想史研究》，《台湾中研院近代史研究所集刊》2001年第35期。

④ 阿伦特：《公共领域与私人领域》，刘锋译，载汪晖主编《文化与公共性》，三联书店1998年版，第62页。

中国历史上的"社会"一词,常常是指"春日社日迎赛土神的集会",后来才指称"村间集会",有如朱熹在《近思录》卷九《法治》篇中曾经说:"乡民为社会,为立科条,旌别善恶,使有劝有耻。"在中国古人的心目之中,社会的意义近似于秘密社会。《宋会要辑稿·刑法》所记:"近又有奸猾,改易名称,结集社会",则往往是指秘密结社。这种社会结合,有清一代特别盛行,数量之多为历代罕见,而且绝大多数出现在18世纪之后①,只有到了近代社会转型之实际,"社会者,合众人之才力,众人之名望,众人之技艺,众人之声气,以期遂其志也"②的意义得以孕生,进一步演化出志趣相投者相互结合交往的团体之意义。

但是,近代中国的文人士大夫偶尔才使用"社会"一词来指涉社会团体,但这时的"社会"准确含义只是某种资源形成的组织或组织过程,大多数是学会,并无今日用于人类在其社会生活中的政治、经济组织之含义。可以说,在20世纪之前,中国人使用的"社会"一词,还是用来表达诸如民间社会、下层秘密会社这些自行组织起来的团体,而非人类社会中的政治、经济组织的主流形态③。

所以,中国历史上"社会"之不存在,制约了中国历史上的宗教形态,无法具有与国家相对应的社会性或社会性格,而只能在中国文明的意义上体现为"公共宗教"的表达形式。

中国宗教的传统形式,可分为"公共宗教"(communal religion)以及与此相对应的"私人信仰"(private believe)。汉语"宗教"一词,"宗"指宗族、宗亲、宗庙等;"教"指学说、伦理规章、教化、教导之意。惟有"礼"及礼仪,大体包含今日"宗教"之内涵,既有伦理制度、教义思想,亦包括宗教仪式及祭典;不仅是社会安排,也是宗教行为。体现在权力共同体的,则注重于"神道设教"的权力表达,以祭祀活动及其仪式驾驭群神,突出了权力共同体关注的"公共"意义。

这里所谈及的中国宗教,不仅仅是儒教、佛教、道教或基督教、天主教,而是一种贯穿于中国社会、中国文化体系整体的那种宗教意识或者宗

---

① 参见蔡少卿:《中国秘密社会》,浙江人民出版社1989年版,第7页。
② 黄遵宪:《日本国志》,并参见陈旭麓《戊戌时期维新派的社会观——群学》,《近代史研究》1984年3月。
③ 参见金观涛、刘青峰:《从"群"到"社会"、"社会主义"——中国近代公共领域变迁的思想史研究》,《台湾中研院近代史研究所集刊》2001年第35期。

教形式。既包含了类似于佛教、道教这样的宗教在内,同时亦能够构成一种位于其他宗教之上,体现为一种中国文明精神特征的宗教形式。这个宗教,在中国历史上就是以"天命"崇拜、祖宗崇拜、圣人崇拜为中心内容的宗教意识及其表现形式。在其宗教文化体系方面,它也许与中国儒教的联系最为密切,甚至是中国儒教体系之中的基本内涵。然而,它仿佛具有国家宗教形式,并依托于国家权力,却以一种以"天下"为己任、以"天命"为终极关怀的宗教教化或宗教体验,渗透在中国人、中国社会、中国其他宗教体系之中,成为中国人、中国社会表达宗教的基本形式。它落实在权力秩序、社会结构层面,同时也立足于道德精神的自我激励和个人熏染。

因此,这是一种具有中国历史特征的中国宗教的"公共形式"。制度宗教及其宗教的扩散形式,均被包含于其中。所谓"语绝于无验,志尽于有生";所谓"人力穷而天心见,径路绝而风云通"者,就是此类宗教的最好表达方式。就其社会表达形式而言,是制度形式的、社会形式的、公共功能的;就其精神关怀而言,则几乎是有关私人道德圣化的、个体性命、生命情怀的事情。至于私人层面的宗教意识或信仰表达,只有经由公共形式的表达方法、经由这个社会形式的转化才有可能,否则,就只能是私人的、方外的,甚至是民间的、村野匹夫的、难登大雅之堂的东西。

本文所要关注的,就是这种在国家、私人、社会之间均有一以贯之的、具有"公共形式"的中国宗教及其相应的表达方式。所以,这个"公共"的真实内涵,不是 public,不是社会团体或者是国家与个人、社会以契约、协调、制度博弈而构成的公共领域;而是 communal,公用的、共同的、制约于中国社会共同体的那种宗教意识及其社会功能。

在这个方面,特别值得关注的是美籍华裔学者杨庆堃先生早在 1961 年就提出的"制度型宗教"(institutional religion)与"扩散型宗教"(diffused religion)[①] 这组概念。其"扩散型宗教",意指一种并不独立自在的宗教,其仪式、教义、神职人员,均已和其他的世俗制度如宗法、家庭、权力、政治混杂在一起,融合在其他世俗制度的概念、仪式或结构里。与此相应的是"制度性宗教"这个概念。佛教、道教即是这种制度型宗教,

---

[①] C. K. Yang, *Religion in Chinese Society: A Study of Contemporary Social Function of Religion and some of their Historical Factors*, The Regents of The University of California, 1961.

是一种独立自在的宗教，具备了特有的宇宙观、崇拜仪式及专业化的神职人员。

杨氏的这组概念，把住了中国宗教那种独特的"社会形式"，为研究中国宗教及其权力关系、社会形式提供了一种研究方法。实际上，就是在中国宗教制度型和扩散型这两种存在形式的和合与张力之中，隐含着一个中国历史深层次之中运作自如的权力秩序，那就是在制度型宗教与扩散型宗教之间，后者常常享用前者所提供的符号、仪式或神职人员，将私人或个人的东西整合在一个"共享结构"之中，转换成为彼此利用的关系，并依王朝教化目而成为公共的东西；前者则根据世俗社会的不同需要，常常借助于私人或个人的权力而体现为不同的社会形式及其社会功能，以左右世俗社会。社会权力及其神圣资源，就是这样通过宗教、符号、信念或者宗庙祭祀的社会形式而加以表达、进行神圣资源上的分配。

为此，中国宗教的社会形式，因此具有两个关键层面。一个是制度层面，公共的或者公有的[①]，集权的合法形式；一个是私人形式，弥散的、非合法形式。另有一个民间的宗教层次，处于公、私之间，因取决于权力秩序对于它的认可，从而具有可非法亦可合法的双重特征。其中的致命问题是，宗教的超越特征和价值理想，可以同时并存于这两个层面，前后左右自由打通，其间不具备二元分割的可能，理想世界与现实社会常常能够在共享关系结构中转换自如。

比较而言，中国宗教的独特，是它的"公共"形式。其含义与英语public 不同。依中国古典，"公"及"公共"古意，主要指"公室"、"公门"、"公家"等，为诸侯国君及君王之称，衍生出公家、官家、朝廷、君王等含义，构成"公，犹官也"的历史内涵。其与"私"相对，为一般性法规、律法，及"任公而不任私"的公私对立。

在中国宗教的起源方面，"天帝"、"天命"、"天意"等为其渊源，是中国社会秩序和精神信仰的基础。它以宇宙观为中心形式，成为古代社会秩序合法性证明的基本方法。"天"，具有其先验的公共性与至上性。

---

① 美国社会学家彼特·伯杰曾经在研究东亚经济发展模式时认为，与东亚经济紧密联系的并非西方资本主义的个人主义，也不是人们常说的"集体主义"，因为集体主义这个词暗示着社会主义社会。他认为这是一种"公有主义"。本研究受此启发，却具有中国语境下对此词语内涵的具体界定。参见［美］比尔·莫耶斯等：《美国心灵——关于这个国家的对话》，三联书店2004年版，第648页。

因此,"公共"的意义及其生成,正好是中国宗教有关"天命"的崇拜,是对"公共宗教"的经验补充。因为,天命、天意的结构特征,即是大公无私的意义呈现。所谓"天无私覆,地无私载,日月无私照"。在此三大象征符号制约下,"天"成为"公"的起源。天帝的崇拜形式,作为一个价值符号,是至善、至公、至大及所有秩序的象征。"公"作为平分、平均准则,将演变出国君的身份、地位,将国家权力机构赋予"公"的价值内涵。于是,一个超验的价值结构落实在社会经验层面,成为国家、国君及权力秩序的一个界定,逐步演变为公共、公益、公义、公正、公平等词意,构成一个权力型"公共宗教"概念。

值得注意的是,这些"公共"身份者,往往又是宗教祭仪的主持者。金文"公"字从"口",表示宫庙中朝廷大礼或宗教祭祀场所。古字"八"大概是屏障一类的符号表示;奏乐而祀,歌颂曰颂,颂从"公",表示舞容的形式。为此,"公"者谓神圣之斋宫之语,以举行神事祭祀于其中者称"公",故能参加此礼仪者亦常常称"公"①。显然,"公共"的古意含有极其深刻的宗教意义。那些具有公共身份的国君、贵族,即当然的宗教领袖。国家、政治、社会、个人、道德、宇宙、自然、宗教、鬼神,大都统一在这个"公共"领域②。

中国特征的"公共宗教"模式,既是政治思维方式,亦是社会行动规范;既是宇宙秩序,亦是道德精神;既是王权专制,亦是宗教崇拜。这个宗教秩序以一种完备形式存在于世俗社会,即使在宗教领域,它也被其"公共"特性所制约,如"公庙"、"公社"、"官社"、"国社"等宗教形式,直接被纳入国家权力的统理层次。它与公共权力整合,构成一个权威构架,导致了符号权力合法化的公共形式。为此,中国人往往将宗教视为一种权力或财源,非私人所能完全拥有。在此,"私"或"私人"的价值态度常被抑制。"公"是具有天道、天理的超越性格和终极性论证,"私"

---

① 参见段玉裁:《说文解字段注》,成都古籍书店 1981 年版,第 52 页引白川静语。另,日本的《广汉和辞典》,以"公"字理解为八字下作"口",将"八"解释为开的意义,是通路的象形;"厶"则为"口",表示场所,从举行祭祀的广场意义之中引申出"公"字。参见王中江:《中国哲学中的公私之辨》,《中州学刊》1995 年第 6 期。

② 日本学者沟口雄三认为,先秦的公,有三层含义,一是公门、朝廷、官府;二是共同;三是平分、公平、公正。参见沟口雄三:《中国思想史上的公与私》,见《公与私的思想史》,东京大学出版社 2001 年版,第 37 页。

只能被"公"所制约、控制。公、私的区别,在宗教是正统与异端,在权力上是合法与非法,在道德上则是公正与褊狭①,其间并不存在相互对应的制度设置或领域分割。

相对于公共宗教而言,其公私之别表现为私鬼与公神、私祭与公祭、公社与私庙及私自入道、私自度僧等层面。私人信仰是方外之事,甚至是秘密的、不公开的,近似于旁门左道,至于那些与私人信仰相联系的道德、智慧,其小者影响君子修养,大者妨碍风俗教化。在"大道之行也,天下为公"的制约下,其"公,犹共也"的意义,既可转成《尚书·周官》强调的"以公灭私,民允其怀"的教化,亦能与王朝政治相互利用,成为"为政以公灭私情,则民其信归之"的意识形态结构化趋向。这就是中国历史传统中的"德政一体"、政治伦理化或伦理政治化的普遍性问题。在此权力语境之中,宗教的社会性荡然无存,被包含在国家对于道德与文化的强制性要求之中。

中国宗教的公私区分,促使中国人必须在两种相异却又相容,实质上是高度同质的精神领域中生活。既保持与神圣理念的关联,也保持与世俗生活的关系;既与终极性相打通,也与尘世相往来。身处公共权力者,依公共神力而神化;私人信仰方式,仅与个人命运联系。这种私人信仰,缺乏制度领域的支撑,随时承受着公共宗教的修葺和控制。至于公共宗教则依据权力架构,始终将私人信仰排斥在公共制度之外,构成中国宗教在社会性与私人性、公私关系上的相互排斥乃至彼此的冲突,同时也预示了中国人之间公私关系模式的变迁,将导致中国社会宗教、信仰方式的相应的改变。

二 内部行政事务:宗教管理的单位特征

新中国成立初年,宗教管理是"内部行政事务",视宗教为控制性上层建筑,实行了封闭型行政管理方法。20世纪50年代初,国家设立了国务院宗教事务局,全国范围内也成立了各大宗教的宗教协会组织,但这些组织基本上都是人民团体式的政治组织或行政组织,配合国家对于宗教实

---

① 参见刘泽华等:《公私观念与中国社会》,"中国公私观念研究综述",中国人民大学出版社2003年版,第382页。

施政治管理。这种情形与国家取代社会建立单位社会结构的历史特征紧密结合,宗教的存在和管理难言社会性,更谈不上社会性的表达。

至于在50年代末期直至"文化大革命"中,国家取代社会的历史现象已经劣变,宗教领域也成为重灾区之一。宗教活动场所全被关闭或移做他用,宗教信仰及宗教活动被全盘否定。"文革"后,中共中央统战部先行恢复工作,逐步恢复了政府对于宗教的管理工作。1979年6月国务院正式下文批复国务院宗教事务局机构编制。1998年国务院宗教事务局更名为国家宗教事务局,成为国家政府主管宗教事务的直属机构,依法保护宗教信仰自由、宗教团体、宗教活动场所的合法权利、教职人员正常的教务活动、信教群众的正常宗教活动等等。至于各省市、自治区、直辖市及部分省辖市与专署及县也相应设有宗教事务机构,列为各级政府的直属机构之一。至1995年底,中国30个省、自治区、直辖市都设有政府宗教工作机构,有410个地、州、市设有宗教工作机构,全国1551个县设宗教工作机构,干部编制总数3053人,大体形成自上而下的政府宗教事务管理体系。

然而,这个管理体系在很大层面上体现了传统中国社会对于宗教的制度安排,表现为现代中国社会与国家的特殊关系,即强国家、弱社会甚至还是国家取代社会的统治模式,特别注重国家及其权力结构对于社会价值、精神系统的意识形态化统理,在一个单位社会之中,促使宗教、信仰空间的过度紧张。

正是这种近乎单纯的行政制度的安排及管理,仅仅依靠少数宗教工作干部,按政策使用行政方法对宗教进行封闭式、单位形式的管理,宗教成为"内部行政事务",高悬在上层建筑。在此制度空间内,政府实行自上而下的管理;宗教团体几近于官府衙门。在此前提下从事的各种宗教活动,也近乎于行政组织之下的活动形式,行政许可成为任何宗教活动得以进行的合法性前提。这种管理方法,基本沿袭了中国历史上的"公共宗教"模式,宗教及其信仰难以体现现代社会所要求的社会性和个人性。它所采取的国家取代社会的方法,实际上还是传统社会的价值取向,是国家对于文化乃至宗教的严格控制。因此,文化的国家化或文化的国有现象十分突出。这种国家对于社会的控制模式,特别注重文化、道德的维系。国家的文化取向与国家政治的取向几乎一致。所以,国家与社会的互动,往往是以文化、道德规范的形式在进行,如伦理本位及其对于社会的组织,而不以政治、经济特别是法律的手段或秩序来进行社会的互动。在以单位作为国家控制社会手段的过程之中,国家对于宗教的单位式管理,实质上就导致了宗教生存的单位要求,促使"单位宗教"及其形式的出现。

这个"单位宗教",组织或制度的作用非常弱小,它与传统的公共宗教基本一样,依然是超验的与经验的共存,神圣的与世俗的合一,以整合型的社会关系将此岸与彼岸均融为一体,制度上亦无此基本分界,从而使中国宗教及其精神世界依赖于世俗的经验及其制度,无法发展出宗教活动空间所必需的所谓的专业社会化的制度或组织。然而,在近十年来中国社会的变迁中,这种整合式的宗教发展形态已经难以为继,而在某种程度上必须变"公共形式"为"专业形式",进而建立一种专业式(specificity)的宗教式社会组织,重新制定其组织及其目标、观念、制度、程序等等。

这个由"公共宗教"到"单位宗教"乃至专业形式社会化的宗教发展过程,同时也是现代社会领域分割或制度分割的一个必然结果。在此制度分割的基础上,宗教发展的社会学问题也就出离了文化、伦理、神哲学的论域,而转变成为一个制度性活动空间问题,特别是宗教的社会性和社会功能的呈现,则可能转换为一个宗教制度的社会化问题。所以,这个宗教制度就应当具有相应的社会空间,具有一个法律界定的制度边界。

然而,这个变化及其结果,一定要以当代中国社会变迁作为前提。宗教的这个社会特征,只能伴随着中国社会的变迁而变迁,由意识形态的东西转变为社会活动和社会事务。

中国社会的现代变迁,曾经有一个特色,即由小群组织转变为大群组织,从一个散漫的国家变成组织严密紧凑的社会。这个变迁历程,有一个历史特质,便是科层化(bureaucratization),组织制度化,各类社会活动成为有形式的、规章制度管理的组织[1]。因此,在中国当代的社会变迁过程之中,制度的变迁成为传统礼俗社会向现代法理社会过度中的一个重要层面;而那些依靠价值规范及其共识构成社会统一、整合的传统宗教组织,伴随着小群社会或具体社会之削弱而减退,代之而起的是与大群社会偕与俱来的抽象世界。

---

[1] 参见刘创楚、杨庆堃:《中国社会——从不变到巨变》,香港中文大学出版社,第20—24页。

从小群社会转变成大群社会，由小群组织转变为大群组织，原是一种世界性的现代化变迁。对于这个变化，社会学界非常重视。所以，在这个变化过程之中，"组织"不但是一个社会学的核心概念，而且也是中国现代社会转型过程中的中心问题①。在此前提之下，承受着传统礼俗社会制约的中国宗教，其当代变迁也不得不围绕着这个中心，适应着大群社会、抽象社会的建构过程而不断地改变着自身的社会存在形式，"组织"层面的变化就会成为中国宗教变迁的核心问题。

当代社会中的宗教，只有作为一种社会团体的组织形式，才能祛除宗教的"公共"形式以及"单位"特征，其社会性质的表达和社会功能的呈现，方才成为可能。所以，在当代中国宗教的社会学研究当中，"宗教"一词，很难直接成为研究单位或概念工具，只有引入"宗教组织"、"宗教制度"、"宗教社团"或者"宗教活动空间"等概念，并在此类研究之中设计为主要的研究单位，宗教之作为社会存在，才可作为直接的研究对象，更可以成为宗教社会学研究领域中宗教与社会特殊联系的基本概念，由此衍生出相应的变项——如秩序、行动、意义、信仰、经验等等。

因此，从宗教的组织及其制度形态而言，宗教就是一种制度化了的人类行为方式。中国人的宗教即是中国人的一种行为方式。所以，当中国人的宗教型行动方式乃是"从特定的创始人及其门徒的特殊宗教经验中演化出来的"，并从这种行动及其社会经验中产生，"最终发展成为一种长期存在的制度化了的宗教组织"②的时候，中国人的宗教经验及其宗教组织这个最基本的社会形式，就将导致中国宗教比较其他国家民族的宗教，在宗教行为、宗教意识、宗教经验、宗教信仰等等方面呈现相应的差异，整合成为中国特征的宗教活动形式和宗教活动空间。

尽管人们很容易把宗教想象为是在组织化社会之外发展起来的一种现象，但是，在此问题之中所存在的社会学意义上的社会聚合体却是更加重要的东西。为此，"我们要寻找的宗教现象的决定性原因，不是存在于普遍的人性之中，而是存在于相关的社会性质之中，如果宗教还卷入历史进

---

① 参见刘创楚、杨庆堃：《中国社会——从不变到巨变》，香港中文大学出版社，第27页。
② [美] 托马斯·F. 奥戴：《宗教社会学·序》，刘润忠等译，中国社会科学出版社1990年版，第67页。

程之中，那时因为社会组织已发生了变化"①。就当代中国宗教的发展形式而言，这就是宗教已经由内部行政事务演变成为一种社会组织的形式，并且能够从国家中分离出来，初步具有相对的独立性和自主性，宗教活动具有了组织化的制度基础。

于是，传统形式中国家特征的公共宗教与私人信仰的关系，在此之后已经转化为一种宗教型社团组织之中个人与社团之间的互动关系，并伴随着当代中国社会的改革和变迁才能得到一定的体现。这个发展、变迁的导向就是，一方是自由的，私人的，可选择的宗教，依据个人的需要和理解而形成，另一方是传统施加的宗教，为了整个群体而得到阐述，并且是强制实践的。这两种导向区别明显，一方面是个人导向的，而另一方面却是社会导向的②。这个变化，实际上就是将与中国历史上曾经难以整合在一起的"公共宗教"模式与"私人信仰"方式在一种社会组织形式上直接打通，促使其宗教形式的构成方式既具有社会化形式，同时亦包含了私人信仰的选择，并以现代社会变迁所要求的制度宗教与个人信仰方式的结合形式来改造宗教传统。

尤其要指出的是，传统的"私人信仰"形式，如果已经逐步转变成为当代社会中之"私人宗教"，此应与当代社会变迁所形成的私人领域紧密相联系，适应着当代社会私人精神空间的出现而得以基本构成。它的出现将为个人价值建构留下场域，是当代中国社会变迁的一个独特现象，更非单位宗教形式之中所能够孕育的东西。所以，一方面是现代社会私人认信原则的呈现，另一方面，则是公共的与单位形式宗教表达形式因为私人认信原则的初步构成而不得不渐次社会化。面对这种变化，国家行政部门再也难以完全按照单位形式来进行宗教管理了。此乃总体性社会向分化社会转变的结果之一。

按照卢克曼的说法，自我意识塑造的私人化也许是现代社会最具有革命性的品质③。而制度分割给个人留下了未加组织的广阔领域，也给个人经历的中心意义脉络留出了尚未决定的广阔区域，从而在制度分割的社会

---

① 参见[法]埃米尔·迪尔凯姆：《迪尔凯姆论宗教》，周秋良等译，华夏出版社2000年版，第86页。
② 同上书，第89页。
③ 参见托马斯·卢克曼：《无形的宗教：现代社会中的宗教问题》，覃方明译，香港汉语基督教文化研究所1995年版。

结构间隙之中出现了所谓现代意义上可与公共领域相互对应的"私人领域",使个人宗教及其精神获得了一个"自由"的呈现空间,从而直接体现为私人宗教的发展形式。而那种由公共宗教、单位宗教形式而变迁过来的社团型宗教组织,一是可以协调私人信仰与国家意识形态的关系,同时还能够协调个人信徒与社会公民之间的关系,再次是可以担当宗教社团本身利益的表达工具。这就直接把宗教组织视为社会自身组织的一个发育过程,为宗教社会性的直接表达提供了一个制度基础。

三 宗教团体:中国宗教社会性的初步表达

20世纪80年代之后,中国宗教的管理方法,已由单向式行政单位管理趋向宗教组织的自治与行政管理相结合。其主要方法是,各大宗教均成立一种社会团体形式的宗教协会,构成为相应的法人社团,而各个宗教的活动场所如教堂、寺庙、道观等则按社团形式构成为一级社会组织,实行法人管理。在各个宗教与社会的关联方面,中国宗教也能够通过"社会公共事务"的形式参与社会公共事业。

这个社会性的制度架构,即是由国家颁布的宗教法规及其规定的宗教团体及宗教活动场所。因此,传统中国宗教的公共教化形式,伴随着小群社会、具体社会之削弱、转型而渐渐减退,构成了当代中国宗教制度变迁之主要内容。传统宗教的"公共"形式,因此与大群社会相适应,转变为具有现代社会团体特征的宗教组织。私人信仰取得了个人信仰的合法形式,群体形式的宗教活动则取消了"公共"形式,从国家控制的手里直接落实在社会团体、社会组织层面。

事实上,当代中国宗教的社会形式,往往要以社会团体或社会组织的形式,才能结束"公共宗教"及"单位宗教"的发展历史。这也就是说,意识形态化的宗教转型,常常要与制度、组织的建构问题紧密联系。在这里,如果是宗教的神圣观念或伦理规范,"影响了个人心智并且以独创性地在个人之内发展,这也是通过从属效果的方式而发生的。这只是公共制度的扩展,如果不把它与公共制度联系起来,其形式便无法理解"[①]。所

---

① [法]埃米尔·迪尔凯姆:《迪尔凯姆论宗教》,周秋良等译,华夏出版社2000年版,第90页。

以，在当代中国社会，能够与公共制度发生扩展式联系的，这就不仅仅是宗教本身，或仅仅是宗教就能够奏效的，而应当是宗教的"组织"或宗教的"社团"。

实际上，这个历史现象与当时中国改革开放的进行，中国社会领域开始出现的一些新型社会组织紧密相关。尽管这些社会组织在中国社会中所占的比例还不是很高，但是这些组织的社会功能已经渐渐地从国家权力体制之中分化出来并高度专业化，没有具备行政级别，却具有名副其实的独立法人地位。这就是说，在国家取代社会的权力系统之中，已经出现了一些不仅仅依赖一个环境系统，而同时依赖多个环境系统并与多个环境系统发生社会互动的关系，这个时候，国家对于社会的取代就将初步获得改变，许多社会组织就将从中解脱出来，获得自己的空间和资源[①]。

在此基础上，传统宗教的公共性转变为一个制度性活动空间，呈现为一个公共制度问题，初步变迁为一个法律化制度边界，不再将其教化功能泛化，无所界限，并以社会团体形式结束了"公共宗教"的总体发展史。正如国务院宗教局局长叶小文曾经在《社会主义与宗教的历史篇章》中指出的那样：要把宗教工作靠传统的思想政治工作和内部工作，变为进一步由政府作为公共事务、社会事务来管理，并把这种管理推向法制化、规范化轨道[②]。宗教事务获得了社会形式的公共性质，改变了原来把宗教作为"内部事务"来处理的行政方法和行政习惯，如《上海市宗教事务条例》第四条规定的那样："本条例所称宗教事务，指宗教与国家、社会、群众之间存在的各项社会公共事务。"

倘若按社会团体的社会特征来予以划分的话，那么，宗教团体或宗教活动场所，即是一个专业性社团，近似于一个具有第三部门特征的社会组织。它的主管是负责各个宗教团体进行登记注册业务的行政管理部门，各个宗教内部则实行自治形式的管理。虽然这种管理形式依然具有半官半民，具有与生俱来的"双重性"或"二元结构"，受"行政机制"和"自治机制"的"双重支配"，处在"社会"和"政府"共同认可的"交叉地带"，并在宗教社团活动模式上呈现"民间行为，官方背景"[③]，甚至

---

① 参见李汉林：《中国单位社会》，上海人民出版社2004年版，第92—93页。
② 参见叶小文：《社会主义与宗教的历史篇章》，《中国宗教》2002年第1期。
③ 参见康晓光：《转型时期的中国社团》，http://www.cc.org.cn/，2004年3月30日。

是"官方性"和"民间性"的二元合作方式，其组织级别也还在参照相应的行政级别进行管理和资源分配上考虑。然而，这种独特的宗教发展格局，却也是宗教型社会组织已经获得自己社会系统资源的雏形，能够同时与国家乃至其他社会组织发生多元的社会互动，传统宗教的公私关系已在此制度变迁前提下实行领域分割，构成团体形式的宗教、私人特征的宗教信仰及其与社会公共事务的关系界限。这就在宗教变迁上形成了当代中国社会变迁中的一个重大现象。

20世纪80年代以来的中国改革，促使国家与社会的互动模式发生了较大的转型。依法治国的提出，说明国家合法性的资源分配，也发生了相应的转变，可以现代法律来予以界定。于是，国家逐步衍生出社会，社会已经发展到能够与国家彼此互动的层次。社会组织的原则，也与国家权力的组织原则产生了相应的分别。公民社会及其文化的原则，可以从中寻到自己一定内涵的资源。在此前提之下，国家与社会初步实现了真实的互动，原来的国家文化主义的作用形式自然要转化，将其文化特殊主义落实在社会层面，从此还原出宗教、道德、文化原有的社会特性。宗教系统也正是如此，在此模式转化之中，还原并突出了其本应具有的社会性。

宗教的社会性呈现，既源自其互动模式的新构建，也出自于宗教本身发展的新形式。这种新形式，将从国家与社会的关系变迁中来获得主要的认识。由于国家与社会互动模式及其功能的变化，出现了一种转型过程中的"权力替代性组织"。它既不是国家政府控制的行政组织，亦不是依赖于市场主体而生存的赢利机构，而是处在国家的社会的中介，作为社会中介组织，发挥作用。因此，国家对于社会资源的控制或利用，主要的或更多的是采取间接的、非正式的方式。这种社会中介，恰好就是国家整合社会的新形式，并具有一定的社会特性。因此，这种"权力替代性组织"也在各大宗教性法人团体之中得以体现。它位处国家与社会之间，在国家整合社会的过程之中虽然具有国家权力要求，但是也更体现出社会的特征。

眼下常常提到的"第三部门"，当是宗教组织获得社会性存在方式的领域。其呈现方式是建构非国家、非市场的第三种社团形式，自国家全能机体中有效剥离；在政府协助下，建立合法的、新型的社团及其中介组织结构；适时构建相应的法律系统，以法律进行功能整合，完善其管理机制。原来的强制性协作组织性质，因此转化为际遇性民间组织和社团性协作型。这就是"官督民办"与"社团自理"相互结合的社会性呈现形式，由单位宗教的行政控制形式，初步转变为社团法人的控制形式。这种组织形式，如其落实在宗教活动的组织方式上，便是适应社会变迁而渐渐形成的"社团宗教"。

在此变迁过程之中，各类制度性宗教团体正以各种不同的面貌和方式显现在人们的日常生活中，日益表现出作为社会事实的整体性。所以，可以将这些宗教现象作为一个社会整体来考察，借以了解它们的本质、运作以及社会性、生活性的层面，理解这些宗教现象所独特的语境及其真实内涵，由此来把握宗教现象对于整个社会构造的普遍性。其所谓"社团宗教"，即体现了当今宗教在社会变迁之中已经体现出来的社会学意义上的社会特征。它在国家与社会新的互动模式之中，可以一个非营利、非市场、非行政的社团形式，以其独特的社会性格，发挥它应有的文化整合功能。换句话来说，就是国家对于社会的整合，已不再采取直接的方式，而是借助于各种"权力替代性组织"作为中介，协调社会与公共利益之间以及各个社会团体之间的利益关系。

在此关系之中，宗教社团的社会功能可注重于社会福利、慈善、求助、社区、扬善去恶、协调人际关系、维护家庭乃至社会伦理、稳定人群等等方面的社会工作。它与社会工作并不是两者的相互替代，而是一种"服务与照顾的连续进程"，并把社会救济工作视为维系现有社会结构的一种对应方式，体现一种社会连带作用。而宗教类非盈利组织，乃是社会安全、社会福利、社会慈善事业中不可或缺的要素，从而被赋予高度的社会期许和道德美意。社团宗教的社会性格，即可归属于这种类型。

至于当代中国宗教社会性的提出，当然是因为晚近十年来宗教与国家权力之间的关系变迁。其社会背景，则是中国近二十年来的改革发展，已大致转出了往昔以单一的行政手段所打造的单一状况，国家全能的控制功能也相应地改变，并于其间孕育、成熟了国家与社会良性互动的运行机制，促使国家与社会两者的界限和价值预设不断呈现，中国社会及其相关的众多领域也发生了显著的分化，并在宗教领域印下深刻的痕迹。所以，宗教的发展已经在相应的层面上构成为一种比较具有独特性质的社会形式，宗教信仰也相应地成为了在宪法约束之下的个人选择，更多的隶属于社会，表现出较为突出的社会性特征，而非直接与国家教化要求相对应的权力制约了。

虽然政治框架依然还是定型社会的基本框架，社会中的各种组织系统还是附着在此政治框架之上，政治和行政权力行为还是支配整个社会生活的基本力量，但是，随着社会的变迁，这个社会的总体性特征已相应变化，或者是演变为逐个子系统的成立及其整合。这就是说，作为社会总体，它在各自的互动系统、组织制度和社会结构之间，不断分化，相互分离；各个子系统也将会逐步形成自己的运动机制，以借助于有限可能性原则，按照分割、分层和功能分化三种分化方式发展起来。在此过程中，社会总体性结构之中的层次或分层，也渐次明晰起来。每一个社会子系统的自身同一性和边界，一方面是得以明确，另一方面则是借助于更高层次的功能分化，取得社会进化的效果。特别是其中的功能分化，可以促使总体社会的每一个子系统，明确自己的存在或发展的边界，趋向自理自治，与整个社会保持共存和预设的关系。

就当代中国宗教的发展形式而言，它已经在国家垄断的大部分稀缺资源和结构性社会活动空间，基本构成了自己的宗教活动空间及宗教活动所需要的宗教社会资源，其次，宗教活动也已经以社会法律实体即社会团体、社会组织的形式与当代中国社会结构的各个部分发生有一定深度的社会关联性了。

一方面，宗教本身乃以法人社团为载体，取得了初步的社会定位；另一方面，宗教私人化及社会中私人领域的支持，导致宗教层面私人领域与公共制度的分离，宗教信仰、宗教意识及宗教的自我认信，能够进入当代社会变迁所分割出来的私人领域。因此，宗教的社会功能常常能够以一种社会团体或社会组织的形式，得到较之以往更加顺利的发挥。

四　活动场所：中国宗教社会性的空间形态

与各类宗教社团相对应，目前中国宗教的各类活动场所如寺庙、教堂、道观等，社会性质上乃属于"民办非企业组织"[①]。这就是说，它属

[①] "民办非企业单位"概念，最初在1996年中共中央办公厅、国务院办公厅《关于加强社会团体和民办非企业单位管理工作的通知》（中办发［1996］22号）中正式出现。参见国务院法制办政法司、民政部民间组织管理局编《〈社会团体管理登记条例〉〈民办非企业单位登记管理暂行条例〉释义》，中国社会出版社1999年版，第5页。

于民办非企业类的一般性社会组织①。这个所谓的"民办非企业单位",在 1996 年中共中央办公厅、国务院办公厅《关于加强社会团体和民办非企业单位管理工作的通知》(中办发〔1996〕22 号)中正式出现,即"过去习惯讲的民办事业单位"②。

这种民办事业单位的法律特征是:以公益活动为目的;提供公益性社会服务活动;利用非国有资产创办;创办者是企事业单位、社会团体和其他社会力量以及公民个人。虽然这类社会组织的社会属性一时还难以真实界定,既无特定的章程,亦非公民自愿组成,不同于"由公民自愿组成,为实现会员共同意愿按照其章程开展活动的社会团体",但是它的社会行动方式却已具备社会团体的组织特征,并在政府民政部门登记为法人组织。

它由社会力量创办,在人、财、物的管理上与国家创办的事业单位有很大区别,不占国家事业编制,所以实际并没有纳入国家机构编制部门的管理范畴,是一种特定的社会组织。因此,民办非企业单位是自行申请成立,不要国家财政性投资,人员不占国家编制,以从事社会公益事业和社会服务为主要目的的社会组织。其基本特征是:其一,启动资金自筹,源于社会各界力量,国家不给予财政性拨款。这是最基本的特征。其二,人员不纳入国家编制部门核定的事业编制范围,这是区别于国家事业单位的最重要特征,也是确定其民办属性的重要条件。其三,主要从事社会公益事业与社会服务,在这些活动中可能有部分经营行为,但只是为了事业发展与自身生存发展的需要,并非以营利为主要目的。其四,是独立的社会组织,既非其他社会组织的内设机构,也不是这些组织的下属单位,是面向社会开展业务活动,独立地行使自己的合法权利与义务的实体性单位。其五,有自己相对稳定的事业或服务专业,有固定的活动场所与必备的设施。

依据这些特征,宗教活动场所被归类为"民办非企业单位"或"民办非企业组织",其主要的考虑可能是宗教活动场所的创办者既非企业单

---

① 潘明权:《上海宗教活动场所的社会定位和社会管理刍议》,《当代宗教研究》2004 年第 2 期。

② 参见国务院法制办政法司、民政部民间组织管理局编:《〈社会团体管理登记条例〉〈民办非企业单位登记管理暂行条例〉释义》,中国社会出版社 1999 年版,第 5 页。

位，亦非国办事业单位，亦非其他社会力量及公民个人。它的创办主体是一个具有传统特征的宗教实体，既是一种信仰集团，亦是一种社会组织或一种专门文化的社会团体。所以，只有将宗教活动场所赋予法人的组织形式，才能便于以一种"民间事业单位"的方式进行政府相关部门所需要的行政管理。

为此，宗教活动场所既有事业单位特征，却又不同于国家主办的事业单位。这说明宗教形态已非国家事业单位组织，它已经构成了与国家事业单位的区别。因为事业单位直接接受国家领导，工作人员列入国家事业编制，所需经费（包括开办费）全部或部分由国家（或地方）财政预算拨给。虽然民办非企业单位在社会工作或服务专业上与事业单位基本相同，但在行政上它不受其他社会组织的直接领导，经费上没有国家财政拨款，工作人员也不列入国家核定的事业编制，其福利待遇也仅仅是参照或相当于国家事业编制人员的待遇标准，非由政府所负担。尽管这仅仅是一个民办非企业的称号，但是，这个称号却反映了国家取代社会总体特征的渐渐改变，国家正在与社会互动的形式促使各个社会层次渐渐体现出它们本应具有的社会特性。这也是单位宗教转变成为社团或社会组织形态的根本，而当代中国宗教社会性之所以能够呈现的社会变迁意义也正在于此。

至于这类组织与社会团体的区别则是在于，社会团体是公民或法人按一定宗旨，自愿组成代表一部分人利益的群众性组织，其组成人员有公民也有法人，组成形式是公民自愿。但是，体现为民办非企业单位的宗教活动场所，并非是一个公民自愿组织起来的社会组织，虽然它也有法人，但它是一个基于宗教传统而得以展开宗教活动的空间组织形态而已，并为社会需要提供专业性宗教服务，是一个具有空间性的民办组织机构而已。

虽然《民法通则》只列举了机关、企业、事业和社团四种法人，但民办非企业单位也符合《民法通则》关于法人的四个条件，所以只要经民办非企业单位登记管理机关审核登记后，就具备了"民办非企业单位"的资格，不必归属于其他任何法人[①]。根据民办非企业单位的属性，民办非企业单位可以涉及社会各个领域，包括民办的学校、医院、研究所、信息咨询中心、社会调查所（机构）、社会服务（福利）机构、评估（认

---

① 《民法通则》第三十七条规定：法人应当具备下列条件：（1）依法成立；（2）有必要的财产或者经费；（3）有自己的名称、组织机构和场所；（4）能够独立承担民事责任。

证）机构、会（审）计师事务所、律师事务所、文化场馆、体育单位（俱乐部）、报刊单位、文艺团体、宗教场所等等。

所以，像宗教活动场所这样的民办非企业类社会组织，其组织运作的关键问题是这个组织的经费来源和管理方式。正是这些"民办"因素决定着该组织的制度特征。依据相关的管理制度，如果其经济资源是民间自筹或出自于社会服务，其制度属性就应是一种民办事业单位类别的社会组织。因此，从目前的管理方式看，宗教活动场所虽非政府设立，大都出自于传统的场所设置，但是它也属于政府同意设立者，其社会性质明显是属于"事业单位"民办者，政府并不希望对其施以绝对的控制，只是希望其与民间组织一样自我管理，自治自养。至于其属于"事业单位"者而无法以宗教法人或社团法人的制度安排，则大抵上能够说明宗教活动还是一种"事业"型"单位"活动，还没有完全从属于社会活动领域，只是说明了当代宗教活动场所已经与其他社会团体大体一致，经费来自民间，管理方式自理，作为民间性的专业型社会组织，施行自治与行政相互结合的双重管理。

正是这样一种组织运作形式，促使各类宗教活动场所形成了制度型的宗教"团体行为"，并在所谓的"双重管理"的体制之中，建构了一种将国家—社会—场所—个人多种关系重叠、交叉甚至交换的活动空间，以展开自己的宗教—社会活动。其"民办"型事业组织特征，在"单位"制度的架构中大致构成，其"事业性"与"非企业"的活动方式已经得到社会的普遍认可。

在当代中国宗教的发展过程中，类似宗教活动场所这样的制度化变迁路径，应当是一个普遍的现象。这个现象的出现，无疑与当代中国社会变迁与社会分化紧密相关。一个总体性社会产生了多元平行部门的大分化，社会变成多个专业分工部门并独立并存的结构，于是，这种扩散型宗教活动场所的生存方式，渐渐被限制为一个界限比较明确的社会组织形式。一方面，这种社会组织不能干涉其他社会组织的运作；另一方面，其他社会组织也必须在法律框架内实行与宗教性社会组织的互动。

需要指出的是，当代中国宗教活动场所的发展情形，乃以法人组织的空间形式、社团式的运作方法体现了当代宗教的变迁走向，并在其内部组织的制度设置上渐渐体现了当代社会组织的活动特征。诚然，这种社团式的宗教活动形式及宗教活动空间，在当代中国社会变迁之中，依然还是一种"候补组织"（alternate structure）或候补空间——以一种社会组织的行动方式参与国家机器的运转，或者是国家与社会的多层面的互动及其整合。这就在其制度性的变迁方向上打下了折扣，转变为一种"事业制度性"的"符号管理"方法，运用一种新型的宗教组织文化，将原有的宗教符号及其资源重新加以制度化甚至是专业化的整合与利用，以一种制度同构（institutional isomorphism）的形式与国家、社会取得了特殊的"结构性联结"。

这个现象，如果放在当代中国社会语境中来考量，似可说明当代中国的宗教变迁既未能完全地来自针对国家的社会自主性追求，同时也来自国家与社会在第三领域中的相互关系的作用①。所以，一种国家、社会、个人之间领域多元却又同时参与其间的方法，表面上是出离了国家规则之外，但是又始终将价值原则倾诉在固有形态之内，只是在"第三领域"逐步体现了社会性这个社会学意义的分析概念，以真实呈现当代中国的宗教活动形式及宗教活动空间。尤其是近年来社团型宗教团体或民办非企业类宗教活动场所的构成，已经逐步体现出"民办非企业单位"的社会特征，促使当代宗教趋向国家与社会之间的"第三领域"，正处在宗教与国家、宗教与社会的多层整合的结构之中。

无论如何，当代中国宗教的活动方式，已大体上存在于社会并属于社会。它已经能够以一个宗教团体、以一个法律实体的地位，呈现出宗教团体合法性的宗教活动及当代社会所需要的法人权利。因此，法人团体形式的宗教组织已经能够在国家、社会、私人之间提供一种制度化联系，从而构成社会化的、整合式的"宗教活动空间"。更重要的是，这些体现为宗教活动空间的法人社团形式，能够以宗教经验形式与法律打通，取得社会认可，从而改变中国宗教传统中那种占主流地位的私人神秘主义、公共教化主义，并在此法律制约之下将宗教的社会性与历史性整体呈现。因为，"没有法律的宗教将失去其社会性和历史性，变成为

---

① 参见黄宗智主编：《中国研究的范式问题讨论》，《中国的"公共领域"与"市民社会"——国家与社会的第三领域》，社会科学文献出版社2003年版，第282页。该问题的逻辑前提是，"除了正式国家机构的控制范围在扩大外，党治国家体制还把第三领域的剩余部分大片地彻底制度化，以尽量扩大其影响力。党治国家体制不再拘从国家与社会在具体事宜上合作的做法，而是创立了这种合作必须在其中进行的若干制度框架。其目的就是确保国家即使在它承认居于国家与社会之间的那些区域也有影响力"。

纯属于个人的神秘体验"①。

作为当代中国宗教的发展趋势,这个制约于法律形式的所谓"社会性",即是无数社会力量及其活动方式、不同制度组织之间的相互影响,各种社会功能互相作用的形式②。依此观之,当代中国宗教是在适应社会、与社会各层面良性互动的基础上渐次体现出社会性的。

显然,当代中国宗教社会性的呈现形式,其宗教组织的法人社团方式、活动场所的组织化形式,就是这种社会性的最基本呈现途径。其由行政控制方式转变为依法管理的社会形式,渐次落实在法人社团或社会组织的特性上,类似于"第三部门",非行政、非营利、非市场,自治自理。故有的宗教"五性"或"七性",由此演变成为社会变迁亟须的社会性和公益性,能够在市场和国家相互对应的同时,以其与公民联系的社会团体特性,激发私人主动支持公益目标乃至社会公共目标的能力,甚至在建立"社会资本"方面也可能有所贡献。因此,社会化的宗教团体或组织,可以并能够在市场功利和国家信任之间构建一条社会重建的"中间道路",进而成为中国民间社会向"公民社会"转进的一大标识。因此,当代中国宗教所固有的"五性"或"七性",由此可以整合在"社会性"之中,并能被其"社会性"所整合,相应地呈现在不同社会层面。由此,宗教社会性——成为表达当代中国宗教特性的核心概念③。

五　宗教式合作团体:宗教合法性及其社会性关联

虽然宗教关注人们生活的终极意义,成为人类社会经验一个重要方面,但支持和约束它的现代法律,则能够解决宗教之间乃至宗教与社会之间的各种纷争,通过权利、义务的分配,创造社会沟通的程序,促使宗教

---

① [美]哈罗德·J.伯尔曼:《法律与宗教》,梁治平译,三联书店1991年版,第124—125页。

② 参见西美尔:《社会学——关于社会化形式的研究》,林荣远译,华夏出版社2002年版,第4—5页。

③ 当代中国的宗教发展,曾被指出具有"五性"或"七性",即宗教的长期性、群众性、民族性、国际性和复杂性。其后又在宗教"五性"之上加上已故赵朴初先生针对佛教提出的文化性和入世性,故有宗教所谓"七性"的说法。然而在这种种特性之中,却缺乏应有的宗教社会性。参见叶小文:《当前我国的宗教问题——关于宗教五性的在探讨》,《中国宗教年鉴》(1997—1998),宗教文化出版社2000年版。

关怀所形成的社会经验,能够真实地具备社会表现形式,并为社会所认可所容纳。宗教可以社会团体或社会组织的形式,接受当代社会的法律制约,参与人们的全部存在,参与个人作为他所属的社会之一员的生活过程。这一特征,对于以公共教化及个人神秘体验为主的中国传统宗教而言,应当是中国宗教发生变迁的基本层面,并可在此层面将宗教经验与法律经验打通,形成新型的宗教—社会模式,有效的疏导以往宗教生活及其体验的神秘性或封闭性;国家权力则可通过法律所提供的合作秩序,运用国家宪法的权限,为各类宗教提供一个能够于其中发展的社会合法空间,以真实体现宗教的社会性,卸下传统宗教的公共形式或单位结构所提供的政治包袱,从上层建筑落地民间社会。

既然宗教的社会性必须通过法律实体的制度形式以及法律的支持程序方才能够有所呈现,那么,"任何一种宗教都具有并且必定具有法律的要素——确切地说有两种法律要素:一种与信仰某一特定宗教之群体的社会程序有关,另一种则关系到宗教群体只是其中一部分的更大群体的社会程序"[①]。所以,当代中国宗教的社团组织建设及其社会认同,应当是当代中国宗教发展的新趋势,并可在法定制度认可的宗教架构中,孕生出社会急需的社会性机制[②]。如此一个建构原则,倘若能够成为当代中国宗教的发展形式,传统中国宗教与社会关系的"公共教化"结构,自然也在由"单位宗教"到"领域独立",实现"专业社团"的变迁过程之中,促使"宗教组织"或"宗教社团"建构成为当代中国宗教的基本的社会存在形式。

一方面,是宗教在当代社会之中的定位必须以制度、组织作为载体;另一方面,是宗教的个人化、私人化,促使宗教意识进入当代社会所分割出来的私人领域。这一社会特征,若比较传统中国的政教模式,方可看出它在当代中国发展的社会意义。它作为当代社会的社团组织之一,在国家与社会之间良性互动,其活动其组织,初步具备公民社会组织特性,初步将社会、个人、宗教之间的认同,在政府与市场之间相互联结,既保持了现代社会之中个人信仰的自由表达,同时也发展出宗教组织之间的一致性

---

① [美]哈罗德·J.伯尔曼:《法律与宗教》,梁治平译,三联书店1991年版,第97页。
② 参见李向平:《当代中国宗教透视》,载《世界眼光看中国》,上海人民出版社2002年版。

和社会整合性。

　　这些宗教现象表明，国家与社会两边的权力发生了变化。如果说传统的专制社会并不需要宗教或不需要宗教的社会表达形式，那么，现代社会的宗教需求则应当以现代社会所需要的社会形式来表达这种需求。尽管这种社会形式尚还表现为"双重体制"、公私利益的再度整合特征，在它们中间的"公域"和"私域"的分离并不明显，但社会团体的空间已明显扩大。与此相应的是，另外一些研究也表明，当代中国在国家与社会、市场与社会及公私之间，那种近似于"准"公民或"半"公民的成分正在生成。如公民社会论者所认定的那样，与改革引发的社会经济变化契合，当代中国正在经历国家与社会的分化，一种非官方的、非正式的民间组织正在孕育成长。它们与国家体制的界限日益明显，活动空间日益扩大，构成了中国社会基层向"公民社会"过渡的标记[1]。

　　同时，也有一种在国家与社会之间寻找第三领域的学术努力，将注意力集中在当代中国中有组织的、制度化的社会行动，而非如西方现代化进程之中公私对立的公共领域，认为国家与社会的二元对立的研究模式，并不适宜于中国社会的研究，而应当转向一种三分概念，即在国家与社会之间存在着一个第三空间，国家与社会都能够参与其间。这种现象，国家与社会相互渗透，模糊了私人领域与公共领域之间的界线，促使当代中国未来政治变革的希望，不是在仍然被严厉限制着的私人领域，反而应当是在第三领域[2]，是在国家和社会之间的中间领域或第三领域。

　　当代中国宗教发展的社团形式及其演变形态，正是对此社会变迁内在历史脉络的呈现。当代中国宗教所呈现的社会性问题，恰恰就是由宗教团体所建立的宗教组织及其活动所拓展出来的近似于第三领域的活动空间，在国家—社会、社会—个人之间，纵向依赖，横向合作，私人宗教的特征虽不突出，但却具有双重利益得以整合的特点。不但从属于国家政府部门利益和管理，同时它又要寻求自己的利益，从中赢得更大的方便与活动空间。于是，在宗教活动形式之中，国家与社会的关系就不是简单的分化，

---

[1] Gordon White, Prospects Civil Society in China: A Case Study of Xiaoshan City, Australian Journal Of Chinese Affairs, No. 29, 1993.

[2] 参见黄宗智主编：《中国研究的范式问题讨论》，社会科学文献出版社2003年版，第262、282页。

而是在原有体制之中的"双重组合",从而表达出一种类似于法团主义的形式,或宗教社团形式的法团主义特征。

宗教社团及宗教活动空间的社会组织特点,就在一定程度上反映了这种"合作团体"(corporate groups)及其功能边界①,其与国家、社会的双重关系,实际上就是一种"合作团体"式的双边合作。因为,宗教团体与国家的特殊联系,往往是地位和荣誉的象征,所以,常有路径依赖特征的宗教团体或宗教组织,无法不主动向国家靠近,表达出宗教式"合作团体"的概念,说明非国家规范组织形式的合作团体领域的形成,在整合形式的基础上既保护了宗教社会性的呈现,同时也在一定程度上限制了国家利益的直接进入,推进了宗教社团或宗教组织的社会性表达。

正如有些观点所表明的那样,"社会团体在中国具有不可推卸的公共责任,这是国家重组社会的结果,社会团体须从属于国家的指导,并将公共利益视为首要的利益。这些团体是跨结构的——它既是国家的实体,又是社会的实体,是双重利益的代表。在团体间,横向的市场依赖很少,纵向依赖则很多,它具有层层向上的联系结构,国家被视作超越社会的权威力量;另一方面,合作团体又并非与国家利益完全一致,它总是试图从结构中赢得更大的自主权,它倾向于要求团体精英首先忠诚于团体本身而后才是国家"②。

虽然当代中国的政教模式并没有对"宗教团体"这个新兴的社团法人形态予以更多的说明和界定,但是,当代中国宗教组织则以社团法人的社会形式,促使当代中国社会中宗教的存在和发展,获得了一种符合现代社会及法律要求的体现形式,导致宗教团体、宗教信徒能够以一种合法的身份存在并活动在现代社会之中,这就以一种"社团法人"或法人组织的身份,更能以宗教合法性的方式来认证宗教的社会性,同时也提出了一个比宗教社会性更为重要的"宗教合法性"③。

---

① "合作团体",曾用于城市经济领域的组织现象,说明中国企业承担着各种经济事务之外的社会功能,它根本无需向外寻找,其内部就存在着常规的社会合作体制。参见张静:《法团主义》,中国社会科学出版社1998年版,第159页。

② Mayfair Mei-hui Yang, Between State and Society: The Construction of Corporateness in a China Socialist factory, The Australian Journal of Affairs, No. 22, July, 1989.

③ 参见李向平等:《宗教合法性及其获得方式——以日本〈宗教法人法〉为中心》,《当代宗教研究》2004年第4期。

合法性（legitimacy）概念的实际含义是对被统治者与统治者之间关系的评价，也是某个政权、政权的代表及其命令在被治理者那里具有正当的或自愿承认的特性。它的表现将涉及某一社会秩序的运转以及该社会成员的忠诚。自从卢梭提出政治合法性应该建立在公意的基础上之后，曾有马克斯·韦伯从三个方面区别了合法性的三大类别，即神圣的传统、人民对于领导者个人魅力的忠心，以及对于法律的至高无上普遍信仰而对于"合法权威"的承认。现代西方政治学界则主要从三个方面来论证这个问题。其一，合法性导源于人类行为之外的某些与神意紧密联系的传统；其二，合法性应该建立在调整公民与国家之间关系的契约的基础上；其三，合法性的基础是一致同意的价值标准[①]。

在这里，所谓的宗教合法性是现代社会及其制度分化的产物。传统社会之中，由于宗教对于一个社会价值道德体系乃至政治法律观念的普遍影响，宗教的合法性问题在传统社会中并不存在[②]。只是在现代社会的分化过程之中，宗教与政治的分离才会导致宗教合法性问题的产生。所以，宗教合法性既是当代社会中宗教与法律制度安排的基本关系，同时亦是现代宗教能够存在于当代社会的基本前提。所以宗教合法性的获得形式及其表达方法，实际上是制约着宗教社会性表达更为关键的条件。

倘若从国家、社会、宗教的三元分析架构来看，国家对于宗教合法性的要求是在乎国家权力对宗教的法律控制；社会对于宗教合法性的要求，在于社会对宗教的认可及其社会控制；而宗教团体本身对于宗教合法性的要求，则是在于宗教与国家、社会及现有法律之间的良性互动，既有宗教活动空间，亦能在既定的法律框架之中不受来自国家、社会的非法干扰。

由于法人是一个社会组织而不是单个的自然人，必须要有相应的组织机构，所以，法人团体意志总要通过一定的组织机构，并且只有通过一定的组织制度才能具体实现。缺乏类似的制度或机构，一个社会组织就不能作为有意志的法律实体、独立的社会主体进行活动，也不可能独立享受权利和承担义务。因此，当代中国宗教团体能够获得社团法人或法人组织形式，以一种社会组织的形式获得了现代法律的认可，事实上也就等于宗教

[①] 参见庞元正等主编：《当代西方社会发展理论新词典》，吉林人民出版社2001年版，第144页。

[②] 参见［法］让—马克·夸克：《合法性与政治》，中央编译出版社2002年版，第25页。

团体及其宗教信徒相应地认可了现代法律对于当代宗教、信仰自由的界定，进而在国家—宗教—社会的三元结构中，它以法人的团体或组织的形态将自己的合法性奠基在"社会"这个层面，促使自己能够在现代社会中以合法性形式存在于社会之中，落地民间，而不高悬在国家上层建筑之上。

在马克斯·韦伯的理性类型学之中，"情感"和"传统"理性属于韦伯所谓的"共同体性"（communal）的社会行动，而目标理性和价值理性则同属"社会性"（associative）的社会行动。前两种理性类型存在的"共同体性"，实际上就是传统中国的总体性社会乃至改革开放过程依然保留的单位制度，而中国宗教之所以表达为"公共宗教"的存在形式，也就是在于这个"共同体性"的总体意识及其理性类型。至于后两者即目标理性与价值理性，它们分别都是现代社会中的理性行动，它们涉及了社会行动者对于实践行动进行有意识的、审慎的"组织"过程、制度化过程。这就是说，这两种理性类型都与现代社会分化过程下的伦理理性化具有密切关系。

这个伦理的理性化，实际上就是来自对日常生活中实践行为的理性化。根据宗教的价值预定，将每个人的日常行动转变成为具有特定习惯（即条理化和纪律化）的生活风格，从而成为生活秩序、价值秩序理性化的关键①。这说明在现代分化社会中，宗教的合法性获得方式必须以宗教与其他社会公共生活领域的制度分割作为前提，是一种具有国家社会相互对应即"社会性"的合法获得，同时能够包含社会赞同和社会规范等合法性构成内涵，而不仅仅是传统社会共同体之中以"情感"和"传统"为基础的获得方式。

特别是在现代社会制度分割过程中，其目标理性或工具理性，实际上就是基于一般意义上的日常生活方式，促使宗教行为能够成为有条理的、有秩序的、理性化的社会行动。因此，宗教合法性的取得方式，实际上就是一定社会之中宗教型社会行动方式在宗教与政治、宗教与法律之间的关系的理性化形式。它存在于宗教与政治、宗教与法律、宗教与社会、宗教与道德习俗等关系之中。正是在这些社会行动关系之中，才构成了现代社

---

① 参见李猛：《除魔的世界与禁欲者的守护神：韦伯社会理论中的"英国法"问题》，见《韦伯：法律与价值》论文集，上海人民出版社2001年版，第124、149页。

会中宗教社会性的"合法"获得方式。

从宗教与政治的本质关系而言，宗教的合法性问题无疑是以政教关系及其处理方式作为主要内涵。所谓的政教关系，常常可以包含三个层面：一是宗教与国家；二是宗教与社会；三是宗教取向与历史文化行为模式。同时，也可以把上述这些关系理解为意识形态方面宗教与政治的关系，权力主体层次上宗教团体与政府部门之间的关系，以及宗教团体与政府之间的关系[①]。

因此，宗教合法性一个最基本的体现形式，就是政教关系的制度分隔，进而是建立在政教关系合法分离基础上，合理调整宗教与国家权力、宗教团体与其他社会组织、宗教信徒与一般公民，以及各个宗教团体之间的关系，并且相应地表现为宗教团体及宗教信徒对自己宗教在社会上所处地位、社会功能发挥空间的基本认同。所以，在本质上来说，宗教合法性就是在宗教与国家政治的关系问题上，给出了一个合乎法律的解决基础，进而充分体现了现代社会中宗教发展的合法性要求。因为，宗教合法性的相关规定，对于宪法就是一个极好的补充。

宗教合法性原则的具体体现，主要是对于宗教团体世俗事务层面的管理，对宗教团体或宗教组织的世俗事务进行合理的规范，从而保留宗教团体或宗教组织的神圣资源及其传统。其宗旨在于，使宗教团体经营宗教活动等相关设施并拥有相关财产，以及保障为以达到此目的的业务经营，而赋予宗教团体以法律上的能力。以此为基础，作为社团法人或法人组织的宗教形态方才具备了与国家权力乃至社会其他组织进行制度博弈的合法性资源，成为宗教社会性得以体现的最根本。换句话来说，社团、社会组织的宗教活动方式及其法人制度的设立，即是在法律形式上对于宗教合法性的基本落实，以法人社团、法人组织的形式奠定了宗教类社会规范、社会行动对于宗教信仰、宗教组织等自身合法性的基本认可。

因此，宗教合法性与宗教社会性是一体两面的存在方式。宗教合法性的社会特征，就在于法律及其制度对宗教合法性的认定，认定某个宗教团体或者宗教组织只能够接受来自法律的支配，而不接受来自任何其他方面权力的制约。这样，宗教合法性就将以一种具有社会组织形态的宗教行动方式，以法律的形式来进行法律上的认可，在合法律性基础上为宗教合法

---

① 参见张训谋《欧美政教关系研究·绪论》，宗教文化出版社2002年版，第3页。

性奠定了一个基本准则。而宗教团体本身所具有的自律自治功能，如它作为宗教团体所应当具有的社会性、非营利性、代表性、参与性等社会特征，则以社会团体、法人组织形式及其制度要求，在社会规范的形式上，为宗教合法性的真实呈现，提供了它本身所要求的社会赞同特征，最终支持了宗教合法性与宗教社会性的有机结合。

在中国历史上，宗教多半被政治所包含，尤其是在国家取代了社会的传统社会格局乃至单位社会的制度安排之中，宗教难以作为一种社会的制度设置进行自己的社会活动。但是这种包含与取代，往往付出了极大的政治成本，得不偿失。如依宗教合法性的制度设计，它能够将宗教团体乃至宗教活动的影响合法地分割在一个法定领域之中，难以直接构成政治领域的意识形态冲突，促使行政监督、社会控制成为宗教合法性的最好补充。当然，这个补充既有法律的自律，也包含了法律的他律，宗教成为一个行政管理、社会控制领域的事情，从而能够将宗教与政治的冲突转移成为行政问题，转成宗教与社会的关系，不太可能直接地构成政治危机。

由于传统社会中的官民关系乃至当代中国社会中国家与社会的关系并不是一种划界、分权，导致"社会"和国家的关系始终是内生性而非分权性的，所以宗教组织及其制度安排也和当代中国其他民间组织一样，其基本特点是其与国家的边界交织，相关的权力主要不是受到正式制度的保障，而是通过与国家的互动获得，具有较大的弹性空间。在此前提之下，传统的总体性社会虽然在制度层面进行一定的分割和转化，导致公共宗教及单位宗教形式的适应性变迁，促使社会缺席，宗教何在的困惑得到基本的疏解，宗教的社会性存在形式得以构成雏形[①]。但是，这并不意味当代中国社会就形成了一个可与国家划界、分权的社会领域，而仅仅是国家权力让渡，并从国家领域分离出来的有限的、局部的，具有一定依附性的社会空间而已[②]。这也是当代中国宗教社会性存在形式的一大特征。

[①] 参见李向平：《社会缺席，宗教安在？——当代中国宗教社会学的基本理论问题》，载上海市社会科学联合会编《当代中国：发展·安全·价值》论文集，第二卷上，上海人民出版社2004年版。

[②] 参见王名等著：《民间组织通论》，时事出版社2004年版，第21—22页。

如果说，"专制制度可以不要宗教信仰而进行统治，而自由的国家却不能如此"。那么，具有社会性存在形式的宗教却是教导人们如何掌握行使自由技巧的主要方法之一①。与此相应的是，在现代社会的宗教需求过程中，当代中国社会的宗教寻求也必须具有一种适应社会变迁形式的制度呈现，方才能够表达其信徒作为现代公民的自由技巧。这就是以一种法律实体的形式来予以表达的宗教社会性，从而使当代中国宗教逐步发育成为一个社会存在、一个社会存在子系统的社会学意义。

倘若当代中国宗教的社会性这一概念能够成立的话，那么，相对于传统中国宗教的存在方式而言，它就将使当代中国宗教在当代中国社会的变迁过程之中，呈现为社会的形式而非心理的属性，将被视为团体的或者是社会的东西，从而超越了那种将宗教归属于心理性的宗教学研究的旧范式②。

这既是当代中国宗教存在的新形式，同时亦是中国宗教社会学体系得以展开、演进的逻辑新基点。

---

① [法]托克维尔：《论美国的民主》上卷，董果良译，商务印书馆1996年版，第336、341页。
② [美]罗德尼·斯达克、罗杰尔·芬克：《信仰的法则——解释宗教之人的方面》，杨凤岗译，中国人民大学出版社2004年版，第37、43页。

宗教经济学导论[1]

劳伦斯·艾纳孔（Laurence R. Iannaccone）

提　要

本文系统梳理了有关宗教与经济关系的文献，对"宗教经济学"这一概念的范围与含义提出了自己的看法，认为其中最有意义的路径，是从经济学视角阐释宗教行为，运用微观经济学的理论和技术解释个人、团体和文化中的宗教行为格局，宗教经济学最终将埋葬两个神话——经济人是既不需要也无力虔诚的冷酷动物，宗教人是朝向前理性时代的愚昧返祖。

一　概述

虽然第一篇和第二篇文章的发表分在了两个世纪，但不可否认，宗教经济学（economics of religion）研究终于蹒跚起步。虽然起步较缓，但亚当·斯密（[1776] 1965）以及阿滋与艾伦博格（Corry Azzi and Ronald Ehrenberg, 1975）所中断的工作已被几十个经济学家（其中有几个社会学家）重新接续。借助于经济分析工具和大量的资料，他们就原先局限于其他社会科学的问题撰写了近 200 篇文章，如宗教信仰和行为的决定因素、宗教制度的本质以及宗教的经济和社会影响等。如果宗教研究还不能

---

[1] 本文原载《经济文献杂志》第 36 卷第 3 期，第 1465—1495 页（Journal of Economic Literature, vol. 36, No. 3 [Sept., 1998]: 1465—1495），作者为美国乔治·梅森大学宗教经济学研究中心主任（Director of Center for the Economics Study of Religion, George Mason University, USA）、教授，电子邮箱：Larry@EconZone.com。本文译者为张清津。

获得《经济学文献杂志》的分类号,仍然保持一个隶属于其他学科的亚学科地位,它就不过是不断扩张的经济学领域的一个新的延伸[1]。

宗教研究试图从下面几个方面使经济学锦上添花:针对"非市场"行为这个几乎被人遗忘的领域创造知识;演示经济模型如何加以修正来处理信仰、准则、价值等问题;探索宗教(可扩展到包含道德和文化)影响个人、团体和社会的经济态度和活动的方式。同时宗教研究还试图影响社会学,特别是对经济研究发生了浓厚兴趣的宗教社会学。由于所有这些研究几乎都是新兴的,而且分散于经济学和非经济学的各类杂志,对此作一个概述也是顺理成章的[2]。

这方面的概述还可以用来驳斥这样一个流行却站不住脚的说法,即宗教是一个前科学时代的没落残余。福音派基督教在美国的复兴,伊斯兰原教旨主义在中东的兴起,天主教在拉丁美洲的迅速增长,宗教在东欧和前苏联的蓬勃发展,在世界范围内的政治和伦理冲突中宗教所起的作用——所有这些都说明了宗教之普遍而又持续存在的重要性。在资料最详尽的美国,宗教信仰和宗教行为的比率并未随时间增长而下降。实际上,在过去的两个世纪中,美国的教会成员的比率趋于增加。社会科学家们除了重新关注宗教之外别无选择,因为宗教并没有消亡的迹象。

宗教和经济学的研究可以划分出三条发展路径。本文将着重于从经济学的视角来阐释宗教行为这一研究路径,应用微观经济学的理论和技术来解释个人、团体和文化中的宗教行为格局。第二条路径是研究宗教的经济后果,对此我仅作浅显的评述。最后,大量的著述都借助于神学信条和圣典来支持或批评经济政策。这最后一条路径我们可以称之为"宗教的经济学"(religious economics),主要是哲学家、神学家和经济学家们用宗教

---

[1] 几十年来,宗教研究在社会学、心理学、人类学、历史以及(某种程度上的)政治科学中享有突出地位和合法性。专门从事宗教社会科学研究的杂志有:《科学研究宗教》(*Journal for the Scientific Study of Religion*)、《宗教社会学》(*Sociology of Religion*,即过去的《社会学分析》*Sociological Analysis*)、《宗教研究评论》(*Review of Religious Research*)、《社会指针》(*Social Compass*)和《教会与政府》(*Journal of Church and State*)。

[2] 本概述并非详尽无遗。如果读者欲获得更多有关宗教经济学的文章,请跟我联系。LIANNACCONE@ mailer. scu. edu。

的视角来评价经济政策①。

对宗教的经济学我将不作评述，因为其文献过于宽泛，与大多数经济学家们的研究和专业兴趣相去甚远。宗教的经济学包含了大量的"伊斯兰经济学家"的自述性著作，他们试图对银行、税收、收入再分配和金融制度进行分析、申辩并实施，使其符合得自于《古兰经》和圣训的经济信条。它还包含了几个世纪以来基督教中的神学家、牧师和经济学家的著述——从中世纪天主教对高利贷的禁令到当代天主教关于经济的牧函，从传统新教派和国家教会委员会的官方声明，到福音派新教和自封的"基督教经济学家们"的花样繁多的著作。其中一些著作对宗教经济学概念提出了质疑，并对其逻辑、主张和假设条件予以批评（Kenneth Elzinga, 1989）。另有一些对资本主义、社会主义、税收、银行和收入再分配进行了激进的批判，有兴趣的读者可参阅各种述评（Craig Gay, 1991; Kuran, 1993; Fred Pryor, 1990; Muhammad Siddiqi, 1981; A. M. C. Waterman, 1987）。

像以前的著作一样，本文也对宗教信仰的效力或宗教制度的可靠性避而不谈。若给宗教一个必需的明确定义（如将政治观念和世俗理念排除在外），将宗教定义为以信仰超自然力量为前提的一组共同的信仰、活动和制度就足够了②。但在实践中，我们的分析不会局限于这一抽象概念。由于对宗教的社会科学研究还仅仅局限于美国和其他西方发达国家，本文主要关注于犹太教—基督教的信仰、活动和制度。

首先，我要对宗教研究的经验主义基础作一点评。一方面，宗教方面的资料具有限制性且不可靠。政府收集的宗教方面的统计数据为数不多，政府承担的宗教研究也微乎其微；大多数宗教组织的财务记录凌乱不堪，其成员名单也过于庞杂；而且宗教的很多方面从本质上讲就难以观察。但宗教资料要比大多数学者所认为的丰富得多，而且也远比从俱乐部、友爱会（friendships）、娱乐活动、自助团体和大多数社会运动那里所得到的资料全面。

---

① 还有一组研究仅包括少量咨询性质的文献，主要是用商业视角来评价宗教组织，以更有效率地使用资源，更有效地营销并刺激教会增长（如，Robert Stevens & David Loudon, 1992）。

② 该定义取自 Rodney Start 和 William Bainbridge（1985, p.5），它排除了个体的灵性和形而上的思想体系，包含了近似纯粹哲学的佛教的某些变体。关于其他的定义以及对"功能的"、"本质的"和"现象学"定义之间的差别，参见 Keith Roberts（1990, pp.3—26）。

许多调查都提供了大量的有关宗教信仰、宗教活动和宗教联系的报告资料[①]。自 20 世纪 30 年代末以来，盖洛普就教派偏好、教堂出席率和宗教信仰问题不厌其烦地对人们进行民意测验。从 1972 年开始，国家舆论研究中心（NORC）的一般社会调查就更多的宗教问题（几乎）每年都提供调查答卷（James Davis and Tom Smith, 1996）[②]。无数的其他国家调查都包含了教堂出席率和教派偏好这些基本问题。而由教派、跨教派机构（interdenomination agencies）和慈善机构所做的调查提供了有关教派及其集会、成员和领导者的非常详尽的资料，虽然这些资料代表性不是那么强。

各机构的记录可用来补充上述报告的调查资料。几乎所有的教派都对其成员、捐献、开支、集会次数和神职人员数进行跟踪记录，很多教派还有洗礼、皈依、授圣职仪式、传教活动和出席率等方面的记录[③]。美国政府也收集了一些相关资料，包括神职人员就业、教堂建设和 IRS 税收记录等方面的统计（这些资料与调查资料、教派报告一起，对宗教捐献及其决定因素做出了估计）[④]。其他虽被忽视却很有用的资料包括：宗教书籍、期刊、音乐的销售，教会电话号码表，神职人员工资，教会学校和神学院

---

① 由于大多数调查所设计的问题都是针对个人信仰和个人行为，要对人们回答这些问题的总体的准确性进行估价是很困难的。Kirk Hadaway, Penny Marler 和 Mark Chaves (1993) 证明，盖洛普民意测验大大夸大了教堂出席率。通过应用 1975—1976 年的数据和 1981 年的密西根时间利用研究 (Michigan Time—Use Studies), Jeff Biddle (1992, p.127) 所得到的教堂出席率大约为 15%，低于盖洛普报告的数据。

② 加拿大一般社会调查、世界价值观调查、国际盖洛普民意测验和国际社会调查项目所做的调查提供了其他国家的类似的统计数据，虽然有些并不详尽。

③ 自 1915 年以来，教派统计的年度总结都出现在《美国加拿大教会年鉴》中，很多教派都出版自己的年度报告和/或年鉴，提供了分散于不同地域的详细资料。美国政府在 19 世纪 50 年代到 20 世纪 30 年代每十年出版一次的《宗教机构调查》在很大的范围内报告了分散于城市和县层次上的教会统计资料。还有许多个人所做的调查也提供了 1952、1971、1980 年和 1990 年的相当于县级水平的教会成员统计（参见 Martin Bradley 等, 1992, p.Ⅶ）。

④ 有关宗教的这些数据及其他数据参见一年一版的《美国统计概要》和《美国历史统计：从殖民时代到 1970 年》。美国统计局只有一次调查，即 1957 年 3 月的"现有人口调查"，询问了人们的宗教状况。其他国家收集了更多的宗教资料。在加拿大，结婚申请和人口普查都询问宗教状况。瑞典的教会统计，包括教会参加者的个人记录，可追溯到 17 世纪（Thorlief Pettersson, 1988）。英国在 1700 年到 1970 年间的教派统计已经被 Robert Currie, Alan Gilbert 和 Lee Horsley 制成表格。David Barrett (1982) 将 20 世纪超过 200 个国家的庞大的宗教统计数据汇集成册。其他资料包括：《人类关系区域文件》将人类学家对数以百计的前现代社会的观察进行了编码 (Brooks Hull, 1994)，关于中世纪天主教教会的多卷本著作 (Robert Ekelund 等, 1996)、地方集会和宗教社区 (Murray, 1995b) 的历史统计。

在校生及宗教广播的资料。

二 宗教的持续重要性

　　心理学家、人类学家和社会学家一直把宗教当做与理性计算无关的行为类别。的确，包括马克思、弗洛伊德和孔德在内的19世纪的很多学者都认为，对宗教的热切奉献是彻头彻尾的非理性。从这一假定到成为宗教社会科学研究的主要范式的所谓的"世俗化命题"（secularization thesis），只不过是一小步。根据著名社会学家伦斯基（Gerhard Lenski 1963, p. 3）的说法，社会学"从一开始就赞同这样的观点，即在现代世界中的宗教是人类原始状态的残余，它在科学和开化的时代注定要消亡"。

　　不要小看这个错误的世俗化命题（Andrew Greeley，1989；R. Stephen Warner，1993），它已经繁育出大量几乎无人敢质疑的程式化的识见。例如：随着科学和技术的进步宗教将不可避免地衰落；人们受教育越多，特别是对科学知识越熟悉，其宗教信仰就越弱，对一些宗教主张的疑心就越重；对离经叛道的宗教团体（即所谓的宗派、膜拜和基要主义）的参与，常常是灌输异端价值以及由心理创伤、恐惧和需要得不到满足而导致的反常心理所产生的结果。人们都"知道"这些说法是对的，尽管几十年来的研究多次证明它们是错误的。

　　调查、统计记录和历史资料可谓汗牛充栋，宗教持久的效力已是昭然若揭，最典型的地方就是美国。例如，下面的统计描述在当今的各类研究中俯拾皆是：

　　（1）美国的教会成员率在过去两个世纪的大多数时间里都是上升的——从革命时期占总人口的17%到19世纪中期的34%，再到今天超过60%[1]。

　　（2）在过去的150年中，美国每千人中的神职人员数一直保持在1.2左右。这个统计是以各类政府报告为依据的，包括1850、1880年和1906

---

　　[1]　根据相当可信的教会资料，包括美国政府的"宗教机构普查"，Finke和Stark（1992，p. 16）对1776年到1980年期间的教会成员率进行了估算。根据盖洛普的民意测验，自我报告的教会成员率略有下降，从1937年的73%下降到1995年的70%，声称没有宗教偏好的人群，从1947年的6%以及20世纪50年代和60年代的3%增加到1995年的8%（虽然这种增加部分地是由提问问题的用语所引起的）。

年的《宗教机构调查》、《美国历史统计：从殖民时代到 1970 年》和劳工统计局关于《就业和收入》的元月报告。

（3）自 20 世纪 30 年代末实行全国舆论普查以来，声称在特定星期去教堂的美国人的人数特别稳定，保持在总人口的 40% 左右。除天主教徒外，实际的教堂出席率并没有下降。天主教徒教堂出席率的下降是因为教皇在 20 世纪 60 年代中期发布了一系列有争议性的声明（Michael Hout and Greeley，1987）。

（4）调查发现，宗教信仰几乎和教堂出席率一样保持稳定。几十年来，95% 的美国人都承认他们相信"上帝和万能精灵的存在"，很大一部分人仍然相信天堂、地狱、来世和耶稣的神性。详情参见表 1 和 Greeley（1989）。

表 1　　　　　　　　　宗教信仰普查　　　　　　　　　　（%）

年份	上帝	耶稣	生命	天堂	地狱
1945	95		76		
1950	99	77	73	72	58
1955	97		74		
1960	97		74		
1965	97	75	75	68	54
1970	98		73		
1975	94		69		
1980	95	78	71	71	53
1985	94	76	74		
1990		84	71	75	60
1995	96		71		

注：如果某一年数据缺乏，但有前后一两年的数据，将前后年的平均数用做该年的数据。

说明：上帝一栏数据是对问题"你相信上帝或万能的精灵存在吗？"回答"是"的比例。

耶稣一栏是对问题"你相信耶稣曾经活着吗？你认为他是上帝还是像穆罕默德或释迦牟尼这样的领袖？"回答"是，他是上帝"的比例。

生命一栏是对问题"你相信死后有来世吗？"回答"是"的比例。

天堂一栏是对问题"你认为是否存在人们被赋予永久美好生活的天堂？"回答"是"的比例。

地狱一栏是对问题"你相信有地狱吗"回答"是"的比例。

资料来源：盖洛普普查，载《美国宗教》（1985，1990，1992/1993，1996）。

（5）至少从 1955 年以来，教会的总捐献似乎一直保持在国民生产总值的 1% 左右。在美国，宗教赠与一直保持在慈善赠与的一半左右（1995 年大约为 640 亿美元）；宗教志愿者的工作比其他任何形式的志愿者的工作都更常见（Charles Clotfelter，1985，p. 145）；大多数非盈利机构都有宗教背景①。

（6）宗教不是穷人和愚人的专利。在众多的跨区域调查资料的分析中，宗教信仰和宗教活动的比率并未随收入的增加而下降，相反，它们随教育的提高而增长②。另一方面，宗教的形式的确随收入和教育而变化。神学上保守的教派（特别是那些所谓的基要派、五旬节派或宗派）从穷人、教育程度低的人和少数种群中吸收了过多的教徒（Stark，1972；Roof and McKinney，1987；Iannaccone，1992）。

（7）虽然媒体大肆炒作，但大多数"极端宗派和膜拜"的成员并没有神经质、躁狂抑郁或极端独裁主义等异常的个性特征。强制灌输、强制"洗脑"和"思维控制"等指控已被完全否定，很少有法庭对这些指控会认真考虑，学者们更不以为然（参见 James Richardson，1991）。

（8）一般地说，大学教授的宗教倾向要弱于普通民众，但这一点也不能说明信仰和科学之间存在着根本冲突。非宗教化的宣示在人文科学和社会科学领域最明显；物理科学和专业性领域的工作人员更可能出席教堂、承认信仰和赞同宗教（Robert Wuthnow，1985）。事实上，只是在社

---

① 与其他形式的捐赠相比，宗教捐献具有跨区域的收入弹性（在 0.4 和 0.6 之间）较低的特点。Clotfelter（1985，pp. 64—65）对三份有关宗教捐赠在个人水平上的价格和收入弹性进行估算的研究作了概述。J. F. Pickering（1985）和 Jody Lipford（1995）对单个教派不同团体间相应的收入弹性进行了估算。在 1955 年到 1995 年间，《美国捐赠》每年都会就宗教捐赠和非宗教捐赠进行报道（参见 AAFRC 慈善信托 1996 年或更早的年度报告）。《美国历史统计：从殖民时代到 1970 年》（美国调查局 1975，p. 359）在 1930 年到 1970 年间也有类似统计。

② 在过去的 40 年中，已有大量的社会学研究项目对收入和/或教育与各种对宗教虔诚度之间的经验关系进行了研究，例如，Lenski（1963），Stark（1972），Wade Roof 和 William McKinney（1987）以及 Ross Stolzenberg，Mary Bair – Loy 和 Linda Waite（1995）。自 20 世纪 70 年代以来，带着模型能够更敏锐地表现经济理论的微妙之处这样的观点，经济学家们也参与其中。但他们的研究结果基本上反映出了社会学家的观点：教育是一个微弱却很可靠的宗教参与的指标；对宗教捐献来说收入是一个强烈而又可靠的指标，但对诸如教堂出席率、教会成员、祷告次数、宗教信仰率等这些宗教活动的度量来说，收入却是一个很弱的指标。收入或工资效用总是不及年龄、性别、宗教培养这些因素重要（Azzi and Ehrenberg，1975；Ehrenberg，1977；Stephen Long and Russell Settle，1977；Holly Ulbrich and Myles Wallace，1983，1984；Biddle，1992）。

会科学领域非常世俗化的学科（如心理学、人类学和小部分的社会学）从事研究的学者，才存有较高程度的反宗教情绪（Stark, Iannaccone and Finke, 1996）。在很多重要的物理学家、化学家和生物学家中，相信上帝会对人们的祈祷作出回应的人，在今天和 1916 年一样普遍（Edward Larson and Larry Witham, 1997）。

（9）通观世界，发展快速的宗教都具有严格、派性强和神学上保守的倾向。在美国，这些团体仍在吸引着成员，即使神学上比较自由的新教教派（包括新教圣公会、循道宗、长老派和基督联合教会）在竞争中也处于相对和绝对的下风①。在美国，摩门教和耶和华见证会这两个长期被认为是异端的团体，每 15 年到 20 年成员就翻一番，其成员数超过了除五六个新教教派之外的所有教派。在拉丁美洲，保守的基督徒团体（基要派、五旬节派、摩门教和耶和华见证会）增长如此迅速，在有些国家中它们可能很快就会超过天主教（David Stoll, 1990）。

增长率并非不同的教派相区别的唯一特征。实际上宗教参与和委身的每一个指标——信仰、出席率和捐献——都与教派总体的保守程度、严厉程度和宗派主义的程度呈正相关。由此而形成的格局，即著名的教会—宗派（church—sect）类型学，对于教派分类很有用处。例如，自由的新教教派成员对教会的捐献占其收入的比率较低（大约为 1.5%），相反，像南方浸礼会、上帝会这些相对保守的教派的成员对教会的捐献更多（大约 2%—4% 之间），而摩门教成员的捐献率大约为其收入的 6%。用教堂出席率来衡量的时间奉献，状况大致相同，自由的新教教派排名最低，保守的新教教派出席率要高一些，而像摩门教、耶和华见证会这样的膜拜团体的成员出席率就更高（Dean Hoge and Fenggang Yang, 1994; Iannaccone, 1992, 1994）。对正统信仰（如对耶稣神性、《圣经》绝对正确、天堂和地狱实际存在的信奉）的测量情况也与此类似（Roof and McKinney, 1987）。美国犹太教有其自己的教派类型——改革派、保守派和正统派，犹太人的调查资料显示，犹太教的状况与基督教中所观察到的状况相类似。例如，

---

① 一年一版的《美国加拿大教会年鉴》提供了大量教派的成员数据。保守教派的增长也许与个人层面上的数据相抵触，这些数据证明人们所承认的宗教信仰具有稳定性。但是，两方面的资料都与教派会随时间增长而自由化和世俗化这一长期被认可的趋势相符合（见 James Montgomery 1996a）。人们更多地转向较保守的教派可以解释为个人面临着组织流变时而自己（在神学意义上和社会意义上）保持不变（参见 Finke 和 Stark, 1992）。

正统的犹太教徒宗教尊奉和奉献的比率最高,而改革的犹太教最低(Bernard Lazerwitz and Michael Harrison,1979;Iannaccone,1994,p.1196)。

美国国家舆论研究中心的《综合社会调查》(General Social Surveys)对有关宗教信仰和行为提供了详尽的报告资料。表2是1986年到1990年间对基督教调查的回归结果①。第1栏和第5栏中,个人教堂出席率(按每年的礼拜式测量)和宗教捐献(按每年的美元数测量)被回归为标准的社会—经济变量。第2栏和第6栏引入了样本教派集。样本变量(保守的新教、极端的摩门教和天主教)使神学上自由的"主流"新教教派(删掉的类别)的成员与天主教教会、两个神学上保守的新教教派(南方浸礼会和密苏里路德宗会)以及各类高度保守的异端教会(包括大多数基要派团体、五旬节派、耶和华见证会、基督复临派和摩门教)的成员区别开来。第3栏和第7栏添加了答卷人宗教信仰的两个指标和显示答卷人是否与具有相同教派偏好的人结婚这样一个样本。通过考虑极差限制(由于年度捐献被修正为小于零元,以及年度出席率被修正为小于零大于52周),第4栏和第8栏中的多比(Tobit)回归对这些等式进行了重新估值。

表2　　　　　　　　宗教参与的决定因素　　　　　　　　单位:

	(1) 出席率	(2) 出席率	(3) 出席率	(4) 出席率	(5) 捐献	(6) 捐献	(7) 捐献	(8) 捐献
教育	0.881	1.046	1.311	2.310	63.921	74.458	80.915	110.772
	(8.17)	(9.82)	(9.09)	(9.72)	(6.67)	(7.98)	(7.53)	(9.85)
收入	−0.093	−0.019	0.290	.535	91.494	100.194	113.799	131.991
	(0.64)	(−0.13)	(1.56)	(1.78)	(5.53)	(6.08)	(5.55)	(9.66)
年龄	0.259	0.286	0.245	0.392	12.731	13.654	12.862	18.640
	(14.86)	(16.67)	(10.99)	(10.72)	(8.82)	(9.53)	(7.70)	(10.75)
性别	5.900	5.833	5.667	9.365	26.112	22.959	10.848	101.018
	(10.10)	(10.17)	(7.63)	(7.68)	(0.58)	(0.52)	(0.22)	(1.74)

---

① 在1972年到1996年间,国家舆论研究中心(几乎)每年都做"综合社会调查"。每一个调查数据都是通过对独立选取的18岁或18岁以上的说英语的、尚未社会化的1500个人进行面对面的交谈所得到的(Davis和T. Smith,1996)。表2包含了1987—1989三年的调查数据,在此期间,"综合社会调查"询问了宗教捐献情况。在不论是1986年以前还是1990年以后的其他年份中,调查结果大致相同。

续表

	(1) 出席率	(2) 出席率	(3) 出席率	(4) 出席率	(5) 捐献	(6) 捐献	(7) 捐献	(8) 捐献
已婚	5.506	5.150	-4.274	-6.282	290.361	237.231	-96.249	-73.139
	(8.92)	(8.45)	(-4.15)	(-3.60)	(8.26)	(7.12)	(-1.83)	(0.85)
黑色	4.963	4.185	4.720	7.046	191.978	-33.629	-44.915	140.169
	(6.35)	(4.81)	(4.17)	(3.57)	(3.63)	(-0.55)	(-0.65)	(1.49)
保守新教		4.612	1.322	2.508		389.631	295.323	360.862
		(5.55)	(1.26)	(1.44)		(5.00)	(348)	(4.30)
宗派		13.149	9.582	17.776		765.005	697.114	824.169
		(13.3)	(7.48)	(8.51)		(7.48)	(6.41)	(8.71)
天主教		6.576	6.402	11.242		-70.553	-117.551	-22.726
		(9.45)	(7.03)	(7.54)		(-1.82)	(-2.63)	(-0.32)
圣经绝对			9.140	15.358			267.491	387.335
			(11.15)	(11.32)			(4.90)	(6.10)
来世			7.639	12.404			208.973	292.794
			(8.36)	(8.04)			(3.58)	(3.90)
配偶同教			13.233	21.562			498.731	720.986
			(13.75)	(12.37)			(7.44)	(8.60)
Cons	-5.499	-12.901	-23.775	-52.157	-1302.4	-1587.5	-1893.6	-3192.7
Adj-R^2	0.7	0.10	0.20		0.11	0.15	0.19	
Cases	6105	6105	3339	3339	3223	3223	2530	2530

注：括号中为技术统计。从第（1）列到第（3）列的数据以及从第（5）列到第（7）列的数据指的是列变量回归为行变量的OLS系数（年教堂出席率和年教会捐献率）；第（4）列和第（8）列是多比回归。变量定义：出席率是指答卷人（R）的教堂出席率（礼拜式/年）；捐献率为答卷人的教会捐献（1990年的美元/年）；教育是答卷人的在校年数；收入是家庭收入（1990年的美元/年）；年龄是答卷人的年龄；性别、已婚和黑色是：如果答卷人是女性、黑人和已婚，则样本变量等于1；如果答卷人属于"保守新教"（南方浸礼会和密苏里路德宗）、"宗派"（基要派、五旬节派、耶和华见证会、基督复临派和摩门教），或"配偶同教"，则样本变量等于1；如果答卷人相信"圣经绝对"正确的或相信"来世"，则样本变量等于1。

资料来源：1986—1990"综合社会调查"，不包括非基督徒答卷人。

这些结果证实了上面所说的那些推论。例如,家庭收入对教堂出席率影响甚微,但对总捐赠却有强烈的正向影响①。教育自始至终都具有正的,且从统计上看是重大的影响。女性出席教堂的次数远多于男性,这是一个在无数的研究中和对个人宗教性的度量中都出现过的结果。黑人出席教堂的次数要多于白人,在对年龄、收入和教育进行检验后,其捐献率也相对较高。年龄是一个特别强的指标;老年人宗教倾向更强(Hout and Greeley, 1987, p. 328)。第 2 列和第 5 列证实了宗派的重要,即使在检验了社会经济差异后,保守的和派性强的教派的成员教堂出席率和捐献率也远大于自由教派的成员。(天主教是个特例,其成员出席率远大于主流的新教教派,但捐献却远少于后者。)即使引入个人层面上的信仰正统性和同教婚姻后,剩余的列仍然证明派性效用是很强的,这表明教派之间差异的影响远大于仅仅把宗教性强的人归类于神学上的保守派。尽管有这些"重要"成果,但在这些关于宗教行为的调查数据中,观察到的因素仅仅是所有变量的一小部分。

三 宗教的经济影响

在过去的一个世纪,学者们对宗教的经济影响得出了很多结论,但都没有超过马克斯·韦伯的《宗教伦理与资本主义精神》([1905] 1958)。韦伯观点的追随者认为:

> 新教改革发动了一场精神革命,使现代资本主义的出现成为可能。通过强调个人勤奋、节俭,强调个人的责任,以及通过对冒险和财务上的自我改善予以道德认可,新教所宣扬的世界观摒弃了传统的心理取向。(Jacques Delacroix, 1992, p. 4)

尽管大量的研究都对这一主张的经验有效性提出了挑战,但"在各类版本的(几乎所有的)社会学初级教材,在各种类型的国际商务教科

---

① 我还对工资数额进行了回归分析,却发现在所有分析中其影响都是零,包括仅限于对有工作的答卷人、男性答卷人和有工作的男性所做的分析。

书以及通俗媒体中，作为信仰的一个元素"的新教伦理论题仍有生命力（Delacroix，1995，p.126；Samuel N. Eisenstadt，1968）。

具有讽刺意味的是，新教伦理论题最显著的特性就是它缺乏经验支持。那些试图将韦伯的神话纳入自己的研究工作的经济学家，最好关注一下学者们提供的反证（Anderson and Robert Tollison，1992；Delacroix，1992；Richard H. Tawney，1926），特别是萨缪尔森（Kurt Samuelsson，1993），用著名社会学家霍曼斯（George Homans）的话说，他不仅仅是"修补了韦伯的假说，而是使其毁灭"。

萨缪尔森和托尼（Tawney）证明，几乎所有韦伯所强调的资本主义制度都先于新教改革而存在，而韦伯却把宗教改革作为资本主义制度产生的原因。萨缪尔森进一步发现，早期的新教神学家对经济事务并没有特别的兴趣，他们似乎对市场也缺乏了解。与其天主教的同事一样，他们对信用和利息的认识并不清晰。最后，萨缪尔森反驳了韦伯对欧洲经济史所做的程式化的解释，他表明，在韦伯所引用的区域，经济进步与宗教并无联系，或者在时间上与韦伯的论点不相符，或者与韦伯所提出的格局正好相反。正如德拉克鲁瓦（Delacroix，1995，p.126）所观察到的："阿姆斯特丹的财富集中在天主教的家里；在经济上比较先进的德国莱茵河地区，天主教比新教更盛行；全部为天主教的比利时是第二个工业化的国家，比新教国家早了六年多。"通过对欧洲的新教和天主教国家的经济发展水平进行对比，他（Delacroix，1992）发现，没有证据表明一方强于另一方。

关于宗教效用的内涵要比韦伯论题丰富得多[①]。在个人和家庭层面上，经济行为和经济结果的确与宗教有关。例如，美国犹太人的平均工资要大大高于非犹太人已是一个众所周知的事实，这一差异可归结于他们较

[①] 也许人们会抛弃韦伯关于新教和天主教的论点，而没有注意到所有的宗教传统都同等地有益于经济发展或资本主义制度。Avner Grief（1994）将历史证据与博弈论结合起来，主张"个人主义的"（与集体主义相对）文化信念有益于社会制度，而社会制度能够促进匿名交易、进取心和创新，这反过来又刺激了长期的经济增长。Kuran（1997）指出，伊斯兰国家的经济和知识的发展在上一千年的大部分时间里都落后于西方国家，很多学者将这一结果归结为伊斯兰的"静态世界观"。Kuran（1995）的"偏好证伪"（preference falsification）理论有助于解释这一世界观以及其他经济效率低的文化规范的持续性。

高的教育水平（Barry Chiswick, 1983, 1985）①。更明显的是宗教虔诚与具有重要经济意义的一组范围很广的社会行为之间的联系，这些社会行为包括犯罪活动、吸毒和酗酒、身体和精神健康、婚姻、生育和离婚。

当然，也可能宗教的统计学上的"效用"完全是假的。但人们也可以毫无困难地假定存在着某些潜在的特质，它们既决定着宗教行为，也决定着其他行为。"好"孩子不会吸毒，会去上学，去教堂。那些拥有自由价值或异端生活方式的人也许会使自己与保守教派区分开来。人们也许会同意弗里曼（Richard Freeman, 1986, p. 371）的观点，即没有经过（也许是无法实施的）"真实实验"的东西不足以证明宗教具有起因性的作用。但人们也应该认识到，也有一些先验的论证可以证明宗教作用的存在，尽管为消除虚假的相互关系人们做出了很多努力，很多宗教效用仍然大量存在且具有重大的统计学意义②。

弗里曼（Freeman, 1986, pp. 372—373）关于黑人男青年教堂出席率的研究证明了最后一点。通过对国家经济研究局（NBER）和NLS的调查资料进行仔细分析，他得出结论说，"出席教堂礼拜对时间分配、上学、工作和异端的社会活动（如犯罪、吸毒、酗酒）的频率具有好的影响"，而且"统计结果的模型也说明，至少出席教堂礼拜的部分效用能够成为实际的起因性作用"。其他经济学家（Lipford, Robert McCormick and

---

① Reuven Brenner 和 Nicholas Kiefer（1981）主张，犹太人重视教育是他们对几个世纪以来受迫害的反应，这些迫害使（可携带的、不可剥夺的）人力资本的价值相对于土地和其他物质资本的价值提高。Berry Chiswick（1983, 1985）发现美国的犹太人并不像上面所说的那样对教育投资"过头"，他们需要高水平的教育是因为他们的教育回报率很高。其回报率高部分原因可能是他们在孩子质量上的投资相对较大（表现为平均家庭规模较小及当孩子还小时犹太人母亲倾向于退出劳务市场待在家里），但也可能表现为因基因构成而导致的认识能力的差异。通过应用加拿大调查的资料和国家舆论研究中心的"综合社会调查"资料，Nigel Tomes（1984, 1985）证实了犹太人的高收入，但他发现在新教和天主教之间有相对弱的和不一致的收入效用。通过运用典型调查资料，Alfred Darnell 和 Sherkat 发现，有基要主义新教信仰和成员背景的年轻人（1965年）所接受的教育远少于（1973年和1980年）没有基要主义背景的人，即使在对种族、地区、性别、父母收入、教育和职业检验后情况也是如此。

② 真实作用的观点起始于这样的事实，即大多数宗教制度在道德行为律令上是直截了当的和明确的，这些制度运用了很多经过时间检验的教导和社会控制方法：早期教育、家长强化、有条件的身份和成员、求助于传统和无所不知的法官、能增进社会联系的集体活动、使监测便利化、提高违抗的成本。普通的教会成员，特别是父母亲，似乎的确相信宗教培养有重要作用，他们也的确在宗教活动中投入了大量的资源，以期帮助孩子长大成为"好人"。虽然就我所知还没有人试图对这些效用进行正式的模型分析，本文第四部分对宗教的家庭生产的评论是一个开端。

Tollison, 1993; Hull and Frederick Bold, 1995)通过应用其他报告的汇总资料也得出了类似的结论,即使在对治安开支和与犯罪有关的社会经济变量进行检验后,他们仍然发现,在宗教成员率较高的州县,暴力和非暴力犯罪率都非常低①。

事实上,有大量的经验研究文献论述宗教和各种形式的"异端"行为之间的关系,如关于犯罪(T. David Evans, 1995)、自杀(Bainbridge 1989; Bernice Pescosolido and Sharon Georgianna 1989)、离婚(Timothy Heaton and Edith Pratt 1990)、吸毒和酗酒(John Cochran and Ronald Akers 1989)、非婚性行为(Arland Thornton, William Axinn and Daniel Hill 1992)②。对于少年犯罪的研究特别丰富,这些研究发现,在宗教倾向很浓的家庭长大的孩子,从事犯罪活动、吸毒或酗酒以及有婚前性行为的可能性更小。对那些在严厉的教派或宗教相同的社区长大的孩子来说,上述特征就更加明显。至少在二十年中,从事这些研究的犯罪学家和社会学家们一直将他们的精力集中于识别并克服不真实的相互关系。在这个过程中,他们运用了合理的理论、复杂的模型、丰富而多样的资料以及大量的检验。少数与此类似的经济学研究也得出了相似的结论(Freeman, 1986; Lipford, McCormick and Tollison, 1993; Evelyn Lehrer and Carmel Chiswich, 1993)。

宗教似乎还影响到精神和身体健康。尽管非实证的弗洛伊德传统把宗教指责为神经质、偏见和独裁主义,但实证研究持续证明,较高的宗教捐献率和宗教活动参与率有助于精神健康、减轻压力、增加生活满意度(Christopher Ellison, 1993)。这里再一次使研究关注于不真实的相互关系问题,而且也再一次证明宗教效用将持续存在下去,即使对年龄、收入、教育、性别、种族、婚姻状况、居住地、社会关系和以前经历的创伤事件等进行检验后,情况仍然是这样(Ellison, 1991)。

在对上百个流行病的研究中,医学研究人员都描述了具有统计学意义的宗教效用,其中很多研究成果都发表在前沿刊物上,如《新英格兰医

---

① 这些研究重现了社会学家 Bainbridge(1989)的研究结果,他运用同样的数据、不同的控制集以及不同的汇总水平,得到了同样的宗教效用。

② 根据 Cochran 和 Leonard Beeghley(1991, p.46),"有关宗教和虔诚信仰对非婚性行为态度的直接或间接影响的证据能够在 80 多个研究中找到"。Stark 和 Bainbridge(1997)对大量论述宗教和犯罪的文献进行了综述。

学杂志》、《美国医学学会杂志》、《手术刀》(Lancet) 和《美国流行病杂志》(Jeffrey Levin and Harold Vanderpool 1987; Levin 1994)[1]。其起因机制有时是很明确的：摩门教、安息日会和其他要求严格的教派的门徒一般寿命较长，且癌症、中风、高血压、心脏病的患病率较低，因为他们严格遵循不吸烟、不酗酒、不吸毒和其他与健康有关的宗教约束[2]。宗教和健康之间的相互关系还有很多，如信仰与压力之间存在负相关关系，教会参与和社会互助之间存在正相关关系 (Levin, 1994)。

宗教归属还影响到婚姻形式和婚姻稳定，其作用方式与婚姻市场和家庭生产的经济模型是一致的。一般人可能认为夫妻的宗教参与在家庭生产上是互补的人力资本投入，但这是教派特有的人力资本 (Gary Becker, Elizabeth Landes and Robert Michael, 1997; Iannaccone, 1990)。这种互补性鼓励同一教派内的婚姻，并强化同一信仰婚姻的稳定性，特别是在缺乏相近的替代物时。对这一预言有很具说服力的证据，特别是莱雷尔和奇斯维克 (Lehrer and C. Chiswick, 1993) 的研究，这是迄今为止最精致的研究。他们发现，在所有教派内"同教结婚" (religious endogamy) 的比例很高，特别是在犹太教、天主教和摩门教中。他们还证实，不同信仰的人结婚后离婚的可能性更大，特别是排外的宗教团体的成员。一个摩门教徒与非摩门教徒结婚后离婚的可能性是摩门教徒之间通婚的三倍。莱雷尔还发现了其他一些微妙的跨教婚姻效用，包括女性就业率较高和有意 (intended) 生育率较低，她对此的解释是由于离婚的风险增加导致对婚姻的投资减少[3]。

虽然上面所引证的研究证明了在宗教和与经济有关的行为之间存在着联系，但在宗教和经济态度之间也许没有类似的联系。人们对资本主义、社会主义、收入再分配、私有财产、自由贸易和政府管制的态度似乎不受

---

[1] Levin (1994, p. 1477) 报告说："在回顾式研究和展望式研究中；在儿童研究和老年研究中；在美国黑人和白人基督徒、欧洲天主教徒研究中；其中包括印度的帕西人；南非的祖鲁人、日本佛教徒和以色列犹太人；在20世纪30年代到80年代的研究中；在对疗程自限的急症、致命的慢性病以及对长期、短期或无潜伏期的疾病的研究中，以及在对诊断结论和死亡率的研究中，都发现宗教对健康有重大的、积极的作用。"

[2] 为什么成员没有采取同等健康的生活方式，目前尚不明确。也许有人认为，宗教会帮助人们克服自我控制问题，或宗教约束使人们过于注重健康。

[3] 在某些特定的教派中还存在着另外的生育效用。摩门教徒的平均生育率远高于正常标准，犹太教徒和与宗教没有联系的人的生育率则低于正常标准。基要主义者比别人更可能采取有效的避孕措施，如果出现意想不到的怀孕，他们更可能要孩子而不是堕胎 (见 Marshall Medoff 1993)。

他们的宗教归属或宗教虔诚度的影响。在几乎每一个宗教传统或教派团体中（不论是基要派或自由派、新教或天主教、西方的或亚洲的），人们从大多数宗教派别的有代表性的机构和主流思想家那里发现，其经济表现有令人困惑的多样性（Gay, 1991; Kuran, 1993）。由此看来，似乎每一个宗教传统和宗教文献都具有足够的模糊性，从而使每一个成员的经济态度都具有合法性。

各教派普通教众的经济态度的差异要比其高级职员多。例如，虽然媒体大肆鼓吹"宗教右派"的保守，但舆论普查持续发现福音基要派的新教徒并不比其他新教徒更"保守"（Ralph Pyle, 1993）。实际上，从几个方面讲，最明显的是收入再分配和对穷人的帮助，他们远比普通美国人开化（即使经过对其种族、收入和教育检验后）。这并不是说保守的新教徒与其他美国人毫无区别，而是说他们的保守仅限于一系列神学、道德和社会事务上（例如在学校祈祷、堕胎、性行为），而这些事务大多与经济态度无关。宗教和经济思维之间关系的缺乏无疑对韦伯的"新教伦理"说法又是一击。

总的来说，宗教似乎是重要的，但其作用并不是整齐划一的。它对某些行为后果（如收入、教育、经济态度）的作用远低于另外一些；很多作用因教派而不同（通常在偏执的团体中更强）；某些作用，如生活满意度与信仰程度高度相关，而另外一些，如身体健康和大多数异常行为与宗教参与的程度关系更大。正如弗里曼（Freeman, 1986, p.372）所指出的，不同一性的确凿存在反驳了因任何简单地对多样性的忽略所导致的虚假相关。宗教的作用不能折合为某个难以觉察的因素，如善良、保守、轻信或厌恶风险——这一发现激励我们去寻找更复杂的模型来解释宗教行为。

四　宗教的经济分析

在《国富论》容易被人忽略的一章中，亚当·斯密（[1776] 1965, pp.740—766）奠定了宗教的经济学分析基础[①]。斯密认为，个人利益对神职人员的激励与对世俗的生产者的激励没什么不同；市场力量对教会的

[①] 在《道德情操论》一书中，斯密更广泛地突出论述了宗教—道德问题，他注意到一个正义、"无所不知的法官"和"来世"的信仰能够提供的慰藉和伦理激励（Ⅲ.2.33—34, pp.131—132）。有关对斯密宗教观点的广泛讨论，见 Peter Minowitz (1993)。

约束也与对世俗的企业的约束毫无二致；竞争的好处、垄断的负担和政府管制的灾难对教会和对经济系统中的其他部门都是一样的。

在将近 200 年中，斯密的论述为"经济学家、准经济学家就宗教话题所做的任何论述"提供了准则（Kenneth Boulding, 1970, p. 188）。但自 20 世纪 70 年代以来，特别是在过去的近几年中，经济学家和社会学家又开始求助于斯密的洞见。通过将宗教行为当做理性选择，而不是一个例外情况，他们分别在个人、团体和市场层面对宗教行为进行了分析。

在上面各部分的论述中我们强调，在空前的繁荣、教育和自由面前宗教仍有持续的吸引力，这似乎使宗教的经济分析有了一个合理的理由。从各个方面看来，对于宗教美国人仍然选择了保持虔诚而又积极的态度。他们并不像过去的很多欧洲人那样被迫地声称信仰宗教或加入教会；他们有一个具有 1500 多个可供选择的教派的巨大市场（Gordon Melton, 1989）；他们可以变化宗教的参与程度或变换礼拜会或教派，通常他们也是这么做的（"采购"教会可以最好地满足他们已知的需要）；他们可以根据已知的好处来为其宗教参与进行辩护。尽管很多好处可能是虚幻的，或者至少是不可知的，另外一些好处（在健康、异常行为和家庭生活方面）还要经受推理方法的检验，这比大多数的个人判断要复杂得多。

（一）宗教的家庭生产

当前的宗教经济学研究起始于阿滋与艾伦博格（Corry Azzi and Ronald Ehrenberg, 1975）所做的教会出席率和宗教捐献的家庭生产模型。在这个令人振奋的模型中，人们将时间和物品在宗教商品和世俗商品之间进行分配，以期使现世和来世的效用最大化。阿滋与艾伦博格假定"来世消费"是宗教参与的起初目标，在对宗教商品进入家庭效用函数的方式上，这个假定是一个强限制。然后，他们假定家庭将不同时间的效用函数最大化。该效用函数既取决于每一个时段的（现世）消费 Z_t，也取决于预期的来世消费 A；

$$U = U(Z_1, Z_2, \cdots, Z_m, A) \qquad (1)$$

每一时段的世俗消费都是一个标准的家庭商品，它取决于家庭的时间投入 T_Z 和已买入的物品 X_Z。来世的奖赏取决于家庭的宗教活动的全部历史 $R_1 \cdots R_n$，而家庭的宗教活动史反过来又取决于每一时段所献给宗教的

时间或物品。因而，

$$Z_t = Z(T_{Zt}, X_{Zt})$$
$$R_t = R(T_{Rt}, X_{Rt})$$
$$A = A(R_1, \cdots, R_n)。 \qquad (2)$$

虽然阿滋与艾伦博格承认宗教活动会即刻产生效用，但他们所构建的模型是用来强调和分析他们所认为的宗教行为的根本特征的。在与一个标准的生命周期预算约束以及宗教活动的边际产值不会随年龄而下降这一假定相结合的情况下，他们的模型最终得出了一个规范的结论，即宗教活动将随年龄的增长而增加。这个年龄的效用的起因是，为来世得救所捐献的资源在整个生命周期中不能实现利益积累，这与通常的投资不同。（年龄效用部分地被工资增长所抵消，这使阿滋与艾伦博格预言女性的年龄效用更强，因为她们的年龄—收入曲线比男性的平坦，他们还预言在人们年轻、工资增长最快的时期，宗教活动可能会减少。）其模型还预言在捐献给宗教的时间和金钱上有替代性。如此以来，标准的效率条件意味着，时间价值较低的家庭将以时间密集的方式来生产宗教商品，而在既定的家庭内部，工资较低的成员（最典型的是妻子）将用更多的时间来从事宗教活动。

对阿滋与艾伦博格的预言的经验支持情况比较复杂。他们自己的调查数据分析和艾伦博格（Ehrenberg，1977）的分析趋向于证实他们的预言，最明显的是下面两个预言：女性的年龄—出席率曲线要比男性的更陡峭以及男性的曲线将呈 U 形[①]。通过应用以色列的男性犹太工人时间耗费的详细资料，纽曼（Shoshana Neuman，1986）所得到的结果支持了阿滋与艾伦博格的模型，包括 U 形的年龄效用。但乌尔布里西和华莱士（Ulbrich and Wallace，1983，1984）的调查分析发现，没有证据证明对来世的期望使宗教参与随年龄而增加，女性参与宗教的程度较高也不能用低工资来解释。沙里文（Dennis Sullivan，1985）同时所做的

---

① Ehreenberg（1977）通过将宗教的家庭生产中所投入的时间和金钱都考虑在内，扩展了他和 Azzi 原有的模型，并应用 1969 年的"国家犹太人人口调查"数据来检验他对时间和金钱的预言。但从某种意义上讲，这些结果对 Azzi 和 Ehreenberg 的来世模型支持过度，因为（基于我对 1972—1990 年综合社会调查数据的分析）只有 30% 的美国犹太人声称相信来世。即使那些一月出席一次或更多宗教礼拜的美国犹太人，也只有 36% 的人相信来世，相反，基督教中相应的比例却是 87%。

关于教会捐献与出席率之间的关系的平衡实验,也只能对阿滋与艾伦博格模型提供很弱的支持①。

总的来说,时间的机会成本影响到宗教活动是确定无疑的,这使宗教活动的程度和时间强度都有变化。对调查数据的回归分析也持续发现,当工资率增加时,宗教参与方式会更趋金钱密集型,同时教会捐献率也相对于教堂出席率上升。这一格局对整个生命周期(在重要的挣钱时期,宗教参与也是最金钱密集式的)、对不同的家庭(在低工资家庭,宗教出席率相对宗教捐献率更高)以及对不同的教派都是成立的。其成员的收入水平、教育水平相对较高的教派更加倚重于职业化的牧师、教师、合唱指挥和门房的服务。他们也倾向于举行较少和较短的集会,其仪式也耗费时间较少。(有关强调时间和金钱之间的权衡的其他著作,参见 Amyra Grossbard - Shechtman and Shoshana Neuman, 1986; C. Chiswick, 1995。)来世期望和利率能否解释宗教的年龄趋向,目前尚不清楚;但可以肯定的是,在宗教活动的参与率上男性和女性之间的巨大差异是不能用时间的价值不同来解释的②。

尽管存在着局限性,阿滋与艾伦博格模型不论是作为第一个对宗教参与(在任何教规内)进行分析的正式模型,还是作为其后的几乎所有宗教行为的经济模型的基础,它都是重要的。后来的模型虽然扩大了假设条件,却保留了阿滋与艾伦博格家庭生产的分析框架。特别地,他们降低了来世预期的重要性,取而代之的是给宗教活动设定了更广泛的报偿(包括目的感、道德教诲、团体同一性、社会帮助、社会地位和互助)③。与商品—时间生产框架有关的其他变化从一开始就是从宗教活动的集体性一面形成的,这些变化促使我们考虑一个与社会学家业已应用的模型相类似的统计模型,它并不针对最能够预示个人宗教参与的那些东西:教派、个

---

① 我利用1986—1990年的综合社会调查关于教堂出席率和教会捐献的资料所做的分析也只能对 Azzi 和 Ehreenberg 的模型提供部分支持。宗教活动的确随年龄的增长而增加,而且女性的年龄效用要大于男性。但二者的年龄曲线都不是 U 形的。

② 尽管女性就业率有了巨大的增加,但在过去的几十年中在自我报告的宗教虔诚度和宗教参与率上,男性与女性之间的巨大差异并没有缩小,不同派别的调查中男性和女性之间差异的主要原因也不是对工资率和就业状况的控制(见 David de Vaus, 1984)。

③ 例如,Hull 和 Bold (1989) 列举了与宗教有关的四种不同的好处:"现世喜乐、社会产品、延长的永恒和改变的命运",而 Ekkehart Schlicht (1995) 则强调宗教创造意义的能量。应该注意的是,当被问及为什么出席礼拜或保持宗教联系时,人们似乎更强调具体的、即刻的利益。

人信仰和家庭背景。

(二) 宗教的人力资本

直观地讲，一个人生产或享用宗教商品的能力不仅取决于其时间和物品投入，而且取决于其宗教知识、对宗教仪式和宗教教条的熟悉程度、与其他崇拜者的友谊。这促使我们对阿滋与艾伦博格模型进行自然地扩展：将"宗教人力资本"Sr 包含进来，该指标表示从人们过去的宗教活动中得到的宗教特有的经验资本（Iannaccone，1984，1990；John Durkin and Greeley，1991）。这样，在时期 t 所生产的宗教商品就变成

$$R_t = R（T_{Rt}，X_{Rt}，S_{rt}）\tag{3}$$

这样就以"消费资本"或边干边学的形式出现了宗教人力资本的增加额（George Stigler and Becker，1977）。

$$\Delta S_{rt} = F（T_{Rt-1}，X_{Rt-1}，S_{Rt-1}）\tag{4}$$

这相当于一个宗教习惯（兴味）组合模型，因而也是对阿滋与艾伦博格对年龄趋向原创性解释的一个替代模型。宗教参与随时间增长而增加也可以是由于（理性的或短视的）"成瘾"，而不是由于对来世的期望。

大多数宗教资本都是很特殊的，因为崇拜的信条、仪式和方式在不同的教派之间有很大的差异。而且大多数宗教经验和培训（这不同于普通的教育和职业培训）都是从父母和他们所支持的宗教机构直接得到的。这会导致不同的预言，而几乎所有的预言都要经受经验的证实：

（1）当孩子们长大成人并开始对自己的宗教选择所决定时，他们更偏向于其父母所持的信仰和所在的教派。即使那些改换宗教的人也倾向于选择与其孩童时代所呆的宗教相类似的宗教。这样，某些宗教团体越相似，在这些团体之间改变信仰的可能性就越大；而宗教团体之间的差异越大，从这些团体转出或转入的总体比例越低。

（2）宗教转变像工作变换一样，倾向于在生命周期的早期发生，此时人们正在寻找一个与自己的技能最相匹配、能够赖以生产宗教商品的环境。随着时间的流逝，再转换信仰所获得的收益减少，因为使技能和环境相匹配的潜在改进降低，且可资利用的剩余的时日无多，反之，改换信仰的成本却增加了，因为人们在一个特定环境中已经积累了很多的资本。老

人改换信仰的情况非常罕见（Iannaccone，1990）[1]。

（3）只要夫妇的宗教是互补的家庭生产投入（离婚统计表明其互补性是很强的，Lehrer and Chiswick，1993），导致人们选择父母所信仰的宗教的力量将同样导致他们在同一宗教内选择配偶。那些在不同宗教之间通婚的人将面临着一个很强的激励去选择配偶所信的宗教（或者相反，即配偶选择他/她的宗教），如果宗教倾向较弱的一方能够改换宗教，从这种婚姻结合中所得到的效率收入就会更大。

（三）宗教团体和制度

上述模型暴露出一个令人啼笑皆非的缺陷：虽然它们是用来解释教堂出席率及其与教会关系的，却对教会的实际存在只字未提。一般来说，所有的宗教生产都是在个人和家庭层面上发生的。但在实际中，宗教行为却仅仅是个人的事[2]。最近的宗教经济学著作将注意力从个人和家庭转向团体和制度。在仅仅受个人收入和商品价格约束的条件下，关于孤立的最大效用追求者的简单模型，已被那些强调宗教商品生产中的专业化公司或俱乐部作用的模型所替代。

虽然部分研究将教会当作标准的新古典企业，其中（祭祀的）生产者向（世俗的）消费者"出卖"宗教物品和服务，但另一些文章却把俱乐部理论作为其研究的起点。俱乐部模型是由下面的观察所激发的：虽然教会具有与企业类似的特性，但典型的聚会所起的作用有点像互惠组织，热衷于崇拜服务、宗教教诲、社会活动和其他准公共的"俱乐部物品"的集体生产。除了少数的全职宗教职业人员和"三天打鱼、两天晒网"的人之外，大多数教会成员对宗教商品的生产和消费都有贡献。

作为俱乐部的教会。我们可以将教会的俱乐部模型看做家庭生产理论的一个延伸。现在，进入家庭效用函数的宗教商品不仅取决于成员自己的时间、物品和资本投入，还取决于同一教会的其他成员的投入。例如，我

---

[1] 该模型还预言，社会经济的流动性促进了教派的流动性——在相对贫穷的教派（基要主义新教）中长大的人在受到良好的教育并变富足后，更可能转向相对富裕的教派（主流新教）。这一点也得到了资料的证实。

[2] 著名社会学家杜尔凯姆（Emile Durkheim [1915] 1965, p.62）走得就太远了，他根据集体的维度来定义宗教，且认为"在所有的历史中，我们还没有发现一个没有教会的个体宗教"（p.59）。

从崇拜礼仪中所得到的快乐和教化并不仅仅取决于我所带给教会的东西（通过我的参与、专注程度、集体唱歌等等）；而且还取决于有多少另外的人参与、他们欢迎我的热情程度、他们唱得好不好、他们的诵读和祈祷是否有激情、他们对教会的委身程度有多深，等等。在形式上，家庭宗教生产函数变成了

$$R_t = R(T_R, X_R, S_R, Q) \tag{5}$$

其中 Q 表示团体的质量，它反过来又是其他团体成员宗教投入的函数（Iannaccone，1992；Jack Carr and Janet Landa，1983；B. Chiswick，1991；Sullivan，1985；Joe Wallis，1990）。

从很多方面看，这个模型将标准的俱乐部理论颠倒了过来。它不是突出拥塞问题，而是强调与宗教参与有关的正面的外表性。在会众环境中，一个态度积极的成员（他按时出席、全身心地歌唱并热情地欢迎其他成员）能够增加其他成员的效用。相反，一个经常缺席且热情不高的（随意的）搭便车者，对大多数教会的生存具有破坏作用——这是一个宗教社会学家们所详细研究过的问题。

无论是从规范的意义上还是从经验的意义上我们都可以证明，通过筛除半心半意的成员和诱使坚持下来的成员有较高的参与度，看似免费的供奉能起到减少宗教中的搭便车问题。完全理性的人可能会发现，参加要求圣伤痕（stigma）、自我牺牲以及在穿着、饮食、打扮、性行为、娱乐活动和社会交往上具有异乎寻常的行为准则的所谓宗派与膜拜，是符合自己的利益的。同时，另一些人（特别是那些市场机会较多的人）会发现，形成一个要求较少的团体对自己最有利，如主流教会（Iannaccone，1988，1992，1994；Murray，1995a，1995b）。

关于高成本的"宗派"（sect）和随和的"教会"（church）的俱乐部理论模型，对在一个多世纪以来（以及在亚当·斯密之前）令宗教社会学家着迷的大多数经验性发现进行了解释和完善。预料中的与派性宗教有关的特征包括：严格的行为准则、高教堂出席率和捐献率、小规模的礼拜会、引人注目的信仰改变以及大量的少数民族和底层成员。这些预言后面的直觉知识是显而易见的。例如，派性宗教的礼拜会之所以规模较小，是因为每次集会都需要对成员进行监督，以使其符合行为要求。由于监督成本随团体规模而增加，所以宗派就不能够像主流教派的大集会那样充分利用规模经济。信仰改变、信仰叛弃及其他行为方面的剧烈改变，在派性团

体中比在主流团体中更常见，因为宗派会员是一种角落孤立，它要求完全戒除某些世俗的商品消费。由于没有妥协的余地，成员对这些商品影子价格变化的最佳反应是离散的：或者继续戒除这些商品消费以保持成员身份，或者脱离这个团体跳跃到一个标准的、非最佳的宗教中去。通过限制接受世俗活动和报偿（包括高收入工作及在社会网络中的高地位），宗派在成员的高工资和良好的事业前程方面施加了非常高的成本。这样一来，宗派对那些世俗机会有限的人的吸引力更大。（Iannaccone，1992，pp. 283—289。）

蒙哥马利（Montgomery，1996a）将教会—宗派框架带入了一个动态的、与时代重合的模型，该模型展现了一个业已证实的趋势，即新的宗教是作为一个高成本的宗派而产生的，但随着时间的推移逐渐演化成要求较少的教会。在该模型中，人们的效用取决于其宗教人力资本的禀赋和（随机决定的）世俗的人力资本，宗教人力资本禀赋将人们约束在他们所属的教派中，而世俗人力资本则为非派性宗教团体的成员带来了很高的报偿。当低收入的宗派成员的后代们回归到收入平均数时，他们会转向较宽松的团体，或迫使其教派减少那些代价很高的要求。这样，经济和宗教的流动性将导致沿着教会—宗派连续体进行的教派转换。

只要教会具有标准的经济俱乐部的作用，人们就能在大的礼拜会中发现较多的搭便车现象。宗教捐献的数据对这一预言提供了最直接的验证，而且沙里文（Sullivan，1985）、罗伯特（Robert，Stonebraker，1993）以及扎来斯基和策希（Peter Zaleski and Charles Zech，1994）都证明，在礼拜会规模和单位成员年捐献率之间具有负相关关系。扎来斯基和策希的结果特别有趣，因为他们既涉及到了新教，也涉及到了天主教。所有的最新研究发现，即使对收入进行检验后，天主教徒的捐献也比新教徒少得多——在他们的数据中大约少三分之二（在表2所分析的数据中不到一半）。但他们也发现，在宗教捐献的这一差异中，平均规模很大的天主教礼拜会占了35%，比这一礼拜会数据集里边的其他变量都大（这个数据集包括收入标准、教牧人员的成本、平信徒领袖所评估的神甫作用以及成员的参与、影响和品行）。尽管如此，在给教皇提供建议之前，应该注意里普福特（Lipford，1995）的估计，在北卡罗莱纳，浸礼会、长老会和美国新教圣公会等的大样本中，教会规模和捐献具有正相关关系。

由于这些研究应用了不同的资料和不同的解释，今后的研究需要对他们的研究结果加以调和。另外还需要做一些附加工作来说明规模的内生性，特别是当规模大但资金缺乏的礼拜会与规模大而资金丰裕的礼拜会相比更容易萎缩甚至消亡，从而使样本选取出现偏差时，这些附加工作就更有必要。

作为企业的教会，与俱乐部模型强调宗教生产的集体的一面不同，另外一些模型更关注于神职人员和平信徒的不同作用。如果将教会当做追求最大利润的企业，我们可以借助于新古典理论的规范方法来分析宗教信条的发展、宗教制度的组织结构和宗教习俗的演化。例如，斯达克与本布里奇（Stark and Bainbridge，1985，pp.171—188）强调了在新兴宗教的形成中个体企业家的作用。多林、斯莱斯思内克和伯德（Richard Dolin, Frank Slesnick and John Byrd, 1989）把当前的教派结构比作标准的特许经营结构，他们主张关于特许经营的经济理论有助于我们对教会增长的理解。芬克和斯达克（Finke and Stark，1992）利用大量的历史资料令人信服地主张，循道宗和浸礼会教在19世纪美国的迅猛发展，是因为与旧公理会、长老会和美国新教圣公会相比，它们的神职人员的营销更有效、激励机制更优。

迄今为止，在把教会当做企业来分析方面最雄心勃勃的工作是埃克隆德（Ekelund，1996）等人最近出版的论述中世纪天主教会政治经济的书。从亚当·斯密（［1776］1965，p.749）的古典论述——"每一个圣公会的神职人员都能组成一个大公司"着手，埃克隆德等人依据中世纪天主教会的垄断地位来解释其众多特性。他们将教会当做一个垄断性的"多部门"公司，其特征为一个中心部门控制着所有的财务分派，并负责战略性和长期性的规划，但在日常事务处理上给予其下属部门（通常是地方性的）很高的自治权。他们利用规范的垄断、寻租和交易成本理论，对利率限制、婚姻法、十字军、隐修院组织、特赦以及天堂、地狱、炼狱等教条都做出了经济学解释。

试举一例，我们看一下埃克隆德等人对教会的高利贷教条的论述（Ekelund, Robert Hebert and Tollison，1989年的分析更加规范）。在这里，维持某个教条的初衷被看做是为了寻租。中心教会的垄断地位使它能够通过控制借贷利率从下游的生产者（神职人员）和投入供应者（银行）那里收取租金。作者主张，高利贷规则使教会能够以低利息率借入、以高利息率贷出（通过教会银行），他们引用了跨几个世纪的很多资料来证明自己的观点。

当然，人们也可以描述一个与上述说法完全不同的情况，虽然不一定是相互排斥的。卡尔和兰达（Carr and Landa 1993, p. 153）、格莱泽和沙因克曼（Edward Glaeser and Jose Scheinkman）主张，高利贷法具有社会保险的作用，它可以防止那些无法保险的动荡。在一切社会中，特别是在简单的农业社会中，个人面临着持续不断的坏年头以及其他不可预测的灾害的威胁。对利息率的限制能够使在坏的动荡中受损的人（他们对信贷的需求将更迫切）得利，使在好的动荡中受益的人（他们成了出借者）受损。格莱泽和沙因克曼把这个模型规范化了，并得出了种种不寻常的预言，包括一些用美国的数据验证过的预言。该模型最大的吸引力在于它对普遍存在的利率限制的本质的解释能力，这些利率限制会发生在远离中世纪欧洲的社会和宗教传统中。

对地狱、炼狱和十字军理论的验证比对利率限制的验证要难得多，特别是当历史证据是以轶事的形式出现且在时间、地域上分布很广的时候。在很大程度上，埃克隆德等人应当将自己限制在对这些做法提供经济学解释的说明上。但由于他们为用经济学方法来分析宗教事务打开了一扇窗户，并激励其他经济学家沿着这一道路走下去，所以他们是值得赞扬的。其他关于中世纪教会的经济学文献还包括赫尔（Hull 1989）、施密特辰和迈叶（Dieter Schmidtchen and Achim Mayer 1997）。

另有一些著作对更加宽泛的宗教现象进行了经济学解释：加尔文主义的预定论信条（Glaeser, 1994），犹太人一神教的出现（Alexander Raskovich 1996），宗教经文的差异性（Geoffrey Miller 1994），关于来世的种种跨文化和跨时期的信仰（Hull and Bold 1994），不同风格的神学和不同风格的宗教组织之间的关系（Douglas Allen 1995）。格莱泽和沙因克曼、施密特辰和迈叶、格莱泽、拉斯克维赤（Raskovich）的文章，都论述了经济学家的一些方式，即将宗教信条规范地模型化，并（有时）会实现对预言的不显著的验证。

（四）宗教市场

如果单个教派能起到宗教企业的作用，那么所有教派就能构成一个宗教市场。认识到这一点后，亚当·斯密（[1776] 1965, p. 740—741）认为，现有的教会和政府支持的垄断一样面临着令人苦恼的激励问题：

> 教会的教师……和其他教师一样,其生计或者依赖于倾听者的自愿捐献,或者得自于国家法律所授予他们的其他的财源。……在前一种情况下,他们的努力、热情和勤奋都比后一种情况下要大得多。由此看来,新建教会的教师在抨击旧的和现有的制度时总是有很大的优势,在这些制度下,那些安乐于享用圣俸的神职人员在面对着一大群人的时候会疏于保持热心和激情……

通过引证斯密认为由宗教竞争所带来的好处——个人的和集体的,道德的和经济的——安德森(Anderson,1988)对斯密的观点进行了详细评论。莱瑟斯和雷恩斯(Charles Leathers and Patrick Raines,1992)对安德森的观点提出了争议,他们认为斯密自己的说法并不是很明确,经验性的问题仍然存在:竞争是否刺激了宗教活动的水平?新崛起的宗派是否比原有的教会更有活力?

确凿的证据已经从很多方面涌现出来。我的一项研究(Iannaccone,1991)证明,在12个以新教为主的国家中,教堂出席率与赫芬达尔指数(Herfindahl)之间的强烈而又显著的负相关关系。每周教堂出席率从在美国(宗教竞争受到宪法的保护)占总人口的40%到斯堪的纳维亚国家(单一的、政府扶持的路德宗主宰着市场,靠税收维持,对神职人员像政府公务员那样支付报酬)的不到10%。的确,无论从哪个指标来度量,如祈祷的次数、对上帝的信仰和对宗教的信心,在大量教会相互竞争的国家中,人民的虔诚程度要大于那些单一教会占主导地位的国家,即使在对收入、教育和城市化进行检验后,这种关系仍然很强烈。同样确凿的是,在某一国家内部,那些享受政府财政或管理支持的教会中的宗教信仰和宗教参与的平均水平,一直低于那些在国内宗教市场中处于竞争边缘的宗派。

宗教多样性和宗教参与之间的相互关联也表现在其他很多方面,无论是当前的还是历史的,区域性的还是国家性的。芬克与斯达克(Finke and Stark,1988)对19世纪之交美国教会成员的研究发现,在宗教多样化比例很高的城市中宗教归属和主日学校活动的比率也较高。芬克等(Finke,Avery Guest and Stark,1996)通过分析19世纪50年代到60年代的详细数据,也在纽约州的城市和城镇中获得了同样的发现。扎来斯基和策希（Zaleski and Zech，1995）运用当代美国177个教派的捐献数据发现，那些位于本教派市场份额较低且总体宗教市场较为多样化的区域的教派，其单位资本的捐献率也较高。即使在一般认为缺乏宗教活动的瑞典国内，汉姆博格和彼得松（Eva Hamberg and Thorlief Pettersson，1994）也发现当地的宗教多样化与当地的宗教参与之间具有相关关系。

关于天主教宗教参与的研究对"懒惰垄断"模型提供了部分支持。通过对102个美国罗马天主教教区的资料分析，斯达克和麦肯（Stark and James McCann，1993）发现，与天主教的总人口相比，在天主教人口占总人口比例较小的地区，儿童出席天主教学校的人数和祭祀教派的数目都比较高。根据45个国家的汇总数据，斯达克（Stark，1992）的类似的跨国研究发现，在单位天主教徒的神甫数量和天主教徒占总人口比例之间具有负相关关系。尽管这两个研究都表明天主教徒占人口比例较大的地区其教徒的委身程度较低，但应该将它们与下面的事实进行比较：在天主教占总人口比例较大的地区，教堂出席率不会总是很低。在天主教占主导地位的西欧国家，每周的教堂出席率最低的有法国的12%，最高的有爱尔兰的82%[①]。

当然，从这一关联中推断因果关系是危险的。但这种因果关系的描述因对随时间而增强的竞争效用的追踪研究而得以强化。芬克等人（Finke，1990；Finke and Stark，1992）论述了美国宗教历史上"撤销管制"的影响，他们证明，当原有教会的殖民地模式和事实上的宗教垄断让位于自由宗教市场时，教会成员率就会增加。奥尔滋（Kelley Olds，1994）用详尽的和统计上很复杂的证据说明，在殖民地时代的新英格兰，传教者的数量和工资都因废除国教或者宗教的私有化而增长。

芬克和奥尔滋都发现，有人因废除国教而受益，也有人因此而受损，这也是康奈尔和波斯纳（Michael McConnell and Richard Posner，1989）所论述的美国宪法"第一修正案"效用。尽管教会总成员数有了大量的增加，原先享受政府扶持的主要教会与"新崛起的宗派"相比却有了严重

[①] 斯达克（Stark1992）曾主张，宗教性很强且天主教占绝对主导地位的爱尔兰和波兰这两个国家，并不像表面上所看的那样属于例外，因为在每一个国家宗教都曾被用作抵制外来统治（分别来自英国和苏联）的手段。这样，这些"垄断性"教会在更宽泛的政治市场上可以被看成是激烈竞争性的机构。苏联垮台后波兰天主教活动的减少对此是一个很好的注脚。

的损失。这样，在1776年到1850年间，美国新教圣公会、公理会和长老派的合计市场份额从占宗教信徒总数的55%下降到19%，而循道宗和浸礼会的市场份额则从19%上升到55%。这并不是美国独有的现象——相同的效用还发生在韩国、菲律宾、东欧、苏联和日本（Iannaccone，Finke和Stark，1997）。也许最具戏剧性和丰富多彩的事例是"二战"后的日本，当时日本的国教——神道教的废除和宗教自由的来临造就了一个为期5年的"上帝的巅峰时刻"，在此期间，涌现出了大约2000个宗派和膜拜团体。

宗教竞争和管制研究在宗教社会学领域引发了骚动，因为传统上宗教多元化被看做是对信仰和热情的世俗化威胁。这一领域中的一些著名学者事实上已经走得很远，他们主张将市场模型作为宗教社会学的"新范式"（Warner 1993）。讽刺的是，这一新范式使一个旧观点死而复生，这一观点不仅为亚当·斯密所拥有，而且是托克维尔甚至杰弗逊（Jefferson）的主张。后者曾经提议，就宗教而言，"市民政府的准则"应该被反过来读做"分裂，我们就能站起来；联合，我们就会倒下"①。

五 政策含义

杰弗逊的妙语无疑是激进地支持美国宪法第一修正案所包含的宗教自由和政教分离的象征。但即使在美国这样一个可以用"隔离墙"来形容两个多世纪以来政教关系的国家，政策争论仍未结束。随着大卫·考雷什（David Koresh）以及追随者的激情死亡而结束的韦科闹剧，是有关政府应如何管制异端团体的一系列冲突中最近的一个。虽然成员的数量很少，但这些"宗派"和"膜拜团体"在媒介报道以及关于宗教的社会地位的公共辩论和法制辩论中，都占据显著位置。人们已经对这样的说法耳熟能详，不应把参与这类团体看做是宗教自由权利的运用，而是受一些使用"洗脑"和剥削等不正当手段的组织所控制。的确，很多流行的出版物、心理学文章和法律决策都将膜拜成员当做病态或强制的先验证据。

经济模型往往会推翻这些解释的假设性的效力。正如在俱乐部模型的

---

① 参见Robert Healey（1984，p.360）对此的讨论，以及其他杰弗逊主义者关于宗教少数派的论述。

论述中所提到的，膜拜团体的很多怪诞而又明显异常的行为都起着理性的作用，是一种旨在促进团结、限制搭便车行为的增加效用的尝试。同时，20世纪70—80年代的大量实证研究对大多数"洗脑"和强制的指控都予以否定（Richardson 1991）。理论和资料一起表明，政府对宗教的管制将降低个人福利，窒息宗教革新，并减少宗教商品的供给范围。

在异端宗派和膜拜团体之外，管制宗教的总体后果还会使人们遇到更多的问题。这里我们再次想到了斯密的竞争不仅能够产生更多的宗教而且能够产生好宗教的主张：要满足对宗教教诲的需求、减少宗教冲突、促进"纯洁而又理性的宗教、免于荒诞、欺骗或狂热的任何结合"，对宗教实行自由放任政策是最佳选择[①]。

我们无法通过提供好的宗教、减少社会冲突以及（更宽一点）促进繁荣来直接验证斯密的宗教竞争有益于社会的主张。但至少存在着一个适用的经验性规律。有些研究发现，新教文化更可能产生并延续民主政体，里普赛特（S. Martin Lipset 1993）和其他学者将此规律归结为竞争性的新教团体将宽容的传统作为政治需要来接受[②]。

六 结语

自阿滋与艾伦博格的开创性文章发表以来的20年中，宗教经济学已经成长为一个颇具规模的研究方向。发表的文章越来越多，宗教社会学家所熟悉的每一个话题都得到了某种程度的关注：宗教的性质，个人宗教倾向和参与程度的决定因素，改教、委身和宗教流动性，宗教制度的形成与

[①] 斯密（1965，pp. 742—743）明确地否定了其朋友大卫·休谟的观点。后者预言，宗教竞争将助长狂热、迷信、褊狭和社会动荡，因而他赞成原有教会从神职人员那里"收买懒惰"。杰弗逊似乎赞成斯密的观点，即宗教自由将很快促使人们采用理性的信仰（Healey, 1984, pp. 373—374）。

[②] 在比较研究世界上150个最大国家的经济发展、政治自由和宗教构成的跨教派回归中，Fred Glahe和Frank Vohries（1989）发现，"犹太教—基督教共有的民主"指数能够解释现有经济发展水平40%的变化（在资本主义国家的二次抽样中是53%）。但他们的分析仅用了三个变量：（1）一个与人均GNP、人均寿命、成人识字率和婴儿存活率相结合的、以同等加权的额外尺度来度量的经济发展指标；（2）一个少数学者认为可靠的政治自由指数；（3）与犹太教—基督教教派有关的人口占总人口的比例。"犹太教—基督教共有的民主"变量是指每一国家的政治自由指数乘以犹太教—基督教居民的比例。

演化，世俗化和多元化，膜拜团体，宗派成员的社会经济关联，政教问题，宗教的经济后果，等等。

如何对这一工作进行判定？也许人们应该首先承认经济学方法的运用已经在宗教社会学中引发了一场小的革命，宗教经济学已经成为在美国和欧洲拥有 4 个杂志、4 个学会和 4 个年会的颇具规模的分支学科。"国际宗教社会学学会"将其 1990 年的会议主题确定为"宗教和经济"（大量文章随后都发表在《社会指针》杂志 1992 年 3 月期）。《科学研究宗教》杂志 1995 年 3 月期的大部分都用来发表经济学方法的运用，并举办了一次关于理性选择理论的学术讨论会。最近一次特别举行的关于宗教的理性选择理论的会议，其论文由扬（Lawrence Young 1997）编辑出版。如前所述，有些著名的宗教社会学家已经走得很远，他们将市场模型或理性选择理论当做这一领域的"新范式"。当然，并非所有的关注都是正面的，但割裂社会学与经济学将阻碍这一学科的发展，如此大量的关注本身已经很伟大了。

在经济学上，宗教经济学研究已经从 20 世纪 70—80 年代的滴水微泉成长为 90 年代的涓涓溪流，虽然还称不上滔滔江河。现在，大多数美国经济学会的会议都包含一个到两个宗教方面的议题，例如，1996 年 5 月的《美国经济评论》所刊发的"文章和公报"就是关于宗教和经济的议题。其他的一些关于宗教经济学的最新文章发表在许多杂志上，如《政治经济学研究》、《经济探索》、《经济史探索》、《公共选择》、《法学、经济学和组织杂志》、《经济行为和组织杂志》以及《制度和理论经济学杂志》。后两个杂志分别在 1994、1995 年发表了宗教和经济学文章专集，《制度和理论经济学杂志》还将 1997 年 3 月期用来发表最近一次这类专题会议的论文。

宗教经济学并不是一个严密结合的整体，大多数学者都是各自为战。我试图提供一个较为系统的综述，对不同的研究成果之间的联系和从家庭到市场研究的进展作一个概述。在这个过程中，我不得不忽略一些目前虽不为人关注，但日后可能越来越重要的论题。在我看来（这也是社会学家对理性选择批评最多的），如果对这些论题处理得当，就会填补目前宗教经济学研究所存在的一些最重要的空白，特别是：

（1）目前的研究都试图回避关于宗教的实质问题，它们把宗教需求当做给定的条件，对宗教商品的性质定义也不太明确。虽然这些研究避免了狭隘的论述，但它无助于识别教派和社会俱乐部之间的差异，或出席礼拜与打保龄球之间的差异。显然，谁都喜欢更上一层楼。在阿滋与艾伦博格的研究中，宗教的显著特征可发现于来世奖励的承诺中。而对于斯达克和本布里奇（及其他很多宗教社会学家）来说，这一定义应延展为包含更广泛的"超自然"商品。而施里西特（Schlicht，1995）和很多神学家则认为，主要特征应该更广义一些——赋予生命以意义的一组信仰和行为。另有人强调宗教支持集体价值的能力，如产权和公共道德（Hull and Bold，1989；Anderson and Tollison，1992）。但如何用规范的模型来体现这些宽泛的概念，目前尚不明朗。

（2）不管人们如何定义宗教和宗教产品，显而易见的是宗教活动存在大量的风险。所允诺的奖赏也许永远不会实现，信仰也许会是假的，供奉之后也许一无所得。从这一点上看，宗教是终极的"凭证产品"（credence good）——这是一个由好几个学者所表述过的事实。赫尔和博尔德（Hull and Bold，1989）以及艾纳孔（Iannaccone，1995）都认为，宗教制度的许多标准特征都是用来降低（或至少看起来是在降低）欺骗和误报所带来的风险（例如，教派结构限定了对全职专业人员的需求，正常的团体活动增加了产品证明书的供应）。大体看来，宗教的不确定性问题并未受到太多的关注，对它的规范性分析也微乎其微。预期效用模型也许看起来像自然迈出的第一步，但正如蒙哥马利（Montgomery，1996b）所言，简单地说，客观的宗教"信息"可能根本就不存在，从而不存在任何理性的方法来对大多数宗教要求指定一个可能性。

（3）虽然每一个宗教的核心都是信仰，但经济学家们说得较多的还是信仰的形成问题，不管是宗教性的还是其他性质的，但宗教借以塑造人们的信仰和价值的过程却并未得到他们足够的重视。虽然这个问题对整个经济学来说都很重要，但宗教似乎是用来验证价值变化和信仰形成模型的理想领域。请注意，在它们所灌输的信仰和价值上，宗教是明确和直截了当的，因而，要通过调查和观察来对其影响进行估计要相对容易一些。还应注意，在塑造灵魂的战争中，宗教动用了一个巨大的武器库：儿童教育；父母强化；成员筛选；仪式；团体监督；对委身、认可和地位的公开宣布；超自然奖惩的承诺；借助于历史和宗教权威；等等。库兰（Kuran，1995）对这些压力效用进行详尽的研究，并对中东国家中的"宗教偏好证伪"提供了严格的样本。根据上面所说的经验效用框架，宗教习惯形成的模型提出了某种不同的观点。蒙哥马利（Montgomery 1996b）主张信仰形成的（非理性的）认识—不和谐理论，而哈丁（Russell Hardin 1997）则强调导致人们偏爱某种信仰和某些信息资源胜于另外的信仰和资源的成本和收益。而每一种理论都没有得到充分的发展。

这些论题的进一步发展不仅需要更多和更好的模型，还需要更多地关注宗教社会学家所描述的大量经验性规律。毋庸置疑，宗教社会学已饱受理论缺乏之苦，但它却有资料丰富之优势，特别是与相关研究领域相比（如关于帮派、社会俱乐部和政治运动的研究）。宗教记录可回溯到几个世纪以前；多少年来在不同的文化中都对宗教信仰和行为有详尽的描述；与其他类别的社会组织相比，我们对教会和教派的成员、财政和历史所知甚多。在研究这些文献方面经济学家能够做得很好，可以预计，宗教科学研究的最大进步会发生在经济学理论和社会学资料的结合上。

奈杰尔·托姆斯（Nigel Tomes 1985，p. 245）在一篇文章的开头这样写道："经济学从根本上说是无神论的。宗教信仰、习俗和行为对经济人的生活没有作用。"我则以一个相反的期望来结束我的文章：宗教经济学最终将埋葬两个神话——经济人是既不需要也无力虔诚的冷酷动物，宗教人是朝向前理性时代的愚昧返祖。

参考文献

AAFRC Trust for Philanthropy. 1996. Giving USA 1996: The Annual Report on Philanthropy for the Year 1995. 41st Annual Issue. AAFRC Trust for Philanthropy.

Allen, Douglas W. 1995. "Order in the Church: A Property Rights Approach", J. Econ. Behav. Organ, 27: 1, pp. 97—117.

Anderson, Gary M. 1988. "Mr. ´Smith and the Preachers: The Economics of Religion in the Wealth of Nations", J. Polit. Econ., 96: 5, pp. 1066—1088.

Anderson, Gary M. and Robert D. Tollison. 1992. "Morality and Monopoly: The Constitutional Political Economy of Religious Rules", Cato J., 12: 2, pp. 373—392.

Azzi, Corry and Ronald G. Ehrenber. 1975. "Household Allocation of Time and Church Attendance", J. Polit. Econ., 83: 1, pp. 27—56.

Bainbridge, William S. 1989. "The Religious Ecology of Deviance", Amer. soc. Rev., 54: 2, pp. 288—295.

Barrett, David B., ed. 1982. World Christian Encyclopedia. Nairobi: Oxford U. Press.

Becket, Gary S. , Elizabeth M. Landes, and Robert T. Michael. 1977. "An Economic Analysis of Marital Instability", J. Polit. Econ. , 85: 6:, pp. 1141—1187.

Biddle, J eft E. 1992. "Religaous Organizations", in Who Benefits from the Nonprofit Sector? Charles T. Clotfelter, ed. Chicago: U. Chicago Press, pp. 92—133.

Bou] ding, Kenneth E. 1970. Beyond Economics: Essays on Society, Religion, and Ethics. Ann Arbor, MI: Ann Arbor Paperbacks.

Bradley. Martin B. et al. 1992. Churches and Church Membership in the United States: 1990. Atlanta, GA: Glenmary Research Center.

Brenner, Reuven and Nicholas M. Kiefer. 1981. "The Economics of the Diaspora: Discrimination and Occupational Structure", Econ. Develop. Cult. Change. 29: 3, pp. 517—534.

Carr, Jack L. and Janet T. Landa. 1983. "The Economies of Symbols, Clan Names, and Religion", J. Legal Stud. , 12: 1, pp. 135—156.

Chiswick, Barry R. 1983. "The Earnings and Human Capital of American Jews", J. Human Res. , 18: 3, pp. 313—336.

——1985. "The Labor Market Status of American Jews: Patterns and Determinants", American Jewish Yearbook, 85, pp. 131—153.

Ehrenberg, Ronald G. 1977. "Household Allocation of Time and Religiosity: Replication and Extension", J. Polit. Econ. , 85: 2, pp. 415—423.

Ekelund, Robert B. Jr. , Robert F. Hebert, and Robert D. Tollison. 1989 "An Economic Model of the Medieval Church Usury as a Form of Rent Seeking", J. Law, Econ. , Organ. , 5: 2, pp. 307—331.

Ekelund, Robert B. et al. 1996. Sacred Trust: The Medieval Church as an Economic Firm. New York: Oxford U. Press.

Ellison, Christopher G. 1991. "Religious Involvement and Subjuective Well—being", J. Health & Soc. Behav. , 32: 1, pp. 80—99.

——1993: "Religion, the Life Stress Paradigm, Study of Depression", in Religion in Aging and Mental Health: Theoretical Foundations and Methodological Frontiers. Jeffrey S. Levin, ed. Thousand Oaks, CA: Sage, pp. 78—121

Elzinga, Kenneth G. 1989 "What is Christian Economics?" in Christian Perspectives on Economics. Robert N. Mateer, ed. Lynchburg, VA: Contem. Econ. & Bus. Assoc. . pp. 5—11.

Eisenstadt, Shmuel N. 1968. The Protestant Ethic and Modernization: A Comparative View. New York: Basicc Books.

Evens, T. David et al. 1995. "Religion and Crime Reexamined: The impact of Religion, Secular Controls, and Social Ecology on Adult Criminality", Criminology, 33: 2, pp. 195—224.

Finke, Roger, 1990. "Religious Deregulation: Origins and Consequences", J. Church & State, 32: 3, pp. 609—626.

Finke, Roger; Avery M. Guest, and Rodney Stark. . 1996. "Mobilizing Local Religious Market: Religious Pluralism in the Empire State: 1805—1865", Amer. Soc. Rev. , 61: 2, pp. 203—218.

Finke, Roger and Rodney Stark. 1988. "Religious Economics and Secred Canopies: Religious Mobilization in American Cities, 1906", Amer. Soc. Rev. , 53: 1, pp. 41—49.

——1992. The Churching of America, 1776—1990: Winners and Losers in Our Religious Economy. New Brunswick, NJ: Rutgers U. Press.

Freeman, Richard B. 1986. "Who Escapes? The Relation of Churchgoing and Other Background Factors to the Socioeconomic Performance of Black Male Youths from Inner-city Tracts", in The Black Youth Employment Crisis. Richard Freeman and Harry J. Holzer, eds. Chicago and London: U. Chicago Press, pp. 353—376.

Gallup George H. , Jr. 1996. Religion in America, 1996. Princeton, NY: Princeton Religion Research Center.

Gay Craig M. 1991. With Liberty and Justice for Whom? The Recent Evangelical Debate over Capitalism. Grand Rapids, MI: Eerdmans.

Glaeser, Edward L. 1994. "Incentive, Predestination and Free Will. " Mimeo.

Glaeser, Edward L. and Jose A. Scheinkman. Forthcoming. "Neither a Borrower nor a Lender Be: An Economic Analysis of Interest Restrictions and Usury Laws", J. Law Econ.

Glahe, Fred and Frank Vorhies. 1989. "Religion, Liberty and Economic Development: An Empirical Investigation", Public Choice, 62: 3, pp. 201—215.

Greeley, Andrew M. Religious Change in America. Cambridge, MA: Harvard U. Press, 1989.

Greif, Avner. 1994. "Cultural Beliefs and the Orgnization of Society: A Historical and Theoreticcal Reflection on Collectivist and Individualist Societies", J. Polit. Econ, 102: 5, pp. 912—950.

Grossbard-Shechtman, Amyra and Shoshana Neuman. 1986. "Economic Behavior, Marriage and Religiosity", J. Behav. Econ. , 15: 1/2, pp. 71——85.

Hadaway, C. Kirk, Penny Long Marler, and Mark Chaves. 1993. "What the Polls Don't Show: A Closer Look at U. S. Church Attendance", Amer. Soc. Rev. , 58: 6, pp. 741—752.

Hamberg, Eva M. and Thorleff Pettersson. 1994. "The Religious Market: Denominational Competition and Religious Participation in Contemporary Sweden", J. Sct. Study Rel., 33: 3, pp. 205—216.

Hardin, Russell. 1997. "The Economics of Religious Belief", J. Instit. & Theor. Econ., 153: 1, pp. 259—278.

Healey, Robert M. 1984. "Jefferson on Judaism and the Jews: Divided We Stand, United, We Fall!" American Jewish History, 73: 4, pp. 359—374.

Heaton, Timothy B. and Edith L. Pratt. 1990. "The Effects of Religious Homogamy on Marital Satisfaction and Stability", J. Family Issues, 11: 2, pp. 191—207.

Hoge, Dean R. and Fenggang Yang. 1994. "Determinants of Religious Giving in American Denominations: Data from Two Nationwide Surveys", Rev. Rel. Res., 36: 2, pp. 123—148.

Hout, Michael and Andrew M. Greeley—1987. "The Center Doesnt Hold: Church Attendance in the United States, 1940—1984", Amer. Soc. Rev., 52: 3, pp. 325—345.

Hull, Brooks B. 1989. "Religion, Afterlife, and Property Rights in the High Middle Ages", Stud. Econ. Anal., 12: 1, pp. 3—21.

Hull, Brooks B. and Frederick Bold. 1989. "Towards an Economic Theory of the Church", Int. J. Soc. Econ., 16: 7, pp. 5—15.

——1994. "Hell, Religion, and Cultural " Change, " J. Inst. &" Theor. Econ., 150: 3, pp. 447—464.

——1995. "Preaching Matters——Replication and Extension", J. Econ. Behav. Organ., 27: 1, pp. 143—149.

Iannaccone, Laurence R. 1984. "Consumption Capital and Habit Formation with an Application to Religious Participation." U. Chicago: Ph. D. Dissertation.

——. 1988. "A Formal Model of Church and Sect", Amer. J. Soc., Supplement, 94, pp. 241—268.

——. 1990. "Religious Practice: A Human Capital Approach", J. sci. Study Rel., 29: 3, pp. 297—314.

——. 1991. "The Consequences of Religious Market Structure: Adam—Smith and the Economics of Religion", Rationality & Society, 3: 2, pp. 156—177.

——. 1992. " Sacrifice and Stigma: Reducing Free—Riding in Cults, Communes, and Other Collectives", J. Polit. Econ., 100: 2, pp. 271—279.

——. 1994. "Why Strict Churches Are Strong", Amer. J. Soc., 99: 5, pp. 1180—1211.

Iannoccone, Laurence R., Roger Finke, and Rodney Stark. 1997. "Deregulating Religion: The Economics of Church and State", Econ. Inquiry, 35: 2, pp. 350—364.

Kuran, Timur. 1993. "The Economic Impact of Islamic Fundamentalism", in Fundamentalism and the State: Remaking Politics, Economics, and Militance. Martin E. Marty and R. Scott Appleby, eds. Chicago: U. Chicago Press, pp. 302—341.

———. 1995. Private Truths, Public Lies: The Social Consequences of Preference Falsification. Cambridge, MA: Harvard U. Press.

———. 1997. "Islam and Underdevelopment: An Old Puzzle Revisited." J. Insttt. & Theor. Econ., 153: 1, pp. 41—71.

Larson, Edward J. and Larry Witham. 1997. "Belief in God and Immortality Among American Scientists: A Historical Survey Revisited", Nature.

Lazerwitz, Bernard and Michael Harrison. 1979. "American Jewish Denominations: A Social and Religious Profile", Araer. Soc. Rev., 44: 4, pp. 656—666.

Leathers, Charles G. and J. Patrick Raines. 1992. "Adam Smith on Competitive Religious Markets", Hist. Polit. Econ., 24: 2, pp. 499—513.

Leather, Evelyn L. 1996a. "Religion as a Determinant of Marital Fertility", J. Popul. Econ., 9—2., pp. 173—196.

———. 1996b. "The Role of the Husband's Religious Affiliation in Economics and Demopraphic Behavior of Families", J. Sci. Study Rel., 35: 2, pp. 145—155.

Leather, Evelyn L. and Carmel U. Chiswick. 1993. "Religion as a Determinant of Marital Stability", Demography, 30: 3, pp. 385—404.

Lenski, Gerhard E. 1963. The Religious Factor. Rev. ed. Garden City, NY: Doubleday.

Levin, Jerffrey S. 1994. "Religion and Health: Is There an Association, Is It Valid, and Is It Causal?" Soc. Sci. Med., 38: 11, pp. 1475—1482.

Levin, Jerffrey S. and Harold Y. Vanderpool. 1987. "Is Frequent Religious Attendance Really Conducive to Better Health?: Toward an Epidemiology of Religion", Soc. Sci. Med., 24: 7, pp. 589—600.

Lipford, Jody W. 1995. "Group Size and the Free—Rider Hypothesis: An Examination of New Evidence from Churches", Public Choice, 83: 3—4, pp. 291—303.

Lipford, Jody W., Robert E." McCormick, and Robert D. Tollison. 1993. "Preaching Matters", J. Econ. Behav. Organ., 21: 3, PI?. 235—250.

Lipset, Seymour Martin. 1994. "The Social Requisites of Democracy Revisited", Amer. Soc. Rev., 59: 1, pp. 1—22.

Long, Stephen H. and Russell F. Settle. 1977. "Household Allocation of Time and Church At—tendance: Some Additional Evidence", J. Polit. Econ., 85: 2, pp. 409—413.

McConnell, Michael W. and Richard A. Posner. 1989. "An Economic Approach to

Issue of Religious Freedom", U. Chicago Law Rev. , 56: 1, pp. 1—60.

Medoff, Marshall H. 1993. "An Empirical Analysis of Adoption", Econ. Inquiry, 31: 1, pp. 59—70.

Melton, J. Gordon. 1989. Encyclopedia of American Religions. 3rd ed. , Detroit: Gale Research.

Miller, Geoffrey p. 1994. "The Legal—Economic Approach to Biblical Interpretation", J. Instit. & Theor. Econ. , 150: 4, pp. 755—762.

Minowitz, Peter. 1993. Profits, Priests, and Princes: Adam Smith's Emancipation of Economics from Plitics and Religion, Stanford, CA: Stanford U. Press.

Montgomery, James D. 1996a. "Dynamics of Religious Economy: Exit, Voice, and Denominational Secularization", Ration and Soc. , 8: 1, pp. 81—110.

——. 1996b. "Contemplations on the Economic Approach to Religious Behavior", Amer. Econ. Rev. , 86: 2, pp. 443—447.

Murray, John E. 1995a. "Determinants of Membership Levels and Duration in a Shaker Commune, 1780—1880", J. Sci. Study Rel. , 34: 1, pp. 35—48.

——. 1995b. "Human Capital in Religious Communes: Literacy and Selection of Nineteen Century Shakers", Explor. Econ. Hist. , 32: 2, pp. 217—235.

Neuman, Shoshana. 1986. "Religious Observance within a Human Capital Framework: Theoey and Application", App. Econ. , 18: 11, pp. 1193—1202.

Olds, Kelly. 1994. "Privatizing the Church: Di—establishment in Connecticut and Massachusetts", J. Polit. Econ. , 102: 2, pp. 277—297.

Pescosolido, Bernice A. and Sharon Ceorgiann 1989. "Durkheim, Suicide, and Religion: Toward a Network Theory of Suicide", Amer. Sc Rev. , 54: 1, pp. 33—48.

Pettersson, Thorleif. 1988. "Swedish Church statistics Unique Data for Sociological Research", Social Compass, 35: 1, pp. 15—31.

Pickering, J. F. 1985. "Giving in the Church of England: An Econometric Analysis", App. Econ. , 17: 4, pp. 619—632.

Pryor, Fred. 1990. "A Buddhist Economic System—In Principle", Amer. J. Econ. Soc. , 49: 3, pp. 339—349.

Pyle, Ralph E. 1993. "Faith and Commitment to the Poor: Theological Orientation and Support for Government Assistance Measures", Soc. Rel. , 54: 4, pp. 385—401.

Raskovich, Alexander. 1996. "You Shall Have No Other Gods Besides Me: A Legal—Economic Analysis of the Rise of Yahweh", J. Instit, & Theor. Econ. , 152: 3, pp. 449—471.

Richardson, James T. 1991. "Cult/Brainwashing Cases and Freedom of Religion", J.

Church & State, 33: 1, pp. 55—74.

Roberts, Keith A. 1990. Religion in Sociological Perspective. 2nd ed. Belmont, CA: Wadsworth.

Roof, Wade Clark and William McKinney. 1987. American Mainline Religion: Its Changing Shape and Future. New Brunswick, NJ: Rutgers U. Press.

Samuelsson, Kurt. 1993. Religion and Economic Action: The Protestant Ethic, the Rise of Capitalism, and the Abuses of Scholarship. Toronto: U. Toronto Press.

Schlicht, Ekkehart. 1995. "Economic Analysis and Organised Religion", in Survival and Religion: Biological Evolution and Cultural Change. Eric Jones and Verson Reynolds, eds. New York: Wiley, pp. 111—162.

Schmidtchen, Dieter and Achim Mayer. 1997. "Established Clergy, Friars and the Pope: Some Institutional Economics of the Medieval Church", J. Instit. & Theor. Econ., 153: 1, pp. 122—149.

Siddiqi, Muhammad N. 1981. Muslim Economic thinking: A Survey of Contemporary Literature. Leicester: Islamic Foundation.

Smith Adam" [177611965. An Inquiry into the Nature and Causes of the Wealth of Nations. New York: Modern Library.

——. [175911984. The Theory of Moral Sentiments. Glasgow ed. D. D. Raphael and A. L. Macfie, eds. Indianapolis: Liberty Fund.

Stark, Rodney. 1972. "The Economics of Piety: Religious Commitment and Social Class", in Issues in Social Inequality. Gerald W. Thielbar and Saul D. Feldman, eds. Boston: Little, Brown, pp. 483—503.

——. 1992. "Do Catholic Societies Really Exist?" Ration. & Soc., 4: 3, pp. 261—271.

Stark, Rodney and William S. Bainbridge. 1985. The Future of Religion. Berkeley: U. California Press.

——. 1997. Religion, Deviance, and Social Control. New York: Routledge.

Stark, Rodney, Laurence, R. Iannaeeone, and Roger Finke. 1996. "Religion, Science, and Rationality", Amer. Econ. Rev., 86: 2, pp. 433—237.

Stark, Rodney and James c. McCann. 1993. "Market Forces and Catholic Commitment: Exploring the New Paradigm", J. sci. Study Rel., 32: 2, pp. 111—224.

Stevens, Robert E. and David L. Loudon. 1992. Marketing for Churches and Ministries. The Howorth Press.

Stigler, George J. and Gary S. Becket. 1977. "De Gustibus Non Est Disputandum", Amer. Econ. Rev., 67: 2, pp. 76—90.

Stoll, David. 1990. Is Latin America Turning Protestant? The Politics of Evangelical Growth. Berkeley, CA: U. California Press.

Stolzenberg, Ross M., Mary Bair—Loy, and Linda J. Waite. 1995. "Religious Participation in Early Adulthood: Age and Family Life Cycle Effects on Church Membership", Amer. Soc. Rev., 60: 1, pp. 84—103.

Stonebraker, Robert J. 1993. "Optimal Church Size: The Bigger the Better?" J. Sci. Study Rel., 32: 3, pp. 231—241.

Sullivan, Dennis H. 1985. "Simultaneous Determination of Church Contributions and Church Attendance", Econ. Inquiry, 23: 2, pp. 309—220.

Tawney, Richard H. 1926. Religion and the Rise of Capitalism. New York: Harper and Row.

Thornton, Arland, William G. Axinn, and Daniel H. Hill. 1992. "Reciprocal Effects of Religiosity, Cohabitation, and Marriage", Amer. J. Soc., 98: 3, pp. 628—651.

Tomes, Nigel. 1984. "The Effects of Religion and Denomination on Earnings and Returns to Human Capital", J. Human Res., 19: 4, pp. 472—488.

——. 1985. "Religion and the Earnings Function", Amer. Econ. Rev., 75: 2, pp. 245—250.

Ulbrieh, Holley and Myles Wallace. 1983. "Church Attendance, Age, and Belief in the Afterlife: Some Additional Evidence", Atlantic Econ. J., 11: 2, pp. 44—51.

——. 1984. "Women's Work Force Status and Church Attendance", J. Sci. Study Rel., 23: 4, pp. 341—350.

U. S. Bureau of the Census. 1850, 1880, 1941. Census of Religious Bodies. Washington, DC: U. S. GPO.

——. 1975. Historical Statistics of the United States: Colonial Times to 1970. Part 1, Washington, DC: U. S. GPO.

——. Statistical Abstract of the United States: 1995. 115th edition. Washington, DC: U. S. GPO, 1995.

U. S. Dept. of Labor, Bureau of Labor Statistics. 1977—1995. Employment and Earnings. Washington, DC: U. S. GPO.

de Vans, David A. 1984. "Workforce Participation and Sex Differences in Church Attendance", Rev. Rel. Res., 25: 3, pp. 247—256.

Wallis, Joe L. 1990. "Modelling Churches as Collective Action Groups", Int. J. Soc. Econ., 17: 1, pp. 59—72.

Warner, R. Stephen. 1993. "Work in Progress toward a New Paradigm for the Sociology of Religion in the United States", Amer. J. Soc., 98: 5, pp. 1044—1093.

Waterman, A. M. C. 1987. "Economists on the Relation between Political Economy and Christian Theology: A Preliminary Survey", Int. J. Soc. Econ., 14: 6, pp. 46—68.

Weber, Max. 1958. The Protestant Ethic and the Spirit of Capitalism. Translated by Talcott ParSons. New York: Free Press.

Wuthnow, Robert. 1985. "Science and the Sacred", in The Sacred in a Secular Age. Phillip E. Hammond, ed. Berkeley, CA: U. California Press, pp. 187—203.

Young, Lawrence A., ed. 1997. Rational Choice Theory and Religion. New York: Routledge.

Zaleski, Peter A. and Zech, Charles E. 1994. "Economic and Attitudinal Factors in Catholic and Protestant Religious Giving", Rev. Rel. Res., 36: 2, pp. 158—167.

——. 1995. "The Effect of Religious Market Competition on Church Giving", Rev. Soc. Econ., 53: 3, pp. 359—367.

赞美上帝,缴纳税收

——意大利的宗教经济

［意大利］马西莫·英特罗维吉（Massimo Introvigne）[①]

提　要

本文考察了意大利 1984 年政教关系改革前后宗教经济的变化,以精确的数据论证了在无宗教管制的前提下,决定教会兴衰的力量是宗教供给,传统宗教与新兴宗教之间的激烈竞争,使人们将赞美上帝与缴纳税金结合起来,最终促进而非阻碍了当代意大利宗教的发展。

一　世俗化与理性选择：欧洲例外吗？

宗教多元化和相互竞争对宗教的健康发展及法律地位会带来哪些影响,是当今宗教社会学争论最多的问题之一。

几年前,有两种解释理论,一种在欧洲占优势,一种在美国占优势。前者是宗教世俗化理论,这种理论声称,宗教多元化会损害每一种参与竞争的宗教的信誉,削弱所有宗教的基础。宗教多元化和相互竞争导致世俗化,总体上将使宗教组织和信教人群的数量下降。皮特·伯格（Peter Berger）是这一理论的主要倡导者,他的著作《神圣的帷幕》（1967）曾经风行一时,备受欧洲社会学家青睐。1980 年,罗德尼·斯达克（Rodney Stark）、威廉·本布里奇（William Sims Bainbridge）,以及罗杰·芬

[①] 本文作者为意大利新兴宗教研究中心主任（Ddirector of the Center for Studies on New Religions, Italy）。本文译者为王六二。

克（Roger Finke）引入了"宗教经济"这一概念，用来分析"在社会上产生的所有宗教活动，那个由看得见的和看不见的信徒构成的'市场'，吸引或维系信众的一套或多套组织系统，以及由这些组织提供的宗教文化"。这种被称为"理性选择"的理论认为，宗教经济受到的控制越小，越富有竞争性，宗教赞助的整体水平就会提高。反过来，如果缺少竞争，占优势的宗教团体就会缺乏效率，不能维持市场的活力，由于人们在宗教上的消费减少或拖延，结果就会使宗教赞助的总体水平降低。与世俗化理论相反，这种理论预测，在多元化越充分的地方，宗教组织将会变得越强大，而且，宗教的素质也会在相互竞争中得到提高。

欧洲的社会学家对所谓"理性选择"理论总是不屑一顾，一些人还坚持认为世俗化理论普遍适用，虽然大多数人也承认，美国的宗教多元化，在很大程度上与教会共存共荣，宗教的发展水平比欧洲高得多。他们却推论，就世俗化的普遍原则而言，美国的情况是一个例外。然而，20世纪90年代以来，有几个国家的宗教发展表现出与美国十分相似的情况，而且越来越明显。不少欧洲的社会学家，包括伯格本人渐渐转而认为，出现例外的实际上是西欧而不是美国。一些人开始讨论"欧洲例外"，另一些人则对世俗化理论进行再解释，声称世俗化是一种质的而不是量的现象，它使宗教在社会中的重要性（质量上）减小，却仍然保持着（数量上）的强大。

但是，西欧是过去例外，还是现在才真正例外？"理性选择"的理论家们还不曾给出令人信服的答案。世俗化理论的支持者们反驳道，欧洲的日益多元化从来没有引起宗教的高增长，欧洲的膜拜团体或新兴宗教从来都比美国的少。"理性选择"理论的预言是，在多元化受到限制，传统宗教"市值"疲软的地方，处于社会边缘的新兴宗教就会得到发展的机会。这一理论早期的公式化表述即是："体制性宗教衰退的地方，就是膜拜团体生长之处。"按照斯达克·本布里奇的理论，在西欧，由于缺少宗教竞争，新兴宗教运动必然会蓬勃发展。然而，事实并非如此，在欧洲，世俗化理论有困难，似乎理性选择理论也行不通。

问题之一是宗教材料，特别是小宗教的材料，在欧洲不如在美国那样容易收集。欧洲大多数国家都没有对小宗教进行较全面的研究。直到2001年，用13年的时间来收集材料的《意大利宗教百科全书》出版时，才提供了在意大利有活动的616种宗教团体的材料。该书一出版，即受到媒体关注,成为当年评论的焦点。我将尝试利用这部书提供的材料和其他信息来源,分析意大利的宗教经济,由于意大利在欧洲的位置,我们肯定也会涉及欧洲的情况。

二 意大利:控制与不受控制

20世纪最后一个10年之前,欧洲的宗教经济显然是受控制的,欧洲各国政府以各种各样的方式来限制宗教多元化。欧洲的一些国家,尽管官方一贯宣称宗教自由,各宗教地位平等,利益和好处却总是塞给那些"地位稳固"的教会组织。意大利的情况也不例外,我们可以分三个时期来谈。

首先,在1947年以前,宗教自由在意大利宪法中甚至还没有被确认。那时,罗马天主教是国教,其他宗教的存在充其量只是"被容忍"。意大利复兴运动时期,尽管天主教会的反对,意大利在萨伏伊王室的专制统治下实现了统一。随着1861年的统一,官方遏制教士政治势力的政策持续了几十年。反教权主义的政府时不时也支持一下新教教会,但它们太弱小了,没有能力取得长足的发展。而地方当局常常是亲天主教的,对所有小宗教都抱着敌视的态度。1922年,墨索里尼(1883—1945)上台,在1929年与罗马教廷签了一项协议,给予罗马天主教会许多特权。从那时起,天主教教区神父就从国家那里领取薪水。虽然墨索里尼原本自称为一个无神论者,反对教士的政治势力,他的政权最终还是与罗马天主教会达成了妥协。小宗教经常受到歧视,偶尔还发生迫害事件。

法西斯政权垮台和"二战"结束后,1947年颁布了新的民主宪法。新宪法宣布法律面前各宗教一律平等。这部宪法还明确认可1929年与天主教会达成的协议(第7款),并呼吁在国家与其他宗教团体之间缔结另外的协议(第8款第3条)。在政治上,与罗马教会有着千丝万缕关系的政党,天主教民主党赢得了1948年的大选,并一直执掌政权到1994年,其间,有时是单独执政,有时作为联合政府中的第一大党。以往那些针对小宗教的限制性规定仍在执行,尽管新成立的宪法法院逐渐宣布这些规定与现行宪法不符。20世纪整个50年代和60年代的早期,天民党当局对小宗教抱有的敌意是公开的,特别是在意大利南部,对宗教经济的控制没有按照宪法理论上批准的真正解除。直到60年代后期，作为梵二会议的结果，由于天主教教会自己对小宗教的态度发生了变化，所有那些限制小宗教活动的规定才逐渐被真正地修改或取消。

第三个时期开始于1984年，由社会党领袖贝提诺·克拉西（Bettino Craxi, 1924—2000）担任政府总理。尽管天民党仍然是联合政府中的最大党，但克拉西与天主教谈判达成了一项新的协议，改变了1929年协定中的几项关键条款，天主教教区神父从此不再从国家领取薪水。另一方面，意大利纳税人需要缴纳一种专门用于"慈善或宗教"活动的税，这笔税相当于他们全部纳税的0.8%（在意大利称为"otto per mille"，意思是"百分之零点八"）。与德国纳税人不同，意大利纳税人不能声称自己不知道有这笔税而避税。他们可以将这笔税"给予"国家，让国家用于慈善或文化项目（如最近用于整理修缮历史建筑或博物馆），或者，他们可以委托国家把相应的数目给予某个指定的宗教团体。为了向纳税人提供选择，国家需要与天主教以外的宗教团体签一项协议（"Intese"）。同年，也就是1984年，与韦尔多派（意大利最老的新教团体，根据1975年达成的一项协议，也代表卫理公会）达成协议。此后，其他宗教团体如基督复临安息日会、五旬节派教会在1988年，犹太人社区联合会在1998年，浸礼会和路德会在1995年也陆续与政府签订了相同的协议。2000年，意大利佛教联合会和耶和华见证会与当时的总理马西莫·德·阿勒马（Massimo D'Alema）签了协议，但在正式执行前须经国会批准。在"百分之零点八"税制下，纳税人被要求在纳税申报单上用画叉的方式选择国家或加入协议的某个宗教团体（即所有协议方，除由于神学原因拒绝参与这种宗教分税制）为这笔税的支配者。与德国或其他国家不同的是，那些不作选择的人也不能逃避此税。他们付的税款不会自动转到国家那里，而是在宗教团体和国家之间，按照那些已指定了对象的纳税人的选择比例进行分配。比如，某个纳税人选择天主教会（或路德会，或任何一个宗教组织），那么，他缴纳的0.8%的税，将由国家转拨到该宗教团体的账户上。如果纳税人不作任何选择，那么，他或她缴纳的0.8%的税，将在国家和签协议的所有宗教团体中，按照已做出选择者形成的比例进行分配。比如，在1977年，有83.3%的人明确地指定了天主教会，这就意味着所有"无选择"的纳税人缴纳的0.8%的税中将有83.3%给天主教会。同样，因为有13.42%的人选择了国家，"没有选择"的纳税人缴纳的0.8%税中的13.42%就会划给国家。不过，在实际操作中，这种税制和计算方法要复杂得多。有两个签了协议的宗教团体（五旬节派和基督复临安息日派）决定只接受那些明确地指定了他们的纳税人的钱，而不参与分配"无选择"纳税人的钱。耶和华见证会也采取这种立场。尽管到1997年（有完整的资料为证），仍有58.05%的意大利纳税人忘了做出选择，或者不懂如何操作，或者不想做决定，这种情况也不会对参与协议的宗教团体产生不良影响，最终，他们将与国家一起分享这笔税收。

另一个关键时期是80年代末90年代初。当时，一连串腐败丑闻使意大利司法部门（欧洲政治上最独立的司法系统）对许多显赫的政治人物提起公诉，最终导致天民党垮台。腐败丑闻使这个意大利最大的政党分崩离析，裂变成许多小党，这些新组建的小党，在意大利1994年以后的任一次大选中，没有一个能自称可以跻身于主要的政治角色之中。

第三个因素与移民有关。1970年，意大利的穆斯林不足5000人，而到2000年，穆斯林的数量已经达到58万人。当年统计的外国移民人数，还包括14万东正教徒（来自苏联地区），2.5万佛教徒和1万印度教徒。移民问题在日常政治议题和每一次竞选活动中都成了重要的话题。"9·11"事件加深了视穆斯林社区为"一个问题"，认为它"难以整合"的观念。

然而，至2000年，即使考虑到这些因素，如果不把外国移民算在内，非天主教的小宗教在意大利总人口中的比例仍然只有1.92%，把外国移民算在内，也不过3.5%。看起来，宗教多元化更多地是表面现象而不是真实情况，人们对多元化的感受在1984年（与罗马天主教签了新协议）和1994年（天民党首次在大选中失去重要影响）间发生了剧烈的变化。法律方面的进展，移民问题，天民党的垮台，使许多意大利人认为他们现在正处在一个多种宗教共存的社会中，意大利的宗教经济开始完全不受控制。

三　不受控制的结果

不受控制的第一个结果是宗教活动全面增长。幸运的是，我们手头上有三组可以比较的数据,即有统一标准的 1981、1990 年和 1999 三年欧洲价值观调查（EVS）。调查材料表明,上教堂的人,相信死后灵魂存在的人总体上增加了,而认为上帝在他们生活中不重要,或与他们生活无关的人则有所下降。例如,信仰上帝的人,1981 年的数量（84%）与 1990 年（83%）相差无几,此后持续上升,1999 年（88%）高出了 5 个百分点。然而有意思的是,宗教信仰的上升趋势更多地出现在 18—29 岁的年轻人中（他们信的东西并不时髦,如相信地狱,见表2）。这种现象说明宗教市场不受控制后,宗教对年轻人的影响不是下降,而是相反。

表 1　　　　　　　　意大利总的宗教状况

欧洲价值观调查 年	相信上帝（%）	相信死后灵魂存在（%）	上帝不重要（%）	上教堂的人（%）
1981 年	84	47	10	35
1990 年	83	53	9	37
1999 年	88	61	6	40

资料来源：欧洲价值观调查（Gubert 2000, 409 – 434）

表 2　　　　　　意大利 18—29 岁年龄组的宗教状况

欧洲价值观调查 年	相信上帝（%）	相信死后灵魂存在（%）	上帝不重要（%）	上教堂的人（%）
1981 年	82.6	50.4	21.3	18.8
1990 年	88.8	68.3	34.7	13.6
1999 年	94.2	73.6	44.6	8.3

资料来源：欧洲价值观调查（Gubert 2000, 409—434）

如前所述,按"理性选择"论的预测,受控制的宗教经济在占优势的教会或宗教团体中导致懒惰的教士和懒惰的俗人,由于缺乏真正的竞争,它们将朝边缘化方向发展。1993 年,斯达克声称,欧洲每百万人口中的新兴宗教活动,事实上比美国要多。斯达克计算,每百万人口的新兴宗教活动数量,在欧洲（西欧加波兰）是 3.4,美国是 1.7。斯达克统计,1993 年意大利的新兴宗教活动有 66 次。这些数据是由意大利和美国的宗教学家联合考察后得出的，其中有美国宗教研究所的宗教百科全书专家戈登·密尔顿（Gordon Melton），1992年他在意大利考察了一个月，其中部分时间是在都灵我的研究所里度过的。那时候，我们编纂的百科全书还远没有完成，直到2001年才出版。《意大利宗教百科全书》没有对"新兴"和"传统"宗教活动进行区别。不过，根据斯达克1993年在一篇文章使用的标准，2001年意大利的新兴宗教活动应有323次。这个数字还不包括独立于主流教会的新教福音派和五旬节派的活动。因此，2001年意大利每百万人的活动不是1.2（斯达克1993年的统计数据），而是6.0，比美国1.7的比率要高出许多。

2001年统计到的意大利新兴宗教，有一些很早就在这个国家出现了，观察这个现象也很有趣。（见表3）

表3　　　　　　　　意大利的新兴宗教

1947年前	14
1947年到1984年	212
1984年到2001年	127
总计	353

表3显示，一些宗教（传入意大利时肯定是"新兴的"）在1947年前就有了活动，尽管当时的法律对他们严格限制。这些宗教包括耶和华见证会、巴哈依教、神智学会、耶稣基督后期圣徒教会。耶稣基督后期圣徒教会的传教活动在19世纪曾经短暂中止，1966年才重新开始。大多数新兴宗教开始在意大利的活动是1947—1984年，在这段时间，意大利的宗教肯定不止212种。表3反映的数字是那些在1947—1984年开始活动并且到2001年仍然活跃的新兴宗教。并不是所有新兴宗教都会取得成功，许多彼时十分活跃，此时却不见了踪影，或者结束了在意大利并不成功的传教活动。1984—2001年，有127种新兴宗教列入表格。这意味着当宗教经济不受控制时，新兴宗教的建立或传入要少一些。如果我们从127这个总数中，扣除那些从原本就存在的宗教中分裂出来的，以及只在特定的非意大利移民社区中活动的新兴宗教，那么，新兴宗教下降的幅度将会更大。

以耶和华见证会为例，在1950—1980年代，该教在意大利的发展速

度可能是世界上最惊人的。(见表4)

表4　　　　　耶和华见证会在意大利，1950—1980

	"见证人"	"纪念仪式"参加者
1950	1500	2162
1960	5413	11430
1970	17449	45384
1980	81569	189372

("见证人"，耶和华见证会的术语，指那些代表该教进行传教活动的信徒；"纪念仪式"，该教每年举行的公共仪式，也吸引家庭成员和支持者参加。)

1980年代，特别是1990年代，耶和华见证会的发展受到几个因素的影响，出现滑坡，到1990年代后期，增长率已不足1%。从表4中可见，在意大利宗教经济被控制的年代，耶和华见证会的发展达到顶点，在不受控制的年代，反而受挫，滑了下来。

就新兴宗教而言，意大利的情况有以下几个特点：

1. 1947年前，由于法律方面的限制，新兴宗教数量很小。

2. 1947—1984年间，宗教经济受到控制，国家为天主教教区神父发放薪水，他们从1929年的协议中得到的特权仍然有效。此时，有数百种新兴宗教传入意大利，其中一些发展迅猛，特别是像耶和华见证会一类的宗教，经历了他们在欧洲其他国家没有过的惊人增长。

3. 1984年后，随着宗教经济越来越不受控制，新兴宗教的传入或创立却没有增加，反而呈下降趋势。加入新兴宗教的人数也在减少。

4. 1990年代，意大利增长最快的宗教不是耶和华见证会，而是新教福音派。宗教经济不受控制，使新教组织大量涌入意大利，最多的是福音派和五旬节派。表5列出了2001年福音派在意大利活动的情况。

表5　　　　　　　福音派的活动

1947年前的活动	10
1947—1984年的活动	53
1984年后的活动	57
总计	120

表 5 中总计数字 120 并没有把接近教会的组织算在内, 如那些严格说来并不能算是新教教会的独立传教机构 (像 "青年布道团"、"为基督而奋斗校园团" 等组织)。《意大利宗教百科全书》列出了 48 个这样的组织, 它们大多是 1984 年后传入意大利的, 以后便成了意大利新教福音教会的重要组成部分。2001 年, 意大利的新教徒人数为 363000, 其中 250000 是五旬节派。虽然他们只占意大利总人口的 0.63%, 相对于罗马天主教的 38% 仍然很少, 但增长率令人印象深刻。在意大利南部一些地区, 如那不勒斯和西西里, 情况与拉丁美洲相似。这似乎进一步证实, 当宗教经济不受控制时, 有利于新兴宗教的扩张。

天主教的复兴

那么, 罗马天主教的情况又如何呢？1970 年代以前, 对真正的天主教徒（相对有名无实者）的统计有点混乱。意大利天主教学者似乎都认为, 在 20 世纪某个时期, 天主教信徒的人数曾经急剧下降。但对这种下降是从何时开始的, 意见不一。有人认为, 70 年代末达到了最低点。如果真是如此, 那么后来欧洲价值观调查表（1981 年, 1990 年, 1999 年）对上教堂的人数的统计则表明, 意大利天主教徒此后开始出现增长的趋势。罗马天主教徒从 1981 年的 33%, 上升为 1990 年的 35%, 并在 1999 年达到 38%。统计调查似乎也验证了在受控制的宗教经济状况下, 罗马天主教的人数是下降的, 而在多元化和不受控制的经济下, 它的人数又开始了回升。我们并不认为, 从法律上解除了对宗教经济的控制, 并重新签订协议, 是宗教复兴的唯一相关因素, 尽管这两项措施确实很重要。从更广的意义上看, 是不断增强的宗教多元化观念（作为一种观念, 它比可以由经验材料验证的百分比更重要）, 刺激了怠惰的罗马天主教, 使它投入到实际的行动中。"9·11" 事件后的统计调查, 更充分地证实了这一点。在面对所谓 "反西化" (如 "伊斯兰化") 挑战时, 甚至那些世俗的新闻记者和知识分子, 也在开始谈论意大利的天主教遗产问题。主教们兴高采烈地报告, 到天主教堂来的人在 "9·11" 事件后增加了许多。但是, "9·11" 事件的一个负面影响是, 天主教对新兴的小宗教可能会产生更深的敌意。不过, 与其他欧洲国家不同, 意大利没有引人注目的反膜拜运动, 天主教内的反膜拜团体, 也没有得到主教们强有力的支持, 尽管他们口头上有所表示。他们害怕被扣上不宽容的帽子, 害怕被指责为想要维护其 "准垄断" 的地位, 或者破坏 1984 年的改革, 这次改革赋予了不同宗教真正平等的地位。斯达克在2001年就敏锐地观察到大宗教之间激烈的明争暗斗，将在总体上加剧对小宗教的不宽容。"9·11"事件后，意大利很快就出现了这种征兆。

就罗马天主教而言，它在意大利一度衰落，也许并不像人们原先想象的那样严重，主要因为天主教内部有竞争。缺少外部的竞争，得到内部"窝里斗"的补偿，天主教的几次大"运动"，都是内部为争夺信徒，分配财政兴起的。这方面的情况还需要进一步研究。总之，意大利天主教内部存在的保守派和自由派，它们之间的此消彼长，确实是一种动力。

四 市场的胜利

尽管宗教领袖们常常对社会学家们提出的"宗教经济"概念感到不愉快，意大利的"百分之零点八"税制，为宗教竞争市场化提供了一幅非常生动的画面。1980年代开始研究宗教经济的美国社会学家们并不知道，意大利正在着手进行一场他们连做梦都不敢想的法律试验。1980年代，理性选择理论家们没有一个注意到，意大利的宗教很快就将卷入一年一度的市场竞争，为争取纳税人选择自己的宗教"企业"，而不是其他的宗教"企业"而努力。每年春季，当纳税人填写报税单时，将被告之划出所选的宗教"企业"（或国家），宗教市场这个概念在意大利一下子就具体化了。参与协议的宗教团体（除比较温和、拮据的五旬节派教会），都雇用一流的广告商拉纳税人。这种广告战一方面是提醒自己的成员，务必要在报税单上填报自己的教会，另一方面则是吸引新的非本教会纳税人。根据欧洲价值调查表统计，1999年意大利有89%的人声称自己有"宗教信仰"，而只有40%的人有稳定的宗教团体归属。因此，劝说那些"有信仰没有归属"的纳税人在税单上选择自己的教会十分重要。广告上的标语也各有特色，从罗马天主教会强调慈善（严格说来是非宗教的），到韦尔多派教会著名的口号："我要把我的0.8%给韦尔多派教会，因为我不是韦尔多派信徒。"0.8%税制每年都在提醒意大利各宗教团体，有一种宗教经济，它带来了真正的竞争，也创造了多元意识。

意大利宗教改革的成效如何？可以说，目前看来是相当成功的。由于意大利财政部门对统计结果的公布相当缓慢，2001年公布的是1997的数据。那一年，意大利有22890382个纳税人，总人口为57000000；也就是说，大约有40%的意大利公民填了纳税申报单。对这个数字用不着感到奇怪，因为不仅未成年人不必填报，夫妇两人在某些情况下也可以允许只填报一张单子，此外，还有低收入免报税的（意大利比美国多），以及由雇主代扣缴税的，等等。

1997年，在意大利所有纳税人中，有9932528人（或41.95%的纳税人）明确指定了自己上缴的0.8%税的去向。而另一部分人，他们没有做出选择也并不一定是有意的。意大利纳税申报单相当复杂，出错的事很普遍。比如，有300000个纳税人做出了一个以上的选择（这是不允许的），或有其它错误，他们的选择因此是无效的。表6列出了1997年"0.8%税"的分配情况。

表6　　　　　　　　　　1997年"百分之零点八税"

	有效选择	选择%	占纳税人%	信徒人数（个）	占人口%
国家	1288865	13.42	5.60		
罗马天主教会	7998905	83.30	34.70	21660000	37.70
韦尔多派—卫理公会	127585	1.33	0.55	25000	0.04
犹太教社区联合会	60975	0.63	0.26	35000	0.06
神召会	47837	0.50	0.21	120000	0.21
基督复临安息日会	41929	0.44	0.18	20000	0.04
路德会	36811	0.38	0.16	8000	0.01

表6显示，选择罗马天主教的有83.3%，占纳税人总数的34.7%，比罗马天主教徒在意大利总人口（1997）中的比例37.7%要少一些。而选择其他宗教团体（除神召会）的纳税人比例，要远远高于它们的信徒在总人口中所占的比例，如果我们考虑到并不是所有信徒都是纳税人的话，高出的比例确实令人吃惊。韦尔多派—卫理公会得到的选择，比它们的信徒人数要高出5倍多（127585比25000）；路德会得到的比它的信徒人数高4倍多（36811比8000）；基督复临安息日会的两倍于它的信徒（41929比20000）；犹太教社区联合会也要高出许多（60975比35000）；

选择神召会的在纳税人中所占的比例，与它的信徒在意大利总人口中所占比例相当（0.21%比0.21%）。

表6显示的数据，还有几点需要说明。韦尔多派教会，犹太教会，安息日会和路德会可以搞公开募款活动，而神召会却不搞（出于神学或其他方面的原因）。神召会的信徒大多是南方人和穷人，他们中有许多人可能不会填写纳税申报单。几年前，我听到过意大利南部神召会的牧师布道时说，"赞美上帝，填报税收"，就是要做出正确的选择。他的听众肯定会照他说的去做，可是他们大多是低收入，不用填税单。毫无疑问，韦尔多派—卫理公会和路德会的大多数信徒都有能力去劝说其他新教徒（他们的教会没有签协议，没有进入"百分之零点八税"制）。犹太少数民族人口超出其信教人口，它的增长部分也许主要来自本民族。

以上得出的结论是，除了神召会，其他参与协议的小宗教都比罗马天主教经营得好，他们能够争取到大量团体外纳税人的支持，使他们做出对自己有利的选择。不过，罗马天主教会也不差，有83.3%的纳税人选择它，占总人口的34.7%。罗马教会从"百分之零点八税"中分到的钱，比它在1984年前靠国家拨给神职人员的那点微薄的薪金多得多。由于每年春天都需要做广告，需要与大众沟通，需要发动争取纳税人的宣传，因此，神职人员和世俗大众都会定期意识到宗教竞争的存在，所谓意大利人对罗马天主教会的"偏爱"，已不再被认为是理所当然的了。

"百分之零点八税"，以及由参与协议的宗教团体每年发起的争取纳税人运动，是意大利人独特的改革试验，他们提供了宗教"企业"在宗教经济不受控制的社会条件下如何运转的一种方式。与天主教内某些悲观者的预言相反，1984年后不受控制的宗教经济并没有给罗马教会带来灾难性的后果。失去了某些特权，并且需要参与竞争，变成了刺激天主教会复苏的重要因素。与1984年前相比，现在有更多的钱流进了天主教会的银行账户。

对宗教状况的评估，在一些学者提出"美国例外论"和"欧洲例外论"后，一些学者现在又提出了"意大利例外论"。确实，今天意大利的宗教团体数量，比欧盟任一个国家（除爱尔兰）都要多。意大利的宗教发展趋势与美国（从另一个角度看，或拉丁美洲某个地区）更相像。此外，意大利的宗教研究资料，比欧盟任何一个国家都要全面，也更容易获得。《意大利宗教百科全书》的出版，以及其他信息来源，收集整理了许多小宗教和宗教运动材料，为学者们进行研究提供了方便。更重要的是，通过实施"百分之零点八税"制，意大利政府也在注意收集和编辑每年的宗教资料。在某种意义上，意大利的"例外"，在于人们能够获得大量的宗教资料。这方面的差距，比有人声称的意大利与它的邻国之间存在着的那些根本不同之处要大得多。

华人社会的宗教市场[①]

约瑟夫·谭穆尼（Joseph B. Tamney）

提 要

本文从宗教经济理论的视角，探讨华人宗教市场的变迁及规律。民间宗教是现代化过程中最大的失败者，基督教和佛教则获得了较大发展，儒家仍将存在，但竞争力有限。

本文将探讨几个华人社会宗教的变化以及这些变化对儒家思想的影响。鉴于我们的理论框架，我们对两种变化尤感兴趣。第一，所有的宗教都在现代化的进程中，我们将讨论佛教的现代化和它对儒家传统的影响。第二，全球化导致外国宗教传入华人社会，比如说，当前华人社会中基督教的存在，这个现象对华人社会有什么样的重要性呢？这个提法意味着宗教市场的存在，在这个市场里，各种意识形态相互竞争并影响生活在这个市场中的人们。我们现在讨论的"宗教市场"概念本身就是现代化的一个结果。

一 传统华人的宗教市场

长久以来绝大多数华人都信仰中国民间宗教。维义（Vivienne Wee 1977）认为，民间宗教是一种系统化的宗教。虽然它不像外来宗教一样拥

[①] 本文原为《华人社会的现代化、全球化和儒教》（Modernization, Globalization, and Confucianism in Chinese Societies, Praeger, 2002）的第6章，此处略有删改。作者为美国波尔州立大学社会学教授（Professor of Sociology, Ball State University, USA）。本文译者为汪昱廷。

有宗教法规，但它拥有自成一体的世界观和宗教仪式。称它为民间宗教有两个理由：第一，民间宗教不存在中央集权，也就是说，民间宗教里不存在一个拥有权威的人或部门来制定正式法典；第二，民间宗教信徒在各自的信仰和实践中存在相当的差异；华人民间宗教信徒根据个人喜好选择供奉不同的神和拜祭不同的寺庙。

供奉祖先是华人民间宗教的一个基本元素。这种宗教仪式是和寻求祖先帮助（领导和权力）联系起来的。其他的宗教元素包括占卜、请神、算命和斋戒。这样的宗教实践建立在以下的基本概念之上：首先，人的命运都是预先注定的，但是神灵可以影响人的运气；其次，世界上存在一种自然力量或者能量，宗教实践能够处理并利用这种力量或者能量；再次，健康是平衡这些不同自然力的结果（更多讨论请参考 Wee 1977；Smith 1968）。另外，一些佛教元素也广泛传播于民间宗教信徒之中，比如，因缘宿命和转世再生的说法，神化了的佛和佛教圣者，以及佛教自我修行的方法。但是，这些元素被重新定义以适应民间宗教的性质。民间宗教意在控制处在世界之中的超人之力，或者至少是从那里赢得今世的好处。

在民间宗教环境里长大的孩子在家中的家族祭坛前认识了各种神。对他们来说，神是家庭生活的一部分，并不是和一个不相干的机构联系在一起的。家庭以外的宗教并不是宗教本身，而只是个人信仰和特殊的庙宇（Yang，1961：25）。人们也许会改变他们的个人信仰或者拜祭不同的寺庙（或许重回以前的信仰），也会拜祭不同的神以使成功机会最大化。

大多数人都不把民间宗教看做是中华文化的显著特征。华人民间宗教是当代学者构思的一个现代观点。这种把宗教看做是不同于文化的观点本身就是一个全新的观点。中文中的"宗教"一词直到19世纪末在翻译西方著作时才被开始运用起来（Yang，1999：47）。观察家所称的宗教信仰和实践事实上一直被简单地看做是中国文化的一部分（Paper，1995：2）。

此外，当人们面对外来宗教时，他们的态度并不是竞争而是借鉴。对巫术的重视导致了一种实用主义的思考态度：如果别人的神看起来很强大或者他们的宗教仪式看起来很灵验，为什么不借用他们的神和仪式呢？正是这样，古代华人自由地借用了外来宗教元素。"西方的犹太教和基督教要求信徒只能信仰特定的宗教学说，不同于这些宗教，中国人很少认为人们必须把外来信仰排除在个人或者集体的宗教传统之外"（Republic of China 1994）。

直到最近，那些与统称为华人民间宗教相去甚远的信仰和实践都一直被看做是中华文化的一部分。对大部分华人来说，民族身份的核心一直是一些思想观点，如孝心，家庭和睦，也许还有成为君子的理想主义观。华人对宗教分类一直以来都不怎么热心，因为他们的民族身份并不是用宗教来定义的（Kitagawa 1965：86；Welch 1968：86；Tamney 1978），而归属于某种宗教派别也并不是个人身份的一个重要部分。

谭穆尼（Tamney 1978）研究了新加坡华人大学生中出生顺序、性别和宗教保持率的关系。研究发现新加坡的华人家庭结构仍然保持着父系特征（Hassan and Benjamin 1973）。尽管如此，长子的宗教保持率并不高于其他子女。谭穆尼（Tamney 1978：217）总结道："宗教对华人家庭来说并不重要，因此，家庭并不试图控制子女的宗教信仰。"我们也可以这样说，宗教并不是华人民族身份的一部分，所以子女是否继承父母的宗教观也并不是很重要（Tamney and Hassan 1987：40－41）。

同样的，格瑞奇亭（Grichting 1971：378）询问了一批台湾学生其家庭对他们和不同宗教信徒之间通婚的态度，大部分人（53%）说他们的家庭会保持中立，另外6%相信他们的家庭会支持。如果宗教并不是华人民族身份中相当重要的一部分，如果民族身份也并不是个人身份的核心，那么转换宗教信仰就会很容易发生，因为这样的改变不会带来重大的后果。

市场论假定不同的（有界别的）宗教共存于同一社会之中，这些宗教在一场此消彼长的零和比赛中彼此竞争，而且在这些社会中宗教转化是重要的社会事件。我们认为市场论在古代华人社会中并无用途。首先，大多数华人并不用社会定义的（有界别的）并不断争夺信徒忠心的宗教来看问题或者想问题；其次，如果选择某种特定的宗教对用宗教思考问题的人们来说并不是一个非常重要的决定，除非宗教遭到政府的谴责，市场论也是没有多大用途的。华人宗教，甚至民间宗教，正从其他文化元素中被分离出来。此外，基督教进入华人社会代表着在这些社会中的超出其他所有宗教的更具进攻性的传教力量的发展。基督教组织强调排他的责任和有效的社会化。作为回应，其他的宗教也在寻求如何阐明他们的身份并更加恰当地教育年轻一代信仰的含义。最终，宗教逐渐成为华人个人身份的重要组成部分。

二 当代华人的宗教市场

一种宗教存在于个人所处社会中并不意味着个人能够选择信仰这种宗教。在新加坡，不同宗教在人口中都占有相当比重：佛教，31.1%；华人民间宗教，22.4%；基督教，12.5%；伊斯兰教，15.4%；印度教，3.7%。虽然如此，在新加坡的华人当中很少有穆斯林（0.2%）和印度教徒（0.1%）。几乎所有的穆斯林都是马来人和南亚人，99.5%的印度教徒都是印度人。

新加坡的伊斯兰教和印度教与外族文化（从华人的角度看）密切相关。在马来人中，伊斯兰教是他们文化遗产中"与身俱来"的一部分（Rauf 1964：101）。巴基斯坦从一开始就被建立成一个穆斯林国度，伊斯兰教是国教。一些印度人的民族身份包括了他们的宗教信仰（比如坦米尔人）。印度教几乎就是印度人的宗教。因此，对新加坡的穆斯林和印度教徒来说，他们的宗教是他们民族身份不可分割的一部分。这使得转换宗教将带来巨大的牺牲。正因为成为穆斯林或者印度教徒不仅意味着接受一个宗教，还意味着接受一种民族文化，极少华人改信这些宗教。

事实上，对新加坡和其他华人社会中的华人，我们只考虑三种宗教选择：民间宗教、佛教和基督教。华人宗教研究曾经包括其他的宗教种类，但是被调查人很少选择。1977年，在一个对新加坡已婚人群的调查中，3.1%选择"祖先祭祀"作为他们的宗教信仰，0.2%选择"儒教"（Tamney and Hassan 1987：5）。华人宗教市场到底发生了什么变化呢？我们就从新加坡开始

新加坡

新加坡的华人人群给宗教研究提供了几个便利。首先，1931、1970、1980、1990、2000年的人口普查调查了人口的宗教信仰。其次，1990年的人口普查收集了2%人口的个人宗教历史和宗教实践数据。再次，其他的全国性研究中提供的关于宗教的信息可以作为人口普查数据

的补充。

人口普查关于华人宗教的分类有：佛教、华人传统信仰——道教、基督教（天主教和基督新教）、其他宗教、无宗教。在人口普查中，"相信中国圣人（孔子、孟子、老子）的教训，进行祖先祭祀和其他华人宗派一并归为道教"（Khoo，1981：2）。也就是说，在人口普查数据中，道教是囊括了所有的其他类别，可以更确切地称为传统信仰或者民间宗教。

民间宗教处于衰退之中（见表1）。人口普查资料报告显示民间宗教信徒趋于老龄化，教育程度低下，社会经济地位偏低。佛教徒比例增高。人口普查资料显示皈依佛教的比例较低（占总数的6.3%）；但佛教的皈依率仍是民间宗教皈依率的三倍。正如Tamney（1996）预计，20世纪90年代佛教徒比例会急剧增高。这个变化发生在各个不同教育程度的人群当中。增长率在受大学教育的人群中为最高；在大学教育程度人群中，1990年，15.1%为佛教徒，而在2000年，这个数字增加到23.6%（新加坡统计部，2000）。

表1　　　　　　　　新加坡宗教结构：华人（%）

宗教	1931年	1980年	1990年	2000年
基督教	2.8	10.6	14.0	16.5
伊斯兰教	0.1	0.1	0.2	
佛教	34.2	39.3	53.6	
民间宗教	97.2	38.2	28.4	10.8
其他	0.2	0.3	0.5	
无宗教	16.4	17.7	18.6	

数据来源：Eddie C. Y. Kuo 和 Tong Chee Kiong，宗教在新加坡（新加坡：人口普查，1990）；人口普查办公室，新加坡2000年人口普查（新加坡统计部）。

1. 人口普查涉及10岁及10岁以上居民（Kuo and Tong，1990）。
2. 殖民时期人口普查仅对华人使用三个类别：基督教、伊斯兰教和民间宗教。
3. 2000年中国穆斯林归类于"其他"。

基督教和无宗教类增加。女性更趋向为基督徒，而男性则更多为无宗教类。这两类都吸引了年轻并受过良好教育的华人，不过，在基督教中只有基督新教对这类人群具有吸引力。2000年所有大学毕业生（除工艺学校毕业生外）的宗教构成为佛教：23.6%，民间宗教：2.7%，基督教：33.5%，伊斯兰教：3.5%，印度教：6.9%，其他宗教：0.9%，无宗教：28.9%。几乎所有的佛教徒、民间宗教徒和无宗教人士都是华人，几乎所有的基督教徒也都是华人。因此，在新加坡，很大一部分受过高等教育的华人是佛教徒、基督教徒和无宗教人士。

根据1990年人口普查数据，表2列出了新加坡华人佛教徒、基督教徒和民间宗教信徒参与宗教实践的百分比。表2中数据显示的是在家中、寺庙或清真寺进行的宗教活动。佛教和民间宗教不要求信徒拜访寺庙。"华人教徒多数只在特殊的日子里拜访寺庙，比如神灵的生日，或者当他们个人或者家人遇到了麻烦"（Kuo和Tong 1990：45）。按照教义，信徒每天都应为神预备食物并焚烧香料，尽管地方习俗一般要求信徒在阴历每月的初一和十五进行这样的仪式。对比起来，基督教要求信徒在教堂里参加集体宗教仪式。表2清楚地描述了总体结果：很少有佛教徒和民间宗教信徒经常涉足寺庙，而几乎80%的基督徒经常上教堂。另外，尽管佛教和民间宗教在新加坡都属于家庭性宗教，但那些认为自己属于这两类宗教的人在家中进行的宗教活动并不比基督徒多。这说明传统的宗教种类可能只是毫无意义的标签，也就是说，这些种类囊括了很大一部分并不认为宗教很重要或者只把宗教置于生活中心之外的人。

表2　　　　　宗教实践频率低于每月一次的人口百分比（%）

宗教身份	家中	教堂和寺庙
佛教	42.5	79.1
民间宗教	38.8	84.5
基督教	40.0	22.9

数据来源：Eddie C. Y. Kuo and Tong Chee Kiong, 宗教在新加坡（新加坡：人口普查，1999）。

注：样本为10岁及以上居民。

根据家庭最常用语言，新加坡华人可分为英文华人和中文华人。据2000的统计数据，40%的英文华人为基督徒。相比起来，只有9%的中文华人为基督徒。佛教徒在英文华人中占25%，在中文华人中达到

60%。2000年，各有1/5的英文华人和中文华人称自己没有任何宗教信仰。

仅46.3%的新加坡基督徒出生在基督徒家庭。然而，出生在天主教（65.5%）和基督新教（34.15）家庭中的基督徒比例并不相同。1990年，皈依基督教的人来自佛教（44%）和民间宗教（45.7%）的人数比例几乎相等。

改教主要发生在年轻人中。"45.3%的改教人说他们在20岁以前改教，另32.2%的人说他们在20—29岁之间改教"。（Kuo和Tong 1990：34）。改教者大都受过高等教育：28.9%拥有中等或工艺学校学历的人为改教者；在大学学历人群中，这个百分比为40.6；另一方面，在小学肄业者中只有5.8%改教。总的来说："在新加坡改教（主要为基督教）更倾向于发生在年轻、受过良好教育、在享有名望且收入丰厚的行业中工作的人。"（第41页）。

20世纪60年代末，我们研究了一个非随机抽取的学生样本。这些学生来自当时的两所新加坡大学：新加坡大学（英文教学）和南洋大学（中文教学）。在这两所大学中，大多数来自传统宗教家庭的学生都抛弃了家庭信仰。这些学生分成两类，一类曾经上过基督教初级或中等学校，另一类从来没有上过这样的学校。基督教教育对学生的宗教信仰确实有一定的影响：上过天主教学校的华人学生更可能成为天主教徒；基督新教学校也有近似的作用。但是，在我们做这个研究之时，不论这些学生在上大学之前曾上过何种学校，大部分来自信仰传统华人宗教家庭的大学生都称自己无宗教信仰。在从来没有进过基督教学校的来自信仰华人宗教家庭的大学生中，13%在调查时为基督徒。因为更多的学生接受的完全是普通教育，基督徒子样本平分为受基督教教育的基督徒和受普通教育的基督徒（TAMNEY和HASSAN 1987：13，57）

据此，我们总结出，在新加坡的华人中：

——民间宗教正在衰退；此外，很大一部分民间宗教信徒并不实践他们的信仰。

——在1990年代，佛教在宗教市场的份额最大。

——基督教在壮大，尤其在年轻并受过良好教育的人群中；部分原因归功于基督教学校的存在。

——许多年轻并受过良好教育的华人称自己无宗教认同。

中国香港

表3显示的是香港在1988年和1995年的宗教概况。虽然这两个调查间距很短，一些趋势还是很引人注目：民间宗教信徒减少，佛教、基督新教和无宗教信徒增加。这些变化和新加坡的宗教发展状况相吻合。

表3　　　　　　　　香港宗教结构（以百分比表示）

宗教	1988年	1995年
（总人数）	（1644）	（2275）
民间宗教	23.0	15.3
佛教	6.6	11.6
天主教	4.9	4.5
新教	7.2	8.4
无宗教	58.3	60.2

数据来源：见 Lau Sin-kai, Lee Ming-kwan, Wan Po-san 和 Wong Siu-lun 所编《香港社会进程指标》（香港：香港中文大学，1997）一书中 May M. Cheng 和 Wong Sinlun 所著"宗教信念和情操"一文。

注：数据为从18岁及以上中文家庭居民中抽取的随机样本。

受过良好教育的人更有可能为基督徒或者无宗教人士。自从中英双方签署香港回归中国协议以来，离开香港的人大多受过良好教育，因此，基督新教徒和无宗教人士的增长更引人重视。相比女性，更多的男性无宗教派别。年轻人和受过教育人的宗教信仰状况相似。30岁以下的人口中，几乎有3/4的人无宗教派别；尤其在年轻人中拥有最多信徒的宗教为基督新教（大约一半年轻人归属于其中的某个教会）。

调查对象被问及是否进行祖先祭祀，不同宗教的回答如下：民间宗教：87.8%，佛教：79.5%，新教：9.8%，天主教：8.5%，无宗教：49.5%（Cheng 和 Wong 1997：32）。值得注意的是，民间宗教信徒和佛教徒中进行祖先祭祀的人的百分比相似；属于这两类宗教的人在很多方面都可能很相像，这说明不少佛教徒并不是纯粹的佛教徒（纯粹的佛教徒指不实践民间宗教的信徒）。

对于1988年的数据，分析者总结道："越来越少的人有兴趣去了解更多有关宗教的东西。同样地,越来越少的人承认自己对自己的宗教非常的虔诚。正由于此,香港几乎不能被看做一个很信教的虔诚的社会。"(CHENG 和 WONG 1997:328)这些研究者展示了对中国社会的两种对立看法:他们要么是不信教的,要么他们所信的是不容易用社会科学方法来测量的。

中国台湾

在一个不包括山地人的随机样本中,研究人员请被访人回答一个开放式问题,"你的宗教是什么?"根据对这个问题的回答,被访人被分为以下类别:佛教:42%,民间宗教:37%,基督教:6%,无宗教:12%,其他宗教:2%(Grichting, 1971:52)。在这个调查中,回答说自己是佛教徒的人和那些说自己是民间宗教的人非常相似。例如,在家中他们都拥有同样的宗教器物(如祭坛、菩萨像),他们在朝圣时参拜同样的神灵,他们去寺庙烧香的频率也一样(Grichting, 1971:208 - 209,425 - 426,430)。在这个调查中,认为自己为佛教徒可能和认为自己为民间宗教徒没有什么差别。其他的社会学研究显示,无宗教派别者大多为受过良好教育的人和男性。

台湾当局认可十三种宗教:佛教、道教、天主教、新教、伊斯兰教、巴哈伊教、轩辕教、理教、天理教、天帝教、天德教、一贯道、真光教。政府从这些宗教中收集信徒人数。民间宗教并不被认可是宗教中的一种。1992 年约一半的国民被算作具有宗教;在这部分人中,45% 为佛教徒,32% 为道教徒,8% 为一贯道信徒(一种使用中华宗教词汇和宗教仪式的融合各家信仰为一体的宗教),6% 为基督徒,9% 为其他宗教信徒。台湾地区的"道教"包含着信仰佛教神灵和进行民间宗教活动,如驱妖除邪。当局报告中提到大部分没有被纳入官方设定的十三种宗教中的人事实上"至少实践一部分民间宗教、佛教和道教或者几者兼而有之",如在家中供奉神仙、英雄或祖宗祭坛;在大学入学考试之时到寺庙里烧香拜佛;使用护身符;或车中和店铺中放置小神像以保好运。

基督徒大都受过良好教育:37.3% 的人受过大学以上教育;这个数字在全岛人口中仅为 9.13%(Sha and Shen 1996:144;又见 Grichting 1971)。在基督徒中,新教徒人数略多于天主教徒。1970 年左右,40% 的新教徒为大陆人,3/4 的天主教徒也为大陆人(Grichting 1971),这个差别一直保持至今（Marsden，1998）。1980 年代初，传统的基督新教（即源自西方的宗派）信徒的民族构成为：台湾人：46%，大陆人：29%，山地人：24%（Swanson 1986：34）。这些数字没有包括两大独立教会：真耶稣教会，其信徒大致平分为台湾人和山地人；聚会所（Assembly Hall），其信徒几乎都是大陆人（Swanson 1986：40）。当前，基督教是台湾原住民中的主要宗教，基督徒占人口总数的2%—4%（The People's Republic of China 1990）。除山地人之外，1980 年代初，大约50%的新教徒属于台湾长老会（Swanson 1986：38），其信徒主要为台湾人。其他的新教教会，如浸信会，其大部分教徒为讲普通话的人（即大陆人）（Rubinstein，1991）。

基督新教信徒在 1950 年到 1964 年之间迅速增长，然而，从那以后增长速度放慢：基督新教徒人数在 1964 年为 28 万，在 1994 年为 42.2 万。从 1950 年至 1964 年，天主教徒从 27000 增加到 300000；1991 年，天主教徒人数为 296000。总的来说，在最近 35 年间，天主教徒减少，同时基督新教徒几乎不能保持其信徒人数水平。

根据政府统计数字，佛教徒人数从 1983 年的 80 万增加到 1993 年的 480 万（大约为人口总数的 1/5）。在这一时期，佛教加强了对外交流（如新书出版和新设教育项目）、慈善活动（如新医院的建设和赈灾活动）以及保护野生动物和自然环境的各种活动（Shiau，1999）。

虽然被归于民间宗教的信徒人数减少（Republic of China 1994），台湾"戒严法"的结束，民间寺庙的增建，以及媒体因接受正规培训而日益增长的可信度却使得灵媒活动增长（Jordan，1994）。新的赌博机会，如岛内博彩或证券市场，刺激人们去占卜之处寻求幸运数字等信息。"这导致店铺式寺庙的增加。许多报纸报导说占卜时做降神法式的噪音已成为一个严重的城市问题。事实上，一些人还把彩券销售处和占卜寺庙建在一起"（Paper, 1995：119）。这些活动使得民间宗教活动更明显，活动频率也更高。但是这些并不等于把自己归类于民间宗教信徒的人数增多。

有两个关于台湾人信仰状况的问题值得我们的注意：佛教的成功和基督教的平稳。有几个因素可以帮助我们认识台湾地区的基督教状况。第一，主流长老会在台湾社会发挥了领导性的作用，但是长老会不如其他基督教会那样致力于福音传播工作。第二，许多基督教会使用普通话，而大约 80% 的台湾人讲台湾话或者客家话（Sha and Shen, 1996：134, 139－140）。

中国大陆

对大陆13亿人中宗教信徒结构最好的猜测如下：1亿佛教徒（大约为人口数的8%），7000万基督新教教徒（5%），1400万天主教徒（1%）和1800万穆斯林（1%）（Platt 1999）。在其余的人口中，大部分人从事民间宗教活动。1980年代，中国政府放松了对民间宗教的管制。尤其在农村地区，如宰牲祭祀和算命等民间活动重新兴起。这些活动应该被看做为"乡村传统文化的复兴"。例如，"在榆林，一个位于陕西省北部拥有100万人口的城市，在过去20年中50座以上大型寺庙、500座中型寺庙以及上千座小型寺庙得到维修重建"（Pomfret，1998：17）。由于政府对宗教管制的放松，所有的宗教都发展了起来，尤其是基督新教。而1950年，基督新教教徒仅占中国人口的0.1%（Cheng，1998）。

三 当代华人宗教分析

最大的失败者为中国民间宗教。这其实并不让人吃惊。由于民间宗教和巫术相互缠绕在一起，这使得民间宗教在现代社会的宗教世俗化力量面前尤其脆弱。以前，有意义的生活意味着物质财富、健康及家庭和睦，华人通常祈祷神仙以达到这些目的；然而，这些活动在今天越来越解释不通了（Teo，1990—1991：45）。医学、科学、技术和教育取代了民间宗教作为争取健康和财富的手段。专业建议和自助书籍，而不是祖先的庇佑，成为建立幸福之家的方法。

民间宗教中不带有巫术性质的信仰和实践在一定程度上服务家庭、氏族和社区的利益（Yang，1961：301）。一个台湾人的随机样本被问及"你觉得在你死后什么最有可能发生？你觉得你会去天堂、地狱、重生或是消失？"65%的民间宗教信徒选择了最后一个选项（大约35%的基督徒选择同样答案）；另外15%说他们不知道在死后会发生什么（Girchting，1971：367）。我们认为民间宗教信徒选择回答"消失"是因为他们的宗教文化强调集体及其连贯性；个人主要是作为集体的一部分存在，这样个人才可望不会消失。对大多数的华人来说，其过去包含他们的父辈和祖父辈，其未来包含他们的子女。他们会一直存在于家庭链之中。尽管如此，随着个人主义在现代化进程中的增长，人们变得越来越关心个人得救，而这种观念还没有成为华人民间宗教的中心。

毫无意外地，传统的宗教仪式正在失去它们的含义。例如，"中国传统曾经要求对去世的人至少哀悼49天，其间所着衣物的颜色必须为黑色、深蓝色、或白色"（Goh，1998：9）。这种仪式几乎消失了。一个新加坡人说："重要的是这个人心中的感受，还有你在亡者生时如何对待他/她。"这个被访者强调的是与死者的个人关系而不是集体及其延续性。婚礼仪式也发生了变化。在当前的新加坡社会，举行婚礼的男女双方仍然举行敬茶仪式，但其他的仪式基本都被改变了。例如，很少有人仍相信占星家能从他们的生辰日期中预测出他们在未来的婚姻生活中是否和谐。更多的是，"男女双方自由展示他们的个性。随着婚礼变得越来越不传统，男女双方通常自主决定他们想要如何度过他们的特殊日子，组织一个让人难忘的婚礼成为了一种艺术——一种对想象力的锻炼"（Liang，2000：14）。这些例子表明现代化是如何影响传统仪式的：重要的不再是如何延续一个集体，而是个人对生活的内心感受以及她或他对展示个人创造力的欲望。

这些与现代化相关联的变化要求民间宗教适应新的环境，但是民间宗教却适应得很慢。民间宗教没有指定的神职人员，直到最近才有了对外交流活动。这个宗教非常缺乏中心。华人和寺庙的关系一直都很微弱。寺庙就像店铺一样，只有当店铺销售人们需要的货物的时候人们才会光顾（Hsu，1968：596）。当人们的要求达到了，或者当人们已经放弃了成功的希望，人们可能不再去这个寺庙。民间宗教缺乏一个有效的组织机构以应付现代化的挑战。

民间宗教和巫术的密切关系，过时的以集体为中心的文化，以及它微弱的组织也使得民间宗教受欢迎的程度不断下降。民间宗教的减弱为佛教和基督教让出了位置。同时，也导致更多的人成为无宗教人士。为了了解这些变化的重要性，我们必须弄清楚为什么人们会作出如此选择——这是接下来的三部分所要探讨的问题。

在我们开始讨论这些话题之前，我们注意到以上讨论中对于儒教的一个重要隐含意义。传统上，儒家传统一直是神秘巫术的民间宗教的道德补充。民间宗教的衰退使得宗教拥有自己的道德准则变得越来越重要。因此，在新的宗教市场中，儒教在争取影响华人道德选择的过程中会遇到更大的困难。

无宗教者

除东欧之外，东亚和东南亚的许多国家中相当多的人也归于无宗教者（Duke and Johnson，1989：219）。新加坡这个例子很能说明问题。这个国家包括一个东亚民族（华人）和两个南亚民族（马来人和来自印度半岛的人）。无宗教人士的比例在华人中（18.6%）所占比例比在马来人（0.1%）或南亚人中（0.6%）所占比例高出很多。在先前的讨论中我们说到宗教身份在华人的个人身份中一直都不是一个重要组成部分。因此，这可能是华人在社会调查中更会称自己不属于任何宗教的原因之一。

有几个研究调查了无宗教华人的宗教态度和信仰。1988年在新加坡进行的一个研究中，除179人外，所有称自己无宗教的人都说自己并不反对宗教而仅仅是对宗教"漠不关心"而已（Kuo and Quah，1988：35）。在回答一个关于为何成为不属于任何宗教的开放式问题时，调查对象的回答分为三类，一类说自己觉得不需要宗教（大约一半），一类说他们对宗教抱怀疑态度（大约1/4），剩下的认为宗教有益但是他们不觉得有必要信仰某种特定的宗教（大约1/4）（Kuo and Quah，1988：36）。

为了更进一步探讨香港宗教的性质，研究人员从先前讨论过的1995年调查中抽取了一个子样本（总数=723），并向调查对象询问了更多关于他们宗教信仰的问题。在这个子样本中，59%称无宗教。研究人员让他们列出对宗教知识的兴趣程度："78.6%的人说他们对宗教完全没有兴趣，20.4%表示有一定兴趣，1%说非常有兴趣"（Cheng 和 Wong 1997：318）。

新加坡和中国香港的数据都显示无宗教人士对有组织的宗教极不关心。这些数据还表明只有一少部分人认为宗教信仰和实践很有价值。这些华人并不是虔诚的教徒而只是在精神上对宗教感兴趣而已（即不属于任何教派）。传统华人社会缺乏坚固的宗教界限，这使得个人有机会去寻找去试验个人的精神信仰；对精神信仰的寻找是个人的事，人们在各自的精神世界中集合他们自己的神灵、宗教仪式和信仰。

有意思的是，一种相似的思考态度在西方后现代社会里也越来越受到欢迎。海斯（Bernadette Hayes，2000）所谓的"独立教徒"在西方工业社会中越来越普遍。现代化进程削弱了人们对任何有组织的宗教的忠诚，使人们增加了对任何一种精神信仰的怀疑，同时也提高了人们对更多信仰传统的兴趣（Lambert，1999）。后现代社会的人们实践的是"设计者的精神信仰"（Seddon，1990：5）。对很多人来说，"宗教已经成为了纯粹的个人选择，并和宗教机构分离，也就是说宗教已经从对某个教派的绝对忠诚分离开来了"（Hanegraaff，1999：153）。这样的人称自己"有信仰"但"不信教"，并创造出一种"合成信仰"（如新纪元书店），这里有琳琅满目的闻所未闻的各种教派供人们选择（Bowman，1999：182）。因此，在华人社会中无宗教人士的存在和华人传统以及后现代社会的发展相吻合。

宗教学者秦家懿在新加坡的一次讲话中谈到中国大陆传统文化消亡的后果。今天在中国大陆，人们拥有前所未有的机会去"创造自己的文化"。在这个过程中，华人希望能保持自己传统文化中最优秀的因素，对上海籍加拿大人来说，这些因素有"儒家的人道主义，道教对自然的尊敬，以及佛教所宣扬的博爱精神"（转引自Kao，2000：42）。对秦教授来说，她的基督徒身份多少影响了她对这些因素的看法。但她表述了一个重要观点，在后现代社会中人们的宗教生活方式取决于个人决定，就像华人设计他们自己的文化一样。鉴于每个华人都在创造自己的宗教蒙太奇，宗教派别在华人社会中有可能变得越来越不重要。

这样广布的无宗教现象对儒教来说意味着什么呢？这有可能为像儒教一类的道德观带来一批容易接受新思想的听众。在一个新加坡全国性的样本调查中，研究人员询问调查对象是否同意以下这个说法："没有宗教信仰的人也可以过很有道德的生活。"同意这个说法的百分比在以华人为主的宗教中为：基督徒：44%，民间宗教信徒：71%，佛教徒：75%，无宗教人士：87%（Kuo和Quah，1988：117）。除基督教外，大部分华人都认为道德和宗教是可以分开的，这个观点很可能反映了儒家传统的影响。不属于任何宗教派别的华人的继续存在为基本道德观念创造了一个潜在的大市场。然而，据我们在前几个章节里对华人的人权和自我实现观所作的阐述，华人为西方人文主义所吸引；一个重要的还没有被回答的问题，则是儒教和西方人文主义对无宗教华人的相对吸引力。最后，许多无宗教人士对宗教漠不关心的态度还有可能造成对道德观的漠不关心——由于无宗教的人大多为年轻且受过良好教育的男性，这种推测并不是没有理由的。

基督教

总体上讲，由于民间宗教受欢迎程度的降低和佛教的一些弱点（将在下个部分中讨论），基督教在东亚地区成长壮大。基督教在亚洲地区的主要新成员来源于前民间宗教信徒,而不是佛教徒、印度教徒或穆斯林(Athyal, 1996: 12)。例如,传教士在台湾岛山地人中和中国西南少数民族地区获得了不成比例的成功;成为基督徒可能是人们反驳汉人对他们的负面看法的一种方式(Hunter and Chan, 1993: 173)。许多改教者来自华人民间宗教家庭。

和其他宗教(如佛教)相比起来,基督教拥有更多的资源和布道动力可以被用在传教工作中,最有效的方法为办学(Tamney and Hassan, 1987; Kuo and Wuah, 1988)。由于基督教常常和西方联系在一起,欧洲文明成果也让传教工作受益不少。自从第二次世界大战以来,基督教徒建立了很多跨国组织。如迪甘所说,"在整个世界进入跨洲世纪之时,基督教作为世界上最显著的跨国宗教很有优势"(Digan, 1984: 27)。然而,所有这些因素并不能解释基督教对华人的吸引力。

如我们所见,除台湾地区以外,基督教一直在成长。此外,基督新教比天主教更为成功。基督新教徒可以按照两种方法分类。第一,他们可以按教派划分(如循道宗,神召会)。使用这种分类法有两个问题:同一教派下的不同教会各自的信仰和仪式大不相同,而且很多大型教会为独立教会。第二,教会可以被分为基要派、福音派和开放派(也称为"合一派")。

在我们所用的术语中,基要派是传统宗教的一种。基要派希望建立一个基督教社会。同时,他们强调与社会分离。如在属于基要派的新加坡圣经学院举行的一个系列讲座上,演讲者解释说,由于基要派反对现代社会的立场并不受欢迎,教会必须要建立一个小社会(Wong and Lowe, 1997)。在这个小社会中,所有的人在相互交往中建立正统的基督教世界观并不断强化信仰和价值观。"在呼唤我们进入教堂的时候,上帝建立了一个超越旧秩序的新社会。教堂的统一(即'一个可见的教堂团体')意味着我们必须改变那些把我们分割开来的各种社会分类。我们不再首先是男人、女人、华人、白人、新加坡人或美国人。我们是上帝的选民"(Johnson, 1997: 228)。教会的首要任务是要尽可能地让所有的信徒们分享彼此的生活——好像生活是持续的教会露营会议一样(Johnson, 1997: 248 - 249)。

福音派教徒也接受建立一个基督教社会的理想,但是他们更愿意折中处理和外在世界的关系并努力成为这个世界的一部分。例如,新福音派教徒愿意接受一个宗教多元化的社会。如这些新加坡的基要派发言人指出,宣扬和平和幸福的新福音教徒取代了旧式的火和硫黄(Lowe, 1997: 17)。

在基要派和福音派基督徒中,有的教会使用可以治愈疾病的灵力,他们的宗教仪式也更具有情感色彩。这两种教会分别被称作五旬节教会和灵恩会。在我们建立的体系中,开放派基督教徒是现代主义的基督教的一部分。按照我们的分类,基督新教由基要派、五旬节派、福音派、灵恩派和开放派组成。尽管我们缺少关于基督新教派别的统计数据,大多数的人认为基督新教中的灵恩派一支在不断增长(Kuo, Quah, and Tong, 1988: 4; Rubinstein, 1991: 155; Hunter and Chan, 1993: 174)。

基督教在中国大陆农村地区的吸引力

一般来说,基督教在中国的增长主要在农村地区。在中国大陆,一部分基督教教堂为官方认可教会,这些教会受中国基督教"三自"爱国委员会和中国基督教协会管辖。其他的教会被称为家庭教会,尽管许多教会已兴建了教堂。钟敏和陈剑光(Zhong Min and Chan Kim - Kwong, 1993)研究了一个非法的"家庭教会",他们称其为"使徒教会(Apostolic Church)"。教堂处于中国南方一个偏远的农村地区。在他们进行研究的时候,这个教会拥有3500名成年信徒。教会里没有专门的领导结构。引导信徒的是他们自己在学习圣经的过程中认识的圣灵,不过事实上这个教会的信徒们相信一套被西方人称作正统基督教的教义。信徒们进行驱魔、治疗及预言等活动。他们认为这个家庭教会成长起来的原因如下:

——就像中国民间宗教一样,这个教会向人们提供实际益处。研究者写道:"当许多村里人被祷告的力量治愈后,他们立即改教为基督徒。"(1993: 258)。

——教会为年轻人提供各种活动。

——教会为农村地区有才能的人提供了施展领导才华的机会。

——教会思想帮助了那些生活条件相当困难的人。这些农村居民觉得自己比城市居民低人一等。这种挫折感表现为"愤怒、不满、嫉妒、烦躁甚至麻木等情绪"(1993: 261)。加入教会后,他们成为"'上帝怀里'的战士"。这些农民不再觉得低人一等,因为他们是"上帝的选民"(1993: 261)。

就像那些在华人社会中以成为基督徒来改变其负面形象的少数民族群体一样,明显地,农村地区人群以改教克服他们觉得不如城里人的心理。另外,由于教会是一个组织,基督教有能力给信徒提供奖励,也有能力为信徒提供领导机会和娱乐活动。最后,基督教的奇迹形式也很具吸引力;

这个因素在分析新教成功原因时常常被提到。香港的一个宣教士说,"我们证明了一些奇迹的存在,有的人会死而复生。我曾看见瘸子站立起来并开始行走。那就是为什么那么多农村地区的人改教。如果你去问任何人他们为什么会皈依基督教,他们会告诉你他们看见了奇迹"(转引自 Elegant,1996:53)。基督新教奇迹般的治愈效果成为了这个宗教发展的主要原因(Hunter and Chan,1993:174;Deng,1996:115)。

另外一个成功例子是存在于好几个华人社会中的本土的真耶稣教会。教会给予教徒与现代西方相关联的一种地位和成为"基督教灵媒(Tang - Ki or Spiriti - Mediums)"的名望(Rubinstein,1991:138)。这种组合很具吸引力。奇迹式基督教对农村和受过很少教育的人更是如此,尽管很多受过教育的人也被吸引到灵恩教会中。对于受过教育的人来说,加入灵恩教会的原因可能不仅仅是治疗和其他活动(Hunter and Chan,1993:138,276;Rubinstein,1991:139)。

社团意识

对新加坡基督教改教者的研究显示人们常常提到基督教社团意识的吸引力(Tong,1989:9)。1970 年,我们的一个学生研究了新加坡大学的一个基督教新教团体。他总结到这个团体举行的诸如集体祷告和集体歌唱等活动吸引了很多学生,这些活动在学生中创造了社团精神和友好关系。一个访谈对象告诉他,"我最喜欢歌唱部分,这让你觉得你是其中的一分子。"很多新加坡人被灵恩教会"传递一种归属感和身份感的社团精神"所吸引(Kuo,Quah and Tong,1988:17)。

民间教堂从来都不是一个社团的中心。参拜寺庙常常取决于教徒个人的需要而不是一个大家共同遵守的宗教仪式日历表,最终宗教仪式仅仅由身陷烦恼的个人进行。比如,某人想要一个对付疾病的办法,因而决定使用一个装满竹片的容器;这个人不停地摇动这个容器直到一条竹片被摇出来。"这条竹片上的数字和庙墙另一侧的一本历书里准备好的一些话语相匹"(Paper,1994:82)。在这些庙宇里不一定有神职人员。具有社团意义的活动,特别是婚礼和葬礼等活动,通常不在寺庙里举行,而是在家里、饭店或者在为这些活动而搭建的帐篷里(Paper,1994:82)。偶尔,一些节日庆典在寺庙里举行,即使在这个时候人们也单独向神灵祷告寻求帮助;每个人和家庭进行和他们旁边的人完全无关的仪式。所以,华人不觉得自己属于某个特定寺庙的现象并不让人吃惊。

因此，家庭以外的传统华人宗教实践从未产生出社团意识。在传统上这并不是什么严重的问题，因为华人的社团意识指的是家庭归属意识。社团是基于祭祀祖先和氏族崇拜之上的。华人生活中"至高无上的亲属关系"意味着"在整个历史进程中，华人几乎没有在亲属关系之外建立别的社团"（Hsu，1986：35）。在华人社会，除家庭氏族崇拜之外的宗教信仰一直都是个人事务（Hsu，1971：57）。古代华人社会中并不独立存在忠诚于家庭以外的社团精神。大家族和氏族重要性的减弱在华人中创造出对社团的一种现代要求。

一位懂得很多宗教社会学的宣教士给新加坡的牧师提出一些建议，告诉他们如何使教会活动变得更有效。在活动中让人们为彼此祷告，在歌唱时不时鼓掌或牵手以表达喜悦和团结——这些活动有助于使旁观者、没有回应或处于被动状态的礼拜者加入到社团中来。逐渐地，运用这些教给牧师的公式，人们能够在牧师的帮助下用语言向坐在他们身边的人表达关心、关注和爱心，进而，在牧师的鼓励和弥漫在人群中的温情的感染下，人们开始自由地彼此表示爱心而不会感到难堪（Hinton，1985：191）。

灵恩教会的活动最接近于这个模式；也就是说，灵恩派最有可能有效地满足人们对社团的需要。在这种形式的宗教里，宗教所传递的信息是积极向上的，通常是有关爱心的；宗教仪式鼓励把参与活动的人们联系起来。

在教堂里的许多的小型团体中，尤其是在灵恩教会中，也能经历这种社团精神。在这些小型团体会议中，新人总能感受到一种在传统宗教中很难见到的东西——人与人之间的相互关心。改教者对这种环境尤其感激。在这里他们可以让灵魂赤裸，因而能够丢掉在生活中遇到各种问题所造成的压抑、愤怒或者其他的负面情绪（Hunter and Chan，1993：188）。根据一个对皈依和离开基督教的人群的研究，Swanson 总结道："在台湾，就像在日本（和其他地区）一样，追求宗教的核心是人们对支持、爱心和接纳的需要。人们更有可能选择一个可以找到这些东西的精神家园。"（1986：195）

家庭变化

使得基督教如此具有吸引力的第三个理由来自于华人家庭生活的变化。例如，年轻人必须克服新出现的性问题和父系家庭与生俱来的权威问题。在传统家庭环境里，这种问题是不能公开讨论的。而现在年轻人在教堂里找到了开放且具有家庭性的环境。在新加坡，中学生会议包括了一些禁忌话题，如家庭纠纷和恋爱问题（Tamney 1996：33－34）。

另外，华人家庭生活缓慢地向平等公开的配偶关系发展。一位曾经撰述新加坡宗教的福音传教士提出，基督教会对人们的吸引力部分来自基督教教会与父系模式的区别。因此基督教吸引了很多妇女和青少年（Hinton，1985：51－53）。他还认为亲密关系和公开流露情感不是中国传统家庭的特征（Hinton，1985），很多新加坡人在基督教教堂里学会了公开并有感情地向彼此传递信息。

赖教授（Whalen Lai，2000）描述了东亚地区的华人基督徒新锐。和非基督徒华人比较起来，这些基督徒更可能提倡配偶平等并给他们的孩子更大的自由。同时，比起非基督徒华人，基督徒更加"有孝心，更重视读书，忠于家庭，不酗酒，并勤奋工作"（132）。这些华人在保守（即正统和福音）的基督新教中找到了对许多传统价值观的肯定。在清教徒一样的基督新教和儒教传统中，"情感遭到怀疑，自我控制才是美德；就像勤奋高尚而玩乐遭遣一样"（136）。

总的来说，现代化、家庭变化和保守基督教的关系是相当复杂的。一方面，保守教会帮助家庭转变为更现代的家庭：教会提供家庭性质的团体集会，在这种团体里年轻人得到支持和建议；教会还向家庭成员提供咨询服务，使家庭成员之间更开诚布公并相互尊敬。另一方面，这些教会把自己表现为与具有腐蚀性的现代化作战的传统家庭卫士。

天主教

如马斯登指出，天主教徒分为传统教徒和现代教徒（Madsen，1998：123）。前一种天主教徒认为僧侣制度很重要，他们愿意使用政治力量来强化道德修养，而且不支持不同信仰人群之间的对话（140）。理论上，教堂控制所有重要的社会机构——政治、经济、学校和慈善事业（62）。在这种世界观里，教会的训诫教育人们真正的自由意味着遵从上帝的旨意（100）。传统的天主教徒希望建立一个天主教社会。

大陆的天主教堂主要是传统天主教（Madsen，1998：28）。直到1990年代，天主教执行的是梵二会议以前的教纲；例如，做弥撒时使用中文还是一个新现象（Hunter and Chan，1993：236－251）。大多数大陆天主教徒居住在农村地区（Madsen，1998：27）。通常，整个村庄都是天主教徒，这使得人们难以离开教会，也使得改教负担很重。在有条件的地区，教堂主导整个村庄的生活，创造出"一个自我封闭的世界"（62）。这些教会的问题普遍是古代华人社会所存在的问题：不容易相信家庭或者社团以外的任何人和组织，被紧闭在等级森严的主顾关系中，教徒之间进行派系内讧以扩张各自的势力（138）。

传统天主教和儒家思想相呼应。这两种思想体系都很重视等级制。最重要的美德是忠诚，尤其是对父母的忠孝，其次是对社团的忠诚（Madsen，1998：79）。"十诫的世界性透过农村生活的特殊文化折射出来"（80）。有时，这样的忠诚成为"自私的家庭主义"，"一种农村非天主教徒和天主教徒共有的弊病"（81）。

马斯登指出天主教在中国大陆不太成功是由于其不能够适应现代社会的要求。虽然 Marsden 描述的农村教会和他的主要论点一致，但他的分析却不能帮助人们理解为何天主教在新加坡、香港和台湾地区也同样止步不前。台湾岛上的天主教教士告诉马斯登（Madsen 1998：144），天主教会的衰退主要是由于教会中的神职人员大都为大陆人，台湾本土人不被吸引；此外，天主教会的衰退还由于教会在给予平信徒权力问题上的失败。后者也许可以解释所有华人社会中天主教发展滞后的原因。一些香港天主教徒长期致力于提高教堂的开放性，并给予人们更多表达的自由（Yuen，1997）。现代天主教理论好像能够解释这些问题，但是人们很难调和 Madsen 的理论与灵恩教会成功的事实（或者说所谓现代化了的传统思想的发展）之间的矛盾。

开放派基督教

基督教传教士一直以来都在宣扬全民平等的教义。由于华人在传统上一直用自己在建立于等级制度之上的组织（如家庭、社团、国家）中所发挥的作用来定义自己的身份，这种平等思想很难为华人所接受（Waley-Cohen 1999：86），然而平等却是现代基督教的心脏，不论是天主教（开放教会和普世教会）还是基督新教。

现代开放派的基督教道德观在亚洲有很多追随者。台湾地区的长老会几十年来都在维护山地人的权利，并且，在目前的民主制度建立之前，长老会一直是台湾人权和公正的代言人（Rubinstein 1999：44）。在香港，基督教徒建立了基督教机构以争取社会公正，尽管他们的工作受到富裕的基督教徒的批评，有些参加运动的神职人员还受到上级的压制（Kowk 1996：156）。由于现代基督教一直以来都是人权、公平和妇女问题的代表，教会在台湾得到不少支持。然而，这并不是这个地区基督教会发展起来的主要原因。此外，我们还不太了解亚洲华人对现代基督教的一些神学观点的看法，比如教会允许人们选择信仰或接受宗教多元化的永久性。

基督教的外来性

在儒教不得不现代化的同时，基督教也不得不变得更加的本土化和处境化。基督教本土化基本上已经实现了，现在教会里的工作人员都是当地人；但是，处境化则是另外一种情况。基督教的文化外来性阻碍了这个发展进程。

跟一个对新加坡政府房屋居民的调查（大约占人口的80%）相结合，研究人员与60名居民作了关于宗教的深入访谈。受中文教育的访谈对象提到基督教存在以下问题：（1）基督教是一种西方宗教，是受英文教育的新加坡人的宗教；（2）访谈对象反对基督教里罪恶的概念（我们认为他们反对的可能是基督教的原罪论）；（3）访谈对象认为佛教宣扬的宿命观指的是人存在于今生以后的天堂或地狱；以及（4）访谈对象不喜欢基督教的排他性和缺乏容忍的特征。就最后一点来说，"许多的被访对象都用一种'单一观'来看待宗教：'所有的宗教都是一样的，只要你表现好，做好事，你就是一个好人。'另一个被访人说，'我不去区别不同的宗教；它们都很好，都能影响我们的生活'"（Tong 1988：13）。在这些被访者提到的反对基督教的看法中，最受关注的是基督教对人性的假设，这种假设和孟子的学说相反；永不翻身的概念和佛教相悖；基督教要求人们完全投入的做法又和华人历来的约束力量很弱的宗教经验相抵触。

人们对基督教缺乏容忍的看法是和人们对宇宙的看法相关联的。虽然基督教建立在正邪对抗的思想之上，华人的宇宙哲学则认为宇宙中存在的力量不仅是相互对抗的也是相互补充的。基督教争取的是上帝对撒旦的最终胜利，因而自然界充满了罪恶的诱惑；在中华神话里，天和地都是神圣的（Paper, 1995：236-243）。基督教徒相信精神冲突会不可避免地延续到世界末日，而华人却把冲突看成一种不受欢迎、没有必要的状态。

另外一个相关的问题是对女性的精神重要性的看法。民间宗教继续推崇妈祖，在佛教中这个形象又演化为"大慈大悲"的观音。妈祖又被称作海神或者天后，她是台湾地区最多人拜祭的民间神灵（Taylor, 2000）。老子（还有道教）把道称为万物之母，这具有明确的女性特征（Ching 1993：95）。神话传说中女性的重要性是失败的父系世界观在宗教领域里的表现。华人在道家和儒教学说影响下获得的精神平和是在西方的精神领域里找不到的。

这些对基督教发展有长远作用的障碍是否能够被清除取决于它们是否会在现代化的进程中失去力量。可以想象得到，随着全球化的进程，基督教将不再被看做西方宗教。所有的基督徒可能会停止进攻性的布道活动，还可能会更能容忍其他的人。我们能不能创造出一种重视平衡而不是竞争，认为人性本善，拒绝永不翻身的惩罚，接受微弱的宗教界限，使自然神圣化，并不完全是父权至上的一种精神文明呢？现代化并不意味着中华精神文明的消亡。如果这种分析是正确的话，那么这也就意味着基督教（或者说，至少是我们所知的基督教）可能不会主导华人社会的宗教市场。

小结：华人社会里的基督教

在竞争激烈的宗教市场里，基督教的优势不仅仅在于其雄厚的资金实力。第一，基督教能够提供人们对传统巫术的需要而不会被认为是迷信活动。第二，由于长期存在于一个亲疏离间相当普遍的社会，基督教懂得如何为补偿一个社团的损失，也懂得如何在现代社会中响应人们对个人导向的需要。第三，基督教已经接纳了使现代社会改观的人文价值观，如个人主义和自我实现；因此，教会能够向人们提供替代家庭而像家庭一样的现代环境。此外，开放派的基督徒们一直在争取社会公正的斗争中充当着领导角色。成功的基督教团体可以向人们提供一些旧东西，如巫术、清教徒似的道德观；也可以向人们展示一些新东西，诸如西方的起源，年青人的发展空间，对妇女更好的环境。

我们可以想象，随着华人社会不断向现代化发展，人们对巫术的需要会减少，家庭生活会改变，这些情况使得人们需要去寻求可以替代家庭的东西。尽管如此，现代化也有可能同时提高个人主义和新社团的重要性，也就是说，现代化不会扼杀人们对像基督教这样的宗教的潜在需要。

然而，基督教在东亚地区仍然是一个外来力量。随着东亚的现代化和西方竞争力的减退，基督教在亚洲的命运也许就取决于这个处境化项目的结果。东亚地区的基督教神学主要是"欧美世界神学进程和传统的产物"（Song 1991：2）。不过，一些神学家正在发展一种根植于圣经且同时来源于亚洲历史、符号和故事里的神学体系。我们对华人基督教的出现拭目以待。

佛　　教

在年代久远的宗教中，佛教引人注目。基督教、伊斯兰教和犹太教都根植于古代的"旧约"。儒教美化了古代中国。相对的,佛教则是从古印度教那里发展出的一个全新系统。正是基于这个原因,佛教在后现代社会中很可能拥有巨大的发展潜力。

此外,佛教一直是中国历史的一个重要部分,它曾影响了宗教、文化和艺术,因此,在一定程度上,佛教是华人宗教。但是,佛教也具有这样一个世界观:它不仅仅是"华人宗教";它在"现代人"(即西方人)中也有发展。这个宗教很适合吸引那些对民间宗教不满,觉得基督教太西化,希望成为宗教信徒但又不显得很落伍的华人(Kuo, Quah and Tong, 1988; Tamney, 1996)。

佛教的分化是现代化进程的一部分。比如,现在存在于台湾的佛教组织包括传统派和改革派。这两派的主要区别是:

——改革派强调建立人间净土;改革派寺庙提供社会保障服务并支持环境保护运动,"如避免使用一次性碗筷,尽量使用可再利用性餐具"。(Jones, 1999: 135)。

——改革派呼吁居士应在宗教事务上发挥更大的作用。

——改革派希望能将僧侣寺院现代化:规范晋职程序,使其更加客观,并禁止僧侣私自征收门徒。(Jones, 1999: 191 - 198)。

一个在台湾岛非常有名的佛教团体是由女弟子建立并领导的,在领导阶层中女性数量也居多,这就是慈济功德会。这个团体把儒家思想和佛教融合在一起。妇女也在家庭以外的社会服务活动中工作,但是这种工作和传统的女性道德观相一致,如怜悯和温柔等。即便如此,这些组织仍然成为推动变化的原动力。成为妇女运动中的一员增强了这些妇女的权利。加入这个团体要求男人们放弃赌博成为良好的顾家男人。在一些家庭里,夫妇俩都属于这个组织,丈夫帮助妻子做家务活(Jones, 1999: 212 - 217)。此外,这个组织还把传统的女性的养育责任运用在家庭范围之外。正如一个成员所说,"我认识到我们必须把母爱发展成对整个世界的爱"(转引自Weller, 1999: 358)。这个看起来很传统的功德会实际上在通过给予妇女更大的权利和强调一种世界性的道德观的过程中推动了佛教的现代化。

总的来说,佛教徒正更积极地参与社会保障活动和改良运动,正在把寺院办得更加富有精神性,正在给予在家弟子更多的权利。佛教徒对在地球上建立一块净土的重视驳斥了人们对佛教徒与世隔绝的批评。在家弟子的重要性使认为佛教只为僧侣服务的观点缺乏依据。

此外，改革的力量很有可能会加强拓展。Lee 和 Ackerman 描述了华人佛教徒在西方学习、观光及工作的意义。

> 那些到西方国家游览并拜访佛教中心的佛教徒发现禅修和学习是西方佛教的中心，而在亚洲，祷告却主导了佛教实践。一些马来西亚的佛教徒感到他们需要到西方的佛教中心学习更高层的佛教思想并寻找一条可以让当地佛教实践上一个新台阶的道路。（1997：60-61）

西方的佛教团体大多重视禅修、平等，允许妇女成为领导，并提供更倾向于治疗的一种环境（Numrich，1996；Tamney，1992b）。所有这些特征可能在世界各地的华人中都会增加。根据我们多次访问新加坡所观察到的现象，我们相信其他国家的华人佛教徒也同样如此。

在华人宗教市场中，由于其涣散的组织结构，不被当地上流社会所接受，及信徒中相对缺乏竞争等原因，佛教会继续面临各种问题。但是，佛教也继续保持力量：其不存在史前文献，并且在一定程度上佛教同时是华人宗教和全球宗教。此外，改革运动应继续加强佛教在市场上的位置：在家弟子包括妇女在佛教组织中更大的作用是与运动的民主化相吻合的；禅修的重要性适应了现代人自我实现的目标；对改善世界尤其是环保运动的重视使佛教和现代思维方式站到了一条战线上。

四 宗教变化对儒家的隐含意义

宗教市场存在于华人社会之中。至少，我们可以预见在不远的将来市场结构的一些变化。即便其向现代化发展，华人民间宗教也很可能会衰退；佛教会有相当的发展；基督教会缓慢发展，可能最终会保持平稳；独立宗教会继续保持其繁多的种类，尽管有些市场份额会随着华人人口的老化而改变。在基督教的竞争压力下，以及为了满足人们在现代环境中重新定位的需要，民间宗教和佛教都在划分更加明确的界限并积极地争取信徒。在这些竞争更加激烈的宗教市场里，儒家思想的影响力会变得有限。随着华人中统一的道德天空的破裂，所有道德观的可信程度都受到侵害（Kuo and Tong，1990：33）。

我们看到一些对儒家思想的未来有积极意义的迹象。众多的无宗教人士的存在意味着只有一点模糊宗教性质的本土道德观拥有一块准备好了的市场。此外，华人社会中相当多的华人继续把自己定位在民间宗教里。尽管目前所谓的华人民间宗教可能会继续失去追随者，这并不意味着这种华人精神文明的重要因素会失去它们的文化意义。一种神化自然和天空，以及阴阳两性，并且把意念和身体看做是一个整体的精神文明在后现代世界里有相当的未来。这些因素可能会形成一种重生的现代民间宗教的核心，现代儒家思想正好成为这种宗教的补充物。

我们的分析也显示出一些对儒家思想未来不利的现象。佛教和基督教的竞争对儒教形成了严峻的挑战。第一，佛教和基督教都比儒教更重视个人。两者都强调个人的精神旅程；两者的重心都落在个人虔诚上，如祷告和禅修。第二，两者都具有世界性的道德观。在基督教里，关注平等、公平和仁爱的世界观对现代派非常重要，我们相信如果我们掌握了佛教在华人社会里的变化的足够信息，我们也能够得到关于现代佛教徒的相同的结论。尽管如此，没有任何基督徒能否认爱邻舍进而平等关爱每一个人这样的要求的重要性。同样的，关于博爱的观点对佛教也非常重要。这些要求可能可以为被理解个人所需同情心和爱心各不相同。但是佛教和基督教都包含了一种比儒家传统更绝对更普世性的道德观。第三，这两种历史性宗教都推崇在社会中和在家庭中实践平等主义，这在实际上拒绝了父权模式。基督教教会暗含了人们对现代家庭的渴望，即一个建立在爱心和民主基础上的家庭。即使是在以父权家庭为理想的保守教会里，领导者常常强调教会需要更加开放更饱含情感的交流方式，强调温情的重要性，以及更加平等的实践行为，如在作出最终决定之前询问成员的意见。这并不是说儒教会反对这些行为，但是这些行为一直都不是儒家家庭生活的重心。当代基督教关于家庭生活的观点削弱了——暗中的而不是明显的——儒家所支持的父权制度。同样的运动也出现在佛教中，一些改良运动非直接地支持在公民社会和家庭中实践平等主义，从而挑战了学术界对佛教等级制度的偏见。

另外对儒教的一个挑战来自于华人社会中宗教组织的新的重要性。传统上，人们通常讨论的社会团体是家庭和国家。"在儒家思想里，一个人的道德责任在于实现个人、家庭和国家达到完美，而并没有对处在家庭和国家之间的其他组织作任何系统的考虑"（Yang, 1961: 332）。宗教组织的重要性不适合儒教。基督教的增长意味着许多华人开始把自己和宗教组织联系在一起,这在中国历史上非常独特。这些团体可能会为了成员的忠心而挑战家庭和国家。但是,即便基督教徒个人不会这样做,宗教团体常常所具有的个人重要意义也会使建立一个和谐社会的可能性减小。基督教团体是相对独立的身份和责任的来源,因此这些团体增加了个人道德和其他社会道德责任代表——如国家——之间的冲突。

最后,儒教还受到了基督教详尽的伦理准则的挑战。如维义(Vivienne Wee)指出,儒家思想不是一个发展完全的伦理体系。儒家列出了各种美德,但个人必须决定这些美德在不同情况下的意义。例如,儒家思想家没有对公平工资作任何分析。儒家也没有表明自己对离婚的看法,而仅仅是诅咒这种行为。相对而言,基督教在几个世纪以来发展出了一套可以指导如何处理在现代社会中所出现的各种问题的伦理准则。现代化意味着个人拥有更多的选择机会,这也意味着人们更加需要一套伦理准则来指导他们作决定的过程。因此,长期下去,基督教对儒教的挑战会要求学者们制定出更多详细明确的伦理准则。

鉴于保守的基督新教在华人社会的成功,新的竞争情形可能会对新传统派儒家思想有利。杨凤岗(1999)在分析为何在美国的华人会被吸引到保守的基督新教教会里时强调了华人基督徒的道德观和儒家道德观的相似之处。尤其这两者都鼓励"在世苦行"(如勤俭节约、努力工作、享乐在后)以及两者都认为现代化使得道德沦丧,如损害家庭生活的行为(如青少年怀孕、婚前性行为、同性恋)(107,124)。杨的分析表明不论华人转信基督教或者保持儒家信仰,他们都会倾向于这些意识形态中传统而不是现代的因素。不过,在这两种信仰中,更成功的一个很可能是现代的传统教徒。自然的,随着人们对现代化的体验,很多人会在旧的传统中寻求安稳,同时在新的理念中获取引导。

参考文献

Athyal, Saphir. 1996. Introduction. In Church in Asia Today, edited by Saphir Athyal, 8 – 19. Singapore: Asia Lausanne Committee for World Evangelization.

Bays, Daniel H. 1985. Christianity and Chinese Sects: Religious Tracts in the Late Nineteenth Century. In Christianity in China, edited by Suzanne Wilson Barnett and John King Fairbank, 121 – 134. Cambridge: Harvard University Press.

Bowman, Marion. 1999. Healing in the Spiritual Marketplace: Consumers, Courses, and Credentialism. Social Compass 46: 181 – 190.

Brouwer, Steve, Paul Gifford, and Susan D. Rose. 1996. Exporting the American Gospel. New York and London: Routledge.

Chan, Wing-tsit. 1953. Religious Trends in Modern China. New York: Columbia University Press.

Cheng, May Ming-chun. 1998. Familism and the Protestant Expansion in China. Ching Feng 41 (2): 171-197.

Cheng, May M., and Wong Siu-lun. 1997. Religious Convictions and Sentiments. In Indicators of Social Development Hong Kong 1995, edited by Lau Siu-kai, Lee Ming-Kwan, Wan Po-san, and Wong Siu-lun, 299-330. Hong Kong: Chinese University of Hong Kong.

Ching, Julia. 1993. Chinese Religions. Maryknoll, NY: Orbis Books.

Deng Zhaoming. 1996. China. In Church in Asia Today, edited by Saphir Athyal, 94-133. Singapore: Asia Lausanne Committee for World Evangelization.

Duke, James T. and Barry L. Johnson. 1989. The Stages of Religious Transformation: A Study of 200 Nations. Review of Religious Research 30: 209-224.

Eckholm, Erik. 1999. Banned Movement's Head Urges Talks with China. New York Times, 24 July, A3.

Elegant, Simon. 1996. The Great Divide. Far Eastern Economic Review, 6 June, 53.

Faison, Seth. 1999. Followers of Chinese Sect Defend its Spiritual Goals. New York Times, 30 July, A4.

Fang, Bay. 1999. An Opiate of the Masses? US News & World Report, 22 February, 45-46.

Farrell, Elizabeth. 1996. Aggressive Evangelism in an Asian Metropolis. Charisma (January): 54-57.

Forney, Matt. 1996. God's Country. Far Eastern Economic Review, 6 June, 46-52.

Goh, Natalie. 1998. Ashes to Ashes, Dust to Dust. Singapore, March-April, 8-13.

Grichting, Wolfgang L. 1971. The Value System in Taiwan 1970. Taipei.

Hackmann, H. 1910. Buddhism as a Religion. London: Probsthain.

Hanegraaff, Wouter J. 1999. New Age Spiritualities as Secular Religion: A Historian's Perspective. Social Compass 46: 145-160.

Harding, James. 1999. East of Eden. New Republic, 22 November, 18-21.

Hassan, Riaz, and Geoffrey Benjamin. 1973. Ethnic Outmarriage Rates in Singapore: The Influence of Traditional Socio-Cultural Organization. Journal of Marriage and the Family 35: 731-738.

Hinton, Keith. 1985. Growing Churches: Singapore Style. Singapore: Overseas Missionary Fellowship.

Hsu, Francis L. K. 1968. Chinese Kinship and Chinese Behavior. China's Heritage and the Communist Political System, edited by Ping – ti Ho and Tang Tsou, 579 – 608. Chicago: University of Chicago Press.

———. 1971. The Challenge of the American Dream: The Chinese in the United States. Belmont, CA: Wadsworth.

———. 1986. Confucianism and its Culturally Determined Manifestations. In The Psycho – Cultural Dynamics of the Confucian Family: Past and Present, edited by Walter H. Slote, 23 – 46. Seoul: International Cultural Society of Korea.

Hui, C. Harry. 1991. Religious and Supernaturalistic Beliefs. In Indicators of Social Development: Hong Kong 1988, edited by Lau Siu – Kai, Lee Ming – kwan, Wan Po – sam, and Wong Siu – lun, 103 – 144. Hong Kong: Chinese University of Hong Kong.

Hunter, Alan, and Kim – Kwong Chan. 1993. Protestantism in Contemporary China. Cambridge: Cambridge University Press.

Johnson, H. Wayne. 1997. Christian Community: Dealing with the Impact of Modernity. In Ministry in Modern Singapore, edited by Wong Chan Kok and Chuck Lowe, 207 – 254. Singapore: Singapore Bible College.

Jones, Charles Brewer. 1999. Buddhism in Taiwan. Honolulu: University of Hawaii Press.

Jordan, David K. 1994. Changes in Postwar Taiwan and their Impact on the Popular Practice of Religion. In Cultural Change in Postwar Taiwan, edited by Stevan Harrell and Huang Chun – chieh, 137 – 160. Boulder, CO: Westview Press.

Kaltenmark, Max. 1969. Lao Tzu and Taoism. Stanford, CA: Stanford University Press.

Kao Chen. 2000. Chinese Culture is Dead. Straits Times, 14 May, 42.

Khoo Chian Kim. 1981. Census of Population 1980 Singapore Release No. 9 Religion and Fertility. Singapore: Department of Statistics.

Kitagawa, Joseph M. 1965. The Buddhist Transformation in Japan. History of Religions 4: 319 – 336.

Kuo, Eddie C. Y. and Jon S. T. Quah. 1988. Religion in Singapore: Report of a National Survey. Singapore: Ministry of Community Development.

Kuo, Eddie C. Y., Jon S. T. Quah, and Tong Chee Kiong. 1988. Religion and Religious Revivalism in Singapore. Singapore: Ministry of Community Development.

Kuo, Eddie C. Y., and Tong Chee Kiong. 1990. Religion in Singapore. Singapore: Census of Population.

Kwok Nai Wang. 1996. Hong Kong. In Church in Asia Today, edited by Saphir Athyal, 148 – 167. Singapore: Asia Lausanne Committee for World Evangelization.

Lai, Whalen. 2000. Cultural Confucianism, Cultural Christianity: One Dilemma of the Modernized Chinese. In Confucianism in Chinese Culture, edited by Cheu Hock – Tong, 113 – 140. Kelana Jaya, Malaysia: Pelanduk Publications.

Lambert, Yves. 1999. Secularization or New Religious Paradigms? Sociology of Religion 60: 303 – 333.

Lee, Raymond L., and Susan E. Ackerman. 1997. Sacred Tensions. Columbia: University of South Carolina Press.

Liang Hwee Ting. 2000. Special Ways on a Special Day. Singapore Magazine, March – April, 10 – 14.

Liu, William T. Forthcoming. The Religio – Political Significance of Falun Gong and Jiang Zemin's Legacy of Social Stability. In China Across the Millennium, edited by Wang Gungwu and Zheng Yongnian. Singapore: University of Singapore Press.

Lowe, Chuck. 1997. Christianity and Social Context: Foundational Principles. In Ministry in Modern Singapore, edited by Wong Chan Kok and Chuck Lowe, 1 – 30. Singapore: Singapore Bible College.

Madsen, Richard. 1998. China's Catholics. Berkeley: University of California Press.

Marty, Martin E. 1998. Revising the Map of American Religion. Annals 558 (July): 13 – 27.

Numrich, Paul David. 1996. Old Wisdom in the New World. Knoxville: University of Tennessee Press.

Paper, Jordan. 1994. Religion. In Handbook of Chinese Popular Culture, edited by Wu Dingbao and Patrick D. Murphy, 77 – 92. Westport, CT: Greenwood Press.

——. 1995. The Spirits are Drunk. Albany: State University of New York Press.

Platt, Kevin. 1999. The Wrong Churches in China. Christian Science Monitor, 21 December, 6.

Pomfret, John. 1998. Rural People Put their Faith in Religion. Manchester Guardian Weekly, 6 September, 17.

Quah, Jon S. T. 1987. Religion and Religious Conversion in Singapore: A Review of the Literature. Singapore: Ministry of Community Development.

Rauf, M. A. 1964. A Brief History of Islam. Kuala Lumpur, Malaysia: Oxford.

Republic of China. 1990. Republic of China Yearbook 1990 – 1991. Taipei: Kwang Hwa.

——. 1994. The Republic of China Yearbook 1994. Republic of China: Government

Printing Office.

Rubinstein, Murray A. 1991. The Protestant Community on Modern Taiwan. Armonk, NY: M. E. Sharpe.

Sarachandra, E. R. 1965. Traditional Values and the Modernization of a Buddhist Society: The Case of Ceylon. Religion and Progress in Modern Asia, edited by Robert Bellah, 500 – 530. Glencoe, IL: The Free Press.

Seddon, Philip. 1990. The New Age – An Assessment. Nottingham, England: Grove Books.

Sha, James, and Andrew Shen. 1996. Taiwan, ROC. In Church in Asia Today, edited by Saphir Athyal, 134 – 147. Singapore: Asia Lausanne Committee for World Evangelization.

Shen, Reverend Michael. 1997. Preface. In Ministry in Modern Singapore, edited by Wong Chan Kok and Chuck Lowe, VIII – IX. Singapore: Singapore Bible College.

Shiau, Chyuan – jeng. 1999. Civil Society and Democratization. In Democratization in Taiwan, edited by Steve Tsang and Hung – mao Tien, 101 – 115. Hong Kong: Hong Kong University Press.

Singapore Department of Statistics. 2000. Singapore Census of Population, 2000 Advance Data Release No. 2 Religion. www. singstat. gov. sa.

Smith, D. Howard. 1968. Chinese Religions. New York: Holt, Rinehart, and Winston.

Song, Choan – seng. 1991. Third – Eye Theology, rev. ed. Maryknoll, NY: Orbis Books.

Swanson, Allen J. 1986. Mending the Nets: Taiwan Church Growth and Loss in the 1980s. Pasadena, CA: William Carey Library.

Tamney, Joseph B. 1978. Chinese Family Structure and the Continuation of Chinese Religions. Asian Profile 6 (June): 211 – 217.

——. 1992. American Society in the Buddhist Mirror. New York & London: Garland Publishing.

——. 1996. The Struggle Over Singapore's Soul. Berlin and New York: de Gruyter.

——. Forthcoming. The Resilience of Conservative Religion. Cambridge: Cambridge University Press.

Tamney, Joseph B., and Riaz Hassan. 1987. Religious Switching in Singapore. Singapore: Select Books.

Taylor, Chris. 2000. Frenzied Worship. Taipei Times, 10 April (online edition).

Teo Sio Hoon. 1990/1991. Thinking Free in Singapore: What Does it Mean to Have No Religion? Academic Exercise, Department of Sociology National University of Singapore.

Tong, Chee Kiong. 1988. Trends' in Traditional Chinese Religion in Singapore. Singapore: Ministry of Community Development.

——. 1989. Religious Conversion and Revivalism: A Study of Christianity in Singapore. Singapore: Ministry of Community Development.

Waley – Cohen, Joanna. 1999. The Sextants of Beijing. New York: W. W. Norton.

Wee, Vivienne. 1977. Religion and Ritual Among the Chinese of Singapore: An Ethnographic Study. Masters Thesis in the Sociology Department, National University of Singapore.

Welch, Holmes. 1968. The Buddhist Revival in China. Cambridge: Harvard University Press.

Weller, Robert p. 1999. Identity and Social Change in Taiwanese Religion. In Taiwan: A New History, edited by Murray A. Rubinstein, 339 – 365. Armonk, NY: M. E. Sharpe.

Wong Chan Kok, and Chuck Lowe, eds. 1997. Ministry in Modern Singapore. Singapore: Singapore Bible College.

Yang, C. K. 1961. Religion in Chinese Society. Berkeley and Los Angeles: University of California Press.

Yang, Fenggang. 1999. Chinese Christians in America. University Park: Pennsylvania State University Press.

Yoo, Boo Woong. 1986. Response to Korean Shamanism by the Pentecostal Church. International Review of Mission 75 (January): 70 – 74.

Yuen, Mary M. Y. 1997. The Catholic Church in Political Transition. In The Other Hong Kong Report 1997, edited by Joseph Y. S. Cheng, 505 – 528. Hong Kong: Chinese University Press.

Zhong, Min, and Chan Kim – kkwong. 1993. The 'Apostolic Church': A Case Study of a House Church in Rural China. In Christianity in China: Foundations for Dialogue, ed. Beatrice Leung and John D. Young. Hong Kong: University of Hong Kong Press.

当代中国宗教红市的发展

——以生活禅夏令营为例

魏德东[①]

提　要

柏林禅寺生活禅夏令营以生活与佛教禅修一体化为指导思想，以青年知识分子为主要对象，以佛寺生活体验、禅修入门和佛教基本知识学习为方法，弘扬佛教文化，传播佛教信仰。本文以宗教经济理论为指导，系统研究了生活禅夏令营15年的发展经历，认为在当代中国的宗教红市中，宗教供给及宗教产品起决定作用的命题依然有效，而且较自由市场背景下更为重要。

前　言

以1978年12月的中共十一届三中全会为标志，中国社会进入了一个以"现代化"为鹄的的发展时期。尽管当时所理解的现代化主要是物质层面的，即所谓的四化：农业、工业、国防和科学技术的现代化，但社会作为一个整体，精神层面的现代化也自此自觉或不自觉地展开。中国宗教的复苏与发展就是中国社会现代化的一个重要层面。

近30年的时间过去了，中国当代宗教在近乎一片空白的基础上，实现了初步繁荣。原因何在？依据常见的解释，不出以下几个因素：（1）政治信仰危机，导致人民群众的宗教热；（2）社会不公，导致人民到宗

[①] 本文作者为中国人民大学宗教学系副教授，电子邮箱：wdedong@ruc.edu.cn。

教中寻求安慰；（3）经济发展中的失败者和成功者，都需要得到终极关怀；（4）人民的科学教育程度不高，进而迷信宗教；等等。

上述解释的共性是：将宗教发展的原因归结于宗教信众和潜在信众的宗教需求的变化，以及相关的社会背景的变化。在将所有宗教作为一个整体考量时，这种解释对于理解宗教在当代中国的发展有一定的说服力。然而，一进入到宗教内部，这种解释方式就遇到了挑战：为什么在大众需求、历史背景、宗教政策等条件基本相同的情况下，不同宗教，或者同一宗教中的不同团体，其发展会大相径庭？就不同宗教而言，佛教、基督新教的发展最为迅速，道教则相对迟缓；而在同一宗教之中，甚至是同一地区相邻的两个宗教场所，也常常有很大的不同，原因何在？

要回答这一问题，就必须考虑到对宗教自身的研究，教团的状况应成为考察的核心变量。倘若借鉴近年来流行于国际学术界的宗教经济理论，可以发现这一范式在解释中国当代宗教、教团发展之差异性时具有极强的说服力。

所谓宗教经济理论，或称宗教市场论，在最近20年来逐渐取代世俗化理论，实现了宗教社会科学研究的范式转换，成为当代宗教研究的主流范式之一。依据这一理论，宗教现象也可以看做是一个市场，分为需求方、供给方和产品，在自由竞争的前提下，对于宗教变化起决定作用的是宗教供给，而非宗教需求。宗教需求长期而言是稳定的。[①]

2006年，华裔宗教社会学家杨凤岗博士从中国宗教经验入手，进一步扩展了"宗教市场"概念，将其区分为红市、黑市和灰市。"红市——合法的宗教组织、信众及活动；黑市——政府禁止或取缔的宗教组织、信众及活动；灰市——既不合法也不非法，既合法又非法的宗教组织、信众及活动"[②]。尽管"三色市场"概念源于对中国宗教现状的分析，但实际有普遍价值，几乎所有国家和地区的宗教市场都包括这三个方面，区别在于侧重不同而已。

杨凤岗博士的文章更多地关注到中国宗教的黑市和灰市，并对其发展规律作了初步的探讨，笔者近年的兴趣点则更多地集中于红市。在总体

[①] 罗德尼·斯达克、罗杰·芬克：《信仰的法则》，杨凤岗译，中国人民大学出版社2004年版，第238页。

[②] 杨凤岗：《中国宗教的三色市场》，《中国人民大学学报》2006年第6期，第42页。

上，基于红市的政治合法性，以及宗教产品总体上的短缺状态，所有在红市的教团都有发展。但是，不同教团的发展规模，却存在着巨大的差异。笔者认为，造成这种差异的根本原因，取决于教团能否为社会提供独特、有效的宗教产品，以满足大众的宗教需求。教团与宗教产品的差异，是解释宗教红市中不同教会兴衰的关键因素。

在大陆的佛教红市中，位于河北省石家庄市赵县的柏林禅寺是一个很好的个案，其所创立的"生活禅夏令营"可以看做是优质宗教产品的典型。这一产品不仅对柏林禅寺的发展起到了决定性的推动作用，而且对其他佛教团体和其他宗教也产生了示范意义。现在，宗教夏令营在中国大陆已经有普及之势，影响由佛教而基督教、天主教等，成为大陆宗教极有生命力的新产品。柏林禅寺生活禅夏令营的发展，是当代中国宗教红市发展一般规律的反映。

然而，对于大陆宗教生活中这一引人瞩目的现象，研究却非常之少。1994年，复旦大学的学生曾对第二届夏令营的基本情况作过研究，留下一些资料[1]。另外在一些有关柏林禅寺的文章中，也曾经提到夏令营[2]。2004年开始，笔者开始柏林禅寺夏令营的系统研究，2005年笔者与杨凤岗教授合作发表了英文论文，主要从政教关系的角度研究柏林禅寺的发展[3]。总体而言，相对于夏令营的社会影响，现有的研究是非常薄弱的。

本文着重从宗教经济理论的视角，将生活禅夏令营作为一个独特的宗教产品，分析其基本特征，进而探讨宗教红市发展的规律。研究方法包括参与性观察、深入访谈、文献研究以及初步的数据分析。参与性观察主要集中在2004年和2005年，先后去柏林禅寺8次，其中2004年7月参与了第13届夏令营的后半段，2005年8月在柏林禅寺居住了近4周。2004年11月20日，对夏令营的创始人净慧长老进行了近3个小时的深度访谈；与佛寺青年骨干MH、MY、MZ、MJ等有多次长谈；对夏令营的骨干也做了一些访谈。同时，还分别访谈了赵县、石家庄市与河北省的宗教干部。文献方面，首先搜集到第1期至14期的《生活禅夏令营专辑》；河

---

[1] 复旦大学课题组：《第二届生活禅夏令营状况综述》，《禅》1995年第3期，总第27期。
[2] 陈星桥：《庭前柏子树 郁郁发新枝》，《丛林》1998年第3期，总第3期，第33页。
[3] Fenggang Yang and Dedong Wei: "The Bailin Buddhism Temple: Thriving under Communism". In State, Market, and Religions in Chinese Societies, 63 – 87. Leiden: Brill, 2005.

北省佛教协会创办的《禅刊》是研究夏令营成长的重要文献,载有开办启事及部分学员的体会;柏林禅寺网站设有"夏令营"版块;另外,笔者还专门搜集了学员报名表、报到记录,拍摄了营员体会、活动启事等资料,其中报名表中附有每个人的学佛经历,是很有价值的资料。中国人民大学宗教学系的本科生7人曾参加过第12届夏令营,笔者邀请他们写作了体会。有关营员的情况,笔者利用了复旦大学所作的第2届夏令营研究报告,又对第12届的情况有比较系统的分析。

本文主要包括3个部分,首先是介绍生活禅夏令营15年的发展历程,其次分析其宗教市场的构成,最后总结当代中国宗教红市的发展规律。

一 生活禅夏令营的产生与发展

概括地说,生活禅夏令营是以生活与佛教禅修一体化为指导思想,以对佛教感兴趣而又知之不多的青年知识分子为对象,以佛寺生活体验、禅修入门和佛教基本知识学习为方法,弘扬佛教文化、传播佛教信仰的活动。

(一) 生活禅夏令营产生的地理和历史文化条件

生活禅夏令营的发生地是河北省石家庄市赵县柏林禅寺。赵县目前人口55万多,农业为支柱产业。柏林禅寺地处赵县城关,往东北40公里为省会石家庄市,有长途汽车相通;石家庄北距首都北京270公里,有铁路和高速公路相通。

柏林禅寺位居小城而交通又较为便利,这对该寺的发展有一定影响。一方面,柏林禅寺具有保持了安静清修的佛寺风格,虽然也有旅游观光,但不卖门票,保全了宗教场所的特质。同时该寺位于华北平原,交通便利,这使得周边城市,特别是北京市民和学生多能在半天内抵达。就对夏令营的影响而言,柏林禅寺既有乡村佛教的静籁与神秘,又可以在较低的经济和时间成本下参与,为恰到好处地满足城市大众的宗教需求提供了客观条件。

柏林禅寺的悠久历史也是其成为夏令营基地的一个积极因素。它最早建于公元3世纪初,是中国最早的观音道场。9世纪,有一位禅宗巨匠从谂禅师在此生活了40年,形成了禅宗史上著名的"赵州禅",其骨灰塔成为"赵州塔",至今耸立在柏林禅寺内,柏林禅寺由此成为禅宗祖庭之一,对包括日本、韩国在内的东亚佛教有重要影响。赵州禅的核心特色是强调"平常心是道",生活禅实际上也可以看做是其现代发展。这一历史文化背景对于生活禅夏令营取得宗教上的合法性,以及吸引海内外佛教徒,有直接影响。

(二) 夏令营的缘起

——1988年冬天我来到了河北。我是1月4日到的,第二天就参加1月5日召开的河北省佛教界座谈会,这是第一次召开会议,全省出席会议的僧人或在家的居士总共约有13个或14个人。会议举行了三天,决定成立河北省佛教协会,将柏林禅寺落实成为宗教活动场所。那时临济寺已经是宗教活动场所了,它是从1987年开始的,也从那一年有了僧人。1988年5月12日,经人民政府批准,5月19日举行了重建赵州祖庭柏林禅寺奠基仪式,当年的9月份住进来第一批僧人。正式的修建是到了1991年冬天,那年修建大雄宝殿与普光明殿,1992年8月建成并举行了开光仪式。

——1993年,我们举行了第一届生活禅夏令营。

——赵朴老亲自为活动题写"生活禅夏令营"这几个字。

——可以说,夏令营可以成功举办,一切应该归功于赵朴老。如果他不题写那几个字,活动可能就开不成。因为一开始的时候,大家对夏令营这个活动究竟是该办,还是不该办都心存疑虑,但后来看到他亲自题写的那几个字,他都首肯了,于是就都同意了。因此,我认为赵朴老是这次活动能够顺利做下来重要的条件。可惜的是,夏令营开始的那天,赵朴老原本准备要来的,但后来因病没有来,但他为夏令营写了亲笔书信,请人代读。

以上几段引文出自2004年11月20日笔者对释净慧的访谈,简明地阐述了生活禅夏令营的缘起,也勾画出了夏令营的框架。

第一,柏林禅寺于1988年恢复为宗教活动场所,1992年开始有了新建筑,1993年举办第一届夏令营。夏令营的举办时间在七、八月学校暑假期间,从第5届开始固定为7月20—26日。

第二，夏令营的举办与当时的中国佛教协会会长、全国政协副主席赵朴初有巨大关系。释净慧所说"一开始的时候，大家都心存疑虑"，这个"大家"，不仅指佛教界的同仁，也包括了政府主管部门。20世纪90年代初，整个社会"反渗透"的氛围相当浓厚。柏林禅寺将上百的青年人特别是大学生吸引到佛寺，进行佛化生活，政治层面无人能够负责。而赵朴初本身作为国家领导人之一，是最为中国共产党所信赖的宗教人士，他的支持为夏令营的举办开了绿灯。而他所题写的"生活禅夏令营"几个大字，也永恒地飘扬在每届夏令营的旗帜上。

第三，举办夏令营的直接动机，来自释净慧对当代中国佛教发展重心的体认，目的是在佛教与现代青年之间搭建桥梁。现任方丈释明海曾对笔者叙述他对夏令营缘起的回忆：1993年春节，寺里很冷清，师父对我说，怎么才能吸引年轻人呢，我们暑假的时候办个佛教夏令营怎么样？我那时刚从北大毕业不久，觉得这是一个好主意，当下表示同意。柏林禅寺网站说："生活禅夏令营是面向在家信徒的新型弘法活动……我们也想通过这次活动，借助十方大德的认同和参与、研讨与切磋，试图探索传统的佛教禅学与当代社会生活的切入点，以利于我们进一步发扬佛教优良传统，把人间佛教思想落到实处，为现实人生勤恳奉献。"面对当时佛教徒老年人多、低教育水平者多的情况，释净慧认为应当寻找一个机会，让青年知识分子了解佛教，可以说这是生活禅夏令营产生的直接因缘。

（三）夏令营的指导思想

在当代中国佛教徒中，释净慧是不多见的具有较为系统的独特佛学理念的僧人。他的思想被概括为生活禅，其主要著作有《中国佛教与生活禅》（宗教文化出版社2005年版）、《入禅之门》（上海辞书出版社2006年版）等。

从佛教史的角度看，"生活禅"思想源于对传统禅宗理念的继续，可以看做是禅宗思想的当代发展。释净慧说："社会上一方面是在把禅推向了一个热潮，另外一方面在某种程度上也把禅歪曲了。迫于这样一种形势，我从历代祖师的语录、从佛言祖语当中体会到修行不能离开生活，于是就提出了'生活禅'。"[①] 这一概念于1991年提出，在1993年的第1届

---

① 释净慧：《入禅之门》，河北省佛教协会虚云印经功德藏印赠，2001年7月，第89页。

生活禅夏令营上正式推出。

从内容上看，生活禅的核心是主张佛教与现代生活的结合，可以看做是20世纪人间佛教思想的一种具体表现，这成为夏令营的指导思想。释净慧将生活禅的内容概括为4句话："将信仰落实于生活，将修行落实于当下，将佛法融化于世间，将个人融化于大众。"① 释净慧认为，生活禅的禅包括佛教的一切修行法门，因为一切法门都离不开禅定，都是禅定不同的表现形式。生活禅的最终目的，是希望在生活的方方面面都能够落实佛法的精神。在夏令营活动中，还有两句口号更为普及，被看做是生活禅思想的另一种表达形式，叫做"觉悟人生，奉献人生"。从义理上看，"觉悟人生"侧重讲个人的觉悟，体现了佛教自利、自度的特性；"奉献人生"则强调推己及人，反映了佛教利他、普度众生的追求。自利与利他、自度与普度的结合，可以看做是佛教根本精神的展现。

（四）夏令营的发展阶段

夏令营15年的历史，约可分为探索期、调整期、勃发期和成熟期4个阶段。这一划分的依据，表层可以从夏令营人数的变化看出，深层则反映了夏令营内涵与特点不断调整的过程。

就夏令营的分期而言，最直观的因素是营员人数的变化。依据柏林禅寺提供的资料，夏令营参加者的总人次大约为4418人（见表1），考虑到每届夏令营都要录取10%左右的老营员，因此参与夏令营的总营员人数应在4000人左右。

表1　　　　　　　　　　　　营员的数量

年份	1993	1994	1995	1996	1997	1998	1999	2000	2001	2002	2003	2004	2005	2006	2007
人数	150	180	200	300	250	340	100	198	150	500	500	500	350	350	350

从表1可以看出，夏令营营员的数量有一定的起伏变化，这些变化不是偶然的，有着相应的社会背景。

第一阶段：探索期，具体指第1—6届。生活禅夏令营从无到有，人数稳定上升，由1993年的150人发展到1998年的340人，成为大陆宗教

---

① 释净慧：《柏林禅话》，河北佛协虚云印经功德藏印赠，2000年7月，第102页。

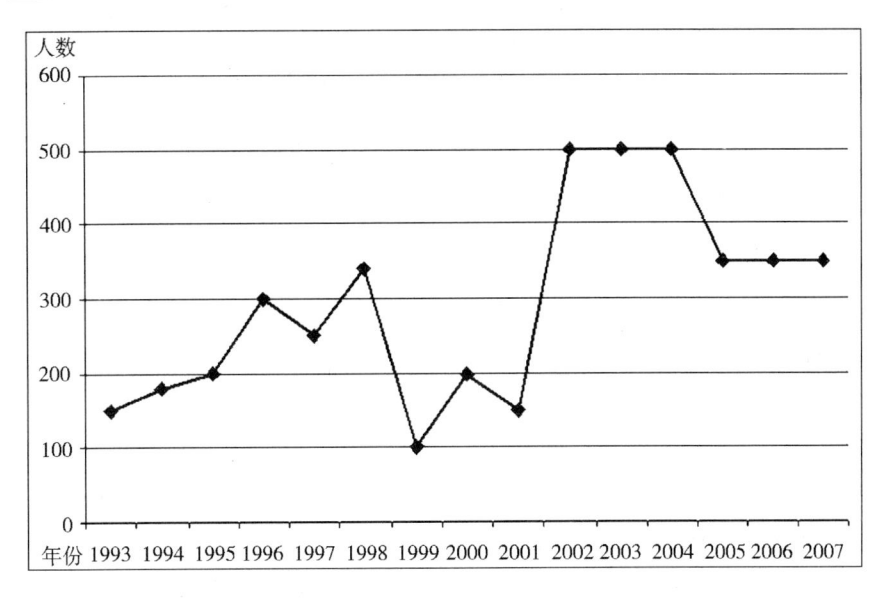

图 1　营员人数比较

生活中引人注目的一个现象。由于这一活动，柏林禅寺在这一时期名声鹊起，在经济等方面得到许多佛教徒的大力支持，寺庙的建设飞速发展。1993 的时候，柏林禅寺还仅仅有观音殿等寥寥无几的建筑，营员都住在简易的房子里。1998 年的时候，柏林禅寺已经崛起为规模宏大的寺院。这一超越常规的发展速度，是与夏令营活动分不开的。有重要的捐款居士在访谈时说：夏令营面向青年知识分子，体现了中国佛教的希望，这样的佛寺我们当然要支持。可以说，柏林禅寺是和夏令营一起成长起来的，夏令营是柏林禅寺发展的重要的推动力量。

第二阶段：调整期，第 7—9 届（1999—2001 年）。这一时期的几个特点是：(1) 人数压缩；(2) 只招男生；(3) 强调爱国；(4) 最重禅修。这些变化，既受到了当时社会环境的影响，也和前几届夏令营出现的一些问题以及佛教界的压力有关。

在人数上，这三届的数量分别是 100 人，198 人，150 人。考虑到第 6 届的人数已达 340 人，这样的数量是有意控制的结果。特别是 1999 年的第 7 届，只有 100 人，可以说是勉强维系，近乎中断的边缘。

在性别上，这 3 届只招男生，这是非常特殊的。夏令营从一开始，就是男女一起活动，而且在数量上接近对等。据负责夏令营的影法师介绍，似乎女生的素质高于男性，这表现在组织能力、表达能力、写作、参与性等方面。为什么这3届取消了女生的参与资格呢？

在指导思想上，第7届突出了"爱国爱教"的内容，招生通知如此表述：

> 河北省佛教协会将继续本着"爱国爱教"和"觉悟人生，奉献人生"的精神，于今年暑期在柏林禅寺举办第七届生活禅夏令营。

在已有的15届夏令营中，只有第6届的启事也提到了爱国爱教，但也是放在"觉悟人生，奉献人生"之后。第7届为什么如此突出"爱国"这个口号呢？这一特殊性的原因何在？

这3届夏令营的活动形式也有明显调整，突出了禅修，而引为特色并最受欢迎的学术讲座减少。这以第7届夏令营表现最为明显，明确提出"以坐禅为主，佛学讲座也将围绕禅修的实际用功方法来展开"。第7届的学术讲座只有3场，远远低于年平均数8场的数量。由于讲座减少，其《生活禅——第7届生活禅夏令营专辑》只有137页，约为其他年份的一半。第7期的夏令营总结由此说："与以往几届相比，本次夏令营活动有如下几点不同：一是平淡、自然。……二是加大了实修的分量。"

显然，在夏令营的历史上，第7—9届形成了一个低潮，原因何在？首要的因素，是1999年开始的打击法轮功运动。城门失火殃及池鱼，由于法轮功采用了大量佛教术语并予以自由发挥，佛教界称其为附佛外道，就社会大众而言，很多人分不清法轮功和佛教有何区别，容易混为一谈。比如武汉火车站就曾将湖北省佛教协会运输的写有"法轮常转"的铸钟予以扣押，认为这是法轮功用品。特别重要的是，部分基层干部不能很好地理解打击法轮功与保护宗教信仰自由之间的关系，认为宗教政策又要收紧，有"现在抓法轮功，后面就是你们宗教"的说法。在这种情况下，夏令营这一在青年中弘扬佛教文化的新方式，生还是死，成为一个问题。从政府方面讲，在这种大环境下，任何一级组织都不会出来贸然表态。由此，夏令营的组织者采取了削减规模、降低声音、谨慎维持的策略。

这种谨慎还来自夏令营自身的反思以及佛教界的压力。前6届夏令营在取得良好社会影响的同时，也出现了一些对佛教界来说具有负面意义的个案。在第6届夏令营上，一位女士与一位和尚发生了爱情，导致和尚还俗结婚。这一事件在当时的佛教界引起很大反响,夏令营和柏林禅寺都承受了很大压力。一些教内人士据此批评夏令营影响了佛教的形象,柏林禅寺也曾有停办的想法。最后折中的结果是继续办,但只招男生,免生是非。

只招男生的情况延续了3届。性别问题从来都是宗教中的一个敏感话题。在佛教产生的时代,围绕是否允许女性出家就有很多争议,而提高女性的地位,保护女性出家的权利,倡导众生平等,都是佛教的重要特点。夏令营排斥女性的情况自然受到妇女界的反对,河北省佛教协会主办的《禅》刊,就曾发表文章,表达对这一现象不满。另外,仅有男营员的夏令营在气氛上也比较低沉,不及以前生动。这对于以向青年介绍佛教为目的夏令营来说,并非正面,它有意无意地使营员产生佛教等于禁欲、压抑的印象。

在这一时期,夏令营的活动形式集中于禅修,也反映了当代汉传佛教发展走向上的争议。若以六祖慧能为代表的中国禅宗来说,在解脱成佛的路径上,并不强调甚至排斥文字和认知的功能,这就是所谓的"不立文字"。中国禅在本质上也不强调打坐等特定的修行方式,而主张搬柴运水无非妙道,在日常生活中"直指人心,见性成佛",进而有所谓的"武术禅"等说法,或言之,禅宗修行可以任何人类活动为载体。这一精神是代表现代中国佛教特质的"人间佛教"思想的重要方面。但在佛教界内部,从来都存在着不同的流派,在修行及组织形式上有不同的侧重。近现代中国佛教中也一直存在着强调禅修的流派,影响很大。柏林禅寺老方丈释净慧的师承,就是最为强调禅定的一门。释净慧的师父,近代著名的虚云老和尚,就以定力出众而闻名史册。因此,夏令营大量的学术讲座以及其他丰富多彩的活动形式,受到强调不立文字的禅宗早期传统以及强调禅修的禅宗近代风格两方面的压力。这是调整时期夏令营活动形式发生变化的一个理由。

然而,任何宗教要发展就自然需要与时俱进,用佛教的话说就是"契理契机"。"理"上说得好,但不能适应大众,教派就会逐渐萎缩,被市场淘汰。夏令营的主体是大学生,识文断字,认知能力强是其最突出的特点,因此对学术讲座的欢迎是可以理解的。这就是夏令营所必须尊重的"机",也就是条件。因此,第7届夏令营大量削减佛教学术讲座的做法,后来很快得到纠正。

第三阶段：勃发期，指第10—12届。生活禅夏令营从2002年到2004年可以称之为勃发期，每届都有500人以上参加，赢得了社会各界的认同，具有了充分的合法性，并成为其他寺院乃至宗教开展夏令营活动的楷模。

2002年的夏令营一转前3年的颓势，获得飞跃。第一，夏令营恢复招收女生，比例在一半左右，夏令营的气氛生机勃勃；第二，人数有突破性增长，达到500多人；第三，营员出现青少年，有些是老营员的子女，出现了两代人同时参加夏令营的情况，夏令营开始代际传接；第四，互联网对夏令营的所有活动全程直播，并在网上开设论坛随时与网友交流；第五，几十名外地僧人前来观摩，学习举办夏令营的方法和经验；第六，几十名加拿大学生集体参加，夏令营从此逐渐发挥当代中国宗教窗口的作用；第七，有瑞士比丘尼为夏令营讲课，该比丘尼是欧洲血统，在柏林禅寺皈依释净慧；第八，中央电视台前来采访，对夏令营予以正面报道。

这些现象都是前所未有的，体现了夏令营获得了充分的合法性，成为政府、佛教界和信众共同认可的宗教活动形式。

这一现象的出现也有其深刻的社会背景。进入21世纪，中国经济迅猛发展，然而社会道德和文明程度明显滞后，成为中国社会现代化的掣肘。在思想和信仰市场，产品供给完全依赖政府的状况显然已经不能满足时代的需求。在宗教自发地蓬勃发展的同时，政府也越来越意识到可以发挥宗教教义宗教道德中的积极因素，教化大众，稳定人心，使宗教成为社会发展中的正面因素。

正是在这一背景下，中国共产党的第三代领导核心，当时的国家主席江泽民于2001年11月5日参观了柏林禅寺，整整盘桓了一个下午。他询问毕业于北京大学哲学系的年轻的明海法师为何出家，并与他交流了自己的禅定体会。江主席说：1958年大炼钢铁的时候，我累得胃出血，看遍了全上海的医院，就是治不好，后来有人教我打坐，我坐了3个月，胃出血治好了。禅宗学问很大，你要好好体会。江主席的访问，意味着柏林禅寺和夏令营在政治层面获得了充分的合法性，夏令营发展的最大的担忧就此解除。这直接促进了次年夏令营活动的勃发。

第四阶段：平稳发展期，指2005年的第13届至2007年的15届。经过12年的探索，柏林禅寺对夏令营的经办积累了丰富的经验，进入平稳发展的时期。首先，在人数上，基于接待能力、活动效果最佳化等方面的考虑，不再追求人多，而是保持在 350 人左右。其次，每年都有新的突破，稳步探索佛教发展的走向。

2005 年，夏令营开展了男营员一日出家、托钵乞食的活动，成为具有历史意义的事件。在南传佛教国家，很多男士都有短期出家的经历。夏令营在 2005 年学习了这种形式，共有 100 多位青年男士剃发，一日出家。与此相配合，夏令营举办了在当地县城内托钵乞食的活动，更是直承原始佛教的古行，突破了汉传佛教延续 2000 年的一些传统。佛陀的时代，出家人不蓄金银，不自己做饭，每到吃饭时间，集体到俗人家乞讨。佛教传入中国后，由于自然环境和文化传统的差异，这项规制未曾流传下来，汉传佛教的出家人绝大多数都采用住庙的生活方式，吃饭也在寺内烹饪。在当代，宗教活动则在法律层面被要求在宗教场所内进行，和尚云游及托钵近乎违法。这一天，在释净慧老法师的率领下，100 多名青年走进县城，立刻引起轰动，捐食物和钱财者不计其数，装了几汽车。年轻的方丈释明海对此感触良深，专门写了心得。

从目前看，夏令营依然处于平稳发展阶段。未来依然会有变化，但大的格局近年内难以改变。

二 生活禅夏令营的宗教市场论分析

宗教经济理论的代表人物斯达克说："几个世纪以来，所有对人们的宗教信仰为什么有多有少的讨论都集中在需求的变化上，也就是个人需求的差异。这项工作的很多方面是有效的和重要的，特别是在回答为什么宗教存在于所有的社会这类问题时，对需求的考察尤为合适。但是，当考察到同一社会宗教虔诚水平的变化，或者说差异，上述方法的有效性将大打折扣。对于这些问题，就有必要考察'供给'，认识到某些宗教组织（供给者）比其他组织更有活力和有效，某些社会对宗教选择提供了更多的供给。"[1] 也就是说，在同一社会环境和大众基础的前提下，不同宗教、同一宗教不同教会之间发展的差异性，根本上取决于宗教的供给方，也就是教会。套用近 30 年来中国学术界更为流行的术语，就是强调宗教自身的主体性。宗教的需求是大致稳定的，但信众以及潜在的信众为满足需求

---

[1] Rodney Stark: Discovering God, Harper One, 2007, pp. 115 – 116.

所作出的选择,则决定于宗教产品的提供者。

生活禅夏令营以及柏林禅寺的发展,是对宗教经济理论的有力证明。

(一)佛寺、政府、居士:夏令营的供给方

考虑到中国宗教的复杂性,夏令营的供给方有一定的独特性,这就是多种供给主体共同发挥作用,教会是最重要的供给方,但并非是唯一的。

柏林禅寺,也就是教会,是首要的供给方,他们是夏令营的发起者、组织者和受益者。柏林禅寺在发起夏令营的时候,仅有几位僧人,现在已经成为至少有 150 位僧人常驻的大寺。有关夏令营的组织工作,也形成了由大学毕业后出家的僧人组成的核心小组。

在供给者中,宗教领袖具有无可替代的作用,这就是马科斯·韦伯所说的克里斯玛式的人物。在柏林禅寺,这个人物就是释净慧,他的存在对于夏令营的产生与发展具有决定性的影响。

释净慧是当代中国佛教史上的一位重要僧人,与柏林禅寺有传奇性的因缘。他是近代著名禅师虚云的弟子,早年曾做虚云的侍者。1956 年,他作为第一批学员进入中国佛学院,系统学习佛教知识达 8 年之久。70 年代,他被迫还俗。1979 年,他恢复和尚身份,到中国佛教协会工作,并主要负责会刊《法音》的创办。在这一时期,他对外交流频繁,形成了开阔的视野,对香港、台湾的佛教,包括台湾的佛教夏令营有较深入的了解。1988 年,应河北省政府邀请,出任第一届河北省佛教协会会长,同时重建柏林禅寺。

作为有很深文化底蕴的僧人,净慧十分强调佛教的文化品格,因此很重视从文化的视角研究、传播佛教。1989 年,也就是他来河北的次年,就创办了《禅》刊,发行量最早是 2000 份,现在增加了 10 倍。1993 年,他又创办了河北禅学研究所。1998 年,成立了河北佛学院。2002 年起,他又在中国最著名的出版社之一——中华书局出版《中国禅学》,每年一本,70 万字,所收论文代表了中国禅教研究的最高水平。

释净慧曾长期在首都北京工作的经历,使他有机会更多地接触青年知识分子和大学生,并对其心理和知识需求有更准确的体认。这些因素导致他主持柏林禅寺后不久,就开启了夏令营这一活动形式。

就柏林禅寺而言,除了领袖之外,其独特的僧团也为夏令营的举办提供了独有的条件。柏林禅寺出家人的一个重要特点就是大学毕业生多,最

著名者包括毕业于北京大学的释明海、释明影，毕业于中国中山大学的释明奘等，这一高素质的僧人群体构成了柏林禅寺的骨干，这在当时的中国教会中是极其罕见的。在中国传统中，中国佛教僧人一般被理解为或出身于家贫无以为计的家庭，或是在生活中遭遇挫折之失望者。20世纪90年代以后，一批青春勃发的知识分子走进僧团，在某种程度上改变了中国僧人的形象。佛教主体的这一新变化，应该说是夏令营开展必不可少的条件。这使夏令营的运作实际在大学毕业不久的僧人与学佛的大学生之间展开。这样的僧俗结构可以说张力最小，最能相互理解。这是夏令营不仅在理念上，而且在活动形式上能够受到欢迎的重要原因。

从宗教经济理论的视角看，在当代中国的发展中，政府也是重要的供给方，就像斯达克所说，某些社会对宗教选择提供了更多的供给。在当代中国，政府对宗教活动的宽容、理解和支持程度，对于任何宗教活动的发展都是至关重要的。宗教红市中的教会都是合法的宗教活动场所，也就是在政府宗教局和民政局登记的教会，具有开展宗教生活的法律保障。不过，这一合法性在很多时候仅仅是保证教会可以开门，可以从事最基本的宗教服务。像夏令营这样的活动，影响全国甚至全球，并不是所有的政府部门都会予以支持，而没有政府的支持，这种活动也不可能开展。

在本课题的调查中，我们分别访谈了赵县政府、河北省政府的有关领导，询问他们支持柏林禅寺夏令营的原因，发现在目前条件下，属地政府对宗教活动支持与否，关键在于更上级的组织是否支持，属地政府一般不独立作出政治判断；获得更高一级政府机构的支持，是宗教场所开展活动的重要条件。而在更上一级的政府机构中，协会扮演了重要角色。或言之，国家级协会支持的活动，省级政府一般不会阻止；省级协会批准的活动，县级政府一般也不会反对。只要宗教活动不与地方政府发生直接利益冲突，在获得上级协会的肯定后，地方政府一般不会杯葛；而且由于宗教活动往往会带来旅游、知名度、经济等方面的直接利益，地方政府在一定条件下还会成为宗教活动的直接供给者，在土地、建筑，甚至拨款等方面予以支持。在这个意义上，我们可以说政府也是宗教市场的供给方。

具体到柏林禅寺的夏令营，可以说是得到自地方到中央各级政府的支持。（1）赵县政府各级领导在情感上对柏林禅寺的活动是支持的，在政策层面他们并不具有决定作用，他们的态度是只要上级同意，他们乐观其成，并尽可能支持。从历史上看，赵县是很有宗教文化土壤的地区，民众有在家烧香拜佛的习惯，柏林禅寺的恢复，起到了提升民众佛教信仰规范的作用。由于释净慧是河北佛界协会的会长，属于省政府领导的民间团体，依据中国当代政治传统，级别比县还高，因此赵县政府本身并不能独自确定柏林禅寺活动的合法性。基于发展旅游业的迫切需要，赵县还在柏林寺用地、供电、供水、供暖等方面予以了支持；配合柏林禅寺的发展及旅游效应，赵县还拆迁了部分居民，修建了柏林广场，实际上这也可以看做是参与宗教供给。（2）对河北省政府这一层次而言，释净慧是中国佛教协会的领导之一，只要中国佛教协会支持，他们也没意见。根据这一逻辑结构，当全国政治协商会议副主席、中国佛教协会会长赵朴初为夏令营题词后，意味着夏令营获得了更高层面的支持，进而具有充分的合法性。

此外，柏林寺夏令营的举办与佛教居士的支持也分不开，特别是经济上的捐助。佛教有一个很深的传统，即所谓：僧人"住持"佛法，居士"护持"佛法。在社会学意义上，住持与护持可以看做是佛教市场共同的供给方。在夏令营的供给者中，居士也扮演了重要角色。夏令营从一开始就得到香港、北京等地公司的支持，在头三期夏令营还要求营员每天交5元生活费，第4期后取消，所有费用都由佛教居士负担。赞助者基于对夏令营的赞许，还对柏林禅寺的重建表现出巨大的热情，使柏林禅寺在10年时间，由一片废墟变成价值4亿元建筑资产的佛寺。

或许可以说，佛寺、各级政府和佛教居士共同成为生活禅夏令营的供给方。对于当代中国宗教而言，这一结构具有一定的普遍性。

（二）夏令营的活动：宗教产品

在当代中国宗教市场上，生活禅夏令营无疑是一个成功的品牌。这一产品的具体内容是什么呢？柏林禅寺的网站上这样写道："夏令营活动意在向青年教友提供一次体验丛林生活、亲近三宝、坚定正信的机会，以展现生活禅的内涵。"1993年第1期的《禅》刊，有一则《欢迎您报名参加"生活禅夏令营"》的启事，具体说明了夏令营的活动形式：

"《禅》编辑部预定今夏在赵州柏林禅寺举办第一期生活禅夏令营。期间安排朝暮礼诵、梵呗学唱、参禅打坐、出坡（劳动）等活动，以从中体验出家生活，并且将就禅如何回到生活中去进行座谈，届时还将请法师、居士讲开示。"

这则启事确立了夏令营活动的基本内容，包括两大类。一是体验佛生活，如早课、晚课、念颂、学唱佛教歌曲、坐禅、劳动等，后来还增添了行脚（到外地参访）、传灯、短期出家、托钵乞食等。二是佛教知识的学习，主要有佛教学术讲座、座谈等。每一届在部分活动形式上会有变化，但这两大类的基本格局是稳定的。

这两类内容贯穿在夏令营每一天的活动中。以2000年第10届夏令营的日程安排为例，可以清楚地看到这一点。

  4：30，起床；
  5：00，早课、诵经；
  6：15，早斋；
  7：00，清扫；
  7：50—11：10，听课；
  11：30—13：40，午斋、午休；
  13：50—16：10，听课；
  16：30，晚课、诵经；
  17：30，药石（晚餐的意思）；
  19：00—21：00，学习仪轨、坐禅、闻钟、普茶、诵经等；
  22：00，就寝。

生活禅夏令营在作息安排上采用了出家人的日常形式，这对以大学生为主体的营员团体而言，形成一定的张力。在访问中，有大学生说，开始几天总想多睡几分钟，后来几天则特别勤快，希望能最早跑进大殿，这样可以抢占一个靠柱子的位置，以便在上早课的时候靠着柱子打瞌睡。也有极少数人因为不喜欢早晨4点半起床而很快离开夏令营。不过，对于绝大多数营员来说，他们在决定参加夏令营的时候，本身就对佛寺生活的特殊性有心理准备，因此会努力适应。从报到开始，组织者也就佛寺生活向营员不停地解说，阐述其价值，释明海甚至还有一篇很精彩的演说叫做"早起的意义"。因此，这种与往常不同的生活方式，被营员们理解为磨炼意志和理解佛教的一部分。客观上严格的生活秩序为夏令营活动的顺利开展提供了基础。

参加日常宗教活动是夏令营的重要方面，这包括早晚课、坐禅、诵经、仪轨等，这些内容构成了佛教徒日常生活的基本框架，营员在一周时间内可以由此初步体验出家人的生活。这些活动中的有些部分，如早晚课、仪轨等，对营员而言比较枯燥。但有些活动，如传灯、行脚等，非常适应青年人的特点，具有很强的感染力和吸引力。比如传灯，黑暗的夜晚，几百人排在那里，在主持法师煽情的演讲之后，从一盏灯开始，逐步将所有人手中的烛灯点燃。2002年在五台山传灯，所有的人持灯上山，不时风吹灭了烛火，有的营员会着急地哭起来。行脚是古时僧人徒步旅行，磨炼心志的一种方式，夏令营的行脚则是坐车到某名山，用半天时间爬山，近似于郊游。

根据营员的特点，夏令营对上述传统佛教生活的内容有所损益。例如，早晚课念诵的内容，夏令营就进行了大胆的调整，较多地采用了一些青年知识分子比较喜欢的经论，与佛寺平时所用的不同。

在多种活动方式中，对营员直接影响最大的，是佛教知识讲座。根据统计，在前14届夏令营活动中，共有110场讲座，平均每届8场。从讲座的内容看，可以分为两类。一是佛教的基本知识，这类讲座主要是学有所成的僧人，也有少部分大学教授，所请教授都对佛教有很深的认同，或者本身就是佛教居士。另一类内容是佛教居士的学佛体会，主要请在社会上有成就的企业家、大学校长、画家、明星等人士向营员现身说法，介绍他们对佛教的理解和学佛的体验。讲座这种方式是最适应当代青年认知模式的学佛方法。不同于古人的高文盲率，夏令营的营员本身都是学生，或者做过学生，在现代社会，他们认知世界的最重要方式就是上课。夏令营在低潮期曾经削减过讲座的数量，但很快得到纠正。在第12届夏令营上，笔者曾经采访一位高中文化程度的女性佛教居士，问她为什么参加夏令营，回答是："我在广东学佛3年，学不到东西；在这里能学到东西"，这主要是因为有高质量的讲座。

在组织形式上，夏令营运用了"小组"模式。小组规模一般有十几人，多由几个相同宿舍的男女组成。这不仅方便了管理，使三四百名青年能够高效地在一起活动，更重要的是，小组还是营员相互切磋佛法的载体。在宗教活动中，大规模的集会有其必要，但也有不足，就是不能满足具体个人的需求，而小组活动正好弥补了这一缺陷。夏令营的小组长大多都是特别录取的老营员，通过他们的组织，夏令营的风格得以延续与传递。小组讨论是营员最喜欢的时刻之一，每个人身处这样一个前所未有的新奇而充实的生活环境，都有很多想法要交流。

夏令营的活动在框架上采用了传统佛教僧人的生活方式，为营员了解、体验佛教生活提供了方便，同时，夏令营在内容上努力适应当代青年的需求，提供了有效的佛教产品。这是夏令营成功的根本保证。

（三）夏令营的营员：需求者

作为一种成功的宗教活动，夏令营满足了哪些人的需求呢？一周的夏令营生活，对于营员有什么影响呢？

夏令营的营员主要有以下几个特点：35 岁以下，以大学生为主体，对佛教有兴趣但知之不多，身心健康，距离柏林禅寺一般不超过 400 公里。

实际上，营员的特点在录取时就基本决定了。营员的产生程序是，第一，填写报名表申请，此表最早的发表地点是《禅》刊，后来网络成为重要媒介，可以复制。第二，将报名表邮寄到夏令营组委会。第三，夏令营组委会根据条件录取，发录取通知书。第四，被录取者持通知书报到。

申请表于第 3 届夏令营开始使用，格式一直未变。此前的两届尚无此表，报名者被要求提供简历。报名表的信息可以概括为 4 类内容：

第一，基本资料。包括姓名、性别、年龄、民族、文化程度、工作学习单位、通讯地址、邮编、电话等。

第二，身体状况。包括：（1）对自己健康状况的一般认定，是健康，一般还是体弱；（2）有无精神病史，如有，何种疾病；（3）有无传染疾病，如有，何种疾病。

第三，宗教情况。包括：（1）宗教身份，是否皈依三宝，若已皈依，是否已经受戒，是否准备在本届夏令营中皈依；（2）平时在家里是否诵经、拜佛、打坐？若是，是经常作，还是偶尔作；（3）是否练过气功？如是，练过何种功法；（4）是否参加过以前的夏令营。

第四，宗教体验。（1）要求用 500 字以内的篇幅说明学佛之后从中得到了哪些帮助；（2）要求用 1000 字以内的篇幅，介绍自己阅读过哪些佛教书籍，并选择其中一本谈谈学习体会。

录取营员有一套标准，具体是：（1）年龄。第 1、2 届规定为 18—40 岁，从第 3 期上限改为 35 岁，第 4 届开始改为 30 岁。下限也有变化，最突出的是第 12 届，组织了青少年组，最小的 10 岁，17 岁（含）以下的有 34 人。（2）文化程度。第 1、2 届没有要求，第 3 届开始为高中以上。

（3）佛学程度。佛教初学者或对佛教有兴趣的青年，不鼓励老营员反复参加，但会录取10%的老营员作为活动的骨干。

据负责录取的法师介绍：在上述条件符合的前提下，如果人数还多，另有四条内控标准决定不予录取：一是大学学历以下者；二是参加过的；三是经常来佛寺、佛学见地稳定者；四是有膜拜倾向、精神疾病者。

上述条件决定了夏令营营员的身份特征。就文化程度而言，大学在校生以及大学以上文化程度者占一半以上，构成了营员的主体。例如，第2届有效统计的114人中，大学以上69人，约占60%；第12届在可统计的476人中，大学209人，硕士34人，博士6人，合计249人，占总数的52%。为什么要重视营员的知识水准呢，柏林禅寺的网站上说："参加生活禅夏令营的以知识界教友为主，更有利于发现人才、培养人才，为未来佛教事业的发展作人才准备。"

就宗教信仰状况来说，夏令营的主要服务对象是对佛教有兴趣但知之不多的人，可以说是一个佛教启蒙训练班。如果对佛教已经有较为成熟的体认，或者参加过夏令营，反而不容易被录取。

夏令营对营员有身心健康的要求。大型集体活动，传染病患者不宜参与。另外，在对佛教以及其他宗教有兴趣的人群中，精神疾病患者、因修炼气功而身心病态者，都不鲜见，夏令营作为一个佛教入门活动，会尽量避免这类人群的参加。

夏令营的营员来源十分广泛，但大多数人还是来自周边地区。除了大陆各省市区以外，中国香港地区、中国台湾地区、日本、新加坡、印度尼西亚、法国、韩国、瑞士、法国等都曾有营员。但就大多数人来说，主要来自以柏林禅寺为中心400公里为半径的范围。以第12届为例，有效记录的营员为476人，其中河北省及其邻近的天津市、北京市、山东省、山西省和河南省有360人，占76%。这与夏令营营员的路费自理有关。这同时也表明，在中国其他地区举办夏令营，将有广阔的市场空间。

夏令营对营员的影响主要表现在四个方面。

1. 对佛教生活的初步体验。我所访问的对象都是第一次在佛寺生活，通过7天的体验，对佛教有了大致的了解，减少了对宗教的神秘感。这是与当前的宗教现状相适应的。中国当代宗教的基本特点之一就是宗教场所偏少，大众的宗教参与程度低。以北京为例，1500万人的城市，作为宗教活动场所的佛寺只有十几个，而且一半在远郊区，生活在北京的人很少有机会接触佛教。夏令营为青年学生提供了一个了解宗教，体会宗教生活的有效方式。这是夏令营对营员的首要影响。

2. 了解了一些佛教知识。法律明确规定宗教不得干预教育，这常被理解为学校教育不能涉及宗教内容，因此大多数营员都认为学到了很多佛教知识，有益于个人的道德提升。

3. 感受到宗教体验，有时是比较冲动的体验。比如第2届的一位营员，在晚上露天茶话的时候，突然跑到会场中间，痛哭流涕，发誓出家。第10届的一位营员，在第一天晚上听到钟声的时候，就激动万分，跑到钟楼下热泪盈眶。这类体验的出现与活动形式和氛围有关，也与营员的心理敏感程度有关。

4. 与佛教信仰的关系。夏令营对于营员信仰的确立作用如何呢？有一个指标可以测量。每次夏令营的第5天，都有一个"随缘皈依"仪式，每年都有70%以上的人参加这一皈依仪式。随缘皈依与通常的皈依有所不同。传统的皈依除了在思想上皈依佛教以外，形式上还要填表，领皈依证，师父亲自起法号。随缘皈依则不需要填表，也不需要领皈依证，法号的第一个字由师父统一起，第二个字则在若干经名中自己选择。如2004年的随缘皈依者，第一个字是"明"，第二个字则自己在"心经"、"金刚经"、"大悲咒"等字中自己取。2004年第12届夏令营共有500多名营员，参加皈依仪式的有400人左右，约占80%。在调查这些随缘皈依者时，大多数人的回答是：因为是随缘皈依，所以并不很重视，也不会去办皈依证。由于夏令营的时间较短，要因此确立信仰是不现实的。夏令营自身也没有这方面的追求。释净慧法师曾经明确地说，他对营员的最大希望并不是他们都成为佛教徒，而是对佛教有正确而深入的理解。这种皈依形式也受到一些人的非议，认为不严肃。

三 当代中国宗教红市的几个特点

依据宗教经济的理论，在自由竞争的前提下，人们的宗教需求基本是稳定的，对宗教市场起决定作用的是宗教产品的供给。在有一定的宗教管制，但不是完全消灭宗教的条件下，宗教市场会分化为红市、黑市和灰市。生活禅夏令营可以看做是最典型的宗教红市的产品，通过分析这一产品，我们来对宗教红市的特点做一些初步概括。

宗教红市具有政治上的合法性，因此享有更多的宗教自由，其发展特点近似于宗教经济理论的一般规律。

第一，在宗教红市中，可以看到人们具有相对稳定的宗教需求。半个多世纪以来，政府以各种方式大力推行科学与无神论教育，但从夏令营的供给方和需求方看，宗教需求一直存在。就供给方而言，一些年轻的重点大学毕业生出家，本身就说明宗教需求的存在是广泛的存在。江泽民曾在柏林禅寺询问释明海为什么出家，回答是"追求生命的意义"。进入新世纪，宗教夏令营这种形式在各地的迅速蔓延，也说明青年知识分子宗教需求的稳定性。

第二，在宗教红市中，宗教产品对于教会的兴衰具有决定意义。在有宗教管制的前提下，宗教市场总体上是短缺经济，三色市场都会有发展。但即便在红市中，不同的教会差别非常大，原因何在？以河北省为例，在石家庄市，就有一座历史比柏林禅寺更为悠久，宗教地位更高，恢复为宗教活动场所更早的佛寺，但20多年来一直保持较小的规模，远没有取得柏林禅寺这样的飞跃性发展。究其原因，根本是没有宗教产品的创新，因此尽管有宗教发展的沃土，也还是不能很好地发展。

第三，在存在宗教管制的条件下，宗教领袖具体更为突出的作用。在宗教自由的前提下，宗教供给方对宗教市场有决定作用，这一原则在宗教红市中依然存在，而且作用更大。在有管制的宗教市场中，任何成功的宗教领袖都必须具有宗教、政治等多方面的才能，既要有宗教威望，还要有政治智慧。这类高素质的人越少，就越珍贵，对宗教市场的影响就越大。生活禅夏令营的创办人以及高素质的僧团，都说明了高素质的宗教供给方的决定意义。

第四，在存在宗教管制、大众对宗教较为隔膜的前提下，那些宗教特性较低、一般文化属性较高的产品，更易获得大众的认同，获得较快的发展。夏令营本身是一种很普遍的活动形式，可以为所有的社会团体使用。将夏令营与佛教结合起来，可以说在宗教产品的保守与开放之间找到了较好的平衡，这是宗教夏令营迅速发展的内在原因。

中国人的宗教皈依历程
——以山西佛教徒与基督教徒为中心

梁丽萍[1]

提　要

本文借助于问卷调查与深度访谈两种方法，对130名宗教徒的宗教皈依过程进行研究。研究发现，宗教徒的宗教皈依是一个渐进、单一的过程，并且更具有"内生型皈依"的特征，生活的压力、挫折或生命的危机状态不是促使宗教徒皈依的普遍因素，但功利性的欲求、心灵的空乏以及精神世界的不满足感是潜在涌动的促使教徒皈依宗教的内在张力。不同宗教信仰类别宗教徒的皈依历程具有一定的差异，而不同文化程度宗教徒的皈依历程则具有显著的差异。

"皈依"（Conversion）是宗教研究中被广泛讨论的主题，更是宗教心理学中引人入胜的课题之一。由于皈依本身的丰富性和多变性，使得学者可以从多个面向对之加以研究，丰富多样的研究成果使这一主题愈发凸显出诱人的魅力。那么，与有关皈依的经典研究相比，中国社会宗教徒的皈依历程呈现出哪些特征呢？本文拟通过量化与质化两种方法，揭示现阶段中国社会宗教徒的皈依历程，并在此基础之上进一步诠释中国人的宗教心理特征。

---

[1] 梁丽萍，山西大学政治与公共管理学院教授。

一 研究对象与研究方法

本研究以"宗教徒"——佛教徒与基督教徒为样本,试图通过对其宗教皈依历程的分析来揭示中国人宗教皈依的具体特征。这里所谓的"佛教徒"是指接受了正式的皈依仪式的佛教信徒,这里所谓的"基督教徒"则是指接受了正式的洗礼仪式的基督教新教信徒。当然,"皈依"是否能够作为"真正"宗教徒的指标还是有点争议的。如宗教心理学家 Wade Clark Roof 和 William Mc Kenney 曾对"皈依"的"名"与"实"之间的对应关系进行研究,并区分了宗教皈依中"依而不皈者"(believers but not belongers)和"皈而不依者"(belongers but not believers)两种情况。但"皈依"本身是一项制度化的信仰认同,一般来说是比较稳定的。所以,多数学者基本上以是否正式"皈依"作为是否宗教徒的一个标志。

本研究综合运用量化与质化方法对宗教徒的宗教皈依进行分析。在量化研究中采取配对抽样的方式,从山西省的雁北、吕梁和太原地区抽取100名宗教徒(佛教徒和基督教徒各50名)展开研究(详细资料见表1);在质化研究中,亦采取配对抽样的方式对30名宗教徒(佛教徒和基督教徒各15名)进行深度访谈(详细资料见表2)。宗教徒的文化程度按照小学、初中文化;高中、职高、中专文化;大学专科、本科文化以及硕士研究生以上四个等级进行划分,而在具体的分析中则按照高中及以下文化程度和大专及以上文化程度两个群体进行比较。

表1　　　　　　　　问卷调查样本人口学特征

		佛教徒		基督教徒	
		人数(个)	百分比(%)	人数(个)	百分比(%)
性别	男	25	50	25	50
	女	25	50	25	50
年龄	18—30岁	11	22	11	22
	31—40岁	11	22	11	22
	41—50岁	14	28	14	28
	51—60岁	9	18	9	18
	61岁以上	5	10	5	10

续表

		佛教徒		基督教徒	
		人数（个）	百分比（%）	人数（个）	百分比（%）
文化程度	小学、初中文化	21	42	21	42
	高中、职高、中专	15	30	15	30
	大学专科、本科	13	26	12	24
	研究生及以上	1	2	2	4
地域	城市	19	38	19	38
	城镇	16	32	16	32
	农村	12	24	11	22
	流动人口	3	6	4	8

表2　个案访谈对象基本资料

名次	性别	年龄	居住地	职业	文化程度
佛教徒 A	女	48	城市	个体经营	高中
佛教徒 B	女	63	城市	小学教师（退休）	中师
佛教徒 C	女	52	城市	大学教师	大学本科
佛教徒 D	女	29	城市	公司职员	大学本科
佛教徒 E	女	38	城镇	工人	高中
佛教徒 F	女	43	城镇	售货员	初中
佛教徒 G	女	51	农村	家庭主妇	初中
佛教徒 H	女	62	农村	家庭主妇	小学
佛教徒 I	男	39	城市	研究人员	博士研究生
佛教徒 J	男	49	城市	编辑	大学本科
佛教徒 K	男	36	城镇	公务员	大学专科
佛教徒 L	男	56	城镇	企业管理人员	中专
佛教徒 M	男	24	城市	公司职员	中专
佛教徒 N	男	51	农村	个体经营	高中
佛教徒 O	男	48	农村	乡镇企业工人	初中

续表

名次	性别	年龄	居住地	职业	文化程度
基督教徒 A	女	34	城镇	大学教师	硕士研究生
基督教徒 B	女	40	城市	研究人员	博士研究生
基督教徒 C	女	42	城市	律师	大学本科
基督教徒 D	女	32	城市	事业单位职工	高中
基督教徒 E	女	58	农村	家庭主妇	小学
基督教徒 F	女	49	城镇	工人	高中
基督教徒 G	女	53	城镇	工人（退休）	初中
基督教徒 H	女	29	农村	家庭主妇	初中
基督教徒 I	男	41	城市	研究人员	博士研究生
基督教徒 J	男	39	城市	司法工作人员	硕士研究生
基督教徒 K	男	38	城镇	大学教务人员	大学专科
基督教徒 L	男	65	城镇	一般干部（退休）	中专
基督教徒 M	男	46	农村	个体经营	高中
基督教徒 N	男	32	城镇	一般职工	高中
基督教徒 O	男	54	农村	农民	初中

二 问卷调查结果

1. 宗教徒最初接触宗教信仰的心理状态、动机与途径

本研究利用两个问题来了解宗教徒接触宗教信仰的心理状态：接触宗教信仰的内在意愿和接触宗教信仰的积极主动性程度。统计分析的结果显示：

（1）66%的宗教徒表示自己是在具有强烈内在意愿的状态之下接触宗教信仰的，44%的宗教徒表示是通过自己积极主动的寻求而皈依所信仰的宗教的。不同宗教信仰类别的宗教徒在接触宗教信仰的内在意愿与积极主动性程度方面存在差异，佛教徒最初接触宗教信仰的内在意愿与积极主动性程度均高于基督教徒。

表3　　　　　佛教徒与基督教徒接触宗教的内在意愿的差异

	人数（个）	均值	t值	自由度	P值
佛教徒	50	2.2200	-2.319	98	0.022*
基督教徒	50	2.8200			

（2）宗教徒最初接触宗教信仰的主要动机依次为"寻求心灵的寄托"→"强身健体"→"寻求真理与智慧"。不同文化程度的宗教徒最初接触宗教信仰的动机有显著差异，具体表现为高中及以下文化程度的宗教徒最初接触宗教信仰的主要动机是"强身健体"（45.8%）和"寻求心灵的寄托"（30.6%）；大专及以上文化程度的宗教徒最初接触宗教信仰的主要动机是"寻求心灵的寄托"（53.6%）和"寻求真理与智慧"（39.3%）；

（3）宗教徒最初接触宗教信仰的主要途径依次为"周围朋友的介绍"→"家庭的宗教气氛"→"宗教书籍的影响"。不同文化程度的宗教徒最初接触宗教信仰的途径有显著差异，具体表现为高中及以下文化程度的宗教徒最初主要通过"周围朋友的介绍"（56.9%）和"家庭的宗教气氛"（26.4%）接触宗教；而大专及以上文化程度的宗教徒最初主要通过"宗教书籍的影响"（50%）和"周围朋友的介绍"（46.4%）而接触宗教。

2. 宗教徒宗教皈依的时间历程

统计资料发现：（1）70%以上的宗教徒在接触所信仰的宗教一年到两年之后正式皈依。其中，38%的宗教徒在接触所信仰的宗教两年之后正式皈依，33%的宗教徒在接触所信仰的宗教一年之后正式皈依，23%的宗教徒在接触所信仰的宗教四年之后正式皈依，6%的宗教徒在接触所信仰的宗教三年之后正式皈依。

（2）进一步的分析发现，相对而言，高中及以下文化程度的宗教徒皈依的时间历程较快，一般在接触宗教信仰一年到两年之后正式皈依，而大专及以上文化程度的教徒通常是在接触宗教信仰四年之后才正式的皈依。

3. 宗教徒宗教皈依的支持因素

统计处理的结果显示，促使宗教徒宗教皈依的支持因素依次为"教义本身的说服力"→"信仰之后所获得的归属感"→"信仰之后得到好处想要回报"。对宗教徒宗教皈依的支持因素的进一步的分析发现：

（1）佛教徒与基督教徒在宗教皈依的支持因素之上有显著的差异（P=0.003*，P≤0.05）。具体表现为46%的佛教徒宗教皈依的关键因素是"佛教教义本身的说服力"，30%的佛教徒宗教皈依的关键因素是"信仰所带来的归属感"，18%的佛教徒宗教徒宗教皈依的关键因素是"在信仰中得到好处希望回报"；66%的基督教徒宗教皈依的关键因素是"基督教教义本身的说服力"，28%的基督教徒宗教皈依的关键因素是"在信仰中得到好处希望回报"。

表4　不同文化程度的佛教徒和基督教徒宗教皈依的关键因素之差异

		人数	卡方值	自由度	P值
佛教徒	高中及以下文化程度	26	9.484	3	0.024*
	大专及以上文化程度	14			
基督教徒	高中及以下文化程度	36	10.017	2	0.007*
	大专及以上文化程度	14			
佛教徒	大专及以上文化程度	14	11.200	1	0.001*
基督教徒		14			

（2）从文化程度这个维度来看，高中及以下文化程度的佛教徒与基督教徒均以"教义本身的说服力"和"信仰之后得到好处希望回报"作为皈依因素；而大专及以上文化程度的教徒则以"教义本身的说服力"和"信仰之后所得到的归属感"作为皈依要素。

4. 皈依过程中接触其他宗教信仰的状况

统计结果显示，近80%的宗教徒在皈依目前所信仰的宗教之前，从未接触过其他宗教，但在"接触其他宗教"这个面向上不同文化程度的佛教徒略有差异，即相对于高中及以下文化程度的佛教徒，大专及以上文化程度的佛教徒在皈依佛教之前曾较普遍地接触过其他宗教信仰。

5. 影响皈依的因素

统计处理的结果显示：（1）有1/2的宗教徒表示自己的宗教皈依过

程是一个平顺的过程，并无明显的踌躇与犹豫；而对那些皈依过程存在障碍的宗教徒来说，他们所认可的阻碍宗教皈依的因素主要是"不知这种信仰是否与自己的心灵状态相吻合"和"担心因此受到周围环境的排斥与疑义"。

表5　　　　　　　佛教徒与基督教徒皈依的阻碍因素比较

	佛教徒		基督教徒	
	百分比（%）	排序	百分比（%）	排序
不知这种信仰是否与自己的心灵状态吻合	12	3	24	3
怀疑自己是否能接受其戒律的束缚	4	5	0	6
不知这种信仰是否能为自己带来实际的好处	10	4	4	5
由于家人的反对故而犹豫不决	20	2	6	4
担心因此受到周围环境的排斥与疑义	10	4	26	2
担心这种信仰与自己所接受的文化传统相冲突	0	6	0	6
没有什么犹疑，皈依是一个平顺自然的过程	62	1	40	1

（2）佛教徒与基督教徒在对阻碍自己宗教皈依因素的认定之上有显著的差异（$P = 0.032*$，$P \leq 0.05$）。从表5可见，62%的佛教徒认为"没有什么犹疑，皈依是一个平顺自然的过程"，而只有40%的基督教徒认为自己的皈依是一个平顺的过程。在对皈依的阻碍因素的认定方面，"不知这种信仰是否与自己的心灵状态吻合"、"不知这种信仰是否能为自己带来实际好处"和"担心因此受到周围环境的排斥与疑义"是阻碍佛教徒宗教皈依的主要因素；而"不知这种信仰是否与自己的心灵状态吻合"和"担心因此受到周围环境的排斥与疑义"是基督教徒主要的犹疑因素。而不论是佛教徒，还是基督教徒，在100名样本中，没有一名宗教徒认为阻碍自己皈依的因素在于"担心这种信仰与自己所接受的文化传统相冲突"，也就是文化的差异性没有成为左右宗教徒皈依的考量因素。

6. 皈依的改变

统计结果显示，宗教徒认为在皈依所信仰的宗教之后，自己的生活与个性不同程度地发生了变化，但不同文化程度的宗教徒对这种变化的评价存在显著的差异。具体表现为高中及以下文化程度的佛教徒和基督教徒将宗教信仰对于自己的改变依次定位于"性格转变心灵升华了"、"各方面的运气更好了"、"身体健康心情舒畅了"、"家庭及周围的人际关系状况改善了"及"更加乐于助人了";而大专及以上文化程度的佛教徒和基督教徒均将改变定位于"性格的改变与心灵的升华"之上。

三 深度访谈结果

1. 宗教徒最初接触宗教信仰的意愿、主动性程度及动机

宗教徒最初接触宗教信仰的意愿可以分为"有意愿"和"无意愿"两种情形;宗教徒最初接触宗教信仰的主动性程度可以分为"积极主动地寻求"和"被动地接受"。(当然,这里所谓的"被动地接受"并非指被强制接受某种宗教信仰,而是特指某人虽有接触宗教信仰的意愿,但并未将这种意愿付之于实际行动,而其后来对宗教的接纳是在某种外部因素的推动或感染之下完成的。)将"意愿"与"主动性程度"结合,可以将宗教徒最初接触宗教信仰的状态划分为四种情形:(1)自然地接触宗教信仰,从个案访谈的材料来看,佛教徒C、佛教徒K均出生在佛教信仰浓厚的家庭,因而在成长过程中自然地接触到所信仰的宗教;(2)有意愿同时又积极主动地寻求宗教信仰,从个案访谈的材料来看,佛教徒B、佛教徒D、佛教徒L、基督教徒I属于这种状况;(3)有意愿但被动地接受宗教信仰,从个案访谈的材料来看,基督教徒B、基督教徒J属于这种状况;(4)无意愿却由于某些外力的作用偶然接触到所信仰的宗教并最终皈依,从个案访谈的材料来看,大多数教徒认同和接受所信仰的宗教的过程属于这种情形,当然,每个人又有各自不同的皈依历程。

在所访问的30名个案中,表示最初接触宗教有具体而明确的动机者只有六位:佛教徒H、佛教徒N、佛教徒O、基督教徒I、基督教徒D和基督教徒M。佛教徒H说自己最初信佛的目的就是"保平安";佛教徒N说,生意场上变幻莫测,他非常需要一个特别的力量给自己以庇护,所以,他最初接触佛教的动机就是"求平安"、"求生意兴隆";佛教徒O是一个下岗职工,他说自己最初信佛的原因是不满单位领导的腐败行为,觉得自己在社会上"受压迫",希望寻找一个寄托和"避难所";基督教徒D最初接触基督教的动机是为了"与一个基督教徒有共同语言"而参加

基督教团体的活动（她在单位的顶头上司是一位基督教徒，这位基督徒上司不仅精通业务，而且人品端庄，她很敬佩这位上司，希望与她进行更多的交流和交往，因而与这位基督教徒上司一起参加其团体的活动）；基督教徒 I 说自己信仰宗教的动机是寻找精神寄托和精神家园；基督教徒 M 最初信仰基督教的动机则是因病"信主治病"。

2. 宗教徒最初接触宗教信仰的途径

从访谈资料来看，宗教徒最初接触宗教信仰的途径主要有：（1）家庭亲子之间的代际影响和家庭成员之间的相互影响，由亲子之间的代际影响而接受信仰的有佛教徒 C 和佛教徒 K。由家庭成员之间的相互影响而接受宗教信仰的有佛教徒 E、佛教徒 L、基督教徒 F、基督教徒 K 和基督教徒 L；（2）受到周围人际网络的动员和影响，例如佛教徒 H、佛教徒 N、佛教徒 O 及基督教徒 E、基督教徒 G、基督教徒 H、基督教徒 J、基督教徒 M 和基督教徒 O 等均是在周围人际网络的动员或影响之下接触所信仰的宗教的；（3）受到宗教书籍及其他宗教传媒的影响，例如佛教徒 M、基督教徒 I 和基督教徒 N，佛教徒 M 14 岁时偶然得到一盘台湾一著名法师弘法布道的录音带，听完之后深为佛教慈悲为怀、众生平等的思想感染，开始阅读有关佛教信仰的书籍；基督教徒 I 最初是通过宗教书籍对宗教产生兴趣的；基督教徒 N 则是在一次偶然的情况下听到"福音台"的广播而对基督教产生了兴趣的；（4）受到宗教活动或宗教象征物的感染，在本研究的访问对象中，基督教徒 B、基督教徒 C、佛教徒 I 最初是借由特殊的宗教活动而开始接触所信仰的宗教的，佛教徒 A 和佛教徒 J 是受到佛教法物的"牵引"而开始接触佛教信仰的。

3. 接触宗教信仰时的生命状态

这里，想要了解的是教徒皈依所信仰的宗教时所处的生命状态。这种生命状态在这里特指当这些教徒接触所信仰的宗教时，其生活是处于一种平顺、正常的状态还是有某种生命危机的发生，如身体的疾病、人际关系的紧张、工作与事业的压力或挫折等等。

在所访问的 30 名教徒中，明确表示自己是在处于生命的危机状态之下而接触宗教信仰的有 4 位。佛教徒 O 是在下岗之后心情暗淡的状况之下希望借助于佛教信仰得到解脱；基督教徒 E 和基督教徒 M 是在疾病长期困扰的状况之下希望通过"信主"而治病；基督教徒 J 则是在工作与事业遇到挫折时接触基督教的。事实上，基督教徒 J 在接受基督信仰之前曾接触过佛教方面的人士，他曾由于工作的关系与一位法师有过较多的接触，那位法师向他宣传佛教教义，并说他很有"慧根"，希望他皈依佛教。而他的岳母正是一个佛教徒，岳母的师父也常常做他的工作，但那些时候，他丝毫不为所动。几年前，他的工作和事业出现了一些问题，心情处于低谷，恰在其时，一位皈依基督教的朋友向他传"福音"，结果他很快产生认同感。他说，人在软弱的时候是很容易被宗教打动的，正因为人体会到了自己的软弱和有限，才对"神圣者"和"超越者"产生需求、认同与依赖。

但需要指出的是，即使这些明确表示自己是在处于生命的危机状态之下接触宗教信仰的教徒，也并非是生活中出现危机事件便去向宗教求助。事实上，他们的入教过程仍然是在周围人际网络的导引之下而由于自身生命的危机事件的压力使这样一个过程迅速完成。

另外还有一些宗教徒，他们在接触宗教时，虽然没有明显的生命危机事件的发生，但却存在某种心理危机的潜流。这种情形的宗教徒可以分为两类：（1）长期的心情郁闷和心理创伤，如佛教徒 B 和基督教徒 I；（2）人生某个阶段的心理缺失和精神困扰，如基督教徒 B 和基督教徒 C。

4. 接触其他宗教信仰的状况

这里所要了解的是这些受访对象在皈依目前所信仰的宗教之前是否接触过其他宗教，对目前宗教的信仰是否是在多种宗教之间比较与选择的结果。访谈结果显示，多数教徒在接触目前所信仰的宗教之前均不曾接触过其他形态的宗教，几乎所有的教徒均表示对目前所信仰的宗教的认同不是在对多种宗教信仰进行比较之后的选择。只有少数几位文化层次较高的教徒在认信目前所信仰的宗教之前曾经从知识论的层面上接触过其他宗教，例如，佛教徒 L 年轻时期喜欢阅读各种"杂书"，对世界三大宗教都有一些了解，但只有佛教书籍引起他进一步的兴趣，并由于其他条件的出现最后皈依佛教。再如，基督教徒 B、基督教徒 C、基督教徒 I、基督教徒 J。基督教徒 C 在上大学期间有一位较为要好的同学是佛教徒，曾送她一些佛教书籍，但当时看不太懂，也没有什么特别的感受，就放下了。工作以后由于身体原因在周围同事的推荐下练习气功以强健身体，对佛教的一般教义又多了一些了解，但在感情上还是没有产生什么特别的回应。后由于练习中出现的一些怪异反应，产生对基督教的好奇，并在其中很快找到共鸣。基督教徒 B 作为一名社会科学研究人员，对佛教也有一些知识论层次上的了解，在过去的观光旅游中曾多次游览过佛教胜地，也常常对佛、菩萨祭拜、敬香，但在其对佛、菩萨的态度中更多的是敬畏；但她第一次走进教堂就从情感上产生了对基督教的皈依，并体验到与"至上"的单独、深切的交往。基督教徒 I 可以说是一个"宗教追寻者"，阅读过佛教和基督教的大量书籍，对这两种宗教均很熟悉并有好感，但 8 年之后他皈依了基督教，当笔者询问其中的原由，她说，佛教也很好，但之所以皈依基督教可能是由于更多的机缘所致。基督教徒 J 曾与佛教界的人士有所交往，并被认为很有"慧根"而被动员入教，但当时他的工作与生活一切平顺，所以他自己并没有对宗教的内在需要。后在处于人生的低谷时期，他接触到基督教，并很快认同。对这样一个过程，他本人说，也许人总是在软弱的时候，才会有宗教的需求，也才能感受宗教的力量。

在与那些接触过多种宗教信仰的宗教徒进行访谈时，作者亦就这些教徒何以皈依目前所信仰的宗教而未曾皈依其他宗教进行更深层次的了解，发现其中的原因不仅是一个"缘分"的问题，而且也透露出教徒个人之间不同的神学观之间的差异。例如，佛教徒 I 虽然是借助于"打坐"而认同佛教信仰，但事实上他也曾对基督教有较多的接触与了解，然而他觉得他更喜欢佛教信仰的宽松、开明作风——"本师释迦牟尼"，他不需要"父亲"（基督宗教常常把"上帝"称之为"我的父"），他正需要一位老师。而基督教徒 B 和基督教徒 C 则认为正是基督教信仰这位"父"的形象令她们感觉亲切，她们正渴望这样一种亲密的关系。

5. 皈依的时间历程

从个案访谈的结果来看，由对宗教的一般性的接触到正式皈依，其间所经历的时间长短在宗教徒之间有很大的差异。一般而论，文化程度较低的宗教徒皈依的时间历程较短，最快的三个月，多数在一年到二年之间；文化程度较高的宗教徒皈依时间历程差别非常大，佛教徒 I、基督教徒 A、基督教徒 C 和基督教徒 K 从最初接触到正式皈依大约一年的时间；而佛教徒 J、基督教徒 B、基督教徒 J 的皈依时间则长达四五年之久。

6. 皈依的波折程度及其影响因素

由个案访谈结果来看，在接触宗教之后迅速皈依的教徒，其皈依过程通常是一个自然、平顺的过程，如佛教徒 A 说，供养菩萨一段时间以后，感觉很好，生意也变得很顺达，就皈依了；基督教徒 A 说，接触基督教之后，仿佛有一种"回归感"，觉得很"解放"，所以，很自然就领洗了，而之所以是在一年之后，是因为教会受洗通常在夏天，比较方便。

与此相比，那些经历更长的皈依时间的教徒，在皈依的过程中内心亦经历了一定程度的挣扎与斗争，其冲突因素可以概括为以下四类：（1）已经形成的世界观和人生观的影响，例如，佛教徒 J 和基督教徒 J；（2）神秘主义思想的影响，例如，基督教徒 B；（3）对宗教戒律的犹疑，例如，佛教徒 H 和佛教徒 N；（4）对环境压力的担忧，例如基督教徒 C 和基督教徒 L。

7. 皈依的支持因素

从最初接触到正式皈依所信仰的宗教，每个宗教徒基本上都是在多个因素的支持之下完成的。具体来看，大致可以分为以下几类：

（1）"神迹"与对教义的认同感和信仰群体的归属感共同作用下的皈依行为。在本研究的访谈对象中，有三名宗教徒最初是在生命处于危机状态的情况下受到人际网络的导引而接触宗教的，他们的皈依有着明显的"神功崇拜"特点，但同时亦有教义和信仰群体的强化作用。例如，基督教徒 E "头痛"的毛病久治不愈，后在一位亲友的劝说之下开始参加教会的活动，她曾在内心许愿：耶稣如能治愈她的疾病，她定领洗做一名基督徒，参加教会的活动一年以后，她的头痛病逐渐消失，而在持续不断的参与礼拜的活动中，基督教义所宣扬的理念重塑了她的价值系统；基督教徒 G 也是在因病提前退休的情况下受到邻里的劝说开始参加基督教会的活动的，她说她的皈依行为不仅是因为基督教信仰使她身体的疾病有所减轻，而且还出于对这个信仰群体浓厚的人情和友爱的眷恋；基督教徒 M 说自己最初是"因病逼迫信教"，而且他也曾发誓"如得蒙拯救医治疾病，他愿意终身服侍"，但在定期参与教会活动的过程中，他对教义也产生了认同感。

（2）由人际网络的动员产生对教义的认同或特殊的感应共同影响下

的皈依行为。在所访问得30个个案中,有相当一些宗教徒是通过周围人际网络的导引或动员开始接触所信仰的宗教的,但他们最后的皈依却并非单纯人际作用的结果,事实上,人际网络只是一个"导引"因素,其最终的皈依则是自我认定的一个过程。例如,佛教徒E、佛教徒K、基督教徒F和基督教徒K均是在家人的影响之下认同宗教信仰的,但其皈依包含着一个明显的个人心路历程。

（3）由特殊的宗教体验与教义认同、人际支持及感应事件共同作用的皈依行为。从访谈资料来看,一些宗教徒的宗教认知是由特定的宗教体验而导入,但由宗教体验到宗教皈依其中仍然包含了多种因素的交织作用。例如,佛教徒A和佛教徒J。佛教徒A由对观音菩萨像的喜爱和眷恋之情开始礼佛、拜佛,供养菩萨一段时间以后,生意似乎变得兴隆起来,为了表达虔诚之心,这期间她曾专门上五台山参拜、拜佛,结果有幸在五台山看到菩萨"显形",佛光普照,她为之倾倒,随即正式拜师皈依;佛教徒J将自己工作中问题的圆满解决和意外所得归功于观音菩萨的特别牵引,情感上早已认同佛教,但认识上又彷徨不决,在这种情形之下,他曾亲往普陀山观音菩萨的道场礼拜,在那里,不仅再一次被佛教庄严肃穆的气势所折服,而且巧遇一位法师,受其感召和鼓励,当即皈依。再如,基督教徒B、基督教徒C和基督教徒I。基督教徒B由于基督教堂一次特别的经历首先在感情上对基督教产生了认同,基督教徒I作为一个多年的"宗教追寻者",他们的正式皈依源于与一些基督徒的友谊和其鼓励。基督教徒C由练习气功转向基督教信仰,教义的认同是一个关键,但同时,基督教团体和信仰中的特别经验对她的皈依亦有相当助力。她大学毕业以后,曾先在一所中学教书,看到周围的同事常常为一些小事睚眦,便将这一状况归因于这些人素质较低、视野较狭窄;后到一省级机关工作,又发现周围的同事个个冷漠、骄傲,于是常常感慨社会的疏离与冷漠。但在加入基督教信仰团体后,似乎真正找到了人与人之间的坦诚、信任、友爱与关怀,同时信仰基督教之后,觉得工作与生活似乎也变得顺达了,这些转变都支持了她的皈依抉择。

（4）由人际网络的动员和对神职人员的仰慕而产生的皈依行为。个案访谈中,佛教徒O和基督教徒H大致属于这种情形。佛教徒O是在下岗之后心情沉闷、百无聊赖的情况下受周围人们的劝说开始礼佛、拜佛的,而在与师父的交往中觉得师父真的是很慈悲,令他产生很深的依赖感和安全感；基督教徒H最初接触基督教可以说是"随大流"，因为近几年来基督教在他们村发展很快，大多数群众均已入教，但她在参加基督教会的活动后，首先是对几位传道的牧师产生了认同感。觉得他们很有学识，又很有涵养和人情味，因此，她愿意受洗作基督徒并追随他们。

8. 皈依的改变

访谈资料发现，几乎所有宗教徒均认为宗教皈依使自己的心理与人格都发生了比较大的变化。当然，不同文化程度的宗教徒对此的评价呈现出较大的差异。具体表现为：高中及以下文化程度宗教徒对宗教信仰之于个人的影响主要集中于日常行为层面，如佛教信仰的"慈悲喜舍"、"业报"、"轮回"、"退让"等观念对佛教徒的日常行为产生影响，"慈悲喜舍"的精神鼓励了佛教徒供奉"三宝"及乐善好施的热诚，佛教徒N说，学佛之后最大的收获是懂得"舍得舍得，有舍才有得"，为了得到，必须付出；佛教中"业报"与"轮回"的思想对佛教徒也产生了较大的影响，逐渐引领他们以平实和乐观的态度接受既有的现实，如佛教徒O说在学佛之前，他的内心常常是愤愤不平，觉得自己在社会上"受压迫"，学佛之后，他较能够以平常心看待和接受这一切。较之于高中及以下文化程度的宗教徒，大专及以上文化程度宗教徒对宗教信仰之于个人的影响则主要集中于价值取向和人格的转向方面，如佛教徒J说，随着学习和修行的深入，也会出现烦恼，发觉过去对自己的心行很不在意，凡事总想要最好的结果，学佛之后觉察到自己的许多想法原来并不符合一个"好人"的标准，不仅对自己失望，也有"罪恶感"，于是，开始常常自省。学佛几年之后，觉得自己确实有了许多的变化，似乎才有一点中国古人所讲的"慎独"、"慎微"风范。佛教徒J也说，对于信仰，不能像追求效率，太快的要求就可能导致太快的失望和放弃，而这一点其实也应该成为对待生活的基本态度，这是他学佛过程中最深的感触和体会。基督教徒J说，在每天阅读《圣经》、祈祷和静默之中，他感受到"灵修"对于生命与心灵的安顿，常常在早晨或晚上，拿出一点时间，与自己在一起，与信仰对象在一起，以他（上帝）的眼光来看自己的生活，虽然很忙碌，但知道自己在做什么，觉得心里很踏实。基督教徒B则说，在基督教信仰中，在祈祷和静默之中，她感受了一种从未有过的内在自由和松绑。她觉得，基督教信仰使她学会沉静和静默，而最深的人格力量正从静默中彰显出来。

信仰培养了她内在的自由，使她能够轻松地与自己相处，而与自己的和解，又使她更能够包容和善待他人，她的宗教信仰认同与对自我认同相生相伴。

四 研究结论及其理论意涵

本文综合运用问卷调查与深度访谈两种方法对宗教徒的宗教皈依过程进行了研究。量化研究反映了宗教徒宗教皈依过程的一般特点，质化研究则揭示出宗教徒宗教皈依的深层内涵和幽微细腻的特征，两种不同性质的研究方法所给予的材料处于不同的层面之上，其同时运用所得到的结果，有相同的，也有相异的，但却起到了相互补充和相互佐证的作用。综合两种研究方法所呈现的资料，可以将宗教徒宗教皈依的过程作以下概括：

1. 宗教徒的宗教皈依是一个渐进、单一的过程，并且更具有"内生型皈依"的特征，生活的压力、挫折或生命的危机状态不是促使宗教徒皈依的普遍因素，但功利性的欲求、心灵的空乏以及精神世界的不满足感是潜在涌动地促使教徒皈依宗教的内在张力。

按照宗教心理学的观点，宗教皈依可以分为"突发性的皈依"和"渐进性的皈依"两种基本类型。美国心理学家 F. 斯塔里克兰德曾指出，"突发性的皈依"通常带有强烈的情感危机状态，这类"皈依者"一般可以准确地说出他内心出现的"精神转折"、"复苏"的时间和地点；而"渐进性的皈依"其信仰宗教的滋生是逐渐的、平稳的，没有剧烈的情感波动，个人精神生活也没有急剧的突然的变化。综观本研究所呈现的资料可以发现，宗教徒的宗教皈依基本上是一个渐进的过程，只有个别教徒（如基督教徒 D）在接触信仰的某个时刻曾产生剧烈的情感波动，似乎也遭遇到冥冥之中的"他物"，并有"灵性"生命的开启。但对于绝大多数宗教徒而言，皈依宗教的心意和抉择是一个逐渐滋生并渐趋明朗的过程。具体表现为宗教徒最初接触宗教信仰的内在意愿较高，积极主动性程度较低，也就是说有对宗教的好奇或某种认知、了解的欲求，但缺少积极主动寻求的行动，而某种机缘和人际网络的导引成为许多教徒接受宗教信仰的主动行为产生和发展的催化剂。多数宗教徒在皈依所信仰的宗教的过程中不曾接触过其他宗教，而多数教徒相对迅速的皈依历程又似乎隐含着宗教徒碰到了什么，就信仰和接纳了什么。但这种说法并不意味着宗教徒皈依信仰的过程全然是一个被动、消极和盲目的过程。事实上，相关的宗教认知和特定的宗教体验交织互通所引发的内在心理体悟是皈依完成的决定因素。

宗教徒的宗教认知集中体现为对宗教教义的认知与接纳。宗教学者曾指出东方宗教主要建立在实践以及仪式的基础上，与西方基督宗教对信条（creeds）的看中是不一样的[①]。美国宗教社会学家克里斯蒂安·乔基姆在有关中国人宗教信仰的研究中亦指出："对一个精神性的观念体系的信仰绝对不是普通中国人宗教行为的动力……中国人的确是不注重宗教教义的，他们很少认为信仰某种特定的宗教教义——拒斥所有其他的教义是一件生死攸关的大事。"[②] 但作者认为，这其中实际上存在研究对象界定范围的差异问题。台湾辅仁大学的郑志明教授认为在对中国社会宗教信徒的研究中，有必要就一般的"善男信女"与"教徒"加以区分。他指出：善男信女是信徒，而不是教徒。善男信女对宗教团体的了解有限，其宗教态度是开放与随缘的，可能只有一些主观的评价[③]。所以，就中国社会而言，因从来没有那种拥有自身独立的神学、神职人员、组织机构并能够对社会起到统摄作用的建制宗教，因此，一般民众的宗教信仰与作为宗教信徒的宗教信仰实质上有着非常大的差别。虽然，宗教徒也并不是在超越和终极价值的层面上认识和接纳教义，但宗教教义为宗教徒人生经验中的遭遇赋予意义，特别是对那些在接触宗教信仰时没有遭遇明显的挫折与紧张事件的宗教徒而言，宗教教义所传达的基本理念与精神成为他们检视自己生活与心灵的观照力量和转换媒介。

当然，宗教皈依不是宗教认知，认知和了解虽然能够触发信仰的动机，但不能成就信仰本身。或者说，宗教徒的宗教皈依决不仅仅是经由认知过程而实现的，事实上，个人与信仰之间独特的会通与体悟，即教徒在信仰过程中所产生的个人化的、独特的宗教经验和信仰感悟是推动宗教徒由宗教认知向宗教皈依行为转向的重要因素。

在宗教心理学的研究中，传统的皈依理论认为皈依多是由心理上的剧

---

① 参见林本炫：《改宗过程中的自我说服》，台湾：第三届国际汉学会议论文集，2000年7月。
② 克里斯蒂安·乔基姆：《中国的宗教精神》，中国华侨出版公司1999年版，第185页。
③ 郑志明："台湾民众宗教信仰的生死关怀与灵验性格"，《辅仁宗教研究》第3期（2001），第26页。

烈痛苦、混乱、绝望、冲突、罪恶感和其他类似的心理困扰而引起,而现代的皈依理论则强调人的主动寻求对于皈依行为产生的动力。本研究发现,无论是传统的皈依理论抑或是现代皈依理论都不足以诠释中国社会宗教徒皈依的心路历程。在中国的农村地区,确实有相当一些人是出于疾病的折磨而信奉某种宗教,但他们并非宗教社会学家罗弗兰德所谓的"宗教追寻者",即虽有紧张经验的持续但并未即刻采取宗教性的问题解决策略,他们仍是在外在人际网络的牵引之下,受到已入教的宗教徒"信仰见证"的鼓动抱着试试看的心态而进入的。而更多的宗教徒则是由于某些偶然因素的触动,如宗教象征物的感召、宗教仪式的参与、宗教教义的了解以及偶然的信仰经历而产生对信仰的认同。而在这种认同的背后隐藏着的是人对于某种神力与神功的崇拜,是人对于善言所产生的美的开放的心灵状态。所以,生活的压力、挫折或生命的危机状态不是促使宗教徒皈依的普遍因素,但功利性的欲求、心灵的空乏以及精神世界的不满足感是潜在涌动的促使教徒皈依宗教的内在张力。

在当代宗教心理学的研究中,法国心理学家 Penido 曾将皈依划分为"外生型的皈依"(exogenous conversion)和"内生型的皈依"(endogenous conversion)。前者是指因为外在事件而造成的皈依,后者则是因为皈依者内在心理的体悟而产生的皈依。综合分析量化与质化所呈现的资料,中国社会宗教徒的皈依更接近是一个"内生型的皈依",在他们的皈依决定中,蕴涵着信仰主体与信仰对象的互动性,宗教徒自身需求的满足、思想与个性的转变与提升以及宗教信仰对宗教徒内心和行为的回应等等复杂微妙的过程缠绕其中。

2. 不同宗教信仰类别宗教徒的皈依历程具有一定的差异,而不同文化程度宗教徒的皈依历程则具有显著的差异。

何以有人信佛,而有人要信基督,这不仅关涉个人不同的信仰机缘,亦关涉个人的不同的神学观与价值选择,特别是在社会日益宽松,价值储备多元的背景之下是一个值得研究的问题。本文并未就宏观社会与文化的层次探讨近十多年来中国民众对于宗教的兴趣和宗教皈依现象逐年增加,而基督教在民众中的转播、发展又大于佛教信仰的现象。但在本研究中,笔者亦发现佛教徒与基督教徒的皈依历程呈现出一定的差异,而其差异集中体现在佛教徒与基督教徒对阻碍其皈依的因素认定上,如20%的佛教徒"由于家人的反对故而犹豫不决",而26%的基督教徒"担心因此受到周围环境的排斥与疑义"。显然,这两个因素代表着两种不同的文化内涵。佛教与基督教均属于外来宗教,但它们在中国社会的遭遇和发展却是两种截然不同的命运。佛教传入中国社会的初期,也曾受到强烈的排斥,但佛教所受到的排斥主要来自于上层社会,且主要是由于与儒家思想以及政治、生产秩序的冲突所引起,而并非神学上的理由[1]。社会学家 Wright 认为,佛教与中国文化的互动并非"吸收"(absorption)或"同化"(assimilation)而是一个"据为己有"(appropriation)的过程[2]。这种"据为己有"的过程,在精英层面表现为宋以来的新儒家借用了佛教慈悲为怀的伦理普遍主义(ethical universalism),成为个人与团体甚至政府的准则与理想;在俗民层面,佛教与道教及民间信仰融会交通,佛教很快为俗民社会所接受而盛行,特别是佛教中的"天堂地狱说"、"业报(因果轮回)"等教义为广大的中国人所接受并成为中国文化的一部分。但另一方面,佛教在最初传入中国之时,中国人是以固有的宗教信仰眼光来看待佛教的,即把它看做是神仙方术的一种,特别是早期来华的佛教僧人,为了迎合中国的社会风尚,也在吸取中国传统宗教迷信的某些特点,采取流行神仙方术的附会宣传手法,吸引群众,而民俗佛教则更把所有的佛教人物神圣化,视之为完全超越现实世界的神灵,它不仅以粗俗的形式向人们宣传在现实世界之上存在着神通广大、威力无穷的佛、菩萨和极乐世界,并且还教给人们请求佛、菩萨帮助摆脱苦难,获得幸福的祈祷方术。这样,就使佛教在中国同时具有了两种性格,一方面人们将佛教视为中国文化的一部分,对其有着更大的接纳空间,而另一方面,由于民俗佛教的影响又将佛教视为神仙方术及迷信,某些智识人士对它抱敬而远之的态度。

基督教在中国社会的发展则经历了更为波折的过程,至今亦未完全达到本色化的程度。特别是基督宗教第四次来华是在鸦片战争爆发后尾随着帝国主义的枪炮、凭借强加在中国人民头上的不平等条约而开始传教的,由此导致许多中国人将基督教作为"帝国主义的精神鸦片"和"洋教"

---

[1] 杨庆堃:"儒家思想与中国宗教之间的功能关系",段昌国、刘切尼、张永堂编译:《中国思想与制度论集》,台北:联经出版社 1985 年版,第 319—347 页。

[2] Wright, Arthur F. Buddhism in Chinese History. Stanford, CA: Stanford University Press. 1959, pp. 86 – 107.

而予以排斥的心态。很多基督教徒将阻碍皈依的因素确定为"担心由此受到周围环境的排斥或疑义"。这说明他们的犹疑并非来自于一种内在价值上的冲突,而是来自于外在的担忧,这种担忧事实上可能正来自于基督教在中国历史和现实中的"社会形象"的压力。

相对于不同宗教信仰类别的宗教徒,不同文化程度的宗教徒在皈依过程中显现出来的差异则更具有社会心理学的意涵。首先,不同文化程度的宗教徒最初虽然都受到"家庭的宗教气氛"和"周围朋友的介绍"而接触宗教信仰,但其内涵却有所不同。就高中及以下文化程度宗教徒而言,周围人际网络的导引是经由他人的介绍或他人对信仰所作的见证而引起宗教徒的好奇以及对某种超越的力量的倚仗心理而发生作用的。但对于大专及以上文化程度的宗教徒而言,周围人际网络的导引是与个人对于宗教的认知及独特的体验相伴而起作用的。事实上,文化程度较高的宗教徒在其知识建构的过程中,都或多或少地对宗教信仰有过纯粹的知识层面的了解,甚至其中相当一部分人是在阅读宗教书籍的过程中逐渐产生对宗教的认同,将宗教由求知的对象转化为信仰的对象,并与它建立一种个人的、心灵的关系。宗教学者 Katusji Kato 在名为《东方人宗教经历的心理学》的著作中曾指出:在东方社会,教育程度较高的阶层,其宗教皈依是一种智力型的皈依,即通过领悟在思想上把宗教教义与自己所接受的儒家文化相融合[①]。但本研究在量化与质化两种材料的基础上则发现,文化程度较高的群体对于宗教信仰决非一种智识型的皈依,事实上,他们在接触所信仰宗教的过程中,曾不同程度地经历情绪的感动或信仰的感悟,正是这种个人对于宗教信仰的特定体验,使认知中渗透进情感的质素并由此导致皈依的抉择。相对于大专及以上文化程度的宗教徒,高中及以下文化程度的宗教徒的皈依则更倾向于是"现实功利型"和"解决危机型"的皈依模式,即将宗教信仰作为一种祈福迎祥、获取财富、改变现有生活状况及对治疾病折磨的途径与方式。但其中同样蕴涵着认知层面的质素,如他们亦将"教义本身的说服力"作为皈依的支持因素,从而显示出其皈依过程

---

① Kato, Katsuji. The Psychology of Oriental Religious Experience. A Study of Some Typical Experiences of Japanese Converts to Christianity. (A Thesis presented to the graduate faculty of Arts and Literature, the Graduate Divinity School, The University of Chicago) Menasha, Wisconsin: George Banta Publishing Company, 1915. p. 102.

中的信仰内涵。研究资料显示，宗教教义成为宗教徒重新定义生活价值与生命意义的框架，教义的认同对于不同文化程度宗教徒的皈依历程均具有生成作用，但仔细分析却可以发现个中的差异，即文化程度较低的宗教徒直接透过宗教教义对治生活中的困顿与危机，宗教教义成为转化和提升其信仰的力量，而文化程度较高的宗教徒则借助于宗教教义消解个人心灵和事业发展中的失败和焦虑，其对教义的认同则不仅涉及心智上的认可，同时亦涉及人格的转向。其次，不同文化程度宗教徒皈依的波折程度和皈依的效果有所不同。由研究资料可以看到，文化程度越高，皈依的时间历程越长，需要克服的障碍就越多，而且皈依的难度更多地来自于自身思想观念及情感的压力。本研究发现，文化程度较高的宗教徒的宗教皈依更倾向于情感体验型的皈依，即皈依多数发生在与宗教信仰产生了某种非常个人的、心灵的会通与契合之后，但这并不意味着其皈依的过程是一个平顺的过程。按照心理学家荣格（Jung, Carl G.）的观点，思维与情感均属于理性的功能，因为两者都需要作出一种判断。思维就两种或更多的观念（表象）之间有无真实的联系作出判断；情感则就一种表象（观念）是愉快的还是厌恶的、是美的还是丑的、是令人激动欣喜还是沉闷乏味的作出判断[①]。这也就是说，文化程度较高的宗教徒的皈依过程蕴涵着更多更大的内在冲突与冲撞，不仅要认为是"好"，而且还要"感觉"好，而"感觉"的好又要能够经得起理性的分析与推敲，这就必然导致艰难而漫长的皈依历程。从皈依的效果来看，高中及以下文化程度宗教徒的宗教皈依对其日常行为具有一定的型塑作用，其行为方式的自律性和规范性程度有所提高；而大专及以上文化程度宗教徒的宗教皈依则不仅涉及行为方式的转向，亦包含着深层的反省和某种道义上的后果。当然，不能否认，尽管宗教皈依在不同文化程度宗教徒之间存在差异，但亦有共同点，如信仰化的认知与行为归因模式——将生活与工作中的种种变化均归因于神、佛的引领、观照与恩赐，归因于信仰的力量。也就是说，宗教徒的皈依改变，无论是从形成的背景还是从发展的动力来看，都是与其宗教信仰共融贯通的，而并非全然是一种社会学意义上的人格成长。

[①] 霍尔等著，冯川译：《荣格心理学入门》，三联书店 1987 年版，第 141 页。

结　语

改革开放的近三十年来，宗教在中国社会有较快的发展，宗教皈依现象也呈现出增加的态势。宗教在社会发展中具有难以确定的作用，一方面，它可能成为社会整合的力量，而另一方面也可能成为社会裂散的力量。因此，了解和分析民众宗教皈依的心理（psychological）机制与心智（mental）机制，有助于从微观层次上把握宗教发展的社会心理因素，从而引导宗教信仰群体健康发展并与社会主义社会相适应。

中国城乡基督教会的差异问题浅析[①]
——以泰安市区青年路教会为个案

刘 贤[②]

提 要

本文运用理性选择理论中的文化资本和情感资本概念,认为地域、文化程度和经济水平的差异是影响城市与农村宗教文化资本的保留和转移、引发信徒思想和信仰方式差异的主要因素。山东省泰安市的青年路教会兼具城市教会与农村教会两者的特色,在一定程度上代表了中国当代基督教会的普遍特性。

近年来,学者对当代中国基督教的观察和研究越来越多,研究方法从总体上呈现转变的趋势:从整体概述转向个案分析,从现象描述转向数据分析,以及实证方法和跨学科方法的使用等;研究的范围也从区域划分更收窄到专题研究,例如对女性基督徒问题[③]、"四多现象"[④],以及知

[①] 本文的写作受到业师吴梓明教授指导,在提交"中国宗教社会学:现状与走向"国际学术研讨会(2004年7月,中国人民大学)之后,又有幸得到高师宁教授、李向平教授和刘殿利等的宝贵意见,谨此致谢!

[②] 刘贤,中国人民大学清史研究所副教授。

[③] 例如,罗伟虹:《对上海女性基督教信教者的分析》,载《浙江学刊》2001年第3期;王再兴:《基督教社群中的"马大现象"及其社会学根源——以四川南充地区教会为考察对象》,载《宗教学研究》2003年第1期。

[④] 邢福增:《从社会阶层看当代中国基督教的发展》,载(香港)《建道学刊》2001年第15期,第285—318页。

识分子①、大学生②的个案研究等。

笔者发现当前对农村教会的专题研究方兴未艾，但相对而言对城市教会的研究还为数不多。梁家麟将农村教会视为与城市教会区别较大的类别，认为或许可以据此将中国教会分成两个类别③。他对农村地区的界定是"所谓农村地区，就是从县城、乡镇，一直到各自然村落与偏远山区的广阔地带"④。依据这样的概念，笔者所见的当代基督教的研究，大多数以县乡及村落等农村教会为研究对象⑤。而不多的关于当代城市基督教的研究，又往往集中在北京上海这样的大城市，或者是深圳这样的沿海新兴商业城市⑥，较少关于普通城市的市区教会研究。

农村教会和城市教会⑦两分的说法是否可取？普通城市教会的状况究竟如何？本文将应用理性选择理论中的"文化资本"和"情感资本"两个概念，先分析典型类型，然后带入山东省泰安市青年路教会这样一个普通中等城市市区教会的实证考察，尝试对学者提出的城市和农村基督教教会的差别做出回应。

---

① Gao Shining, "Faith and Values: Case Studies of Chinese Intellectual Christians" In China Study Journal, vol. 17 No. 2 (08/2002), pp. 19–28.

② Yang Huilin, "Some Characteristics of the Understanding of the Christian Faith among Contemporary Chinese Univesity Students". In China Study Jounal, Vol 17 No. 3 (12/2002), pp5–12.

③ 梁家麟认为："倘若我们势必要把中国教会二分化，分成两个类别的话，那真正的分类是城市教会与农村教会，而非三自教会和家庭教会。"由是观之，这一分类也含有假设的成分。梁家麟：《改革开放以来的中国农村教会》，香港：建道神学院，1999年，第61—62页。

④ 梁家麟：《改革开放以来的中国农村教会》，香港：建道神学院，1999年，第20页。

⑤ 在笔者见到的以"市"为题的文章中，往往考察范围都包括市所辖的县级市、乡镇和农村。例如，薛恒：《县乡基督教发展的量化分析和功能考察——以盐城市为样本和例证》，载《世界宗教研究》2003年第2期；宫哲兵：《随州市基督教的现状——宗教人类学田野考察》，载《世界宗教研究》2001年第1期；何成武：《商丘市基督教与天主教发展状况浅析》，载《商丘师范学院院报》2001年第1期。

⑥ 比如，范丽珠：《当代中国人宗教信仰的变迁——深圳特区研究报告》。香港：香港中文大学崇基学院宗教与中国社会研究中心，2003年；还可参考范丽珠《当代中国人宗教信仰的变迁——深圳民间信徒的田野研究》，香港中文大学 社会学博士论文，2000年。

⑦ 在本文中，"城市"，指所有的地级市及其以上级别城市的市区，位于这一区域的教会，为"城市基督教会"；"农村"，指所有县级市、乡镇和村落，位于这一区域内的教会，为"农村基督教会"，两者则分别简称为城、乡基督教会。

一　"宗教资本"的概念及对中国宗教研究的启发

"宗教资本"的概念是 Rodney Stark 在理性选择理论（Rational Choice Theory）中提出来的。将社会科学中的理性选择理论运用于现代宗教的社会学考察，是1980年代以来宗教社会学界寻觅新理论的一种尝试，其系统论述最早可见于斯达克与本布里奇于1985年出版的《宗教的未来》[①]。理性选择理论被学界认为是宗教社会学理论上的新范式，甚至有学者评价说该理论或许可以替代世俗化理论成为宗教的社会科学方面的指导性理论模式[②]。2000年出版的《信仰的法则——解释宗教之人的方面》[③] 中，斯达克与芬克进一步完善了理性选择理论，其中对"宗教资本"及相关概念的定义如下：

> 社会资本：由人际关系组成
> 宗教资本：包括对特定宗教文化的把握和生活认同，分为
> 　　文化资本：对宗教的了解认识
> 　　情感资本：信徒对宗教的感情[④]

斯达克和芬克认为，人都有保持和延续资本的倾向，作宗教选择的时

[①] Rodney Stark and William Sims Bainbridge, The Future of Religion: Secularization, Revival and Cult Formation. Berkley: University of California Press, 1985.

[②] Lawrence A. Yong "Introduction", in Lawrence A. Yong ed. Rational Choice Theory & Religion. New York and London: Routledge, 1997, pxii.

[③] Rodney Stark and Roger Finke, Acts of Faith: Explaining the Human Side of Religion, Berkeley Los Angeles London: University of California Press, 2000.

[④] 具体来说，就是："宗教资本有两部分，大致可以称之为文化和情感。全面参加任何宗教都要求掌握很多文化：如何划十字和什么时候划十字，是否说阿门和什么时候说阿门，礼拜仪式和祈祷所用的词语，经文段落，故事和历史、音乐，甚至玩笑。而且，通过实践（特别是跟其他人在一起），一个人一般会在宗教文化中注入情感，就像在'没有……就不像过圣诞节'这种常见的表达中所反映出来的。长期下来这些情感联结会变成一个人生活中内在的东西。实际上，如在第四章中所强调的，祈祷、礼仪、神迹和神秘体验等宗教活动的效果一生累积起来，这不仅会增加对于一个宗教之真理的信心，而且会加强对于一束特别的宗教文化的情感纽带。这些感情和文化投入随着时间而建立起来就构成了宗教资本。"引自杨凤岗译《信仰的法则——解释宗教之人的方面》，北京：中国人民大学出版社2004年版，第150—151页。

候，人们也会尽量保持宗教资本。皈依和转宗是两种宗教选择的现象。皈依（conversion），指的是跨宗教传统的转变。转宗（reaffiliation）指在同一宗教之内跨宗派的转变①。至于皈依、转宗与宗教资本之间的关系，他们认为，宗教资本越多，人们越不可能转宗或皈依新教。转宗的时候，人们会选择那个能最大化他们宗教资本的选择。在皈依新教的时候，人们也会选择那个能最大化保留他们宗教资本的选择②。简言之，即宗教资本由两部分组成，文化资本和情感资本，在作宗教选择时，人们会最大限度的保留之。

斯达克和芬克使用这些概念和理论是用来分析宗教个体，非某个族群或者宗派的集体皈依和转宗，而笔者所作的研究也是从宗教个体的分析展开的，因此尝试将这一理论应用于其中。毋庸讳言，该理论也有其局限性，比如忽视了宗教的伦理方面，过高估计了人的理性等，但是上述文化资本和情感资本的概念以及关于宗教选择的两个论断，对于理解中国人的宗教行为和思想还是具有启发和借鉴意义的。

首先看文化资本。文化资本指对宗教的了解和认识，传统中国人对于传统宗教和民间信仰的认识就构成了一种文化资本。中国民众对于传统宗教民间信仰的认识是耳濡目染和习而惯之形成的，他们把民间的神看做是随时随地的保佑者，凡事皆需神照应，碰上哪路神仙就拜哪路神仙。由于逢神必拜，他们对于各路宗教神灵的到来都不会觉得突然，都可以参拜，以保佑自己和家人。以上这些形成了中国人在宗教信仰上的文化资本。很多中国人在信仰基督教之初，其实只是用自己对菩萨、灶王等神灵的理解来理解耶稣，把原来的理解加到耶稣身上，在众神行列中多加一个或者用耶稣来置换原来的神。而中国人信仰多神，在神龛里多加一个神对他来说很平常，有些基督徒仍然有对显灵的期待和对神迹奇事的热衷，这既是文化资本的"保留"，也可以称之为文化资本的"转移"。

其次看情感资本。传统中国人对待各种宗教各种神灵的态度则构成了宗教资本上的情感资本。传统中国人有着实用主义的择神原则和多神的崇

---

① 斯达克和芬克认为，在正常情况下人们作宗教选择，都会尽量保留"社会资本"，即人际关系网络。关于"社会资本"本文暂不讨论。Rodney Stark and Roger Finke, Acts of Faith: Explaining the Human Side of Religion, p. 119。

② Ibid., pp. 121 - 124.

拜，如俗谚所说，"见神就磕头，逢庙就烧香"，他们很难对某一个神产生强烈的依恋；因此，如俗谚所说"平时不烧香，临时抱佛脚"、"敬神如神在，不敬如土块"，他们对神灵的态度，很多时候是无可、无不可的，假若神灵不灵验的话，信者很可能会抱怨或者放弃。正因为传统的中国民众似乎从来都认为放弃这个神或宗教，再选择其他神或者宗教是很平常的事情（这一点与基督教转宗和退教似乎有很大差别），所以可以说，他们对于自己本来宗教的情感是相对淡薄的，也即是情感资本比较少，因此，更容易转向其他宗教。

二 中国宗教传统中的两个重要方面

在宗教资本的两个部分中，传统中国民众在宗教上的"情感资本"相对淡薄，这种淡薄使得宗教"文化资本"比较容易保留下来或者转移到新的信仰中去。而信徒对待新信仰的态度和方式，在很大程度上取决于保留和转移什么样的宗教文化资本。所以，宗教文化资本是更为关键的概念，有必要作进一步分析。

普通民众对中国宗教传统的继承，对传统宗教和民间信仰的了解和认识就构成了中国人的文化资本。中国人的宗教传统中最突出的方面，我认为一是宗教的神秘经验，一是实用主义的态度。而宗教传统是文化的重要组成部分，具有持久延续性。

宗教的神秘经验是中国宗教传统的一个方面。如同艾略特在《基督教与文化》一书中曾经说到的，萨蛮主义式的降神是世界上各民间宗教中最有能力和最具共同特质的宗教现象[①]，中国也不例外。神秘经验，在中国下层民众当中是最普通也是极容易被理解的现象，当人生病神志不清或者患上无法解释的怪病时，常常会认为是被灵魂附了体，需要请巫师做法，巫师则自称与神相通，有法力可以驱魔赶鬼。基督教会灵恩派魅力领袖的自诩，他们对圣灵降临的呼召以及神迹奇事的宣讲与上述方式几乎如出一辙。正是因为中国民众相信宗教的奇异功能，相信神迹出现的可能，

---

① 艾略特著，杨民生、陈常锦译；汪瀰校：《基督教与文化》，四川人民出版社1989年版，第150—155页。转引自杨天恩《灵恩式基督教所缔造的中国本土教会——基督教在近代中国的发展再思》，香港中文大学 宗教学与神学学部博士论文，2002年8月，第221页。

所以很容易被灵恩派宣讲的神迹吸引，而加入基督教。

实用主义的态度则是中国宗教传统的另一个方面。中国人对于神灵的态度是"凡事皆需神照应"，多拜多福，传统的中国人几乎家家都会求佛或者拜神。在不同节气要拜神，出海时要拜妈祖，神灵生日了，也要表达一番虔诚之心……总之，一切世俗愿望都可以求得神的保佑，求富、求福、求子、求平安、求长寿都可以以烧香磕头来与神沟通，拜神的对象则不论是关公、岳飞等历史人物，也不论是佛教菩萨、道教老君等神灵，见到就拜，正是所谓"见佛磕头，见庙烧香"。普通民众也不会花费气力去弄清楚鬼神仙佛的归属，只要有神可求，得到保佑就足够了。时至今日，许多中国人被传教时听到的，也是很多基督徒所津津乐道的，同时也最能打动被传教者的言辞就是"信吧，很灵的"，或者"信了病就好了"等等，这都说明宗教成效具有的吸引力[①]。

三 用"宗教文化资本"来理解城乡教会典型类型的差别

农村教会和城市教会是两个截然不同的类别吗？

——我们认为，在最典型的城市和最典型的农村，的确存在明显差别。综合一些学者的相关论述[②]和在《天风》等刊物中见到的城乡教会的现象，可以总结出农村教会的典型类型（Ideal Type），表现在两方面：在信仰的方式上，有灵恩倾向，例如激情祷告、说方言，强调圣灵感动和神迹显现等。在信徒的思想上，则有实用主义倾向，即是为了趋福避祸、平安健康等功利原因而入教。城市教会的典型类型则相应的表现为：一、宗教活动规范；二、信徒思想上更多是追求生命的意义。简言之，典型类型的城市教会和乡村教会的差异，一方面是在信徒信仰方式上是灵恩与不灵恩的区别，另一方面是在实用目的与意义追求的区别。

上节提到，影响中国人对于新信仰的态度和方式的关键是宗教文化资本，那么什么因素会影响宗教文化资本呢？事实上，我们正是可以从这个方向来理解城乡教会的差异。笔者认为，地域上的差别、文化程度的差异

---

① 此段参考侯杰、范丽珠著《中国民众宗教意识》，天津人民出版社2001年版。
② 比如梁家麟认为，农村教会可能具有的四种倾向，一是复原主义与灵恩倾向；二是实用主义倾向；三是基督教道门化；四是相信神迹奇事。

和经济水平的差异这三个主要因素影响了城市与农村在宗教文化资本上的保留和转移,从而导致信徒思想和信仰的方式上的差异。

第一,城乡地域差别造成宗教文化资本保留上的差别。

一方面,农村人生活作息的居所相对固定,通常是代代生息于同一个村庄,同一个山坳,祖祖辈辈面对的是同样的山山水水,相对稳定的生存环境使得他们能够将自古流传下来的宗教信仰、仪式以及宗教观念继承保存下来。而在城市,人口流动大,很难留在一个固定的场所(例如祖祠、社庙周围)延续祖辈们的宗教信仰。另一方面,农村宗教传统相对单一、相对传统,而城市的宗教文化则更多元、更新颖。农村继承了更多传统宗教文化,对中国传统宗教民间信仰的认识和体会更多,也即是保留了更多的宗教文化资本。农村信徒比较容易继承民间宗教中感受到的神秘经验,以及中国人历来对宗教实利性目的追求等。例如一项在山东乐陵农村的调查就发现,信教者非常热衷宣讲神迹,而这些神迹与解放前存在过的民间秘密教门有相当一致的地方[1]。所以通常认为农村的基督教会更多保持了传统中国民众宗教信仰的行为和思想。

第二,城乡居民文化程度的差异,也会影响宗教文化资本的保留与否。

从与宗教资本的关系上看,文化程度越高者,其接触到的不同宗教或价值观越多元,距离自己本身的宗教文化资本越远,越淡薄,因此较少受到传统宗教观念的影响。而文化程度较低者,其受多元思想冲击少,比较容易保持宗教文化资本,比如传统中国信仰中的显灵和神迹,以及对灵验和实用的追求,会较多停留在受洗者的脑海里。

此外,教育会培养人的批判和怀疑精神,影响着人们对宗教的态度和信教的目的。文化程度高者遇事更倾向于从批判怀疑角度思考,会从理性思考角度去判断、去决定,他们常常对宗教的真实性抱有怀疑,尤其怀疑宗教徒狂热的投入和神迹的宣称,更不会采取说方言、激情祷告的方式,而如果确定信仰之后,他们会要求信仰的纯正性,主动与功利性的目的保持相当的距离,他们对于精神的归属、道德价值,或者生命

---

[1] 赵建辉:《农村基督教会亲历记——对乐陵市一农村教会的调查报告》,未刊稿,发表于第一届"基督教与中国社会文化"国际年青学者研讨会,香港中文大学崇基学院,2002年12月。

的意义则会思考得多一些。以北京的中国人民大学大学生的信仰调查为例，青年学生对基督教的兴趣有一半是来自于学习西方文化艺术和哲学，他们是在思考人生问题的过程中深入基督教的①。而反之，文化程度低者，则常常会以更现世的态度，更重视身体的健康、现世的福祉等具体的物质层面的回报。

第三，经济水平的差别也是一个因素。

马斯洛（Abraham h. Maslow）的需求层次论认为，当人的某一级的需求得到最低限度满足后，才会追求高一级的需求。他提出的5个需求层次是：生存、安全、社交、尊重和自我实现。就城乡比较，乡村人的经济水平要低一些。仅靠种田的确难以满足家庭成员衣食及受教育的需要，所以很多农村人出外打工，他们的生活实际上只是浮动于生存线上下，遇到大病或灾祸时只能束手无策。如果连基本的生存都成问题，谈何精神追求？相对城市信徒而言，农村信徒信教多是求平安求健康，而较少是追求生命的意义。

四　泰安市青年路教会——介乎城乡之间的城市教会

但是我们同时认为，就一般的城市教会和农村教会而言，这种区别却不是那么明显，位于山东省泰安市市区的青年路教会就是一个例子。

泰安，位于华东地区，是山东省中部的一个普通城市，是距离省会济南最近的城市，车程只有70公里。从建制上讲，泰安是一个地级市；从城市规模上讲，可以说是中等规模的内陆城市②，比不上省会城市和京沪等直辖市；从产业结构上讲，泰安市只是一个普通的北方内陆城市，没有什么显著的工农业，但是由于号称五岳之首的东岳泰山雄踞市区北面，泰安成

---

① 同注4，pp5-12.
② 根据1989年颁布1990年4月开始实行的《中华人民共和国城市规划法》，大城市是指市区和近郊区非农业人口五十万以上的城市；中等市是指市区和近郊区非农业人口二十万以上，不满五十万的城市；小城市是指市区和近郊区非农业人口不满二十万的城市。按照这个标准，泰安属于大城市。由于我国人口多，近十多年城市发展非常迅速，有学者指出，大中小城市的划分或许可以做些调整，调整为小城市12万（全部东部的县级市）至30万人口（相当部分地级市和省会城市）；中等城市30万—80万人口；大城市80万—200万人口；特大城市200万人口以上。按照这个标准，2002年泰安市区人口60.3万人，可以算是中等城市。参考www.act.org.cn/zhengce/chengshiguihuafa/index.htm 和218..93.16.131/tbtj/gybb/127/01.htm 2004-01-17。

了一个著名的旅游城市，旅游业也因而构成泰安财政收入的一大来源。

青年路教会是泰安市区唯一的礼拜堂所在之处，1899年由美国美以美会的传教士建立。1958年教会大联合，来自泰安城的各个教派如圣公会、浸信会、四方福音堂以及神召会的部分牧者和信徒走到一起，在青年路联合礼拜。经过六七十年代的停顿之后，1987年教会再度开放。目前教会有教牧人员五人，其中专职者两人：牧师和传道人，其他所有工作都是由义工来做的。至今大约有700多人在这里受洗，参加查经者每次大约20多人，参加周日礼拜者每次400人左右。

与典型类型比较，青年路教会呈现出介乎城乡之间的特点[①]：

1. 在宗教活动的方式上，整体而言比较规范，表现出更多"城市"特点。教会的组织清晰，仪式严整，各义工小组各司其职，牧养上比较理性，在讲道上有三个特点：一是侧重系统灌输义理，每年他们为新受洗信徒准备了为期一周的受洗学习班，系统学习旧约、新约等内容，逢圣诞、洗礼、圣餐礼都会讲解仪式的意义；二是讲道时注意纠正某些与基督教相悖的思想，例如有些信徒仍持善恶果报观，这与基督教"罪"的概念相违背，再如有的人认为祖辈信主能"福荫子孙"，自己即使不受洗，将来"拉着祖辈的脚也能上天堂"，这与基督教之"信而受洗必然得救"亦有矛盾；三是指导信徒灵修，讲祷告和安静的方法等。

但是也有很少数信徒表现出在农村教会才较常见到的灵恩的方式：例如侧重灵魔斗争，传讲神迹奇事，哭泣祷告，如位于泰安市区的D家，在聚会时有长时间的唱诗，信徒同声激情祷告，有个别信徒祷告至圣灵充满说方言。不过也仅限于此，未见有更激烈的方式。D家的灵恩方式是耶稣家庭遗留下来的传统，除此之外，则较少见到。以笔者观察到的一次周日礼拜为例：

> 2001年11月25日（星期日）上午观察D家周日礼拜。
> 笔者早7：00到，8：00开始。7：30，一位十八岁左右的女孩手指着小黑板上的歌词，带领大家唱灵歌。歌名不详：

[①] 笔者考察的范围包括泰安市区唯一的教会青年路教会，以及周围有代表性的几个基督教聚会点，考察时间自2001年6月至今，据此概括出泰安城市基督教会的大概特点。范围仍然有限，更广泛的考察有待下一步展开。

清晨起来清心祷告，世缠累一点不要，一定要把心关好，与主化合在云霄。

清晨懒惰不得了，热被窝比主还好，体贴肉体死路一条，千万警醒多祷告。

祷告好比打无线电，随时随地多么方便，天父的慈爱，公共的机关，谁有信心谁使唤。

7：50，唱第二首，领歌的女孩边唱边哭。歌词：

耶稣的灵光，好比灿烂的旭日，永永远远地照着你的心。耶稣的慈爱，好比和煦的阳晨，永远的永远的陪着你的身。谁体恤你的软弱，谁安慰你的伤心，只有你，恩主，尽知你的心。他不曾把你忘记，对你永不灰心，温柔地吸引你上进，热切地希望你天国福分。他太慈爱了，你不想，他在十架上替你死，流血舍了他的身。世上有谁像耶稣和蔼可靠可亲，可是你，怎样报答耶稣的深恩。

女孩解释了其中的词句，之后又唱，下面的人也有抹眼泪的。

7：56，唱《感恩的泪》。

感恩的泪，止不住地流，心里的话儿说也说不够，一个＊＊（笔者没听清楚）声音，把我的心夺走，明知这路是十架的路，又……主慈爱的手，时时拉着我的手，没有任何理由，明知这路是通向十架的路……很难也很苦，主慈爱的手，时时拉着我的手……

8：00，礼拜正式开始。一位四十多岁的妇女主领。她先请大家起立，唱《诗篇二十三篇》。

8：10，房间里坐满了，北边房间里还有三人。（共56人，8男，48女。二十多岁的年轻人中，有6女，2男。两个五六岁的孩子。）

8：12，各自祷告。许多人哭。

8：18，主领祷告，"世上一切，从今只爱耶稣一人，与主患难……"渐渐大哭，说："我要被怜恤，讨你的欢心。我们的心灵不得安宁，你知道我们的缺乏，你按时赐给我们，你叫我们有信心力量，你再次坚固我的信心。感谢你，你愿意我与你们亲切。主啊，你就悦纳我们，愿你从上面赐予能力、信心，使说的话不是出于自己，而是出于你。愿你来，看顾我们，我们将以下时间完完全全交托在你心中。"

8：23，唱灵歌。

祷告的时候，很多人失声痛哭。甚至祷告到"圣灵充满"，无法自我控制。比如在这次崇拜中,有一位三十多岁的妇女晃动着大声祷告"求主叫我们强大!叫我们长进!成为我们的标杆!我感谢你,赞美你!阿爸父!阿爸父!……"后来就一边跳一边大声喊,因为她双目紧闭,前后左右的人都挪了马扎,防止她碰着,十分钟之后祷告结束,她已经从面向西,转为面向东南了。①

在大约一个小时的敬拜时间里,所唱三首灵歌的歌词曲调感情越来越热切,而每个领唱者都是边唱边哭,也带动了会众。在最后祷告时,情绪达到顶峰,随着祷告主领者哭得越来越厉害,各自祷告时,很多人失声痛哭,甚至有位信徒祷告到不能控制自己。——长时间的唱诗和激情祷告是耶稣家庭的传统,因为 D 家这个聚会点的负责人曾是耶稣家庭的成员,所以保留了这样的敬拜方式。

2. 在信徒的思想上,持功利目的信教者占绝大多数,这一点,表现出更多"乡村"特点②。下面是根据信徒自己填写的受洗原因拟制的表格。

表1　　2001 年泰安市青年路教会受洗信徒登记受洗原因 (n = 47)③

信教原因	求平安 %	有病 %	家庭信主 %	净化灵魂 %	信仰追求 %	求得救 %	追求真理 %	助人自助 %	平安行善 %
人数 47	28 60	9 19	4 9	1 2	1 2	1 2	1 2	1 2	1 2

从表上看,2001 年受洗信徒自己填写的九种受洗原因中,可以分为三类:一类是趋福避祸的功利原因,指求平安④、有病和求得救,因这类原因信教的占 81%;第二类是对生活反思和对意义的追寻,个体宗教性得以显现,这是范丽珠在《深圳特区宗教报告》中提出的城市信徒信教的主要原因。笔者认为上表中的净化灵魂、信仰追求、追求真理、助人自

---

① 观察 D 家周日礼拜,2001 年 11 月 25 日上午,刘贤。
② 虽然北新庄也在农村,但是在信教的功利性方面会淡很多,因为这里的大部分信徒是因为家庭传统而信教,村中成年人中信徒的比例达到 95%。在其他无基督教家庭传统的村庄,其信徒会更多表现出"乡村"的特点。
③ 根据 2001 年受洗培训班慕道者填写的登记表制作,表中所列信教原因皆信徒自己所填,因此具有相当的真实性。
④ "求平安"可以有身体的平安和心灵的平安两方面,笔者将其全都归入了趋福避祸的功利原因。

助、平安行善都可以归入此类。但是在青年路教会 2001 年受洗信徒中,如此信教者有 5 人,占 10%;第三类是受家庭传统的影响者,4 人,占 9%,在基督教徒的家庭环境中,会不知不觉逐步接受基督教的概念和人生观,这种情况在青年路教会占的比重不大。

信教目的中占最大比例的是求平安得医治的功利目的,占 81%,远远高于上海市的类似比例 51.0%①,与浙江海宁市斜桥镇 81% 的比例持平②。精神追求在信教者中占的比例不高,为 10%,而在大城市,因精神追求而信教占的比重相对大一些,上海是 17.1%③,从范丽珠的研究报告看,似乎深圳的比例更高④。

但是也应该看到,牧养者经常提醒信众应摒弃功利的目的,青年路教会的传道人曾经在谈到"祷告灵不灵"问题时,讲到"每一个祷告神都会听,神会将最好的留给他的儿女",她认为"不能说是否灵验,都是神的美意"⑤。一般来说,如果信徒能够接受到良好的牧养,随着对圣经的日益熟悉,对基督教义理的了解逐步加深,信徒信教的功利目的会渐渐弱化。

五 如何解释青年路教会"介乎城乡之间"的特色

结合第三部分里提到的因素分析:

第一,一般相对农村而言,城市会比较远离民间信仰的宗教传统,但是在泰安这个城市,尽管也存在城乡地域差别,但是由于历史的原因,留存了相当深厚和多元的宗教传统,使得泰安市民与宗教文化资本之间没有

---

① 罗伟虹在对上海女性信徒的复选问卷结果可以看到,以下四种原因信教的共有 82.3%:本人或亲友生病,信教可以病愈;生活中常有挫折,为求平安;追求灵魂归宿,死后上天堂;想尽快发财致富。这四种原因或许可以概括为因功利原因信教。寻找基督教真谛和探索自然和人生的终极目标共占 27.5%,或许可以概括为精神追求方面的原因。受家庭影响,从小信主的占 28.9%,其他占 22.5%。如果把各种原因加在一起为"1",那么功利原因占的比重是 51.0%,精神追求占 17.1%。罗伟虹:《对上海女性基督教信教者的分析》,第 126 页。

② 闭伟宁:《改革开放与基督教在我国沿海农村的发展——基督教在斜桥镇发展状况调查与思考》,第 638 页。

③ 同上。

④ 范丽珠:《当代中国人宗教信仰的变迁:深圳特区研究报告》。

⑤ 2002 年 7 月 19 日中午,与传道人谈,刘贤。

太大距离。

宗教传统是文化的重要组成部分,具有持久延续性。像大部分城市一样,泰安的宗教文化丰富多元:泰安在历史上曾一度是佛教和道教的传播中心,天主教和基督教的各宗派在解放前也都有一些发展。在民间信仰方面,泰安又有其独特的方面:由于泰安市区紧邻泰山,与泰山有关的民间信仰(泰山奶奶、石敢当、东岳大帝等)长期深入人心,不论城乡都非常盛行。尽管居于泰安城区的市民可能远离了故土的某种信仰,但是却很容易被泰山所处的宗教"磁场"所同化,因为在这里随处可以见到佛道盛行留下的历史遗迹,每年都能感受泰山奶奶生日时无数信徒登山的盛况,或耳濡目染或身处其中,泰安人对这些有了相当深的体会和了解,这就构成了泰安人对宗教的文化资本[①]。

普通民众在信仰基督教之初,其实只是用对所熟悉的神祇(如菩萨或者泰山奶奶)的理解去理解耶稣,在众神之中多加一个或者用耶稣来"置换"原来的神。如此,泰安人对于灵恩方式的接受就不足为奇了,因为通灵、灵验、神迹奇事在民间信仰[②]中非常普遍。举一个例子:

> 信徒 A:女,50 多岁,初中文化,已经退休。最早是一位裁缝向她传福音。1998 年,她准备给老家的母亲作身衣服,为母亲祝寿。她说"那裁缝跟我说,你信耶稣吧,我就问她:耶稣是谁?耶稣是天老爷爷,噢,天老爷爷我知道。她说信主吧,不用烧香不用磕头挺省事。自己心想这挺好,烧了这么多年香,磕了这么多年头,钱花了不少,什么也没得到,年纪越大信越占便宜。"我想,这时的 A 对于信耶稣是不排斥的,跟烧香磕头比较起来,投入少,又收效大,她非常乐于接受。

[①] 佛道一度在泰山兴盛,在山脚下,众多宫观寺庙随处可见,碰到和尚或道士是常有的事;泰山奶奶的信仰一直历久不衰,很多泰安人家里都供着从山顶"请"来的泰山奶奶像,每年来自全省各地登山请愿还愿的信徒络绎不绝,在泰山奶奶生日那天,更有很多上了年纪的老人虔诚地向岱顶攀登。

[②] 通灵、神迹奇事除来自民间信仰外,也来自基督教神召会和耶稣家庭注重灵恩的五旬节主义传统,这些在泰安市也还有少量遗留,后者虽不适于解释信徒 A,但这也是泰安市民的宗教文化资本的组成部分。参考陶飞亚《中国的一个基督教乌托邦:耶稣家庭的历史研究》,香港中文大学 宗教与神学学部博士论文,2001 年。

但是，使她完全相信耶稣的直接原因则是发生在母亲身上的事情。按她自己的话来说，她相信耶稣是因为"神在母亲身上的见证"。她描述说："在老家做寿提到信主，才知道妹妹已经信了。返回到泰安一个月以后，家里打电话说母亲病危，就赶去了。从来不知道，母亲得了糖尿病，大腿上面皮肤溃烂，疼得直哭。当地信主的去给她祷告，一祷告母亲就可以睡着，忘记疼痛。一连三天，都是这样。自己就问信耶稣的，我也信，让我祷告行不行？他们说行。自己就祷告，也没有人教，但是话就来了。让母亲说：耶稣救我，自己说：如果我母亲的寿限已到就让她干干净净地走，如果不到，就治好了让她作你的见证，也管用了，母亲很快睡着了。神妈妈①来，母亲就嗷嗷叫，信耶稣的一来，母亲就显出挺高兴的样子。信主的问母亲：不披麻戴孝你愿意吗？点点头。家人商量之后，请牧师来开了追思会，先唱唱诗由牧师做祷告，然后自己的小叔简单介绍了母亲的一生，之后大家低头默祷。这次事情以后，大哥、大嫂、三妹妹、妹夫都信了主，神拣选了我们全家。现在有交托有仰望了。"当然这里面包括 A。A 把这件事看做是母亲被耶稣拣选了。因为她看到基督教信徒给她母亲祷告时，能让母亲睡着忘记疼痛。所以，她也仿效着祷告，认为"管用"。

A 还提到自己信耶稣前后的变化之"此前有高血压，人家说要多休息。在家没事就睡觉，可是越睡越不行。此前没有安定的心，现在祷告神，心里踏实"。还举例说，儿子下班晚了不放心，就向神祈祷，保护他路上平安，祷告之后儿子就安全回来了。

所以，综合 A 谈到的这些，笔者认为，A 之所以信基督教，根本原因是觉得基督教的神是可以信赖的，可以给予平安。②

A 的例子可见，她曾经有过拜神的经历，最初听说基督教信仰并产生好感，是觉得与拜神比较，不需要烧香磕头，省钱又省事，投入少收效大，所以她对基督教的初步认识，跟中国宗教一样，都是消灾减祸的，她不过是用耶稣来置换原来的佛或神。而 A 的母亲病危时因基督徒的祷告

---

① 农村对驱神赶鬼之妇女的称呼。
② 2002 年 7 月 20 日星期六上午，考洗日，与 A 谈，刘贤。

而痛苦减轻的等等"奇事",又使得她相信这是"神在母亲身上的见证"。因着这个神迹,她相信了耶稣,而她信基督教的根本原因还是得平安和健康。这个例子也具体说明了信徒在接触基督教之初,其对传统宗教的文化资本怎样转化到基督教上。

但是基督教信仰所构成的文化资本,似乎难以转化,这是因为基督教是排他的一种神教,不能允许同时存在其他神祇。比较民间宗教,基督教有相对完善和系统的制度和仪式,例如崇拜、礼仪、唱诗及祈祷等,也更进一步增强了宗教资本的保持。

有学者提到,在中国宗教传统(不论是民间宗教还是基督教)越深厚的地方,基督教的发展也越兴盛[1],原因大概也就在于文化资本的转化和保留吧。

第二,泰安市青年路教会信徒的文化程度总体水平不高,这对信徒的信仰方式和目的有影响。青年路教会中,信徒文化程度高于北新庄,也高于全国平均水平,但是比较上海教会,则低很多。

表2　　　　2001年泰安市青年路教会受洗信徒文化背景 (n=47)[2]

文化程度	不识字(没文化)%	小学%	初中%	高中%	中专%	大专%	大学%
人数	5	15	10	7	5	4	1
47人	11	32	21	15	11	8	2

从受教育程度上看,从小学开始,文化程度越高,受洗信徒越少。1997年,全国15岁以上文盲比例为16.36%,具有小学文化程度的人口比重占总人口的37.56%,初中29.62%,高中9.59%[3]。而青年路教堂2001年受洗信徒中文盲、小学,到初中、高中、中专、大专则分别为11%、32%、21%、15%、11%、8%、2%,较全国而言文盲比例少5个百分点,初中比例少8个百分点,高中比例则高2个百分点,与全国相

---

[1] 2003年12月,魏德东教授向笔者提及这一点,在此感谢魏教授之启发。
[2] 表1和表2抽取样本皆是当年受洗信徒47人,样本较少,但是不论从文化水平还是年龄结构上,分布都比较平均,所以尽管样本有局限,但是笔者认为还是具有一定代表性的。
[3] 据有关标准,识字数在600字以下的,称文盲。受洗信徒中自称不识字、没文化者,识字数未必低于600字,严格讲可能不是文盲,但是无从查考。所以该数字与青年路受洗信徒的比较仅供参考。

比，整体文化水平高于全国平均水平。

与泰安郊区的北新庄教会管辖下的薛家庄教会比较，市区的青年路市区信徒比农村信徒的文化水平相对高些。

表3　　　　　　　　薛家庄信徒文化背景（n=49）①

文化程度	文盲 %	小学 %	初中 %	高中 %	大专 %	总数
男性	1（74岁） 8	1 8	7 58	3 25		12
女性	18 49	7 19	11 30	0	1（31岁） 3	37

再与上海市区基督教沐恩堂比较，在2003年一期初信栽培会116名受洗的信徒中，大专以上占42%②。而泰安青年路教会，2001年47名受洗信徒中，大专以上者只有7%。

正因为大多数信徒的文化程度相对偏低，所以大多数信徒信教是为了追求平安健康等现世的回报，2001年因这样原因信教者达到当年受洗人数的81%。另一个上海信徒的调查显示，以探索基督教为信教原因的信徒中，"文化程度较高者占有相当比例（其中具有大学文化程度者高达60.5%，具有高中文化程度者达47.1%）"③，这个例子从相反一面说明了文化程度与信仰的功利性的反比关系。相对而言，文化程度低者，会保留更多文化资本，会更现实，会更多保留信仰的功利性。

第三，就经济水平而言，青年路信徒中下岗者和内退人员的比例较高，他们的生活可以温饱，但是遇到大病或灾祸，就显得捉襟见肘。很多信徒忙碌于生计，似乎没有余暇去考虑人生的问题，信基督教是为了追求生活中最基本的平安和健康。

当然，文化程度和经济水平这两点并非绝对。经济水平差者，未必没有精神追求，精神追求又可以降低人对物质的欲望；相反，文化程度低者，未必没有精神追求，文化程度高的某些知识分子，由于对人文方面接

---

① 其中的比例取整数，小数点后均省略。参见陶飞亚：《复原主义与趋新倾向——泰安郊区马庄镇北新庄教会的个案研究》，未刊稿。
② 余江：《城市牧养与中青年义工》，载《天风》2003年第4期，第45页。
③ 罗伟虹：《对上海女性基督教信教者的分析》，第126页。

触少,思考少,也未必有很深的精神追求。

总之,由于泰安深厚且多元的宗教传统,偏低的信徒文化程度,以及不高的经济水平诸种因素的共同作用,造就了青年路教会介乎城乡之间的信仰特点:有些方面体现出"城"的特点,有些方面体现出"乡"的特点——似乎构成了一曲城乡的"二重变奏"。由于中等城市的"介乎性",这个城市的市民无论是文化程度还是经济水平都处于严格意义上的"城"和"乡"的中间位置,这样规模的城市之教会只能奏"二重变奏";又由于城市的流动性,工作经常变动,乡村人口流向城市,本地人又流向更大的城市……我们相信,在这个流动的乐谱上,"二重变奏"会继续演奏下去,乐音也会跳动得更加激越。

六 小 结

还可以与泰安郊区马庄镇北新庄教会稍作对比:这个位于农村的教会也不是典型的农村教会,例如信仰方式方面,虽然还有长时间唱诗和激情祷告,但是已经很少人说方言,也不再追求圣灵充满,灵恩的色彩正在逐渐淡薄,其教牧人员的讲道和牧养都在向着理性发展[①]。在思想上特别是信教的功利目的方面,虽然北新庄也在农村,但是在信教的功利性方面非常淡,因为这里的大部分信徒是因为家庭传统而信教,村中成年人中信徒的比例达到95%,他们已经把基督教当做日常生活伦理的来源,把祷告圣餐以及基督教节庆当做自己的生活方式。

那么,泰安的例子是不是具有普遍性呢?我想泰安的例子在某种程度上,还是具有普遍意义的。泰安是一个普通的中等城市,市区的经济水平和文化程度在全国而言都处于一般水平,唯一的特殊之处似乎在于多元的宗教传统。而北新庄的经济水平和文化程度也处于农村中的一般水平,唯一的特殊之处也在于有一元且浓厚的耶稣家庭教会传统,除此之外应当说是一个普通的农村教会。但是,泰安市的青年路教会和郊区的北新庄教会,都没有表现出其类型的典型特点。

事实上,在中国城市来说,宗教传统多元绝不少见,佛神同龛、释道

[①] 详情参见陶飞亚《复原主义与趋新倾向——泰安郊区马庄镇北新庄教会的个案研究》,未刊稿。

共奉都是常见的现象,在中国农村而言,如北新庄这样的基督徒聚居村也不少见。综合分析上文提过的影响宗教文化资本的三个因素,我们看到,在广大的中国城市中,人口的流动正在不断加强,城乡地域的差别并非十分明显;城市信徒的文化程度也没有达到可以弃绝灵恩方式、放下功利目的的程度;仍在向小康迈进的经济水平,也影响了信徒仍然把求福求平安视为信仰的主要动力。而在农村,由于牧养力量的加强,逐渐走向理性的发展道路,如北新庄教会所发生的:"一切都在时间的打磨中发生变化,激情趋于平静,趋新代替了复原。"[①] 回应文章开头提到的农村和城市教会两分的看法,我们认为泰安市青年路教会和北新庄教会呈现出来的介乎城乡之间的特点,也许具有普遍性,说明中国的城市基督教会和乡村基督教会之间或许不是那么截然二分的。

笔者非常认可梁家麟对于城市和农村的界定,他将县级市归入了农村的范围,但是他对城市教会和乡村教会分类的看法似乎值得斟酌。在中国,直辖市和省会一级的城市毕竟占少数,数量众多的地级市才是中国城市的主体,只有将大多数地级市的教会考虑在内,才能够勾画出真正的中国城市的教会面貌。笔者认为,在中国,典型的城市和典型的城市教会为数都不多,即使在北京、上海这样的大城市,也并非每个教会都呈现出典型特点,更不必说广大的地级城市了。

综上所述,笔者认为,中国或许没有城市教会和乡村教会两个类别[②],二者之间的界限是模糊的,差别是不明显的,这样的分类可能遮蔽了教会的真正面貌。当然,我们仍期待更多的个案研究就此作进一步论证或者修正。

参考文章:

巴音道尔基:《关于当前伊盟基督教情况的调查与思考》,《内蒙古统战理论研究》1994年第1期。

---

① 详情参见陶飞亚《复原主义与趋新倾向——泰安郊区马庄镇北新庄教会的个案研究》,未刊稿。

② 这里如果用城市性和农村性来分析,似乎也不尽然合适。在这方面我的初步看法是,个体对宗教资本的保留与否的确会受到城乡地域的影响,但是在以下两点上,却不以城市农村而定:第一,每个人都具有宗教性,这不以城市农村而定;第二,个体对不同宗教信仰的喜好和采用的表达方式会非常多元,这也不以城市农村而定。

闭伟宁:《改革开放与基督教在我国沿海农村的变迁——基督教在斜侨镇发展状况调查与思考》,《武汉大学学报》2001 年第 54 卷第 5 期。

陈村富:《市民身份基督徒研究》,载罗秉祥、江丕盛主编《基督宗教思想与 21 世纪》,中国社会科学出版社,2001 年。

陈田爽:《积极引导宗教与社会主义社会相适应的几个问题——关于泉州基督教工作情况的调查》,《福建省社会主义学院学报》2000 年第 3 期。

高淮成:《经济体制转轨与基督教发展相关性分析》,《学术界》2000 年第 4 期。

宫哲兵:《黄梅县引导宗教与社会主义相适应——宗教人类学田野考察笔记》,《宗教学研究》1999 年第 3 期。

宫哲兵:《随州市基督教的现状——宗教人类学田野考察》,《世界宗教研究》2001 年第 1 期。

宫哲兵、周冶陶:《九十年代湖北宗教现状及其分析》,载《当代宗教研究》1998 年第 4 期。

顾约瑟:《重视城市教会的青年事工》,《天风》2003 年第 4 期。

何成武:《商丘市基督教与天主教发展状况浅析》,《商丘师范学院院报》2001 年第 1 期。

李亮:《中国基督教现状的考察》,载《东方》1995 年第 2 期。

李平晔:《九十年代中国基督教发展状况报告》,载中国人民大学基督教文化研究所主编《基督教文化月刊》第 1 辑,东方出版社,1999 年。

吕朝阳:《苏北农村基督教发展现状及其原因分析》,《南京师大学报》1999 年第 6 期。

罗伟虹:《对上海女性基督教信教者的分析》,载《浙江学刊》2001 年第 3 期。

《天风信箱:基督徒可不可以看戏》,《天风》2003 年第 7 期。

《天风信箱:亲情友情不可弃》,《天风》2003 年第 3 期。

王再兴:《基督教社群中的"马大现象"及其社会学根源——以四川南充地区教会为考察对象》,《宗教学研究》2003 年第 1 期。

邢福增:《从社会阶层看当代中国基督教的发展》,《建道学刊》(香港) 2001 年第 15 期。

薛恒:《县乡基督教发展的量化分析和功能考察——以盐城市为样本和例证》,《世界宗教研究》2003 年第 2 期。

晏可佳等:《基督徒的信仰与行为——"上海基督教信徒情况调查"问卷分析》,《当代宗教研究》1999 年第 3 期。

杨宏山:《皖东农村"基督教热"调查与思考》,《江淮论坛》1994 年第 4 期。

Bays, Daniel H. "Chinese Protestant Christianity Today", The China Quarterly, vol. 174 (06/2003), pp. 488 – 504.

Dean, Kenneth. "Local Communal Religion in Contemporary South – east China", The China Quarterly, vol. 174 (06/2003), pp. 338 – 358.

Gao, Shining. "Faith and Values: Case Studies of Chinese Intellectual Christians", China Study Journal, vol. 17 No. 2 (08/2002), pp. 9 – 28.

Liu, Tik – sang. "A Nameless but Active Religion – An Anthropologist's View of Local Religion in Hong Kong and Macau", The China Quarterly, vol. 174 (06/2003), pp. 373 – 394.

Madsen, Richard. "Catholic Revival during the Reform Era", The China Quarterly, vol. 174 (06/2003), pp. 468 – 487.

Overmyer, Daniel L. "Religion in china today", The China Quarterly, vol. 174 (06/2003), pp. 307 – 316.

Potter, Pittman B. "Belief in control – Regulation of religion in China", The China Quarterly, vol. 174 (06/2003), pp. 317 – 337.

Yang, Huilin. "Some Characteristics of the Understanding of the Christian Faith among Contemporary Chinese University Students", China Study Journal, vol. 17 No. 3 (12/2002), pp. 5 – 12.

参考著作：

贝格尔（Peter Berger）著，高师宁译：《天使的传言》，中国人民大学出版社，2003年。

范丽珠：《当代中国人宗教信仰的变迁——深圳民间信徒的田野研究》，香港中文大学社会学博士论文，2000年6月。

范丽珠：《当代中国人宗教信仰的变迁——深圳特区研究报告》，香港中文大学崇基学院宗教与中国社会研究中心，2003年。

侯杰、范丽珠：《中国民众宗教意识》，天津人民出版社，2001年。

梁家麟：《改革开放以来的中国农村教会》，香港：建道神学院，1999年。

卢克曼著（Thomas Luckmann），覃方明译：《无形的宗教》，中国人民大学出版社，2003年。

斯达克、芬克（Rodney Stark & Roger Finke）著，杨凤岗译：《信仰的法则——解释宗教之人的方面》，中国人民大学出版社，2004年。

陶飞亚：《中国的一个基督教乌托邦：耶稣家庭的历史研究》，香港中文大学宗教与神学学部博士论文，2001年6月。

陶飞亚：《中国的基督教乌托邦——耶稣家庭（1921—1952）》，香港中文大学出版社2004年版。

吴飞：《麦芒上的圣言：一个乡村天主教群体中的信仰和生活》，香港道风书社

2001 年版。

西美尔（G. Simmel）著，曹卫东译：《现代人与宗教》，中国人民大学出版社 2003 年版。

谢庆生：《基督教村的形成和发展：中国基督教的一种独特皈依形态研究》，香港中文大学社会学部硕士论文，1998 年。

杨天恩：《灵恩式基督教所缔造的中国本土教会——基督教在近代中国的发展再思》，香港中文大学 宗教学与神学学部博士论文，2002 年。

Hamilton, M. B. The Sociology of Religion: Theoretical and Comparative Perspectives. London and New York: Rutledge, 2001.

MacInnis, Donald E. Religion in China Today: Policy and Practice. New York: Maryknoll, 1989.

Hunter, Alan & Rimmington Don eds. All Under Haven: Chinese Tradition and Christian life in the People's Republic of China. Kanmpen: Kok, 1992.

McGurie, M. B. Religion: The Social Context. Belmont, CA.: Wadsworth Publishing Company, 2002.

Madsen, Richard. China's Catholics: Tragedy and Hope in an Emerging Civil Society. Berkeley: University of California Press, 1998.

Stark, Rodney & Roger Finke. Acts of Faith: Explaining the Human Side of Religion. Berkeley: University of California Press, 2000.

Stark, Rodney & W. S. Bainbridge. The Future of Religion: Secularization, Revival and Cult Formation. Berkeley: University of California Press, 1985.

Yang, C. K. Religion in Chinese Society: A Study of Contemporary Social Functions of Religion and Some of Their Historical Factors. Berkeley: University of California Press, 1961.

南方某市基督徒伦理调查

杨凤岗[①]

提　要

本文以对中国南方某市基督徒状况的实地调查为依据，探讨了基督教对信徒行为的影响。基督教身份对于信徒的日常行为具有导向作用，可以从中看出马科斯·韦伯所说的新教伦理对市场经济精神的影响，但这一影响存在一定的限度。

在宗教社会学研究中，田野调查是基本方法之一，这种方法包括参与性观察、访谈、文字和实物资料收集等。这也是每个学者可以随时随地独立进行的研究方法。系统深入的田野调查也称作民族志（ethnography）方法，即收集到足够多的资料以便对于某个特定人群作出全面系统的描述。社会学和人类学都使用民族志或田野调查方法，常常没有什么区别。如果深究起来，可能是因为文献传统的差异，人类学的田野调查往往致力于对于一个社区或人群的文化符号和仪式系统的全面描述，而社会学往往注重对于社区或人群的社会结构的描述，对于某个社会学问题的横切面式的叙述和分析。因此，人类学的民族志常常要求对于一个社区或人群作出一年甚至几年的细致研究，而社会学的田野调查因为重在研究某一两个问题而可以在相对短的时间内完成资料的收集。另外，社会学的田野调查也较多地比较两个或多个社区和人群。

我们这个课题是要调查研究中国基督徒的伦理状况，包括伦理观念和

---

① 杨凤岗，美国普渡大学宗教与中国社会研究中心主任（Director of Center on Religion and Chinese Society, Puedue University, USA），电子邮箱：yang@soc.purdue.edu。

行为。课题的理论考虑是在中国市场转型中重新检验马克斯·韦伯的经典命题：新教伦理与资本主义精神合拍，而中国（儒家）伦理未能带动资本主义在中国的自发出现。我们的研究问题是，深受儒家影响的中国基督徒在伦理上有什么表现？是否具有儒家伦理特征？更具体地说，我们希望了解中国基督徒的工作伦理和家庭伦理。这里报告的是我们八个田野点的调查的第一个。

一　田野调查概况

2000年6月3日到7月3日，我们在南方某沿海城市进行了为期一个月的田野调查。进入田野之前的准备工作并不充分，有很多不确定因素。第一，我们依靠有关领导把我们引介给当地的有关部门，再逐级引介给省基督教两会、市基督教两会、教会的主任牧师。第二，在来到这个城市之前，我们对于那里的基督教情况几乎一无所知。6月3日抵达后，又为住宿问题颇费周折。直到深夜安顿下来后，才打电话到查号台打听到最大的教堂。第二天是星期日，一早便赶到教堂参与观察其礼拜聚会。第三，直到来到这个城市，我和研究助手才第一次见面。这个助手当时对于宗教不很了解，兴趣也不大，也没有社会学的知识准备和研究经验。不过她有做记者的经验，是个即将入学的研究生，而且勤奋好学，做事认真。所以，在我带领她一起进行了两个星期的参与性观察和访谈之后，她即能独立地进行随后的观察和访谈。这位助手在这个田野点总共进行了四个多星期的研究。

在此期间，我们参与性地观察了这个城市中最大的教堂每星期所有的经常性活动，观察了另外3家教堂的个别活动，并且又观察了家庭聚会活动6次。正式采访信徒30多人，都是20多岁到50多岁的中青年人，其中个体老板5人，公司管理人员3人，公司职员10人，自由职业者3人，国家机关职员3人。并与省两会和市两会的负责人进行了座谈，对个别牧师同工进行了访谈。即兴聊天式的非正式采访则很多。在征得受访人同意时，我们还作了录音，然后根据录音整理出详细访谈记录。在田野调查进行过程中和结束后，我的研究助手对于其中27个正式访谈整理出了详细记录。

我们对于受访人都讲明，访谈是为了一个学术研究课题，受访人的名字不公开，访谈录音会在研究结束时抹掉，并会采取适当措施隐去受访人的姓名和身份。不能进行录音的，则在采访之后及时整理出访谈记录。在研究过程中，我们发现大部分人经过解释之后会对我们产生信任，从而乐意接受采访，有些非常主动并畅所欲言。多数访谈都进行了两个小时左右，有些更长，或者多次。但是也有个别人不愿意接受访谈，有的虽然勉强接受了，但是说话小心谨慎，字斟句酌，不愿多讲。总体来说，在政府部门或事业单位的职员说话比较小心翼翼，而在三资企业的人说话则比较放得开。

二 核心教堂及其青年聚会

我们的参与性观察集中在这个城市的核心教堂。教堂坐落在远离闹市的一条小街内，周围环境比较清静，庭院里有凉亭、假山石和金鱼池。大堂是座欧式风格的建筑，于20世纪20年代建成。里面上下两层，可容纳约1500人，四壁装有电风扇。副堂是斜对着主堂的一所平房，是青年聚会的地方。后面有一排平房，是安息日（星期六）聚会的地方。还有一座六层办公楼，市两会也在这里办公。办公楼二层有一大厅，用一米多高的隔板隔成很多方格工作间，分别标示为"青年部"、"妇女部"、"总务部"、"招待部"、"探访部"、"宣传部"、"外事部"等。办公设施非常先进，空调、地毯、电脑照排设备俱全。置身其中，恍惚来到一个现代化的公司，不自禁想到条理和效率。

星期日的礼拜聚会，每个走入教堂的人都发给一份印刷精致装订整齐的程序表，其实是本十五六页大32开的小册子。除了三堂不同崇拜的程序、经文、歌词和每周经常性聚会时间表，还有"会务报告"、"事工报告"、"肢体代祷"、"牧者心语"、"圣经详解"、"圣灵慧语"、"奇妙故事"、"生命掠影"、"灵修分享"和"问题解答"等栏目。其中"问题解答"一栏经常涉及一些与现实生活相关的问题，如："人生病都是因为犯罪吗？""我在某机关任职，有时我的下属有错误，我应当责备他吗？我是否没有爱心？""基督徒妇女应该穿高衩旗袍或性感类衣服吗？"一册在手，既获得教堂活动的很多信息，也有值得反复阅读品味的简短文字。我们的田野调查发现其他地方的教堂发放礼拜程序单的还不多，这表明这个南方沿海城市的教会面对的是受教育较多的现代城市人，跟港台和海外的教会做事形式更接近些。星期天上午和中午在大堂的两堂不同语言的崇拜聚会参加人数从600人到1500人不等，大多数是妇女和老人，看上去职员远远多于工人。

星期日下午的青年聚会在副堂。堂内长椅之间加了许多折叠椅，估计有200人左右。副堂门外加了一道凉棚，也坐了几十人。还有些人站在周围。这里六月的天气已经相当炎热，而这些年轻人就在烈日下参加聚会。一位发放歌词的小伙子告诉我们说，青年聚会人最多的时候有400多人。他们的歌比大堂的赞美诗节奏更鲜明，用钢琴、电子琴和铃鼓伴奏，有一台投影机把歌词投射到前面墙上，外面或坐或站的人则发给印好的歌词。人们情绪很热烈，跟着节奏击掌摇摆，有人闭上眼睛，双手张开高高举起，有人摆出V型手势。这样的唱诗持续半小时左右，然后由牧师上台讲道，主题和大堂的讲道基本相同。其间有17名男女青年相继进入前排就座，都穿着同样的印着"基督爱我"的T恤，在讲道过程中两次上台献唱。据牧师介绍，青年团契1991年开始，后来由一位教牧同工专门负责青年工作，1997—1998年极盛时期发展到四五百人。但是因为出现讲方言、医病、赶鬼、击倒之类的事，在主任牧师的压力下，专职负责同工离开，情况得到控制。我们了解到参加青年聚会的人们不仅是从20来岁到40来岁的青年，而且很多人的工作是公司职员、经理甚至总裁。所以，我们就特别有意结识联络这些年轻人作为我们的采访对象。

这个城市中另外一间教堂在星期天上午也有一个青年聚会，又称中英文查经会。约有170人参加，其中大约10%是在这个城市居住的外国人。聚会是由18人组成的青年诗班的献唱开始，用投影机投放中英文歌词，带领人是一个中文讲得很好的美国人。后面查经、见证的内容都是一人用中文讲，一人译成英文。最后祷告时许多人把代祷内容写在纸条上交给主持人。在其中一次聚会之后我的研究助手要来这些纸条。那次共有21张纸条，署名的11张，匿名的10张。最多的是为找工作、解决经济问题和面临的考试代祷，其次是为亲友的疾病得医治代祷，再其次是为亲戚朋友皈信基督代祷，也有人为自己或朋友的出国、取得签证代祷。聚会后一起在食堂吃饭，饭后分成12组学习圣经，每张桌围坐6—9人不等，总人数有100人左右。我们的采访对象也包括了参加这个教堂青年聚会的人。

三　个性化的信仰之路

"你是如何信仰基督教的？"这几乎成了这次采访中面对每个信徒时的常规问题，而且可以感觉到，这也通常是采访对象最热衷于回答的问题。有的人从童年的经历讲起，娓娓道来；有的人详述信仰过程的曲折，数点所经历过的神迹奇事；有的人强调信仰基督前后的内心变化，精神追求。在访谈过程中我们会抓住机会有意识地插问一些跟工作有关的问题，比如是否在信仰之后换过工作，换工作的主要原因和动机是什么？信仰前后跟同事、上下级、客户的关系等等。在讲述过于概括抽象时，用追问的形式让受访人提供一些具体的事例来说明。这里只摘要引述两三个人的信仰过程自述，借此可窥一斑。为了便于叙述，下面给不同的受访人冠以不同的英文名字。有趣的是，在这个南方沿海开放城市，不少年轻人都有个英文名字，但是这里用的名字是我们给指定的。

Adam（亚当）30多岁，江西人，来到这个城市后在一个外企公司做了三年销售，现在独立经营着一家公司。他是核心教堂青年团契中敬拜赞美小组的成员。他讲话滔滔不绝，而且很有条理，像是对自己所说的话已经思虑过很久的样子。在谈话过程中，主要是他在说，我们很少插话，下面是他对自己初信经历的叙述：

> 我从小到大都是学生干部，我父母都是医生，他们经常吵架。我是班长、三好学生，体育也最好，人家想不到我在家里经常挨打挨骂。我很感谢主，没有让我愤世嫉俗，上大学以后，还没有信主，已经开始原谅我父亲。我上大三时父亲去世，这对我有很大影响。我父亲说以后我们会幸福，这像肥皂泡一样不现实。我当时想，我会怎么样？可能一辈子也就这样，没什么幸福。后来到了单位，因为档案不好，总被穿小鞋。最苦的是心里的痛苦，觉得世界都是混乱颠倒的，不知人生的目标在哪里。那时厚黑学很流行，我想，奋斗有什么用，再奋斗也不过是个厚黑之徒；但不奋斗就是人家砧板上的肉，我不想任人宰割。做也不是，不做也不是。那时我也看老庄哲学，似懂非懂，觉得很有道理，但心里没有归宿，没有平安。当时我大学时一个同学向我传福音，当时别人都当他是神经病。我那位朋友向我传福

音,他和别人不同。我很潦倒地去他家,他很热情地接待我,但他那时也是初信,我问他二十多个问题,问得他说不出话来。我说你们这不是唯心吗?他不能回答我的问题,扔给我一本《圣经》,说:"你看一年再来跟我谈。"我回家后翻了翻,看不懂,就扔在一边。

当时在电厂做体力活,脚下的煤灰80多度,干两三个小时,鞋底的花纹都会化掉;钻到汽轮机底下修设备,出来后10分钟听不到声音。在那种环境中我拼命干活,因为心里空虚,下班后更闷。那是个小县城,话都听不懂,没人聊天。我想找本最难的书看,打发时间,就看了《圣经》。神的话语一下子抓住我:凡劳苦担重担的人可以到我这里来,我就使你得安息。我那时才二十二三岁,看了以后整夜流泪。这是《道德经》不能给我的。看到"我就是道路、真理、生命,若不因着我,没有人可以到父那里去"时,我说耶稣这个人太狂了……说人民群众是英雄……耶稣把话说得那么满,是个狂人,如果不是疯子,一定是神。那时我白天读圣经,看不懂的晚上能听到香港的福音电台帮我解释。后来向我传福音的那个弟兄带我去了一个家庭教会,在那里受洗,那是1993年,我25岁。

Ben(奔)是这样回忆自己的初信经历的:

我是福建人,外公是信基督教的。我出生在1966年,"文革"期间父母不敢对我讲,直到我上大学才告诉我是信主的。我那时很狂妄,和母亲辩论。1988年从大学毕业后来到这个城市,刚到这里,语言、文化都不通,人生地不熟,条件很艰苦。我本来被分配到一个事业单位,干了两个星期就溜了,那里太沉闷,年轻人都想自己干一番事业。……我在高中二年级暑假时,有一次路过教堂,就进去了,第一次的印象给了我很大震撼。这里的教堂是用当地方言讲的,我一直去教堂。我信主的经历是循序渐进的,逐渐才明白信仰的意义,它不是宗教,是信仰。我相信世界和我们是唯一的神所创造的。我相信许多弟兄被召集来是由于青年团契,而不是由于传统教会。许多青年对传统教会的抵触在于传统教会很难给予心灵上的东西,只是照本宣科。我相信圣灵很重要,我看到很多基督徒只是在教堂里像基督徒,出来以后和一般人一样,并没有得着神。我也不敢说自己得着很多,但感到一种不一样。我一直拒绝受洗，认为基督徒不一定受洗。但神的安排很奇妙，我1998年在教堂结婚，他们有规定在教堂结婚必须受洗，我是1997年夏天在教堂受洗的，后来我才明白受洗的意义。

Chris（克利斯）是湖北人，30多岁，说话慢条斯理，似乎不太健谈的样子。他1994年大学毕业后分配来到这个城市，1998年跳槽进公司，做过推销、销售管理、市场管理，同一年受洗成为基督徒，现在一家保险公司作业务主任。他说：

我喜欢西方文化，对西方的东西接受得比较早，高中时看了许多美国关于成功学的书。大学毕业后搞管理时读过《新约》，当时纯粹为了了解西方文化和学英语，觉得里面讲的是不可能的，读了和没读一样。我大学时是党员，但以后就没交党费，没有组织生活了。有一个人对我影响比较大，是香港公司的一个同事，信基督教。我不相信，但觉得他在行事为人方面很好。我们一起出差，看到他晚上读读《圣经》，我很欣赏他的生活方式，但他没有特别向我传福音。1998年3月我去英语角，碰到一个美国人，他向我传福音，我就信了，觉得信了没有什么不好。后来到教堂，感觉很好。

在我们的采访对象中，每个人都有从不信到信的转变故事。其中三分之一的人虽然有基督教家庭背景，但也因为社会大环境而未必从小就信教。他们都经历过个性化的皈信过程。因为大多数人不是生来就是基督徒，所以，要研究基督教伦理对于信徒的影响，这是个极大的挑战，因为不容易断定其信仰和行为哪个是因哪个是果。不过，即使无法完全断定因果，但至少可以看出两者的相互关联。我们所采访的人中有不少共同的特点：大多来自外地，来这里白手起家，艰苦创业，现在事业小有成就，也有了一个稳定的小家庭。

四 由于信仰而转换工作

在这些基督徒中，另外一个共同特点就是很多人在信仰基督教后都转换过工作，而信仰是其转换工作的一个重要原因。当然，有人在信仰基督教之前也转换过工作,转换的原因常与良心和道德观念有关。所以,并不是只有基督徒才会因为工作上有违背道德的地方而转换工作。不过,这些基督徒中因为信仰而转换工作的比例的确很高,信教后对于工作上的伦理道德问题更加敏感和有意识。

Frank 来自河南,大学毕业后于 1994 年来这里打工,1996 年受洗成为基督徒。第一份工作是在工厂里,第二份是做中学老师,第三份是跑业务,其间还做过家教之类的事,后来就考取了研究生。Frank 说自己在做业务销售不到一年,因为不愿意按老板的指示欺骗客户而辞职。

> 我觉得当时自己工作还比较轻松,因为老板也很喜欢我。后来觉得无法做下去,因为做销售肯定要说假话,这和我的信仰有冲突。比如我们销售一种机器,这是一个香港人办的公司。他拿了美国的护照,就说是美国公司,销售的机器都是从美国进口的,实际上我亲眼看到机器是在广州组装的。但我出去做销售只能跟别人说机器是从美国进口的。这样干了几个月后,我觉得受不了,就辞职不干了。

后来考上研究生,有时靠翻译东西赚钱,感觉很好。他说在做中学教师时,没有人际关系方面的问题,"因为圣经教导人要顺服当权者,包括你的老板、国家的掌权者和一切高于你的人。圣经中说要顺服上帝,但上帝是看不到的,具体到实践中就是要顺服你的主任、老板、经理"。他打算在研究生毕业以后还去当老师。

Amanda(阿曼达)是地地道道的本地人,29 岁。1995 年决志信主,1996 年受洗。目前在帮父母经营一座影楼。她说基督精神对她的工作影响很大,以前做过房地产中介,只做了一个月就辞职不干了,主要是因为老板要职员对客户说谎。现在她在影楼里主要是谈业务、拉客户。开始做时私心很重,认为哪怕多赢得一点利益也好。现在她有了自己的原则,她会把原则诚实地告诉客户,这样反而更容易谈成。

Cindy(心迪)是武汉人,30 多岁,没有上过正规大学。靠自学考试而获得电大法律专业文凭,后来找了份律师事务所的工作,曾经独自办案辩护成功。但是后来发现很多案子都掺杂一些政治因素,"还有和法官接触中的一些事,一两句话说不清。总之我觉得自己的良心承受不了,于是我离开那个地方,1989 年底到了南方"独自闯荡,先是在一个独资企业打工，从车间干起，后来做了厂长。再后来是自己开了一个商场。接下来生了一场大病，却奇迹般地好了。最近决定做自由传道人，这在后面还会进一步叙述。

Larry（来瑞）是本地人，1999年1月在前女友的督促下开始去教堂，去了一年，并参加了慕道班，正在等待在7月初受洗。以前做过推销啤酒的工作，经常要晚上出去，颠倒昼夜，感觉很苦，又喝酒又上夜总会。信主之后就不干了，而是开始跟父亲学习做园林建筑工程生意。

Adam告诉我们，他放弃原来在外企大公司的销售工作，开办了一个人力资源公司，主要就是为了把信仰和工作结合起来，探索处理一些商业道德方面的问题。

也有的基督徒虽然在工作上面对跟自己信仰有一定程度的冲突，但选择了继续干下去，只是尽力独善其身，井水不犯河水。George（乔治）是汕头人，1997年受洗成为基督徒。他正在上大学四年级，但已经找了份很好的工作，做外企公司总经理的助理。他的香港老板信佛，但不是标准的佛教徒，而是求佛能保佑他赚大钱。在公司的事情上，"作为基督徒，我的态度是我有什么看法会向他提出，但他的命令下达后我就去执行。"

"如果老板的命令和你的信仰有冲突呢？"

这种情况会有的。你看我的名片后面印的，公司业务包括健康温泉，桑拿浴。在这里洗桑拿浴都有一些性服务。那个公司跟我们不是一个公司，但是是同一个老板。我也曾在那里做些管理，但现在不去那里了。《圣经》中说得很明白：各人走各人的道路。如果别人要做这些事我也不会去干涉。老板做的事，有些虽然基督徒认为他的做法不正确，但我还是会为他工作，只要我自己做的是不和我的信仰有冲突就行了。当然最好的情况是老板也是基督徒，不会去做什么不好的事。但圣经中说，主耶稣在离开世界前做了祷告，不是要基督徒离开这世界，而是希望他们在世界上还能保持这种信仰。

五　诚　信

上面的引述可以看出，很多人改换工作是因为不愿意欺骗人。诚实是与人交往的基本品德，但在向市场经济转型阶段，这样的基本道德也在经受严峻的考验。在我们采访的基督徒中，很多人提到对于诚实的看法和相关经历，都一致强调要对老板诚实、对客户诚实，而且说诚实是生财之道。

Adam 对于商业伦理做过很多的思考，特别强调诚实，认为诚实虽然短期效应不好，但却是长久生财之道。他讲到当他在外企做销售时：

> 有一次我们在福建有个生意，他们有四台机组，后来他们用了我的竞争对手的油，一个月就出问题，油路堵塞了。他们请我们帮助化验，后来找出原因，不是油的问题，是他们没清洗干净。我的客户也很吃惊，他们以为我会趁机败坏我的竞争对手。这件事过后，虽然我没有把这个生意抢回来，但我的客户非常尊敬我。后来我离开那家外贸公司后，很多客户还在找我。我的老板大都不太喜欢我，因为在我面前他们不能做很多事。有一个台湾的老板到我的客户面前说我的坏话，结果我的客户把他赶出去了。其实我的客户跟我是很不一样的人，我一直在想他为什么会喜欢我，我又没给他任何好处。后来我觉得如果两个人在台面下作了些不干净的事，虽然看上去很开心，实际上两个人的关系会大打折扣，两个人会彼此厌恶，一旦分赃不均就会成为仇人，这种关系不可能长久。如果两个人都很干净，他在我面前一直保持着很好的面子，他可以把我当朋友，不在乎我是不是给他两个小钱。我们就可以保持长久的关系。生意越长久越好做，这也是从圣经来的。

很多人表达过同样的意思。George 是看到广告后去应聘的。正好有位基督徒朋友在那里工作，是老板的秘书。"老板对他很信任，对基督徒很放心。面试是老板认为在几个条件差不多的人中基督徒最可信，基督徒在公司里不会和别人拉帮结派、钩心斗角"。George 还说：

> 作为基督徒，首先我不会去为自己的利益而骗人。坐在我现在的位子上其实有许多机会，有时公司买一些设备，经过我的手，让人去采购。在中国采购肯定是要拿回扣的。如果我向他们要一些回扣，他们也不敢不给我。本来一些机器可以由我自己去买，但我都要别人去做，他们叫我一起去，我也不去，因为如果我去了，要么和他们一起分回扣，要么不拿，但别人肯定会认为我拿了回扣，我不想碰这些

事。有一次下面一个温泉公司的经理打电话给我，意思是要给我一些好处，因为我发现他们管理混乱，就向老板做了汇报，老板把他叫来臭骂一顿。但是我不会拿他的钱，而且连他们的事我都不想管了。

Henry（亨利）是东北人，成长在一个三代基督徒家庭里，1993 年大学毕业后来到这里，1994 年受洗。他在一个外企任工程师。

> 我们公司有很多外国人，他们都是基督徒，我们在国内最大的老板也是基督徒，我们真正按神的旨意做事神就会祝福我们。比如说上帝要我们诚实，短期内可能别人认为你是傻子，但从长远看这样做会取得客户的信任，能保持长期的合作关系。如果对老板诚实，老板会信任你，公司内部也会相互信任，自己活着也不会很累。如果大家互相猜疑就会很累。如果大家知道你是基督徒，按基督徒的方式行事，就会建立一种很好的关系，神就会祝福你的工作。还有，报销是可以多报一点，这样的机会非常多，如果多拿了一些钱，占了公司的便宜，神就会责怪你，让你有犯罪感。

我们多次尝试让他讲些具体的事例，但他说因为事前没有做更多的准备，一下想不起来特别的事情，而且有些事情不方便讲。

在 Adam 看来，诚实不仅是一种个人品质，而直接和商业道德相联系，他看到华人公司包括外资公司里的华人职员大多有严重的商业道德败坏问题，甚至外国雇员来中国之后也"入乡随俗"了。他说：

> 许多公司的失败主要是信仰、道德问题，说白了就是人心的问题。我发现很多公司很注重员工的培训，其实这不见得这么重要，因为我在大公司做得好，和公司的品牌、服务很有关系，我觉得自己并没有什么能力，只是做得很本分，如果公司的人都像我这么本分的话公司不会亏损。我总结出三个做生意的要点，一是诚实，二是信心，三是机智灵活。其中诚实是最起码的。

显然，依靠诚实建立长期的经济关系，这是理性的市场经济所需要的。与此相反，赚一把钱就走，能骗就骗，那是投机式的市场经济。

不仅诚实，而且要对人信任。正在读研究生的 Frank（弗兰克）说："有一次在找工作时，我怀疑那个香港老板的公司是冒牌的，就让一位来自香港的基督徒下次去香港时帮我看一看是真是假。可他告诉我不该这样想，应该相信别人。我觉得他的境界比我高，因为他从相信别人出发，我从怀疑别人出发。这件事以后，我更愿意相信别人，虽然有的不太可信。"

"有没有因此而吃亏？"

"还没有。很多人说像这样到社会上没法立足，可能会这样，但我相信上帝会帮助我。"

诚实会吃亏，轻信会吃亏，这在市场经济转型期是常见的。但是若要走出这些困境，建立诚信机制，总要有一些不怕吃亏的先行者。很多人没有财力物力冒这样的险。我们所采访的很多基督徒凭着对于上帝的公平性的相信而自愿冒险诚信。如果这样甘愿冒险诚信的人多起来，理性化的市场也就走向成熟了。

六　信靠上帝，神迹如常

很多基督徒说，不仅是在诚信的事上，而且在经济活动的方方面面，只要信靠上帝，虔诚祷告，就终将得到上帝的保护和祝福。

Joe（舟）50多岁，祖籍河南，祖母信基督教，母亲年轻时信过，父亲不信，父母都是革命干部，自己从1990年开始认真去教堂。大学中文系毕业，在警务处干过，也在新闻出版局工作过，还自己办过杂志，当过出版商。1996年创办了人才市场，取名"锡安"，即圣经中的一个圣山。

我给市场取了这样的名字，果然各方面都很顺利。去年新华社搞内参整我，我祷告了，很快政府就下文件澄清事实，这就是神在帮我。有些问题我祷告了以后，第二天就解决了。现在《圣经》完全支持着我的精神生活。现在我的办公室里摆着十字架，有各种版本的圣经，谁有需要我就送给他。我带公司里的人来教堂，好几个人已经信了基督。现在我有五百多名下属，我从来不开除我的下属，他们自己会好好工作，做得不好的自己就觉得不好意思，辞职走了。在中国做基督徒很矛盾，做商人基督徒就更矛盾。《圣经》里面财主的日子最不好过。但是《圣经》里也有这样的故事：耶稣说有个主人把钱分给三个人，后来最喜欢的是那个把钱用来投资做生意的。基督精神还是鼓励大家赚钱的，不想赚钱的根本不能做生意。只要不单单追求利润，一心把事情做好，钱就自然来了。我能力强，政府重视，又是基督徒，有上帝的祝福，所以我的优势是别人比不了的。

Adam 在谈话中没有使用过"奇迹"这样的词，他常用的是"神为我开路"，下面是他叙述的两个例子：

> 我辞了电厂的工作，单靠神，那时信心很单纯，来这里后的第二个星期就进了一个外资公司。那时什么都不懂，身上没什么钱，我祷告神帮我找个地方住，要便宜、清静、干净、离上班的地方近，听上去好像不可能。后来一个劳务公司的经理为我提供了一个信息，四个条件全部满足，我只能解释这是神的恩赐。我办这个人力资源公司时，需要得到人事局的批准，跟一个处长聊天时，他很欣赏我的能力，介绍我和他的一个朋友合作，是政府的一个公司的总经理。我相信我没有办法跟他合作，以为我们的信仰、原则不一样。他说我不做就不批准我的公司开业，我说我有三条路。第一，我就不做了；第二，我把办公司的钱拿出来打官司，试一试中国的法律到底怎么样；第三，我是基督徒，如果神为我开路，你是挡不住的。后来他说："我不为难你，你拿两千块钱去给处长就行了。"我说不行，这钱我拿得出来，但这是原则问题，我不是向处长低头而是向魔鬼低头了，我不给魔鬼留地步。因为这件事，我损失的不止两千块，因为我租了房子，他不批准，我没法营业。我不会非法营业的，这是我的原则，我不违法。后来神为我开路，人事局的一个小伙子让我去拿批文，他以为我交了那笔钱，结果我没有花那个钱也办下了营业执照。别人可能认为这是巧合，但我认为是神为我开路。

从 Adam 的前一个见证中可以看出他相信祷告能解决生活中的实际问题，而后一个见证显然表现了一种神的公义必胜的姿态。从中可以体会到一种很真实的信心，其他人也表达过同样的意思。Adam 曾说过这样的话："我们希望找到好的见证，说明照章纳税也能生存，不仅如此，我们希望有这样的见证：即使不成功，我也遵守神的诫命。我们不想让人感到成功比神还重要，我们希望不成功也顺服。"但是在大部分的访谈中所体现的，仍然是"做一个成功的基督徒商人"的理想。"成功"是占很大分量的，正如 David 所说的："既有信仰、健康，又有美满家庭、社会地位，这时传福音才有说服力。"就是说，这些基督徒商人们相信上帝能够让他们成功，而成功反过来可以成为有力的见证，吸引其他不信的人来信仰基督。

七 理性经营、回扣难题、制度缺陷

在市场经济转型过程中，理性经营因素应该日趋扩大。我们看到，作基督徒经理或老板的，有这种理性化经营的特征。

Amanda 在帮父母经营一座影楼，主要是谈业务、拉客户。开始做时私心很重，认为哪怕多赢得一点利益也好。现在她有了自己的原则，她会把原则诚实地告诉客户，这样反而更容易谈成。Ben 的公司现在雇用 5 个人，只有两个是基督徒，刚信不久。关于雇用人的标准，他说：

> 我们在商人团契里讨论过是否一定要雇基督徒，没有定论。我认为还是要看公司运作的情况。任何一家公司都要求看员工的品德。我认为有责任心，做事踏实最重要，因为我们是作服务业的，环节很多。我对下属要求比较严。耶稣讲要爱人，我准备让做得好的员工参与公司的股份，有分成。平时大家也是尽量平等，但做事总会有命令。我相信老板应该和员工相互理解，才会比较和谐。我对客户不会刻意讲自己是基督徒，我相信有些事是潜移默化的。我不知道神是否会感动全国信基督教，那不是我的事，我只是做基本的工作，是神的很小的器皿。我在外面不会很热情地传福音，我认为应该用行为去传，不是用言语去传。

正在等待受洗的 Larry，一年前开始跟父亲学习做园林建筑工程生意。谈到基督教信仰对于工作的影响，他说："直接影响是以前做事想到哪里做到哪里，现在凡事要祷告，神在前面我在后面。我也算是个小老板，有时心里一急，就会骂人，说粗话，一遇到这种情况，就赶紧祷告。以前一遇到问题，或错过机会，好几天心里都不舒服。现在不会这样，很感谢神。有一次我参加弟弟的结婚酒席，公司打来电话说别的工程队的吊车把我们公司的地砖打碎了很多箱，我没把这当成多么大不了的事，也没和他们吵架，他们爱赔多少就赔多少，在祷告中还说感谢神。以前我肯定会和他们吵架。"

"你手下的工人知道你是基督徒吗？"

   知道。我自己很软弱，所以我到什么地方都尽量告诉人我是基督徒，因为人很诡诈，别人不知道就会想做些坏事。我说出自己是基督徒，等于自己给自己上了锁链，我做的事都应该是荣耀神的，不能使神的名受损。和工人在一起不能乱骂人，和老板打交道不能欺骗，《圣经》中说得明白，要管住你的舌头。

  礼尚往来本是中国的传统文化，但在市场经济的转型过程中，反而变质为借机贿赂和受贿。在我们采访当中，发现是否给"回扣"和是否吃"回扣"是个很多人关心的问题。Frank 说在做销售时给过回扣，"有一次我就给了，但内心矛盾很大。特别是一些国营厂，给了厂长好处后，你销售的产品价钱高一点也没什么，因为反正是国家的钱。但如果不给回扣，生意就做不成了。那是 1995 年，当时有五家外国公司和我们竞争，而且其他公司销售价很低，所以我心里有很大的矛盾和挣扎。"不过，这个问题并非黑白分明。Ben 从 1991 年起在一家美国的独资海运公司的办事处工作，做国际货运，从 1993 年起注册了一家私人公司，继续跟那家美国公司做。以前做销售经理时，"有时会做一种飞单，就是生意不在公司做，拿到外面去做，自己赚钱，会让老板有损失，我很内疚。那时我还没有信主。信了以后还有回扣的问题，《圣经》里没有完全的答案，也谈不上内疚，还处于困惑中。当别人要回扣是很难拒绝，因为他给你的利润很高，不做舍不得。这让人头疼，因为按道理不该做，这会使国营单位受损失。"

  另外一个重要的制度缺陷是在税收上。在国际性会计事务所做审记工作的外籍华人 Nathan（纳森）说："在中国很需要会计或审记这方面的人员，但按中国的会计制度发展有一定的局限，因为中国的会计系统是按税务制度定的，很多中国的领导人都说中国的会计报表实际上是不可靠的，首先会计制度本身没有真实性、公平性，中国做会计报表主要为了方便纳税，没有理会公平性问题，许多财务报表的问题出在资产的价值上，把利润高估了许多，如果按国际税务标准来做，会把利润下降很多，这样就会影响税收。"Nathan列举了很多这样的问题，他认为国际的审计标准只有基督教国家做得出，商业上的公平、公正原则也是从基督教国家来的。

Nathan还谈到，如果按照政府的规定全部缴纳各项税和费，几乎没有一个公司还能赚钱。问题是现行的税收政策不合理，税定得过高，因为税务局知道不可能按规定收齐该收的税，只有一小部分企业会照章纳税，为了保证税收总额，就只好把税定得很高。但是，大多数公司只能靠偷税漏税来维持，做假账，贿赂税务局，结果，大多数实际上赢利的公司都不缴税。他说，他的外资公司因为照章纳税，目前根本不赚钱，只是在维持，甚至在往里赔钱。但这个跨国公司赔得起，为的是站稳脚跟，等待市场制度更合理后赚钱。Nathan说，为什么不能把税调低，但采取有效措施保证所有赢利的公司都交该交的税？这样，政府收取的总税额还是有保障的，同时会鼓励公司理性化经营，而不必总是为了生存和赚钱而设法逃税漏税。显然，这是个更大的制度性的问题，基督徒们是无力靠自己的能力予以改变的。最多是在有机会时向有关部门提出建言，不然就只能尽力独善其身了。

Nathan在广州居住了三年，但他所在公司的客户绝大部分是外资企业或合资企业，所以他实际面对的"基督教商业伦理"与现实的冲突似乎并不是很激烈，与Adam"诚实"、"本分"的信条比起来，Nathan需要遵守的标准似乎更加明确、直接，而这次调查中遇到的大部分中国职员，显然没有Nathan这样轻松，像David说的只有靠圣灵带领，或做药品推广的Chris所说的"有时需要点润滑剂"，尽管这会让良心不安。当问他如果没有这种信仰在做法上会有什么不同时，他说："那就天经地义了嘛。"

八 教会有心，教牧乏力

在我们进入田野时，根据上级宗教部门领导的建议，为了便于得到有关宗教管理部门干部和教会负责人理解，在介绍课题时说是"研究基督教与社会主义相适应的情况"。省宗教管理部门和省基督教两会对这次调查一直很关注，也一直积极配合和协助。省两会提供给我们的材料中有这样的话："宗教界如何在社会主义两个文明建设中发挥它的作用？发挥什么样的作用？……在教会恢复、建设的同时，积极开展社会公益服务，是实现中国基督教三自爱国宣言，实践教会'服务社会、造福人群'的传统，是促进基督教与社会主义社会相适应的举措，是基督教的爱国主义行动的体现，也是中国基督教三自爱国运动发展的一个内容。"教会的牧师同工们也都有同样的表述。不过，我们的调查重点并不是教会的社会服务工作，而是基督徒的市场伦理。

这个省的神学院也开设了伦理课，每周两节课。教授伦理学课程的老师说："丁光训主教说过，基督教要对人们的生活作出贡献。基督教是讲伦理的宗教。基督教信仰应该使行为和信心相称。牧师讲道必然要提到伦理问题，对人要有生活上的指导，否则就是空谈。我们开这门课时会给学生一个提纲，老师讲，他们记，主要是两大部分：一是伦理基础和家庭；二是职业道德。我们曾把卖假货的问题当做一个专题来讨论，还讨论过饮酒、说谎、安乐死、环保等问题。不过，这门课在中国还不成熟，没有好教材。金陵神学院也开这门课，但没有课本，老师的参考书多是从外面来的。但是国外的伦理学课程要么比较传统，探讨哲学基本问题，要么特别激烈，热衷于堕胎、同性恋、基因移植这样的问题。我们是希望伦理学真正应用于教牧工作和学生的生活。"国外的教材不太符合中国的实际需要，符合中国现实需要的教材还没出现。不过，中国的基督教界有识之士显然正在调整教学内容来回应中国社会转型中所提出来的伦理挑战。

神学院的另外一位中年老师说："在现在的社会转型时期，传统的理性、价值观念受到怀疑，为基督教的发展提供了空间。其实基督教价值观念和传统价值观念很相似，比如爱的观念中对朋友之爱、邻里之爱的解释，比如家庭观念。中国传统的观念都是趋于保守的。基督教的伦理观念更有系统，理性成分更多些。中国儒家很推崇仁的精神，但他们的'仁'和道德观念只适用于士大夫阶层，把人看得过高了。道家又把人看得太低了，道家追求的'逍遥'和个人的超越对个人是一种解脱，对社会却没有什么贡献。基督教道成肉身的观念说明神不是高高在上的，而是参与社会发展的，当民族面临灾难的时候，上帝的出现给人以盼望，基督教的积极意义也在于此。"

不过，由于教牧人员的短缺，现有教牧人员更多的是忙于基本教义的教导、宗教礼仪的举行，和对于有需求信徒的关怀，无暇顾及系统的社会伦理的教导。在我们采访主任牧师时，问他是否在讲道时讲过关于金钱观、工作伦理这方面的专门题目，他说："现在我们还是更注重基本信仰方面。一方面我们经验还不足，另一方面我们感到信徒的整体素质还不是很高，加上最近初信的人比较多，所以我们还是在基本要道上去栽培他们，比如关于重生、得救、基督论、圣灵论。一些素质较高的信徒也提出需要结合实际，我们也在调整。我们传道人的素质，包括我自己，也还是需要再进修。"

据负责青年事工的牧师介绍，这间教堂是这个城市基督教堂中年轻信徒最多的。他们大多有学历、有见识、有思考能力，带着很大的热情投入教会的工作。这个城市的宗教政策比较宽松，人们观念开放，家庭聚会很多。参加青年聚会的人中一半以上也参加各种家庭聚会。这些团契是纯信仰的，大家一起祷告、唱诗、查经，彼此关怀，这对他们的信仰有好处，又不违法，但教会不能支持。他们自己组织的团契生活很自由很灵活，他们觉得教会的事工太慢。他们感到教牧人员不支持他们，会对教牧人员有隔阂。牧师说能理解他们，但他们通常不能理解教牧人员。而且青年传道人从神学院毕业后就进入教会，没有社会生活经验，又无阅历，所以对信徒的关怀有些很苍白，没有效果。

九 相互扶持、相互砥砺

在市场大潮中游泳的基督徒商人和职员们，每天都面对很多挑战、疑惑、问题。在开放的教堂里得不到帮助，特别是得不到有关市场伦理的清晰明确教导，有些基督徒便自动组织起来，互相扶持，共同探讨，相互砥砺。

关于相互帮助，很多信徒都有和其他基督徒一起租房居住的经历，对有些人来说，这在某个时段内可能是个很重要的生存条件。例如江西人Emily（艾米莉），中专毕业后来这里打工，先在一所幼儿园作老师，后来失业。她说：

> 那时我第一次失业，当时一个基督徒朋友在一家广告公司做事，我就去他那里帮忙。他的老板不是基督徒，但对基督教印象非常好，

他们开始是想建立一个基督化公司，上下班都有祷告，我很有心也加入他们的团契，但后来发现不是自己想象的那样。每个人信主的时间不同，而且信的情况也不同，有的带着不同的背景，他们中大部分都是像我这样希望有一个团契，有安全感，但期望太高，每个人都按自己的想法去做，后来大部分人都离开了。后来我又去找工作，但那段时间就住在基督徒的团契里。那个广告公司租了一套房子，我就住在那里。那位朋友说："等你找到工作以后再交房租。"若不是他们，我不知道自己该怎样过下去。

在我们的采访当中，无论是政府官员、三自教会的牧师，还是家庭教会的带领人，都认为这里是个相对开放的城市，这种"开放"是就宗教氛围而言的，众多家庭教会的存在可称是开放的重要层面。省两会的负责人坚持称这些为"家庭聚会"而不是家庭教会。就我们所了解到的情况来看，家庭聚会规模大小不一，方式各异，持续时间和影响面极不稳定。一般说来，它们联系着相对固定的一部分人，可以说在一部分信徒的生活方式构成中占有相对固定的空间，有的家庭聚会产生后可能很快消失，但它再生和重新组合的能力也很强。调查中接触到的家庭聚会对三自教会的态度一般介于比较中性和干脆排斥之间，但很多参加家庭聚会的信徒同时也参加在教堂中举行的崇拜仪式，这构成了家庭聚会和三自教会之间的沟通渠道，而三自教会中牧师面对家庭教会的繁荣至少是有一种进退维谷的两难情绪的。这种更活泼、娱乐性更强、带一点浪漫甚至惊险色彩的团契活动或许可称是这个南方沿海城市中基督教生活的一面。

因为我们的研究重点是商业伦理问题，便对于其中一个"商人团契"给予特别的关注。商人团契的创办人 Adam 讲起商人团契成立的经过时这样说：

> 商人有个困扰：信主之后价值观、世界观有了改变，和现实中流行的世界观发生冲突，他们会觉得星期天在教堂里做小天使，星期一到星期五都做小魔鬼，因为老板让你做，没办法。基督徒做了这些事以后心里很矛盾，而且再没有勇气向别人传福音了。我们想有个团契，目的是让我们的信仰在我们的生命中体现出来，在实践中活出神的话来。这需要圣经的真理，还需要很好的见证来鼓励，说明这条路

是行得通的。在中国有个悲哀，我们的团契也不能作大。现在成立了不到一年，我们联系了一些弟兄，一起分享、查经、见证。

据 Adam 所说，商人团契比较关注商业道德，因为《圣经》中的标准比法律高得多，达到这个标准就很不容易违法了。他们的主要活动是每月一次的专题讲座，已讲过的题目有：外国人和中国人对商业道德的不同看法；该怎样做经理；成功的关键是什么；在公司里怎样有良好的沟通。团契的成员属于不同教会，而商人团契本身和教会没有任何关系。团契成员都在 30 多岁，还在创业起步阶段。Adam 很看重《圣经》基础，经常说，"我们最重要的是打好根基，好树自然会结好果子"；"商人团契主要的困难是我们的《圣经》根基不够，好的讲员不够，好的见证不够"；"现在信主的人中很多根基很差，在教会里听来片言只语就随便用"。商人团契的成员 David 也说，商人团契中主要讨论的问题包括"比如征税、回扣、怎样做一个成功的基督徒商人。基督告诉我们当纳的税必须纳，但我自己的税也没有纳全。在团契里会碰到许多困惑，特别是回扣问题，不给很难，而且回扣又分许多种。还有关于商人形象，《圣经》中在这方面讲得比较少。我们现在只能靠圣灵带领，探讨来探讨去也不见得有答案。于是我们又回到《圣经》，把根基打好，而且我们请了一些比较成功的商人给我们做见证，我觉得通过分享得到的东西很多。罪很难完全避免，问题是怎样减少犯罪，分别为圣，这是不容易的。"

我们参加了商人团契的一次聚会，那一次参加聚会的共 10 人，男性 4 人，地点是在团契成员 David 的办公室。内容除唱诗和祷告之外，主要是 Adam 带领的查经和请来的一位外企公司的分区经理做见证。在带领查经时 Adam 说，一些人说如果不给回扣、不贿赂就做不好生意，实际上正是因为做了这些事，生意才做得很苦，因为商场上流行的方法和技巧是和上帝的心意相背的，唯一的解决办法是信耶稣。怎样把失去的潜能调动起来呢？只能照《圣经》说的：将你们的心态改换一新，并且穿上新人，这新人是照着神的形象造的，有真理的仁义和圣洁。和神恢复和好的关系才能更好地发挥人的潜能。查经后有一段时间的自由讨论，大家谈到商品价格和暴利的问题，有人提到一本基督徒商人写的书《态度——成功之父的三个习惯》，有人又提到回扣的问题。后来香港人 Peter 做见证：

我以前做销售这一行,经常需要和客户一起去夜总会,我总想,这样不好。于是我祷告,让神帮我找另一份工作,过了一个月,就有现在这个公司来找我,我在那里工作了7年。后来出过一次车祸,在病休期间,一天早上,我听到一个声音,现在我也不能解释,那声音说:"你爱不爱我?"我知道那是神,我说:"爱。"他说:"把你的工作交给我。"我以为神要我离开现在的职位,一直等着,后来看《圣经》才明白,无论做什么工作,都要在主里面做,顺服我的老板,如同顺服神,应该由他把握我的一切。公司97年10月派我来这里做经理。开始很艰苦,语言不通。我祷告、看《圣经》,知道神要给我任务,就坚持做。这是个跨国大公司,斗争很厉害。我在中层,一直不参与他们的你争我斗。他们讲假,我讲真,所以我是吃亏的,但神让我把工作交给他,只要能跟神有交代就好了。后来越做越顺利。98年我回香港做市场经理,斗争很苦,我有些没信心了。新的老板不是基督徒,我的工作很难做,他们不配合。我开始怀疑那声音是不是我的错觉,但我还是按自己的原则做事。过了一年,赶上金融风暴,很多人因失业而自杀。我在这时辞职,因为我不做不能荣耀神的工作,他们都很奇怪。98年到99年8月,我经历了痛苦经历,没有工作,以前做的都白费了。但是神要我这样做的。后来我太太有孩子了,我想卖了旧房子买新的。买房要交定金,但买我的房子的人忽然不要了。当时我的压力很大,我想,是不是我做错了决定,但我没有责怪神,因为我现在所有的都是神给的。我失业了,又要有小孩,又要买房子,很难。我祷告说,神,求你帮帮我,我不是为自己,是为了家人。我还是每天看《圣经》,那几个月完全是神给我力量,我表现得很轻松。我相信有一个神,神是真的(这时他抽泣得很厉害,不停地用纸巾)。后来接到公司一个总经理的电话,说那个公司还希望我回去。在香港那一年的痛苦时间里,神一直没有离开我,而是利用这个机会教训我,让我做得更好。于是我又和这个公司签了合同,我现在工作得很好,这个公司里没有一个人像我这样,在半年时间里不搞政治,不靠后台升到经理,我只靠神。

Frank说基督徒的团契生活信仰对自己有很大影响,但也是潜移默化的,"通过参加团契,和教堂的人接触、相互鼓励、相互指正。比如在团契生活中大家一起学习《圣经》中的章节，以及对人生的指导，把圣经运用到现实中该怎样做。看到别人的榜样，这对自己是影响最大的"。他又说："团契生活对我来说很重要。如果是我一个人，没有人监督，特别是这个世界和这种信仰不太相符，我可能就走向另一个方面了。毕竟有很多诱惑，小的包括日常生活里会说假话，会讨厌、嫉妒别人，如果没有基督徒帮助我，我可能就顺自己的性子了。大的方面像工作中的回扣问题。"

商人团契代表了家庭聚会的一种形式，它并不频繁地聚会，只是每一两个月一次。其中的成员大多也参加其他的教会活动。以 Adam 为例，我们采访他的当天晚上，他带我们参加了他带领的教堂敬拜赞美小组的灵修会，地点同样是在 David 的办公室，这样，敬拜赞美小组一边在教堂练歌、带领周日的青年团契，一边自选场所和主题进行灵修，成了一个半家庭聚会性质的团契，这种形式在这个城市也很普遍。同时，敬拜赞美小组的成员与商人团契的成员有很大的重合性，他们在不同的团契生活里，有意无意地扩展了交往的空间，也可以相对拉近两个组织的风格。Adam 带领团契的风格可以说是理性而相对正统的，但三自教会对他的作为似乎并不欣赏，教堂的主任牧师曾问我的助手对 Adam 的印象如何，并且评论说，Adam 主动和他接触了很多次，表示很愿意在教会里担任职务。"但这个人自我意志太强，喜欢标榜自己，把自己当真理，所以教会一直没有考虑让他来担任工作。"教会牧师的这种态度，使得本来愿意进入体制内的能人不能进入，但他们又不可能甘于寂寞，这既是这些人个人的尴尬处境，也是市场化转型中需要改变的制度问题。"商人团契"这种自发的相互砥砺群体，是社会转型过程中使市场经济趋向理性化的积极因素。

十　借神生财、弃财传道

上述为采访中所看到的主流。但也看到两个支流，分别流向不同方向。有些人在信仰上游离于教会之外和信徒群体的边缘，但为了物质利益而自称信神，实际上是借神生财，以财为目标。另外则有少数人放弃世俗工作，一心传道。这里把仅有的几个例子都列出来。

Monica（莫尼卡）在海关做资料管理工作。我的助手在她的办公室里见到她后，她很小心地等同事离开后锁上了门，才开始讲话。她说自己正式信神是1997年。

以前也去过教堂，但不知道有真神的存在，听人讲道，也不知道什么是上帝，只觉得佛教、基督教都差不多，都是做善事的。但佛教总给我恐怖的感觉。当时单位里有一位同事，她带我去了一个家庭教会，在祷告时，上帝让我看到一道光，别人都没有看到。我想，这就是异象，这位神肯定是真的。我现在还没有受洗，我接触的基督徒都没怎么感动我，特丽萨修女的事迹感动过我，但她是天主教徒。我的信仰没有让我走火入魔。按他们的说法，上帝没有拣选我。我是很尊重科学的，总发现《圣经》中有些东西跟科学有冲突。比如《创世记》说上帝先造月亮再造太阳，这就不符合科学；还有夫妻结合才能有小孩，那怎么解释现在的克隆技术呢？而且我也搞不清进化论和《圣经》谁对谁错。还有很多东西我不能理解。按道理上帝应该对信他的人更好一些，可为什么许多基督徒过得比那些不信的更惨？但我信上帝后，上帝还是很照顾我，96年我离婚，经历了很大的打击，主给了我精神上的安慰。单位里的同事大多是党员，只有一个姊妹，就是带我去教会的那个，但现在她感情上受了很大的打击，没有信心了，也不信了。连我都觉得她既然已经信了基督，上帝不该再给她这么大的打击。周日我有空就去教堂，开始很喜乐，后来就有沉闷的感觉，他们说得多，做得少，中国的传道人、教会都这样。我在加拿大的朋友告诉我，那里的教会并没有特别向他传教，但帮他做了许多实际的事。我去教堂主要是为了读《圣经》，因为我自己读不懂，需要有人带领。我很希望能用《圣经》解释日常生活，还有一些超自然现象。比如我的一个朋友就见过鬼，但是她更相信算命。我相信有反世界的存在，希望上帝能得胜。我觉得教会青年团契的风气不好，不从实际出发，总是讲信上帝才能永生，现在的人谁还在乎永生不永生呢，在世界上先享受够了再说。我不认为基督徒不能追求物质，不追求物质社会怎么能进步呢？只要不违背自己的良心就好。后来做带领的新加坡传道说世界上的科学都是假的，只有《圣经》是真的，我觉得这么说不合适。科学家的智慧也是上帝给的，我们住的房子、用的电灯电话，哪样不需要科学？我开始还和他们辩论，但也辩不明白，后来也就不辩论了，要不然他们又会说我不信主。我在团契里没交什么朋友，也没聊多少心里话，因为那些人层次太低，有些好像成天没工作，游手好闲的。

她说自己年底就要和一个加拿大人结婚，也要移民到那里。她的未婚夫是天主教徒，比她大25岁，在加拿大做中学教师，退休后来中国教学。Monica说："他对我是真心的，但我对他信心不大。我跟他结婚主要是为了出国，我有好几个朋友都在加拿大，到了那里他们可以帮我。我想自己做点事业，这在中国就不可能。他实在太窝囊了，根本不会计划生活，做什么都没有能力，所以他到现在还没有结过婚，根本没有女人看上他。像这样一个人，我怎么可能长期忍受？我嫁给他是想改变自己的环境，不是存心害他、整他。他在中国的存款都是由我来替他保管，不是为了要他的钱，是因为他花钱太没计划了。"她说希望出国后能遇到一个真正的爱人，但她没有生育能力，出去以后地位又没巩固，"我现在唯一能确定的是，不管遇到什么情况，都会想到还有主在。"

Monica的一些想法离基督教很远，但至少从她的叙述中可以看出一些基督徒的表面特征：读经、祷告、参加聚会，而这次调查中遇到的另一例就更加特殊，他是一所大学附近一家小餐馆的老板Jon（章），经常有一些校内校外的基督徒团契光顾这家餐馆，有时是成群结队地来吃晚饭。

Jon是北京人，44岁。这家餐馆去年6月才开张。在这之前他在新疆工作，干了9年，并在那里成家，有一个女儿现在7岁，她们还在乌鲁木齐，他刚刚在这里买了房，不久就要把妻子女儿接来。他的餐馆在布置上有一点与众不同：餐馆二层在正对楼梯的墙上贴着一幅耶稣和各种肤色的儿童在一起的图片，图片上面挂着一个木制十字架。他说以前他是信佛的，家里供着观音，出差去外地到了有名的寺院都要上香。后来一个朋友送给他一本《圣经》，他看了看，就信上帝了。对此他有个奇特的解释：

> 一个人要是什么神都没信过，他也不会信上帝，就是因为我相信有神，看到上帝的道术更高，才信他。我信神之后，神一直在帮我，比如现在我正在办健康证，已经让别人替我去取了两次，都没取来。我祷告以后自己去取，就取来了。前几天我骑摩托车出了事，肋骨断了两根，只贴膏药20天就全好了。

他没有参加多少团契生活，也没有受洗，他说自己现在生意非常忙，每天早上11点起床，12点到餐厅，忙到下午两三点，又回去睡觉，下午5点多再回餐厅。

> 我以前天天看《圣经》，现在没工夫看了。以前看《新约》，觉得有很多道理，现在看《旧约》，越看越糊涂。我每天至少祷告六次。他们每礼拜都在一起听《圣经》，我没时间去，但我心里有神。我到这里以后只去过一次教堂，我觉得总去教堂没有用，要看自己有没有时间，如果没时间去，上帝也会原谅。我也经常传福音，见到我以前的朋友就告诉他们要信上帝上帝才能帮你。上帝虽然关心每个人，但你信了以后他会对你更好。现在我爱人也有点信了。我女儿以前跟我一起拜过佛，她还不知道我信了上帝，把她接来后我会告诉她。

谈到自己的生意时，他说：

> 上帝对我很关照。我开始到这里，人生地不熟，现在生意已经做得很顺了。把握机遇很重要，机遇也是上帝给的。我在餐厅里挂了十字架，附近有很多外国人，都爱来我这里吃饭。挣钱总是很辛苦的事，我们从来不坑人，每个菜的利润只有30%。这条街上的餐馆竞争很厉害，但我有特色，不怕竞争，平时左邻右舍也没有什么矛盾纠纷。我现在还没有办执照，不光我一家，这条街上的餐馆全都没有办执照。办执照太麻烦，要健康证、卫生许可证、防火、排污；办了以后更麻烦，比如办了卫生证以后，你就在他们那里登记了，他们会三天两头来检查，各种指标特别多，不办证他们也不会来查。其实人活着哪有那么多讲究？吃饭的碗筷洗得干干净净也就行了。工商要是找到我们头上就认罚，1000元到5000元不等。前几天我刚交过一批罚款，态度好一点，再托托人，才罚了1000元，也比办证省事得多。不过我现在也在办健康证，中国的办事效率太低，只能慢慢来。

Monica和Jon所处的环境有一点相似，就是他们在日常生活中都很容易接触到基督徒群体，尽管他们并没有过多介入团契生活。我们在采访过程中并没有感到活跃的基督徒群体对Monica和Jon有排斥或不接纳的情绪，倒是 Monica 对自己与别人想法上的差异很敏感，从"我的信仰没有让我走火入魔"这样的言语上可以看出她或多或少已经给予自己一种边缘的自我定位。但 Monica 和 Jon 都共同强调的一是"心里有神"，二是祷告和与之相关的"上帝很照顾我"。这使人想到有些基督徒强调的就是一个"相信"，然后祷告，这样就可以成为基督徒，不能说这不是信仰。但 Monica 和 Jon 的信仰缺少团契生活的鼓励和仪式的强化，因而有不稳定的特点，而且两个人都还没有正式受洗成为基督徒。这种情况表明，在基督徒的核心和"外邦人"之间，有一个很宽阔的灰色地带。

另外一个极端则是放弃世俗工作而一心去传播基督教。Cindy（心迪）是武汉人，30 多岁，别人把她介绍给我们时说她有比较传奇的经历。她也的确用了很长时间讲述自己信基督教之前的经历，介绍自己的家庭时说："我父母成分不好，父亲是国民党，母亲是大资本家的独生女。我兄弟姊妹 6 人，哥哥是老大，我是老五。小时候家里的东西都被拿走了，感到家里穷，而且总有压抑感。"她说自己初中毕业后就不情愿地离开学校去工厂顶父亲的位子上班。1984 年自学考上电大法律系。1987 年毕业去一家律师事务所，1989 年底来到这里，之后走的是一条从车间主任到厂长到独自经营的女强人之路。1994 年在一次住院的经历之后，卖掉了商场，在一个沿海新兴城市买了房子，之后通过朋友接触到《圣经》，信主以后很快就开始在那里讲道。她从 1994 年就没有正式工作了，生活靠过去的积蓄和传道人的生活补贴。

> 三个星期以前，试探就来了。当我考虑做专职传道人时，我想我有很长时间没有出去和朋友喝点什么、聊聊天了，我还有很多爱好，乒乓球、保龄球，是不是做了传道人就不能再做这些事了？我把我的想法告诉了一个负责同工，他叫来另一个弟兄，请我一起去打保龄球，玩得很开心，但回来后还是想这个问题。这段时间还有一些弟兄姊妹和外邦人不断给我介绍工作。一个姊妹是一个大俱乐部的秘书，她的老板需要一个商场经理，她竭力劝我去，说我们可以把那里建成一个基督教的基地。我说我要祷告，祷告后没有这个感动。在这里找份工作很难，一个月 3000 块的工作谁不想去做啊？她的老板都觉得很奇怪。

James（雅各）看上去 30 岁左右，接受采访时，他很谨慎地要求不要录音，但他也显得很兴奋，一开始就提到了他后天就要动身去美国读神学，签证时他太太陪他一起去。据他所知一般情况下签证官会询问家庭状况、收入、房产、户口等许多问题，但签证官知道他是要去读神学时，只问了一个问题：说出十诫中的三诫。结果不到十分钟就拿到了签证。他兴致勃勃地说："等在外面的人都说不可能，我说，我信了一位上帝，他是最伟大、最智慧、最神奇的。"他和他妻子都是河南农村人，父母都是基督徒。他读到初中时就离家外出打工，1990年第一次来到这里。失业后得到教友们的帮助，1997年开始不工作，专职传道并接受国外的培训，已经去过云南、四川、贵州、北京等地讲道。他有个8岁的女儿，生活靠他妻子的工资和家庭教会的奉献。

另外，在这种非制度内的传道人中，有些人也反复往来于专职传教和商业经营之间，因为没有正式教会中的那种制度化束缚，就可以自由进出市场。曾作过自由传道人的Linda（林达）就属于这一类。她是个比较漂亮的女人，即使是对她的好朋友也隐瞒实际年龄。现在她正和几个教友一起经营着一家交谊舞厅。据她自己的介绍，她是地道的本地人，家庭环境一直不错，顺当地从小学读到大学。在大学里有一位外教向她传福音，后来有人带她去了一个家庭教会，在那里受洗。她说："后来我感到神的呼召，就在一个家庭教会专职侍奉，去过周围许多郊县传福音。我从小在城市里不愁吃穿，到那里却要背着行李走三四个小时的路，那里的人生活都很苦，传福音很难，许多人都拜偶像。除非看到神迹，像现场医好人之类的，他们才肯信，而那种神迹又很难看到。"她现在经营的交谊舞厅也准备作团契聚会的场所和奉献之用，她说她打算等生意稳定一些以后继续做原来的传道工作，"到中国各地去走一走，学习、经历、亲身体会一些东西"。Linda的经历传达了自由传道人的另一种信息，他们生活在城市，没有艰难生活的经历，甚至还有些娇生惯养。他们接受了基督教和相对极端的专职传道人的生活，但他们是在一种相对轻松的心态中保有自己这种身份的，他们可能热情地游走于各种朝生夕灭的家庭教会组织之间，也可能在疲惫时退入相对正常的城市生活节奏中。

结　语

这次的调查是在一个完全陌生的城市中，没有任何路标可寻，采访基本上是随机的，联络上愿意接受采访的就采访。采访深度很大程度上取决于对方的时间宽裕程度和谈话是否投机，在采访中基本采取接受和理解对方的姿态，有些可能会造成对方不快的疑问并没有被提出。

不过，我们也确实了解到基督徒商人和公司职员的一些共同特征。我们所采访的这些基督徒商人们很多很有意识地思考商业伦理问题，并在相互砥砺当中竭力把信仰的原则应用在市场行为之中。同时，他们又都承认做得并不完美，他们会毫不犹豫地承认自己做过违背良心的事情，甚至天天都在为某些市场行为的恰当与否而苦恼，盼望教会能给予明确指点，盼望有经验的基督徒商人给予好的榜样。三自教会有些领导人已经认识到问题的重要性并尝试做点什么，比如在神学院开设基督教伦理课程，但是由于资源的有限、知识准备的不足以及制度等其他种种原因，目前无法完全满足这些商人基督徒的灵性需要。基督徒职员和商人们生活在社会大环境之中，各种社会力量便在不停地左右着他们的行为。独善其身是一种选择，兼善天下是一种理想。但我们所了解到的他们的所作所为所想，给我们留下很多可圈可点的丰富资料，令人长久回味。这里只是尽力予以客观地记录，为了便于阅读而稍加整理，深入的分析和反思尚待进行。

台湾宗教社会学的发展

瞿海源[1]

提　要

本文拟对台湾地区宗教社会学的发展做一全面的概述，并对相关研究做出学术评论。台湾宗教社会学正式开始于1970年代，主要包括民间宗教、基督宗教、政教关系、新兴宗教、宗教变迁等主题。

一　台湾地区宗教社会学前史

1960年代，社会学者从事社会调查时，有时会将宗教信仰列入调查，但并没有学者以宗教信仰为主题从事调查，他们留下了一些有关台湾地区民众宗教信仰的简单资料和说明，我们称之为台湾宗教社会学前史。

1965年，陈绍馨和李增禄在台北市古亭区家庭调查报告中指出，居民以信仰中国传统之祭拜神儒者居多，而纯粹之佛教、道教、基督教或伊斯兰教信仰者甚少。调查显示民间信仰者占44%，无宗教信仰者占34%，佛教为9%，基督教徒有8%，天主教徒有3%，道教和伊斯兰教各有0.1%。这项1964年的调查提供了台北市最早的宗教信仰人口比例的资料，很有意义。其中列入民间信仰一项颇值得注意，因为民众不可能自己认定是民间信仰者，直到2004年的社会调查都是如此，将受访者归类为民间信仰者可能是调查者认定的。这样的认定对了解台湾民众的宗教信仰是很重要的，但这样的认定也有主观的成分。

---

[1]　瞿海源，中国台湾"中央研究院"人类学与社会学研究所研究员。

朱岑楼（1965）在台北市古亭区人民团体调查报告中，报道了4个宗教团体的简单资料，就学术研究及社会学的意义而言似乎仅有一点点记录性的价值。郝继隆（O'Hara, 1967）在家庭功能的几个研究中，将宗教功能纳入；但他在宗教信仰的认定上似乎没有明确的标准，以致发现在台湾本地人、大陆人和华侨中有高达64%至67%的人无宗教信仰；在宗教行为方面，郝继隆调查了在家祷告、烧香拜祭、家人一起读《圣经》和全家上寺庙教堂等状况，发现有省籍上的明显差异，例如全家从来不去寺庙教堂的，大陆人有50%，台湾人则只有37%，有64%的台湾人以食物祭拜，大陆人当中却只有36%，这显示出宗教在台湾当地人和在台的大陆人家庭中其功能和意义大不相同。

1968年，范珍辉根据实地调查撰写了《神、庙及宗教英才——台湾宗教之个案研究》，这应该是台湾最早的一篇宗教社会学论文，但范氏本身未再发表这方面的论著。范氏这篇论文主要是受加州大学艾伯华教授（W. Eberhard）的影响，以自己出身的台南县市为研究区域而完成的。这篇论文除了相当详实地叙述台南县市的神和庙，留下了重要记录外，也试图从宗教功能的视角对其予以分析。

顾浩定（Wolfgang L. Grichting）1970年完成的台湾价值体系调查是最早的全台湾范围的抽样调查，留下了为数甚多的宗教行为与态度方面的资料。顾浩定在1960年代末期以社会学者和传教士双重身份进行调查研究，主要目的还是在于为天主教的传布提供经验研究的资料。在很长的问卷里，宗教的主题只是其中一部分，大约只有五分之一。这包括了宗教态度、对宗教及其未来的看法以及接触基督宗教的经验。这项社会调查研究不仅在宗教社会学上很重要，在社会学研究上也是很特别的，因为它应该是最早的一份全台湾地区的抽样调查。在宗教调查方面，顾浩定最后在报告中以四个主题来呈现，即"宗教价值"、"宗教态度与行为"、"对基督教的知觉与基督教的接触"以及"宗教的未来"。不过，在仔细整理全部49个问题的资料后，觉得期待中有点失望。顾浩定身为一个西方的传教士和社会调查者，对台湾人的宗教掌握得不是很好，有些题目意义不是很清楚，也有些题目不太适当。不过，1970年的这个调查资料仍然是值得社会学者去进行研究分析的。

在严肃的宗教社会学研究出现之前，有关台湾地区宗教的研究就只有以上这些零星的信息。

二 台湾宗教社会学的开展

台湾宗教社会学研究的正式开展，应该从20世纪70年代算起。1971年至1975年，"中央研究院"民族学研究所开展了北部台湾社会变迁及适应研究计划，在关渡、万华、民生社区、大溪和龟山等地进行了全面性调查研究，其中有一个部分涉及了宗教现象，在最后阶段进行的抽样问卷调查中，也对宗教态度与行为进行了研究。这个计划参与者有两位社会学者、一位人类学者和一位心理学者。在研究取向上，宗教现象的调查主要是人类学式的，宗教态度和行为的调查则是社会心理学式的。在相关的研究著作中，有一篇人类学的宗教研究论文，宗教态度的研究分析则被纳入社会态度的论文之中。

在参与北部台湾社会变迁及适应研究计划的同时，瞿海源开始实地研究基督教教会聚会所，于1974年与袁忆平合著出版论文。该论文内容包括教会聚会所的历史、教义、组织运作、领导及教徒心理的分析。5年后，瞿海源自美获得社会学博士返国，研究主力之一就在台湾宗教的社会研究分析上，先后完成多篇宗教社会学论文、宗教研究计划、主持台湾社会变迁基本调查、台湾省通志宗教篇的重修。自1981年起，瞿海源开始指导有关宗教研究的社会学硕士论文。

20世纪90年代以后，一批毕业于海内外的宗教社会学者投身到台湾宗教的社会学研究之中，台湾的宗教社会学研究逐渐成形。陈杏枝、赵星光以撰写宗教社会学的论文分别获得美国华盛顿大学和普渡大学的博士学位，回国后继续以宗教社会学研究为主要工作；郭文般获得匹兹堡大学社会学博士学位回国后也致力于台湾宗教的研究。1997年林端自德国海德堡大学完成《古代中国儒家伦理与支配的正当化——韦伯比较社会学的批判》博士论文后回国，主要侧重宗教伦理的研究，也致力于台湾祭祀公业的研究。1998年至2002年，林本炫和陈家伦先后获得台大社会学博士，他们的博士论文主题都是宗教社会学的，分别是《当代台湾民众宗教信仰变迁的分析》和《新时代运动在台湾发展的社会学分析》。

除了获有博士学位的社会学者从事宗教社会学研究以外，各社会学研究所也有不少以宗教研究作为博硕士论文主题的。到2002年为止，约有26篇。自1999年至2001年，有7所大学成立了宗教研究所和一所生死学研究所，连同在1988年成立的辅仁大学宗教研究所，一共有9个与宗教研究有关的研究所，虽然只有一个研究所聘用了宗教社会学者，也只有少数宗教研究所聘请宗教社会学者兼课，但是有很多硕士论文是与宗教社会学有关的。根据本研究的归纳分析，其中与宗教社会学有关的硕士论文大约有18篇。此外，一些法律、政治、历史、文化、心理、教育乃至经济等研究所的论文也有与宗教社会学相关的，博硕士论文总数高达90篇左右。这样，在台湾出现了大约130篇与宗教社会学有关的硕博士论文（其中多是硕士论文），虽然不尽成熟，但绝大多数为实地调查结果，提供了很丰富的研究参考文献。

三 台湾宗教社会学研究的主题

台湾宗教社会学研究的内容非常广泛，现从民间信仰、基督教、政教关系、新兴宗教、宗教变迁5个方面依次予以介绍与分析。

（一）台湾民间信仰的社会学研究

台湾民间信仰的信徒约占总人口的五六成，关于民间信仰的社会学研究是很重要的方面。

瞿海源主持的30年来台湾地区各类宗教变迁趋势之初步研究，全面收集了1905年以来历次寺庙调查资料，通过量化分析探究了台湾民间宗教信仰的变迁，最后由余光弘（1983）根据量化分析结果撰成"台湾地区民间宗教的发展——寺庙调查资料之分析"一文。这篇论文厘清了民间宗教在明清时期、日据时期及"二战"之后三个阶段的发展特色。在第一阶段，民间宗教从大陆闽、粤两地随汉人移植到台湾，"经由分香、割香等仪式的不断进行，台湾民间宗教和闽、粤祖籍地保持着极密切的关系，也可以说就是闽、粤民间宗教的翻版"。在第二阶段，"因日本殖民政府的政治力干涉，切断台湾和闽、粤的联系，民间宗教开始走上自立发展之路，在日本人导入许多纯粹佛教的元素后，台湾民间宗教逐渐陶融成一个独特的宗教体系。从资料中可以看出若干相关的现象，例如，日据时期佛教寺庙数量的突增，释迦牟尼及观音菩萨祀庙的大幅增长，以及祖籍神明重要性的下降等"。第三阶段，"台湾地区遭逢激烈社会文化变迁的冲击之际，民间宗教受到世俗环境的影响，也产生某些变迁的现象，例如：王爷及祖籍神明祀庙重要性的下降，关圣帝君、玄天上帝祀庙相对的增长，庙宇规模的扩大等，都与台湾某些社会文化条件具有相关性"。

1988年，瞿海源接受台湾"省政府民政厅"的委托，进行民间信仰与经济发展之研究。这项研究大约可分成三大部分，即中镇居民的宗教奉献行为之研究、寺庙从事公益事业之研究以及异常的宗教诈欺行为之研究。这个研究指出民间信仰的特点在于民众将神的世界拟人化、对神的观念又不是很清楚，以灵验为本位、以情境为取向。其次又发现寺庙从事慈善公益事业在金额上确实有实质性的大幅增加，但仍具被动、客串、凌乱及多样性以及附属地方的性质。

1990年，瞿海源针对台湾地区的民间信仰进行比较全面的探究分析。除了对长期的民间信仰基本特征加以探讨外，也对1990年左右实际发生的有关现象，如妈祖湄州进香，以及流行吉祥物等现象进行研析。主要结果包括（一）台湾民间信仰的特征，在于凝聚地方社会的力量、强调灵验性、具有功利性的本质、祈求神助但也强调个人本身的努力。（二）讨论竞相到大陆进香的问题，对台湾寺庙团体流行前往大陆进香做了分析与探讨，其中特别指出进香的社会文化意义和民间信仰的伦理危机，以及进香与经济的关系。（三）探究术数的持续流行，讨论风水、算命的流行、术数与金钱游戏，以及吉祥物与神像商业的兴起。从20世纪80年代末的民间信仰现象，我们可以看到台湾地区文化与精神面貌的问题和危机。

以民间信仰为焦点展开的社会学研究，有陈杏枝的博士论文和后来的两篇专文。陈杏枝在美国华盛顿大学的博士论文"台湾民间宗教的发展1683—1945"（The Development of Taiwanese Folk Religion, 1683—1945）于1995年完成，作者根据地方志、日据时期寺庙调查等文献资料，分析了台湾民间信仰和整体经济发展间的互动关系。她发现妈祖原为海神，土地公是保护农民的，但却渐渐随经济发展而演变成商业神。官祀的神庙由于在新的社会中官方文化并未生根，在地方不支持的情况下就逐渐没落。在日据时期，台湾人被禁止在政府任职，就多在经济上谋求发展，于是在民间信仰方面变得更讲求对物质利益的追求。由于文化精英并未在民间信仰形成过程中介入，民间信仰就比较不强调道德和抽象的价值。虽然宗教是文化认同很重要的一部分，但是在日据当时民间信仰和日本殖民统治之间并没有产生激烈的冲突。民间信仰也吸收了一些新的日本宗教元素。论文最后特别强调西方国家和宗教互为独立的制度，在台湾并非如此。

陈杏枝（2003）后来完成了一篇民间信仰在都会区转变情形的论文。"旧加蚋地区位于台北市西南一角，在整个台北市中此区的宫庙神坛成长快速，研究此区有其代表性。从 2000 年 3 月至 2002 年 8 月进行宫庙神坛的实地访谈，一共访得 113 间。加蚋地区是中南部移民北上的落脚处，大量涌入的外来人口使得具有公庙性质的宫坛，无法扮演传统村庙的地方整合功能，反而是由私坛向公庙发展的宫坛，比较能担负起整合人群的功能，但是这种整合已脱离地缘关系。炉主头家或是重要的委员，绝大部分不是当地人。此区宫坛大都是自行到佛像店雕像开光，绝大部分会提供办事服务，经由办事的媒介，结合一批社会背景相似的信众，其组织运作类似社团。宫坛提供信众情感或财务上的支持，甚至是休闲活动。另外，对教育程度普遍不高，以及职业经常流动的信众而言，宫坛是帮助个人成长的团体，并借由筹备活动，学习组织、计划、采购的能力。台湾以往并未有社区营造的积极做法，因此宫坛是弱势移民因应都会生活的一种方式。此外，宫主若较年轻，教育程度稍高，就会做一些大幅度的改革，譬如，不烧金纸、鼓励打坐自修等；改革的宫坛已具有新兴宗教的雏形。总之，都会生活形态促使民间信仰转变，脱离了地缘关系的信仰形式"。

2004 年，丁仁杰发表了论文"会灵山现象的社会学考察：去地域化情境中民间信仰的转化与再连结"。会灵山是指"台湾于 1980 年代以后所出现的一个集体性起乩活动，它以各地方非公庙性的宫庙信徒为构成基础，但却又超越了特定的宗教组织与教派；它是一套特殊的修行体系，其实践者间也构成了松散的修行网络；其主要方式是以与特定神明相通而产生灵动或灵知现象，目标为消除个人负面性因果，与个人所属灵脉相连结并进而获得个人现世之幸福与永世终极之救赎；此活动之发展，建筑在一套所谓'先天论'的宇宙论上，认定某些神明与人类之关系，在人类于地球上出现之前即已发生，此即'先天性'之神明，为相关宗教活动中最主要者"。丁仁杰认为"在传统华人社会，宗教仍以混融在基层民众生活中的民间信仰为主要信仰形态，具有着强烈的地域属性。民间信仰虽是多数人的信仰，但它在社会结构中的位置，却不是主流性的"。在现代化和全球化过程中产生的去地域化过程，使民间信仰的说服力面临极大的挑战。文化脱离了它原来的社会基础,"混合性宗教"(diffused religion)中的意义体系便成为了单纯的符号,是一个宗教文化丛的转化与流传的开始。在理论上,丁仁杰以哈贝马斯的生活世界和系统世界的结合来进行分析,认为民间信仰经历了生活世界的解体与边陲化,而"会灵山"的活动可以说是代表了一种生活世界之重建与回归的尝试。

(二) 台湾基督宗教的社会学研究

1974年瞿海源与袁忆平发表论著《人格、刻板印象与教会的复振过程》。在理论上,该书以复振运动(revitalization movement, Wallace)为主要架构,将教会聚会所视为中国基督徒为了响应西方宗教的冲击,在信奉基督教之后发动的一种回归圣经建立本土教会的运动。在方法上,有参与观察、深入访谈、历史及文献分析、心理测验、问卷调查等。论文发现,教会聚会所在领导和组织上非常特殊,全教会的领导具有不可挑战的神人性(charisma),李常受是最高而唯一的领袖,他的讲道具有绝对的权威性;在组织形态上,所有的教友都是主角,都不是被动地接受道理的人,而都是主动的传道者;教会同时又以小组为组织单位,在大陆时代这也被称为小群,把小组的力量发挥得淋漓尽致。这个教会又以回归圣经、坚持地方教会的基本教义派立场为重要特色,其所蕴含的社会学意义实在丰富。

我在台大担任合聘教授指导的第一篇硕士论文是1980年屠世明完成的"从社会学试析中国本土教会的本质、组织与领导",正好接上1974年有关聚会所的论文。现在回想起来,觉得很神妙,我自己的第一篇宗教论文和指导的第一篇硕士论文都是有关教会聚会所的研究。屠世明本身是聚会所的弟兄。这篇硕士论文更深入地指出聚会所"为一半制度化的准科层体制,是以不断更新求变的复振来达到高度的教会增长。更以高度的分工与分化,集体意识的强化及上下严明的层级来作为教会内成员控制与支配的各项管道"。论文也特别对领导者是典型的奇理斯玛型人物而加以研究分析。

1980—1981年在"国科会"资助下,瞿海源进行了为期两年的"台湾各类宗教变迁趋势的研究"计划,访问调查了台湾地区除佛教和秘密宗教以外的重要宗教,包括天主教、基督教各教派、伊斯兰教、道教和民间信仰。在天主教方面,几乎所有的教区主教都访问了。在基督教方面,访问研究的教派包括台湾基督长老教会、中华浸信会、中华信义会、卫理公会、循理会、救世军、真耶稣教会、贵格会、会幕堂、中国神召会、圣洁会、台湾圣教会、协同会、浸礼圣经会、耶和华见证人会等等。这项研究厘清了各宗教自光复以来的发展,其中最有成果的是基督宗教和民间信仰。论文《台湾地区天主教发展趋势之研究》利用各种资料解析了天主教早期快速成长及后期成长迟滞的原因,分析了其中所包含的反世俗化和世俗化先后两种过程。

1982年,瞿海源发表了《世界次序、世俗化与基督教的发展:台湾与美国》一文,在研究架构上修正了伍斯若(Wuthrow)的世界体系论的观点。伍斯若(1980)认为,"一个社会在整个世界次序中所占的地位,会强烈地影响社会对其生存的重大问题的界定,因而影响了该社会的宗教趋向的本质。这类宗教趋向导引了该社会人民的行动取向,由此而对世界次序发生了影响"。从这个简单的架构出发,我发展出一个稍微复杂的模式。以两地的基督教发展趋势来作比较,在1950年至1964年间,台湾和美国都有高成长的现象,在台湾的成长率高达298%,在美国则为74%;但在1964年至1979年台湾仅成长29%,而美国自1965年至1975年更为12%,都呈成长迟滞的状态。美国是战后在台湾宣教的主要国家,当美国本土的基督教面临衰退的局面时,也就影响到台湾的基督教发展。其间,一方面有核心国家和边陲地区在世界体系地位上的变化因素,也有全球世俗化的因素。

赵星光在美国普渡大学获得社会学博士学位,博士论文以洛杉矶—台湾移民基督教会的变迁为对象(The religious market change and the transformation of a Taiwanese immigrant Christian church in Los Angeles),后来以中文发表《从主流教会到小群宗派》(1997)和《宗教市场的变迁》(2002)。这个研究主要是探究洛杉矶一个台湾人教会如何从一个主流教会演变成使用三种语言的福音教会,赵星光以宗教市场论的观点进行研究分析,主张解释这样的宗教变迁必须考量宗教消费者欲求和需要的转变、市场产品(宗教提供的服务和操作)、宗教产品的生产者(教会和它的神职人员)以及宗教产品生产者之间的竞争。研究发现,在20年间,洛杉矶台湾移民社区宗教市场的需求面,即宗教消费者的欲求和需要有着显著的变迁,而宗教产品生产者之间的竞争也在增加。不过,研究者指出宗教市场需求的改变并不足以造成教会的转型。在宗教市场的供给面上,教会及其神职人员体会到需求的变迁而有意利用这种变迁来达成新的目标,才真正完成了教会的转型。也就是说,教会调整了它的策略和行销来促成了教会的成长。具体而论,"洛福作为一个由台湾人组成的西方宗教团体,在创立的早期以满足台湾人的族群认同,与提供一般性的社会服务寡占台湾人社区的宗教市场。台湾人移民的增加与移民的多元性,以及台湾人社区的发展与本土宗教的移植,让洛福处于一个高度竞争的宗教市场环境。成功地增设以移民第二代为对象的英语堂,以及由年轻的台湾留学生与中国大陆的留学生移民组成的华语堂,不仅为洛福开拓了新的市场,也改变了洛福创设的主要目的。检视洛福的变迁与转型过程,宗教生产者——洛福的牧师和平信徒领袖——也扮演了极为重要的角色"。对于牧师个人的领导与策略,研究者也加以深入探究。

1996 年,赵星光发表"华人与基督教调查研究(台湾部分)分析报告",以问卷方式搜集资料作量化分析而成。结果发现基督教在台湾的宣教方式,应有别于其他主流宗教的宣教方式,参考西方研究新兴宗教发展的成果,强调提供服务固然重要,但发展并使用信徒的私人社会网络,可能可以更有效的达到教会增长的目的。他指出"台湾的基督教在台湾的宗教环境中则是属于非主流宗教。台湾基督教的教义、组织与仪式,均与本土的主流宗教具有相当大的差异,并与社会的主流价值存有相当的张力"。

赵星光(2003,2004)根据对两个地方基督教会的实地研究发表的《台湾基督教会增长的社会学研究——新兴宗教发展观点初探》一文,尝试"证明台湾基督教会在社会文化与宗教互动关系的面向上,仍可被视为台湾地区具新兴宗教特质的宗教团体",在另一方面,他"企图运用现有新兴宗教发展的理论解释台湾的基督教增长,期待为发展'台湾的基督教发展理论'奠下一块基石"。

1999 年,郭文般发表《台湾历史过程中的基督宗教:以天主教和长老会为例》,探究这两个教会在台湾创立后一直到 1945 年的发展。论文指出,"从 17 世纪起,长老会和天主教在台湾社会经历了三个不同的社会认定阶段:由荷兰和西班牙时代的'平埔族的教会',到清领的'番仔教',一直至日据后期迄今的'基督宗教的主流教会'"。"这种教会被社会认定的过程之不同,除了有部分是因为教会本身与台湾社会长期的互动使然,但更重要的是因为整个台湾社会整体所经历的阶段不同。'平埔族教会'之湮没乃是由于殖民政权之败亡,而由'番仔教'转为'基督宗教的主流教会',最主要的则是因为现代化过程而使得整体社会改变了对西方的看法所致。虽然教会对于这种社会认定的转变过程所能施为有限,但是教会与此大趋势相应的程度却可以影响教会的生存能力。比较这两个教会,我们发现长老会与大趋势相应的能力明显地要优于天主教。归根究底,这是因为长老会本来就是西方现代化过程的一部分,而天主教则一直与现代化过程有某个程度的扞格使然。"

也在1999年,郭文般发表《台湾天主教的本土化》。在论文中,郭文般首先指出一般都知道天主教有诸如敬天祭祖融和本土习俗的印象,但是台湾民众对天主教、长老教会和浸信会的接受程度相近,因此"推断天主教本土化措施对教会在台湾的社会形象之影响可能极为有限。台湾民众对基督宗教各宗派的看法应该有其他理解方式,而不以教会本土化的程度来理解。在这一点上天主教一些领导精英的预期与台湾民众的理解显然是不相符合的"。

(三) 台湾政教关系的社会学研究

1980年代初,在研究各类宗教发展时,瞿海源对基督教中最主要的教派台湾基督长老教会进行了较全面而深入的了解,发现台湾基督长老教会和当时的"政府"有着相当紧张的关系。另一方面,通过对几个一贯道的道场实地访问研究,对一贯道遭到政治压迫有了直接的了解。在偶然的邀约下,去台大人类学会演讲就以台湾基督长老教会和一贯道为例讨论政教关系,后来经修改增补发表在《联合月刊》上,对台湾后来的政教关系及有关研究有一定影响。这篇文章从实例体会出政教关系应有的特性,主要还是亲自感受到宗教人士坚持信仰以及政府威权本质的关系。

1983年,瞿海源开始注意到新约教会和政府之间的冲突,就着手进行对新约教会的研究。这个计划由彭菲进行实地参与观察,后来和该教会多位领导阶层人士晤谈,最后写成《神示与先知:一个宗教团体的研究》,这是由彭菲主稿,经过瞿海源多次修改完成的论著。

1988年,"内政部"委托瞿海源进行制定宗教法可行性的研究。这个计划开启了我对政教关系的正式研究,使我有机会全面性地直接探究现代国家的政教关系。在研究进行中,我试图收集世界各国的宗教法,并对当局自1969年以来几次订定宗教法的情况进行深入的了解。在实际资料收集和分析过程中,对世界各国宪法有关宗教部分进行了全面的分析,也根据巴雷特(David Barrett)的世界基督教百科全书对各国有关国家与教会的记录做了全面的整理。

1996年,瞿海源发表《查禁与开禁—一贯道的政治过程》,指出一贯道冲犯"政府"强调安全的大忌是遭禁的主因,也就是说秘密结社传教造成了政治治安问题。其次,当政者对一贯道的误解也是查禁一贯道的原因。可是问题是,当执政者已经调查清楚,而一贯道又自始表白效忠,政治安全的理由早已不能成立时,"政府"却还坚持要查禁,并一直拖延解除禁令。要解释这个现象,显然就要考虑这个"政权"的性质以及其演变了。在早期,"政府"就指责一贯道的辩解是胆大妄为,有意向政府挑战。在欠缺民主和政教分离的理解和制度时,父权性的政府是不容挑战的。在这一点上,一贯道和台湾基督长老教会及新约教会所面临的威胁是一样的。不过,一贯道又引发了中国传统帝王政权对妖言惑众的疑虑,亦即末世观和灵魂救赎的信仰在传统官僚阶级中会被认为是一种具体的不安因子。就这一点来说,则台湾基督长老教会并不具有这样的特征,而新约教会却与一贯道相近。威权的统治者在权力稳固的基础上是有着极大惯性和惰性的,也极不可能去承认错误,或积极去进行弥补。但是,在1970年末期,这个威权体系松动了,而其间,台湾基督长老教会与新约教会的强力抗争也是促成威权体系松动的重要力量,使得当局不得不在宗教"政策"上有所转变。一贯道温和而亲政府的立场以及可观的政治实力,在对比之下,使得日渐开放的政府可以做顺水推舟而又有利于自己的决定,因此先形成政治结盟而终止查禁取缔,进而在释放高俊明及允许新约教会返回双连堀之后,借机正式让一贯道合法化。

1993年"教育部"委托作者进行一项宗教教育的研究,李亦园先生、古正美、顾忠华、韩相敦、黄智能等学者参加,1995年完成报告,1997年瞿海源撰成《宗教教育的国际比较研究》。结论是:在法国,社会学家涂尔干强调在学校施行无宗教的道德,虽经天主教会抵制,但终成法国学校教育的基本原则。在英国,虽施行宗教教育而撒切尔夫人保守政权竟试图加强宗教教育,但不只新的意图未成功,旧的宗教教育制度也很失败。在美国,各主要宗教团体最后都退出了公立学校,但到目前为止,仍保持着公立学校从事宗教教育的做法。在德国,政府大力支持教会施行宗教教育,但不是很成功,原东德地区在统一后也不能接受宗教。在东方国家中，日本在战后对宗教教育戒慎戒惧，原则上在公立学校也不准有宗教教育和举行宗教仪式。韩国情况与日本类似。新加坡则在1980年代施行过宗教，最后乃告失败。研究特别注意到英国、美国和新加坡的保守政权都倾向以宗教或宗教教育来维持社会秩序，这一点也就和台湾90年代"政府"欲借宗教来解决社会问题情况很类似了。根据进一步的比较分析，在宗教教育研究报告最后，提出了若干方案，并分析了各个方案的利弊得失。

郭文般在1997年根据大量台湾天主教文献资料及实地访问调查完成了"台湾天主教的政教关系"的研究，写了8万多字的长文。论文认为"台湾天主教基本上是中国天主教流亡到台湾后所建立而成，这一点与国民党政府全然相同，也因此早期的台湾天主教与国民党政府有志一同的关系是相当容易理解的"。在天主教的基层团体中，外省军公教一直是主导的族群。这些基本的特性，不仅构成了天主教领导阶层与国民党当局相善的"民意基础"，它实则是台湾天主教与国民党当局之间的"结构性连接"，这个结构性连接一方面一再加强了高层之间的同构型的作用；另外一方面，则是在教会内产生出与此结构相互呼应的文化。这个基本结构及持续产生出来的政治文化，从70年代以降一直持续至"解严"之前，几乎都看不到有任何的变动。在"解严"前的几件重要事件，如玛利诺会神父参加长老会联合礼拜、美丽岛事件、两位原住民神父出马竞选县议员的事件，天主教当局都采取反对的立场。甚至于"解严"后仍然可以观察到这种政治文化的表现。这种基本的结构与文化之所以能够维持不坠，最基本的原因是因为天主教内部的人员更替非常缓慢。天主教内部人员更替的缓慢，除了教友团体的族群组成和职业组成外，其领导阶层的变动更是有限。在这三四十年间，神职人数减少400位左右，而平均年龄也增高了三四十岁。在"马赫俊神父事件"中，主教们第一次主张："政府"不能定义教会传教的范围。这是台湾天主教第一次公开宣称教会作为"神圣性"领域和"政府"作为"世俗性"制度间，有根本性的差异存在。"台湾天主教在'解严'后，逐渐找回过去被吸收掉的认同，而更肯定作为一个普世天主教之一个成员的自我认同"。

林本炫的硕士论文研究的是一贯道和基督长老教会的政教关系(1988)，后来继续有关政教关系的研究，于2000年发表《台湾的宗教变迁与社会控制》，指出在民主化之后"行政和司法"对宗教的介入将越来越有限,而台湾社会中自发的、持续性的自我管理力量似乎尚未形成。台湾在政治上摆脱威权统治,在民主化的多元社会之下,"以社会为中心的社会控制"面临各种新的困境。当然,这种困境可能未必是台湾所独有,而是标榜民主政治,实施多元主义的政教分离制度的社会所可能共同面临的。依照当时台湾宗教的发展方向,有五项和宗教的社会控制有关的趋势,分别是(一)威权体制的消退;(二)宗教的市场化;(三)民间信仰的教团化;(四)属灵经验/灵异经验的释放与扩散;(五)宗教团体介入公共领域。这五项趋势影响到宗教生态的变迁,也影响到宗教和社会的关系,从而影响到对宗教的社会控制。林本炫最后指出,"由于社会控制形态从'以国家为中心'的社会控制转变到'以社会为中心'的社会控制,但事实上在欠缺社会控制目标与社会控制机构的情况下,面对上述这些趋势,台湾的宗教和社会的关系,因而充满着高度的不确定性"。

(四) 台湾新兴宗教的社会学研究

在瞿海源早期研究的宗教当中,教会聚会所、新约教会和一贯道都具有新兴宗教的特征。1988年,作者发表《台湾新兴宗教现象》一文,指出新兴宗教的七项特征:(1)全区域,(2)悸动性,(3)灵验性,(4)传播性,(5)信徒取向,(6)入世性,(7)再创性与复振性。论文提出了新兴宗教在台湾发展的六个可能原因,即(1)社会变迁增加了人们新的不确定感,新兴宗教比起传统宗教来,可能会更有效消减人们的不确定感;(2)社会流动促成部分民众脱离旧的宗教范畴,使新兴宗教获得为数甚多的潜在皈依者;(3)民众认知水平普通低落,促成灵验性宗教,部分民众认知水平的相对提高,则又使教理较深的新兴宗教获得了发展的机会;(4)现代传播工具之多样性及便利性颇有利于新兴宗教的传播;(5)在尊重宗教自由的前提下,大致趋于放任的宗教政策,使新兴宗教在较不受限制的状况下自由发展;(6)许多新兴宗教具有强烈的社会运动性,在传教策略和组织形态上都相当灵活而有效。

1996年,台湾发生好几起宗教事件,中台禅寺百余位年轻人出家,宋七力、妙天、太极门被人检举并由检察官侦办,新兴宗教现象乃引起注目。为了深入而有系统地探究新兴宗教现象,瞿海源等人规划了一个大型的研究计划"台湾新兴宗教现象与相关问题研究",1997年正式成为"中央研究院"资助的项目。在这个主题研究计划里,规划了三项广泛的调查，以了解台湾新兴宗教现象的全貌，即：台湾新兴宗教团体普查研究，台湾养生团体的普查，台湾民众宗教问卷调查研究。这项研究共完成了四十几篇论文和两个博士论文，下面择要介绍。

瞿海源（2001）根据台湾社会变迁基本调查以及新兴宗教团体问卷调查，针对新兴宗教信仰者的态度与行为进行研究分析，发现不平安感对所有新兴宗教团体的参与几率，除了天帝教之外，都有着显著关系。具体地说，就是不平安感愈低，换言之，个人愈觉得自己的身体会健康，婚姻状况和家人关系在未来会比较好，就有比较高的几率参加新兴宗教团体。这个发现很重要，但也很复杂，或许在参与新兴宗教团体之前会有比较强的不平安感，而在参与后就有所安顿，但也不能排除在参与新兴宗教之前就有比较低的不平安感。不过，参与后不安感降低的可能性比较高。

瞿海源和章英华（2002）分析了19个外来新宗教团体的资料，大体上发现，"解严"对于大部分外来的新宗教影响很小。它们大部分在"戒严"时期就传入台湾，虽然有少数宗教受到迫害，但并不严重，甚至对宗教本身的发展没有什么明显的负面作用。就教义而言，教义和台湾民众的亲近性是重要的影响宗教传布的因素。日本的新兴佛教和台湾民众佛教信仰接轨不是很困难，日本的救世教系统强调治病及自然农法也能契合台湾民众的实际需要。印度系宗教在教义上和台湾民众距离就比较远，修行的方式也有相当困难，有宗教团体教导瑜伽术，但教义的传布并不顺利。在教义传布上，各宗教团体大多已经翻译出版了重要的经典，甚至中文出版品有二十多种以上的团体也不少。然而，中文书刊的出版对有些宗教的发展似乎没有什么助益。最后，在组织及领导方面，有几个宗教团体，如所有的印度系宗教、日系的创价学会、山达基和雷尔教会都传到三十个以上的国家和地区。台湾的教会发展是国际性发展的一部分。印度系宗教多先传到美欧，再传到台湾，在组织上比较松散。山达基组织力很强，和创价学会比较接近，发展也比较快速。在领导方面，外来新宗教的立教者都有很强的神圣性，但传来台湾时，只有少数教主来台，影响也有限，整体来说，本土神圣性或灵性的领导者极少，这也影响到这些外来宗教在台湾的发展。

2001年，瞿海源提出了台湾新兴宗教发展的一个整体模式。在《解严、宗教自由与宗教发展》一文中，指出在台湾的宗教发展自有"政府"

以来，尤其是在日据时期和战后"戒严"时期，一直都受到或多或少的管制乃至压迫。宗教自由在"戒严"统治时期并未有充分的保障，有若干宗教团体明显地受到压迫，"政府"甚至企图订定宗教法来管理宗教团体。在"戒严"末期，"党政"机构开始采取比较宽松的政策，而有些受压迫的宗教团体积极争取甚至激烈抗争，也成为促成"解严"的一股力量。在"解严"前夕又有动员戡乱时期人民团体法的订定，大幅放宽宗教团体登记为合法社会团体的条件。于是各类宗教团体纷纷成立，成长甚为快速。近年来，由于自由化带动了社会结构急遽的变迁，再加上外在的国际情势所形成的压力，使得结构性的不确定性大增。其间，自由化及市场化是促成不确定性的主要因素外，现代科技不能因应民众适应变迁的需要，因而有另类科技与知识之兴起，再加上人们依旧有强烈的传统神秘主义信仰，乃至家庭不稳定等强化了民众对结构不确定性的认知与感受。这种不确定性会转化成个人的不确定感。为了消减个人不确定感，人们期求宗教和术数的机会就大为增加，因而促成了新兴宗教现象的产生。在整个过程中，自由化应该是最核心的结构因素。相对于前期的威权政治，自由化对宗教发展的影响是极为重要的关键。在宗教团体运作过程中，对新兴宗教而言，尤其是本土性的宗教，具有魅力的宗教领袖乃是最重要的关键因素。对大部分在威权"戒严"时期成长的民众，大都对有魅力的威权领袖的出现仍有所期待。新兴宗教领袖及政治上所谓超人气或让广大民众产生情结的人物多半也就因自由化乃至世俗化应运而生。就个人需求而言，身心健康之增进与不确定感之消减乃是变迁快速的富裕社会中人们所迫切追寻的。新兴宗教领袖所以能获得信徒之尊崇，主要乃在于这些宗教领袖们能有效地满足信徒这方面的需要。他们多有一种乃至数种功法或心法，多简单易学而难精，但学了就有功效。若干新兴宗教团体发展迅速，多是因信徒获得身心状况之改善而有极诚意的报恩的心，再加上团体效应，就成就了若干盛极一时的新宗教现象。在这其中，新兴宗教现象之蓬勃似乎依旧和民间信仰之强调灵验的功利主义相当接近。

1996年，郭文般在《宗教与社会的关系：两个宗教团体的研究》一文中，检讨了两个宗教团体：台北灵粮堂与清海无上师的世界禅定学会。论文指出"这两个团体进入台湾社会时所具有的社会位置可以影响到日后的发展。就灵粮堂的例子来看，它在1949年成立于台北，拥有了一批都市的、白领阶级的及统治族群的信徒。这种信徒组成的特色正是台湾社会往后数十年的变迁的方向。随着时间的推移,愈来愈多的人成为都市的、白领阶级的和讲国语的族群。这种原初的社会位置,再配合上整体台湾社会的发展方向,使得灵粮堂有机会成为一个发展的最好的教会"。"此外,灵粮堂神学上的正统主义,就社会学的角度而言,是一个相对的简明的知识系统,具有相当明晰而易懂的世界观"。"作为一个平信徒,宗教逻辑的需求并非是深入其中作太多概念上的思辨,而是宗教赋予一个确定的、可解的世界,在其中,信徒可以安然的从事于其他俗世性的活动"。

清海无上师的世界禅定学会是一个比较特殊的例子。至今,这个团体仍然是围绕在清海无上师周遭的一个团体。清海无上师以一个越南人和印度 Sent Mat 的传统中人来到台湾。佛教是她进入台湾宗教场域的进入点。佛教的场域及其提供的宗教资本使清海得以很快地建立与大社会的良好关系,并透过她的灵活运用,在几年间发展出很令人印象深刻的规模。不过,对佛教而言,这种进入和使用却是一个侵权的行为。最近她的总部西湖道场被抄,或可理解为失去佛教场域所提供的资本之后,与大社会的关系转劣的结果。

1998 年,郭文般发表《不同传统下的信仰:两个都市宗教的比较》一文,继续探讨上述两个信仰团体。就信徒在接受了信仰之后回述自己的转变看来,清海弟子与灵粮堂会友对"自我"的理解,有相当高程度的不同。灵粮堂会友指认出自己的转变是在于"宗教我"的转化,但是清海弟子则更重于"生活我"的转化,这两者在意义上的差别相当大。"宗教我"的转化、形成可能指的是旧我死去,而生出新我,也可能指的是旧我在"生命层次"的提升;但是清海弟子之着眼于"生活我"则不见得是旧死新生或生命层次的提升,而只是一种生命内在的更加丰盈。在概念上来说,前者是一种非常激进式的转变,而后者的转变则更像是种子逐渐的长成。

2002 年,陈家伦在新兴宗教现象主题研究计划支持下完成了博士论文《新时代运动在台湾发展的社会学分析》。新时代运动(New Age Movement)兴起于 20 世纪 60 年代的美国,是一个跨越宗教、灵性、心理、健康、环保与社会参与的综合性运动。透过少数留美知识精英的引介,新时代运动的思想在 80 年代末期进入台湾。这篇博士论文"采用深度访谈和参与观察的方式,并配合文献和网际网络的资料,探讨与分析参与者的社会特质、传播途径、新时代运动与其他团体的连结及其灵性观与健康观在台湾宗教和医疗文化场域中的独特性"。论文认为，"新时代运动所揭橥的灵性观彰显了个人在宗教领域自主性的高涨，此一趋势体现的是社会和文化领域内个人主义的抬头，与制度宗教影响力的式微"。"具有高度个人性、融合性和反制度的新时代灵性观在台湾的生根与成长，意味着台湾社会文化的发展已达后现代或第二现代社会的阶段"。"台湾社会整体的自由化过程，产生一群接纳新事物与包容多元性的社会群体，他们比其他社会群体更容易接受新时代灵性观和实践模式"。

赵星光（2000）发表的《新兴宗教的改宗——台湾与西方》一文，根据访谈清海弟子43人的资料，分析促成清海弟子印心的要素及过程。在促成印心的要素方面，赵星光提出三个类别因素群，即个人特质条件、清海教团相关的社会网络以及接触投入后的益处。在个人特质条件方面，这些人是属于一群积极寻求自我转变者，是"宗教的追寻者"。清海教团要求信徒终生茹素，因此"一个对素食持友善态度的家庭环境，将有助于可能改宗者排除改宗的障碍"。而访谈发现将近四分之三的受访者在接触清海教团前，即因信奉其他宗教而采行素食。在接触与投入后的利得因素群上，研究发现包括三方面，即折服于清海本人的宗教魅力、认同清海宣示的教义、实践教义要求后所获得的好处。受访者当中超过百分之八十的"师徒感应"文章均叙述作者因聆听清海演讲或遵守素食或打坐教规，因而感受或经历超自然的现象。"成员在清海教团内发展出紧密的内团体社会网络，并非导致成员皈依的充分必要条件，个人主观性利得才是参与者决定皈依的主因"。

赵星光（2003）发表《宗教消费商品化——论当代宗教与社会互动关系的质变》，试图自社会变迁影响社会与宗教互动的面向，论述理性化所导致"世俗化"，与资本主义扩展带来的"全球化"等两个重要社会现象，如何削弱了宗教原有的社会整合与社会控制功能。文中并分别举外传的山达基教会，与本土的清海教团两个新兴宗教为例，说明这两个深具世俗化与全球化的新兴宗教团体，所呈现宗教商品化特质，是造成当代宗教发展与社会失序并存的主要原因。作者指出"在世俗化与全球化的环境中，宗教与社会关系的质变，亦即当宗教成为满足个人需要的一种消费性商品，宗教不再提供集体的价值与共识，也无法再赋予社会事务神圣的意义，宗教发展与社会秩序的维系必然不再是一体的两面，社会的稳定与社会秩序的维系也可能必须另寻其他的途径。"

丁仁杰在专书《社会分化与宗教制度变迁——当代台湾新兴宗教现象的社会学考察》中，提出一个完整的理论来解释台湾新兴宗教现象。这是一个很重要的研究工作与成果，他的理论和研究分析，表面上是新兴宗教的研究，实质上也是对台湾整体宗教变迁的分析。他认为就历史脉络来观察，"台湾始终是一个宗教活动活跃的场所"，这主要是因为，第一，移民社会中不确定的因素较多；第二，移民社会中大宗族形成较晚，必须借助能够跨宗族的宗教来对区域力量加以整合；第三，移民社会中中央政治权威的约束相对较小，民间宗教文化的表现形式格外多元而较不受约束；第四，由于历史因素的复杂以及族群的多元，再加上海岛型的地理位置，较易接触到新的宗教元素；这些皆使得台湾成为各种宗教元素激荡充斥与相互交流的一个场所。丁仁杰指出台湾的宗教变迁乃是"主要宗教形态由'混合性宗教'成为'制度性宗教'的一连串变化与结果。它的出现与形成和社会分化过程有关，首先是因为整体社会以宗教为扩散性中心的基本运作结构有所瓦解，在新的结构里，宗教不能再混融于主流社会之中（主流社会已非宗教性的），并且它在形式上成为了与其他部门平行运作的部分，相对而言，我们可称这是'一度分化'（primary differentiation），也就是整体社会第一次产生多元平行部门的大分化，在这种大分化之后，社会变成多个专业分工部门半独立体相并存的基本结构，宗教亦由渗透性与扩散性的形式，被限制在一个界限清楚明确的形式里，它一方面不能干涉其他部门的运作，一方面却又因提供了其他部门所无法执行的有利于整体运作的特殊功能，而有其存在的必要性，这种新的社会分化形式，促使宗教逐渐以'制度性宗教'形态，也就是有着独立教义与教团的运作模式，为最适合新社会情境里的生存与发展的方式。最直接反映在社会现实里的，也就是我们看到许多宗教精英为了其传承的延续，在主流工具理性化社会里已经无法广泛容纳宗教性的渗透与混融，以及社会的整体运作又必须要有周边宗教部门存在的情况之下，他们的宗教活动于是开始以正式组织的形式出现在主流社会的周边，并成为了社会大众可以自由加以选择和参与的活动中的一种"。"而在社会各部门多元分化后，宗教部门内部自身也会产生进一步的分化，相对而言，这可称之是'二度分化'（secondary differentiation），也就是宗教部门在其不再占据社会核心性位置以后，原来其中的主导性的宗教体，随着宗教的退出中心性的社会位置,政治体在形式上不再需要宗教性正当化体系的支持,某些原主导性的宗教体也就不再有任何垄断性的权力,于是自然的,宗教场域本身在没有某个个体占据垄断性位置以后,立刻会成为多个宗教团体相互争取市场的局面。这时,为了竞争市场的占有率,也就是为了宗教团体的生存与延续,宗教团体将不得不采取一种以追求效率为目标的管理模式,也就是理性化与专业化的管理和教义的更加系统化,这则又在宗教发展的形态上,进一步促进了'制度性宗教'的成形与发展"。

(五) 台湾宗教变迁的社会学研究

几乎台湾所有的宗教社会学研究者都在从事台湾地区宗教变迁的研究。瞿海源1980年代初进行的研究就以宗教变迁为主题,陈杏枝和赵星光的博士论文也是在探讨宗教变迁。近年来郭文般、丁仁杰、赵星光、林本炫以及瞿海源都在台湾整体宗教变迁上进行研究。

1986年,瞿海源写成《台湾地区宗教变迁之探讨》,指出以宗教机构,即寺庙教堂历年在数量上的变化,可以发现台湾的宗教在1950年至1979年间有着明显的变化趋势。寺庙数在1970年之前成长有限,而在1970—1975年间增加较快;基督宗教的教堂则在1965年以前呈高度成长局面,随后即有停滞情况。这个研究又根据民间信仰、佛教、天主教和基督教在各乡镇市区的寺庙教堂数和社经人口及其变迁间之关系,探究不同宗教变迁的差异以及这种差异的社会因素。根据回归分析的结果,发现整体社会变迁所形成的世俗化趋势及各宗教本身的世俗化程度相作用,乃促成了不同宗教在变迁趋势上的差异。世俗化很深而又普遍为人信仰的民间信仰,不论在寺庙数或寺庙成长率上都和社会经济人口及其变迁没有明显的相关;世俗化程度极浅而不十分普遍的宗教,在发展趋势上也不易看出其与社会变迁的关系;世俗化程度不非常深也不非常浅的宗教之发展与社会经济人口变项及其变迁关系最明显。

1997年,郭文般发表论文《台湾宗教的社会新定位》,指出从世俗化理论的观点来看,台湾在近百年来的确有宗教变迁的过程。这一变迁过程主要是一个官方宗教的分崩离析,从清朝时期自北京下至台湾社会的坛(寺)庙信仰和祖先崇拜(帝王的宗庙至民间的宗祠)的大一统结构,缩减而成为今日以民间信仰为主体的普化宗教,而祖先崇拜的部分则亦从原来以宗族为单位缩减为以家庭为单位的祭祀团体。这个过程主要涉及的是社会制度面的宗教变迁，而与西方所指的中世纪教会的没落而形成今日宗教多元化的局面大致平行。郭文般指出，"普化宗教，根据其定义，本来就不易在人心中有一个明显的、与其他社会制度和思想体系区分的特色，也正因为如此，这一套信仰体系反而更不易被觉察，甚至有被视为理所当然的特性。这种制度层面和信仰体系的不明显，使得在西方理性化透过现代化展现出来的过程当中，没有能够普遍地被视为一个必须要处理的议题，即便曾经被提出来过，主要是上述第一类知识分子所为，也多无法获得广大的认同，而使得这样的批判显得后继无力。这与西方的经验是很不相同。近代的西方世俗化的讨论有很大一个程度是针对传统基督宗教的批判、辩证而来的，这一点应是具有普化宗教传统的台湾社会所表现出来的特殊性"。

郭文般于2001年发表《台湾宗教场域与宗教性的变迁》，以传统民间信仰为参考点，认为经过近五十年来的变迁，台湾的宗教场域已较以往要复杂很多，多元化已是一个现实的状况。在"台湾社会变迁基本调查"的受访者中说自己是在1987年以后开始信民间信仰的已经很少，佛教似乎正在逐渐取代其地位。佛教界内部也可区分出不同的类属，表明自己在1987年以后成为"强度佛教"徒的比"自认佛教"的更多；同样的，自认自己是在同年加入基督宗教也比往年为多。"目前宗教场域中个体信徒的平均信仰程度要比传统社会的民间信仰者要来得高，逐渐没落的信仰只如'祖先崇拜'、'操弄改运'等，其他一些信仰内容，如个体的灵魂观、行为改运、报应的信仰、科学和神秘的会通等，都要来的比传统社会高。""台湾的宗教场域的确具有一种结构特性上的特色，即由扩散性宗教掌控的局面，渐渐转而为由制度性宗教主导的情势"。

丁仁杰、赵星光和瞿海源在新兴宗教研究方面，都各自探究新兴宗教兴起的原因，也都提出解释，大都和此处所谓的宗教变迁有关。例如，丁仁杰在研究新兴宗教兴起所提出的台湾宗教发展趋势，从混合式宗教转化成制度性宗教，这个论点和郭文般所提从普化宗教场域演变成制度性宗教场域的论点是一致的。

以上整理了台湾宗教社会学研究到目前为止主要的研究成果，仅仅是一个框架。更详细的述评等将会在专书中展现。

参考文献

有关台湾民间信仰社会学研究

1989

瞿海源："民间信仰的基本特征与奉献行为"，见《台湾宗教变迁的社会政治分析》，桂冠图书股份有限公司，1997。

1990

瞿海源："台湾的民间信仰"，见《台湾宗教变迁的社会政治分析》桂冠图书股份有限公司，1997。

1989

瞿海源：Folk Religion and Capitalistic Development in Taiwan. Paper presented at the 84th Annual Meeting of American Sociological Association, San Francisco.

1993

Chen, Hsin-chih（陈杏枝） The Development Of Taiwanese Folk Religion, 1683-1945, Ph. D. Dissertation, University of Washington.

2003

陈杏枝："台北市加蚋地区的宫庙神坛"，《台湾社会学刊》31：93—152。

2004

丁仁杰："会灵山现象的社会学考察：去地域化情境中民间信仰的转化与再连结，宗教教义、实践与文化：一个跨学科的整合研究会议论文"，台北，"中研院"民族学研究所。

有关台湾基督宗教社会学研究

1974

瞿海源："人格、刻板印象与教会的复振过程"（与袁忆平合著），见《台湾宗教变迁的社会政治分析》，桂冠图书股份有限公司，1997。

1982

瞿海源："台湾地区基督教发展趋势之初步探讨"，《中国社会学刊》6：15—28。

瞿海源："台湾地区天主教发展趋势之研究"，见《台湾宗教变迁的社会政治分析》，桂冠图书股份有限公司，1997。

瞿海源："世界次序、世俗化与基督教的发展"，见《台湾宗教变迁的社会政治分析》，桂冠图书股份有限公司，1997。

1987

瞿海源："台湾基督教发展趋势的探讨"（1951—1979），基督教与现代中国学术研讨会。

1996

赵星光："华人与基督教调查研究（台湾部分）分析报告"，《基督教与台湾》，台北：宇宙光出版社，第 457—477 页。

赵星光："宗教信仰、同侪团体与毒（药）瘾戒治——晨曦会福音戒毒初探"，《信仰与行为矫治论文集》，林治平主编，台北：宇宙光出版社，第 201—222 页。

1996

郭文般："宗教与社会的关系——两个个案的研究"，国科会专题研究计划报告。

1997

赵星光："从主流教会到小群宗派：洛杉矶台语福音教会的转型与增长"，《东吴社会学报》6：137—182。

1998

郭文般："不同传统下的信仰：两个都市宗教的比较"，台湾社会学会国科会专题计划成果发表会论文。

1999

郭文般："台湾天主教的本土化"，《社会科学理论与本土化研讨会论文集》，南华大学教社所、应社系出版，第 171—220 页。

郭文般："台湾历史过程中的基督宗教：以天主教和长老会为例"，宗教传统与社会实践中型研讨会，中研院民族学研究所。

2000

赵星光："台湾基督教的社会学研究之回顾与前瞻"，台湾的宗教研究最新趋势学术研讨会，台北：台湾宗教学会。

2002

赵星光："宗教市场与宗教的变迁——台湾人移民社区的个案研究"，宗教与社区研讨会：台中：东海大学宗教研究所。

2003

赵星光："张力与融渗：台湾地区基督教会的个案观察"，第一届基督教与华人社会文化发展研讨会会议论文。台中：东海大学出版社。

有关台湾政教关系社会学研究

1982

瞿海源："政教关系的思考"，见《台湾宗教变迁的社会政治分析》，桂冠图书股份有限公司，1997。

1989

瞿海源："政府订定宗教法令的检讨"，见《台湾宗教变迁的社会政治分析》，桂冠图书股份有限公司，1997。

1991

瞿海源："宗教信仰自由的宪法基础"，见《台湾宗教变迁的社会政治分析》，桂冠图书股份有限公司，1997。

1995

瞿海源、李亦园、古正美、顾忠华、韩相敦、黄智能、刘纯仁："宗教教育之国际比较研究"，宗教教育之国际比较与政策研究报告书。

1996

瞿海源："查禁与开禁一贯道的政治过程"，见《台湾宗教变迁的社会政治分析》，桂冠图书股份有限公司，1997。

瞿海源："宗教与公民教育社会学内外的思考"，拓边/扣边社会学研讨会，台湾社会学社。

1997

瞿海源："宗教教育的国际比较研究"，《台湾社会学研究》1：43—75。

1999

郭文般："台湾天主教的政教关系"，国科会专题研究计划报告。

2000

林本炫："台湾的宗教变迁与社会控制"，《辅仁学志：法/管理学院之部》31：1—26。

2001

林本炫："我国当前宗教立法的分析"，《思与言》39（3）：59—102。

有关台湾新兴宗教社会学研究

1988

瞿海源："台湾新兴宗教现象"，台湾新兴社会运动研讨会，清华大学社会人类学研究所。

1996

郭文般："宗教与社会的关系——两个个案的研究"，国科会专题研究计划报告。

1998

郭文般："不同传统下的信仰：两个都市宗教的比较"，台湾社会学会国科会专题计划成果发表会论文。

丁仁杰："台湾新兴宗教团体的世界观与内在运作逻辑：一些暂时性的看法"，《思与言》36（4）：67—146。

1999

赵星光："新兴宗教皈依模式之研究：以 Suma Ching Hai 世界会为例"，国科会专题研究计划成果报告。

2000

赵星光:"新兴宗教改宗模式——台湾与西方",第二届社会科学理论与本土化研讨会会议论文,嘉义:南华管理学院。

Chao, Hsing-Kuang: The Seekers of the Immediate Enlightment: the Three Dimensions of Conversion, 美国SSSR与RRR 2000联合年会论文, Huston。

2001

瞿海源:"解严、宗教自由与宗教发展",《威权体制的变迁:解严后的台湾》:249—276。

2001

瞿海源:"外来的新宗教",《台湾文献》52(4):65—86。

瞿海源:"台湾新兴宗教信徒之态度与行为特征",宗教与社会变迁研讨会,中研院社会学研究所。

瞿海源:"占星、星座在台湾流行的分析",手稿。

2002

瞿海源:"外来及新兴宗教在台湾",台北:桂冠图书股份有限公司。

2002

瞿海源、章英华:"台湾外来新兴宗教发展的比较分析",台湾新兴宗教研讨会,中研院社会学研究所。

2002

陈家伦:"新时代运动在台湾发展的社会学分析",台北:台湾大学社会学研究所博士论文。

2002

林本炫、庄丰吉:"宗教医疗与信仰转变——以法轮功练功者为例",新兴宗教现象研讨会,台北:中研院社会学研究所。

2003

姚玉霜:"日本新兴宗教在海外——成功关键与全球化的问题",新宗教团体与社会变迁研讨会:对话与创新,嘉义:南华大学宗教学研究所。

2003

丁仁杰:"文化统摄与个人救赎:由'清海无上师世界会'教团的发展观察台湾当代宗教与文化变迁的性质与特色",《台湾社会研究》49:135—200。

2003

赵星光:"本土新兴宗教的全球化质素:以清海教团为例",新宗教团体与社会变迁研讨会,嘉义:南华大学。

2003

赵星光:"全球化与世俗化过程中新兴宗教的传布",《宗教论述专辑五》5。

2003

陈家伦："自我宗教的兴起：以新时代灵性观为例"，新宗教团体与社会变迁研讨会："对话与创新"，嘉义：南华大学宗教研究所。

2004

丁仁杰："社会分化与宗教制度变迁：当代台湾新兴宗教现象的社会学考察"，台北：联经出版事业股份有限公司。

有关台湾宗教变迁社会学研究

1986

瞿海源："台湾地区宗教变迁之探讨"（与姚丽香合着），见《台湾宗教变迁的社会政治分析》，桂冠图书股份有限公司，1997。

1997

郭文般："台湾宗教的社会新定位"，台湾新兴社会现象研讨会实录，中兴大学法商学院，第103—144页。

2001

丁仁杰："当代台湾社会中的宗教浮现：以社会分化过程为焦点所做的初步考察"，《台湾社会研究》41：205—270。

2000

林本炫："台湾的宗教变迁与社会控制"，《辅仁学志：法/管理学院之部》31：1—26。

2002

赵星光："宗教市场与宗教变迁——台湾人移民社区的个案研究"，宗教与社区研讨会，台中：东海大学。

2002

郭文般："台湾宗教场域的组成：一个新制度的观点"，新兴宗教现象研讨会，中研院社会学研究所。

2003

丁仁杰："台湾历史发展过程中所出现的主要宗教形态"，《迈向21世纪的台湾历史学论文集》，台湾历史学会主编，台北：稻乡出版社。

2002

郭文般："宗教现象解析——全球化理论的观点"，《现代化研究》专刊30：11—19。

2001

郭文般："新的或旧的宗教性？"宗教与社会变迁：第三期第五次台湾社会变迁基本调查之研究分析研讨会，页29—52，中研院社会学研究所。

研究回顾

1995

Huang, Su‐Jen: The Genesis of Max Weber's Sociology: The Religion of China as a Key. Ph. D. dissertation. University of Wisconsin‐Madison.

1999

陈杏枝:"台湾宗教社会学研究之回顾",《台湾社会学刊》22:173—212。

2000

郭文般:"对台湾宗教社会学几个问题的反省",台湾的宗教研究最新趋势学术研讨会,台湾宗教学会。

2000

赵星光:"台湾基督教的社会学研究之回顾与前瞻",台湾的宗教研究最新趋势学术研讨会,台湾宗教学会。

2001

郭文般:"社会学、人类学对台湾宗教研究的回顾与反省",人类学与汉人宗教研究研讨会,中研院民族学研究所。

2002

郭文般:"宗教与社会",王振寰主编:《台湾社会》第3章,台北:巨流出版社。

中国宗教人类学研究综述

于丽娜　胡晓娟

宗教人类学又称宗教民族学或宗教人种学，是一门与人类学、民族学和社会学相交叉形成的边缘学科。它诞生在19世纪70年代的西方，以英国学者泰勒1871年出版的《原始文化——关于神话、哲学、宗教、艺术和风俗的发展的研究》及其一系列的关于人类学的学术研究为标志，因而人们通常将他尊为宗教人类学之父。它最初是从西方社会人类学和文化人类学发展起来的，英国人类学家弗雷泽、科德林顿和马莱特等人的研究工作为这一学科的奠基起了决定性作用。

宗教人类学是在宗教学的原理统摄下，利用田野考古学方法和宗教现象学理论，从发生学的角度探讨具体的宗教基本事象的起源、特点及其发展脉络。它主要研究那些尚未发展到创造和使用本民族文字阶段，而仍然保留着许多原始社会宗教文化的后进民族传统信仰的原始宗教。当然，现代西方宗教人类学的研究往往又与当代民族学和民俗学的研究结合起来，因此并不仅仅局限于所谓原始民族。

宗教人类学的研究在西方已有一百多年的历史，中国学术界在20世纪初开始涉足宗教人类学。作为宗教学的一个分支学科，它真正的发展和繁荣是在改革开放以后。为了更好地说明中国宗教人类学的大致发展历程，我们将从时间和内容两个角度进行分析。

一　中国宗教人类学的发展脉络

从时间方面，我们把中国宗教人类学的发展大致分为四个阶段。

1. 第一阶段（1910—1948年）

这个时期是中国宗教学刚刚起步的阶段，此时中国宗教人类学的研究主要集中于对神话、原始宗教、少数民族宗教和民间信仰等方面。

最初，学者们将主要精力放在了译著方面，如宫廷璋将泰勒的《人类学》编译成《人类与文化进步史》（商务印书馆，1926）出版，吕叔湘翻译了马雷特的《人类学》（商务印书馆，1931），李安宅翻译了弗雷泽的《交感巫术的心理学》（商务印书馆，1931），吴景崧翻译了威斯勒的《现代人类学》（大东书局，1932），吕叔湘翻译了罗维的《初民社会》（商务印书馆，1935）和《文明与野蛮》（生活书局，1935），李安宅将马林诺夫斯基的《巫术、科学与宗教》和《原始人心理与神话》译成中文后合为一册，冠以《巫术科学宗教与神话》出版（上海文艺出版社，1936）。费孝通翻译了马林诺夫斯基的《文化论》（1944）与弗思的《人文类型》（1944）。

西方人类学译著的出版，新的思想观念的引入，必然刺激中国学者在自己的著述方面有所突破，除了1926年蔡元培发表《说民族学》一文以外，还有神话与原始宗教研究成果，如黄石的《神话研究》（上海开明书店，1927），容肇祖的《迷信与传说》（广州国立中山民俗学会，1929），魏应麒的《福建三神考》（广州国立中山大学语言历史学研究所，1929），瞿兑之的《释巫》（燕京大学，1930），林惠祥的《神话论》（上海商务印书馆，1934）和孙作云的《中国古代的灵石崇拜》（1937）等。据不完全统计，这一时期中国大陆学者的著作大约有40部（不包括译著）。少数民族宗教研究著作约有30多部，其中95%以上是从历史的和地域的角度来进行描述和分析的。除了专著以外，这一时期相关的论文多以民间信仰和少数民族宗教的研究内容为主，如《民俗》（1928年3月创刊）上"神的"专号和"妙峰山"的专栏。

值得一提的是，1927年北京大学开设了人类学讲座。1935年，应吴文藻先生的邀请，著名的宗教人类学家拉德克利夫·布朗曾到燕京大学社会学系进行了为期三个月的讲学。20世纪20年代末和30年代初，颜复礼、商承祖、杨成志、林惠祥、凌纯声等一批青年学者分赴少数民族地区调查，并写出一批较有影响的调查报告。同时，综合性的理论著作也有所建树。如林惠祥的《世界人种志》（1932）、《文化人类学》（商务印书馆，1934）和《中国民族史》（1936），岑家梧的《史前艺术史》（1937）和《图腾艺术史》（长沙商务印书馆，1937）等。应该说，20世纪上半叶的中国学术界，文化人类学相对说来发展较快，成就亦很卓著。然而，可能是由于中国传统文化中宗教始终居于王权和礼乐文化之下的缘故,当时的学者们大都将宗教作为文化人类学的一个部分加以论述和研究,未能形成专门的宗教人类学研究,更没有自觉从事宗教人类学的理论建设。

2. 第二阶段（1949—1978年）

从20世纪50年代到70年代这段时间,宗教研究像其他领域一样"以阶级斗争为纲",其主要内容是将宗教作为一种"落后",甚至反动的意识形态加以批判。这一时期是中国历史上一个比较特殊的时期。"四清"和"文化大革命"的惊涛骇浪席卷全国,在阶级斗争的暴风雨中,宗教学方面的学术研究几乎处于瘫痪的状态。而宗教人类学方面的研究几乎全部集中于少数民族宗教研究。这一时期宗教人类学的专著大约有20部,其中60%是从历史角度论述的。

3. 第三阶段（1979—2000年）

进入70年代末期,改革开放的旗帜高扬,人们的观念,社会的风气都为之巨变。人们重新思考宗教在人类历史进程中的作用,重新在现实社会生活中为宗教定位,在此基础上,宗教学术研究全面展开,不仅有关各教历史的学术著作相继问世,而且在理论层面上出现了通论性的宗教学。

20世纪80年代始,有大量的学术著作和译著出版。这中间自然有宗教人类学方面的译著和论著。然而,中国学者在这一阶段对宗教人类学领域的涉足,基本上立足于不同的学科,但相对集中于民族学、社会学、民俗学和宗教学。如卓新平的《宗教起源纵横谈》（湖南人民出版社,1988）,蔡家祺的《论原始宗教》（云南民族出版社,1988）,宋兆麟的《巫与巫术》（四川民族出版社,1989）,梁钊韬的《中国古代巫术》（中山大学出版社,1989）,朱狄的《原始文化研究》（三联书店,1988）,王小盾的《原始信仰和中国古神》（上海古籍出版社,1989）,赵国华的《生殖崇拜文化论》（中国社会科学出版社,1990）,何星亮的《中国图腾文化》（中国社会科学出版社,1992）和《中国自然神与自然崇拜》（上海三联书店,1992）,张紫晨的《中国巫术》（上海三联书店,1990）,任聘的《中国民间禁忌》（作家出版社,1990）,傅道彬的《中国生殖崇拜文化论》（湖北人民出版社,1990）,夏之乾的《神判》（上海三联书店,1990）,金泽的《中国民间信仰》（浙江教育出版社,1990）,谢宝耿的

《原始宗教》（1991），杨学政的《原始宗教论》（云南人民出版社，1991），由吕大吉、何耀华为总主编的《中国各民族原始宗教资料集成》（中国社会科学出版社，1996—2000）和金泽的《宗教禁忌研究》（社科文献出版社，1996）等。国内学者张桥贵与陈麟书合著的《宗教人类学》（四川大学出版社，1993）可以说是国内近20年来第一部冠以"宗教人类学"的专著，但其副标题"云南少数民族原始宗教考察研究"，则反映了该书的专题研究性质。这些论著的着眼点大多聚焦于宗教人类学体系中的某些具体课题，还未有较系统的、概论性的、具有中国特色的宗教人类学论著问世，但中国的宗教人类学已经形成了坚实的基础，而且出现了形成独立学科的走势。

4. 第四阶段（2000年以后）

进入新世纪，中国宗教人类学研究也跨上了一个新台阶，取得了新成就。2001年金泽所著的《宗教人类学导论》（宗教文化出版社）出版问世，它可称得上是中国宗教人类学的开拓之作。这本书论述了宗教人类学自身的发展史和人类学的宗教研究的各个重要方面。在分析宗教起源时，该书将各派理论与考古事实结合起来，提出了"原生性宗教"概念，讨论了它的形成与演变，进而探讨了中国本土宗教发展的轨迹。与此相应，该书在"创生性宗教"范畴里，探讨了人类早期文明时代宗教的新因素（如独立教团与宗教怀疑论的出现），创生性宗教与古代帝国的关系以及近现代的新兴宗教，除论述神灵观念、巫术与禁忌等宗教现象外，该书更着重讨论宗教仪式的基本要素和基本类型，探讨了宗教仪式的文化意义，该书比较全面地介绍了宗教人类学的基本知识，并建构了比较系统的结构。

除了上述四个发展阶段所提到的主要的学术专著以外，有很多学者在各种学术期刊上发表了大量的有关宗教人类学方面的学术论文。这些论文所写的内容大多集中于宗教人类学体系中某个具体的课题。它们主要集中在对萨满教、神话、原始宗教、民间信仰和图腾崇拜等几个方面的研究。据不完全统计，从1978年改革开放到21世纪初，与宗教人类学有关的论文大约有1500多篇。其中有关萨满教的论文约200多篇，原始宗教的有200多篇，神话的有260多篇，图腾的有150多篇，各种崇拜的有280多篇，民间信仰的有近270篇。

二　宗教人类学研究领域中的几个主题

1. 萨满教

中国关于萨满教现象的各种记载历时漫长，而对于它的研究，与国际这一学科的学术史相比，却时间较短，起步较晚。到 20 世纪上半叶只有一部完整的关于萨满教的民族志著作，即民族学家凌纯声著述的《松花江下游的赫哲族》。从 50 年代到 80 年代初，萨满教作为民族社会历史调查中的附属部分，只是成为少量著作和文章的非专门的研究对象。80 年代中期以来，中国的萨满教研究突飞猛进，涌现了数量颇丰的一批调查报告和学术著作，使萨满教研究成了一门独具特色、内容丰富的学术领域。

为早期的萨满教研究奠定坚实基础的，是历史上有关萨满教的民族志调查报告。研究者主要利用在 50 年代以来开展的中国少数民族社会历史调查中获得的资料，那次调查受当时的政治任务局限，调查萨满教的学术目的并不明确，调查的领域比较狭窄，调查的成果也常常依附于政治、经济等其他领域，萨满教的完整状况并没有得到充分展示。但是由于这种调查进行的时间较早，因此记录下许多古老事迹，它们成为后来从事萨满教研究的难得素材。这个时期的调查报告主要在 80 年代出版，如《赫哲族社会历史调查》（黑龙江出版社，1987）、《鄂温克族社会历史调查》（内蒙古人民出版社，1986）、《达斡尔族社会历史调查》（内蒙古人民出版社，1985）等，它们为 80 年代中期到 90 年代初期的萨满教研究提供了非常必要的准备。

80 年代中期到 90 年代初期也是萨满教理论建设的初始阶段，在这一阶段关于萨满教的理论研究是一般化的，关于它的讨论，几乎等同于一般的原始宗教研究。由于当时的社会历史条件，早期萨满教研究不免受到了马克思、恩格斯的宗教观影响，将萨满教起源、发展的理论主要集中在它的宗教观念的演进方面，许多学者套用了恩格斯的观点，依据自然崇拜、图腾崇拜、祖先崇拜、多神教向一神教的过渡来区分萨满教不同的发展阶段。尽管学者们对不同发展阶段的信仰内涵解释不同，对不同信仰类型的来源和走向理解不一，但在理论方向上大体一致。反映这一时期理论特色的代表作，专著方面有秋浦先生主编的《萨满教研究》（上海人民出版社，1985），蔡家麒的《论原始宗教》（云南民族出版社，1988），它们集中反映了当时的学科理论面貌；论文方面有满都尔图的《中国北方民族的萨满教》（吉林人民出版社，1988），刘建国的《关于萨满教的几个问题》（吉林人民出版社，1988），王叔凯的《古代北方草原游牧民族与萨满教》（吉林人民出版社，1988）等。但此时还没有对萨满教各个方面的实际状况进行认真思索，也尚未形成符合它自身特点的知识体系。

田野调查是萨满教研究的重要基础，同时也一直贯穿于萨满教研究之中。80年代以后的萨满教调查，采取了更为开放的态度，调查范围也向更广阔的领域进展，主要是对具体民族的萨满教研究，主要代表成果有：中国社会科学院民族研究所的满都尔图、夏之乾两位研究员撰写的《察布查尔锡伯族的萨满教》调查报告，它在中国首次将锡伯族的萨满教一般情况介绍出来，为后来的锡伯族萨满文化发掘和研究奠定了基础。1987年，几位锡伯族学者将发现的手抄于1884年的"萨满歌"翻译成汉文，公布于世，这篇材料不仅引起了学术界的高度重视，也推动了锡伯族萨满教研究的深入开展。满族方面的萨满教研究成果主要在于发现了一批由萨满和栽立（萨满助手）书写、保存的满语萨满文本，它为萨满教的整体发展起到了推动作用。蒙古族萨满教研究始于80年代，其中较重要的蒙文著作有贺·宝音巴图的《蒙古萨满教事略》，满昌的《蒙古萨满教》；汉文著作以白翠英、邢源、福宝林、王笑编著的《科尔沁博艺术初探》最有代表性。此外，新疆和吉林也有大批著作出现，并形成了一支专业的萨满教考察队，以富育光为代表的吉林萨满教考察队取得的成果最为突出，如富育光的《萨满教与神话》（辽宁大学出版社，1990），《萨满论》（辽宁人民出版社，2000），富育光与孟慧英合著的《满族萨满教研究》（北京大学出版社，1991），富育光与王宏刚合著的《萨满教女神》（辽宁人民出版社，1995）等。

为了获取萨满教学识上的进步，中国学者们又利用文献学、考古学、民族学的综合优势逐渐展开了萨满教比较研究的领域，代表作品有刘小萌、定宜庄合著的《萨满教与东北民族》（吉林教育出版社，1990），姜相顺的《神秘的清宫萨满祭祀》（辽宁人民出版社，1995）等。萨满教的比较研究还集中表现在萨满教观念形态的研究方面，乌丙安的《神秘的萨满世界》（上海三联书店，1989）是最早将外国资料同中国资料结合起来，专门进行萨满教观念研究的著作。此外，孟慧英的《中国北方民族萨满教》（社会科学文献出版社，2000）将中国北方民族萨满教作为一个文化整体予以考察,把复杂多变的萨满教现象给予高度的集中和概括,建立了一个系统综合的萨满教研究理论体系。

2. 神话

神话是个非常复杂的研究对象,它产生的时间跨度相当大,从远古直到当代。神话所包含的内容也相当广泛,但在不同的研究领域,神话也具有不同的地位。在文学研究中,它是一种文学样式,有些人还将它归为民间文学下的一个子目。在宗教人类学中,神话是原始人的世界观或宇宙论,它往往以信仰为依托,与仪式活动相伴随。所以我们特意将此类神话称作宗教神话,以便和作为文学的神话相区别。

从宗教神话的构成来说,它主要包括四个方面:①创世神话,其中包括宇宙起源的神话,如太阳神话、月亮神话、星宿神话、开天辟地神话等;也包括人类起源神话,如关于人的产生、火的发明、动植物的驯化、畜牧业和农业的起源、关于各种职司、技艺及工具发明的神话等。②自然现象及其变化的神话,如昼夜交替、四季变化、岁月更迭、日月之食、洪水、地震、风雨雷电等神话。③神圣人物的神话,包括诸神生活的神话、祖先的神话、氏族—部落英雄的神话、巫师或萨满的神话。④图腾神话,包括动植物起源及其习性的神话、人与动物、植物交往的神话等。

关于宗教神话这四个方面的论文和著作都比较多,如叶舒宪的《中国上古地母神话发掘——兼论华夏"神"概念的发生》(《民族艺术》,1997),那木吉拉的《蒙古族神话中的腾格里形象初探》(《西北民族学院学报》,2001)等。专著方面比较有代表的是陶阳和钟秀的《中国创世神话》,它不仅论述了创世神话产生的脉络,而且涉及整个神话产生的诸阶段(因为他们把宇宙起源神话、日月星辰等天象起源神话、人类起源神话、氏族和民族起源神话、文化[包括火、谷种等]起源神话等都包括在创世神话之内)。他们认为,伴随着早期人类的图腾信仰与图腾制,神话的最初形态——图腾神话产生了。由此进一步发展,"出现了最初的族源神话、日月神话,以及稍后出现的人类起源神话和某块陆地某个岛屿和湖海的来源神话等"。

在存在形态方面,张桥贵与陈麟书在其合著的《宗教人类学——云南少数民族原始宗教考察研究》(四川大学出版社,1993)中,将神话的存在形态分为四种:活态神话(亦即仪式神话)、经典神话、唯美神话和异化神话。以经典神话形态存在的神话，就是记载在宗教典籍中的神话。这种形态的神话，其科学价值大于文学价值。以唯美神话形态存在的神话，其文学化程度最高，文学价值大于科学价值，功用在于娱乐，如汉民族的《穆天子传》和白族的《白国因由》等所记载的神话，都属于唯美神话。异化神话是指神话被"历史化"，或直接被异化为历史，"古史传说"即为神话的一种异化神态。以仪式神话形态存在的神话，是真正处于活形态或原生形态的神话。这种神话以现行的特定的宗教活动，或带有宗教性质的社会活动为其讲述、演唱的场所，和宗教仪式一起构成宗教活动。

我国关于宗教神话的研究主要是对活态神话的考察，尤其是对少数民族活态神话的研究，最初主要得力于民族学的展开和发展。20世纪三四十年代，我国民族学界的科研人员，在引进了欧美世界有重要影响的各学派的典型理论及代表著作后，开始投身到我国少数民族神话的调查研究之中，开了我国活态神话研究的先河。当时的成果，除了一些译著外，主要有芮逸夫的《苗族洪水故事与伏羲女娲的传说》，楚图南《中国西南民族神话的研究》，凌纯声《畲民图腾的文化研究》等。这些科研成果改变了以往以古典文献为主要对象的神话研究。

在这一时期，中国神话的调查研究，既吸收了西方不同学派理论中的合理成分，又结合了自己研究对象的特殊性，形成了具有我国民族特点的理论风格。同时，学者们深入探究神话与社会组织的关系，以及它的社会功能，如陶云逵的《大寨黑夷宗族与图腾志》，陈国钧的《生苗的人祖神话》等。这一时期的神话研究虽受到了西方民族学各种流派的思想和方法的影响和局限，但学者们的确扎扎实实地研究了中国的实际问题，在理论方面提出了适合中国境况的新领域，同时展示了一批鲜为人知的极其珍贵的资料，积累了调查研究的经验。

在中华人民共和国成立至"文化大革命"这一阶段，马克思主义的观点与方法被广泛应用到调查研究之中，最显著的代表是1956年展开的全国范围的"少数民族社会历史调查研究"。这次调查的重点虽在政治经济方面，但民间文学的搜集和出版却使得少数民族一些口传神话的不同形态得以问世。

神话研究因"文化大革命"被迫停歇，改革开放以后，神话学界开始活跃起来。如果说前两个阶段主要是神话研究的理论与资料准备阶段的话，那么这一阶段才是全面展开的研究阶段，出现了一大批以现今中国各少数民族流传的神话为对象的专著和论文，也有学者开始提出活态神话的理论构架，将神话的研究推向一个新阶段，以1981年民俗学民间文学界前辈代表人物钟敬文教授在《北京师范大学学报》第2期上发表的《论民族志在古典神话研究上的作用》为代表。在1984年7月的中国首次少数民族神话学术讨论会上，"活态神话"的地位与特点问题成为中心议题，近百篇论文中绝大多数涉及了这方面的理论与材料，这次会议具有开拓与提高两方面的意义，我国以少数民族神话为中心的活态神话研究进入了一个新时期。

目前看来，对具体民族神话的研究，仍是活态神话研究乃至宗教神话研究的主要方面。同时，对神话理论构想方面的探讨正在进一步深化，如李子贤在《活形态神话刍议》中将活形态神化分为典型形态神话和口头神话等；孟慧英在《活态神话——中国少数民族神话研究》（南开大学出版社，1990）中，从神话的内涵、载体、组成部分、功能等几个方面，并结合少数民族的宗教仪式和活动，对宗教神话进行了具体而详细的论述。学者们根据丰富的调查成果写出了大批的学术论文，提出神话同民族诸方面生活的关系，总结神话在其中的社会作用，如宗教礼仪中的经典、权威、民族风俗习惯的规则、族体的特律规法、民族内聚力的纽带等。总之，我国的宗教神话理论研究具有浓郁的实践特色。

3. 原始宗教

原始宗教不但是整个人类宗教的发端，在一定意义上也是人类社会各种文化形式的源泉。对它的研究，是近现代比较宗教学的起点，也是其他人文科学关注的热点。在原始宗教研究中，论述自然崇拜、祖先崇拜等原始宗教形式和萨满教、东巴教等少数民族原始宗教信仰的成果非常多，而对于原始宗教进行总论或概论方面的研究成果却相对薄弱。但仍有一些代表性的论著问世，如马翰如的《中国原始宗教》（汕头民德出版社，1946），这是可以搜集到的最早的一部关于原始宗教的总论方面的著作，朱天顺的《原始宗教》（上海人民出版社，1964，此书于1978年再版，内容也有所增加）。此外还有蔡家麒的《论原始宗教》（云南民族出版社，1988），杨学政的《原始宗教论》（云南人民出版社，1991），《中国原始宗教百科全书》（四川辞书出版社，2002），于锦绣的《论原始宗教的基本概念》和《论原始宗教的发展》(《贵州民族研究》, 1998), 张桥贵、陈麟书的《宗教人类学——云南少数民族原始宗教考察研究》(四川大学出版社, 1993), 马学良、于锦绣的《彝族原始宗教调查报告》(中国社会科学出版社, 1993), 戴佩丽的《突厥语民族的原始信仰研究》(中央民族大学出版社, 2002), 朱文旭的《彝族原始宗教与文化》(中央民族大学出版社, 2002), 吕大吉、何耀华的《中国原始宗教》(上海人民出版社, 1993) 等。

尤应指出的是, 以吕大吉、何耀华为总主编的《中国各民族原始宗教资料集成》, 这部多卷本资料集由全国各地区、各民族很多学者合作完成。他们对各民族的原始性宗教信仰进行了空前广泛深入的调查, 汇集和整理了中国各民族原始宗教中迄今发现的资料, 包括实地调查记录、文献记载、考古发现和学术论著中有资料价值的材料等等, 可以说, 这是我国各民族原始宗教研究资料的全面集成。该书每民族分卷有"前言", 概述该民族原始宗教的性质、特点、内容、发展演变以及同其他宗教之间的关系等, 卷后附录了迄今为止有关的全部研究论著目录索引, 而全书的"总序"则可视为此一阶段中国宗教人类学研究的总结和此一分支学科的一篇代表作。在中国, 如此系统完备、内容丰富的原始资料集成, 是前所未有的。它为中国宗教人类学的进一步发展提供了丰富的素材。

4. 图腾崇拜、自然崇拜、祖先崇拜

图腾崇拜最初产生于人类原始时代, 是人类宗教信仰中一种奇特的现象。同时, 图腾崇拜也是宗教人类学体系中的一个重要的研究内容。中国的图腾文化研究于20世纪初便已开始, 我国最早介绍和研究图腾文化的学者当推严复, 他于1903年译英国学者甄克思的《社会通诠》一书时, 首次把"totem"一词译成图腾, 成为中国学术界的通用译名。他可称得上是中国图腾文化研究之第一人。自严复之后, 我国不少学者程度不同地研究过图腾文化, 如郭沫若、闻一多、吕振羽、胡愈之、凌纯声、黄文山、卫惠林、岑家梧、李则刚、陶云逵、何联奎、马学良、陈宗祥、陈志良、李玄伯、卫聚贤、孙作云等, 他们或译介西方的图腾专著, 或根据西方图腾学说阐释古史, 或调查考察残存少数民族中的图腾文化现象。如培松的《图腾主义》(吕叔湘译, 1935), 李则刚的《始祖的诞生与图腾》(上海商务印书馆, 1935) 等。

新中国成立之后, 由于多方面的原因, 我国的图腾文化研究没有充分

展开，20世纪50年代至60年代大规模的民族调查也很少注意这一方面。从80年代始，涉及图腾崇拜的专著逐渐多起来。它们主要从艺术和文化的角度来论述图腾崇拜，如岑家梧的《图腾艺术史》（学林出版社，1986），杨和森的《图腾层次论》（彝族文化研究丛书）（云南人民出版社，1987），龚维英的《原始崇拜纲要（中华图腾文化与生殖文化)》（中国民间文艺出版社，1989）和高明强的《神秘的图腾》（江苏人民出版社，1989）。但是，80年代一些学者的研究，大多是个案研究，或阐释史籍中的图腾文化资料；或调查残存在少数民族中的图腾文化现象；或在某一个问题上作探讨，并没有对图腾崇拜进行系统化和深入地研究。这时的论文大多集中于用考古、传说和民族志的资料考证不同少数民族的图腾。如龚维英的《嬴秦族图腾是鸟不是马》（《求索》，1982年第3期），梁庭望的《壮族图腾初探》（《学术论坛》，1982年第11期），林华东的《再论越族的鸟图腾》（《浙江学刊》，1984年第11期），马姿燕的《黎族图腾崇拜初探》（《广东教育学院学报》，1987）等。在这些论文中，学者们常常引用马克思主义学者们有关图腾的理论观点。到了80年代末期，学者们对图腾崇拜进入了更深层次的研究，开始探讨图腾的起源、形成和演变等问题，而不仅仅局限于描述和考证某一民族的图腾是什么的层面，如何星亮的《图腾禁忌的类型及其形成与演变》（《云南社会科学》，1989），《图腾的起源》（《中国社会科学》，1989）等。这时，也开始进行图腾崇拜现象在宗教层面含义的研究。中国各民族的图腾文化资料虽十分丰富，但过去无人作系统、全面的收集、整理和研究。

进入90年代，图腾崇拜的研究不仅内容更加丰富，而且也逐渐系统化，如丘振声的《壮族图腾考》（广西教育出版社，1996），张岩的《图腾制与原始文明》（上海文艺出版社，1995），何星亮的《中国图腾文化》（中国社会科学出版社，1992）。《中国图腾文化》是国内外第一部系统考察和研究中国图腾文化的专著。作者全面地介绍了中国古今各民族的图腾文化，论述了图腾文化对中国文化的影响，阐述了它与当今许多文化现象的渊源关系，它的论述达到了一定的理论高度。但这本书主要还是从文化的角度对图腾现象进行阐释。直到21世纪初，图腾崇拜的研究，主要还是对民族学、历史学、考古学等方面的资料进行鉴别和整理。研究图腾的学者也大多是文化人类学者、民族学家、考古学家和民俗学家，宗教学者却极少参与这方面的研究。

自然崇拜是世界各民族历史上普遍存在过的宗教形式之一。天、地、日、月、星、雷、雨、风、云、虹、水、火、山、石等自然神是中国历史上受到普遍崇拜的神。自然崇拜始自原始时代，而延续至今，是人类历史上流传时间最长的宗教形式之一。学者们多集中于对少数民族自然崇拜的研究，如杨福泉的《纳西族木石崇拜文化论》(《思想战线》, 1989)，章海荣的《永恒的创生之母，石——少数民族民俗中的石崇拜现象》(《贵州民族学院学报》[社科版], 1991)等。这样的论文有很多，在此不能一一列举。从内容上，关于自然崇拜的论文和专著大致可以分为两类：一类是从文化的角度，另一类是把它作为一种宗教现象进行研究。如李文、安文新合著的《乌蒙圣火——彝族火崇拜文化含义》(贵州人民出版社，2001)，钟仕民的《彝族母石崇拜及其神话传说》(云南人民出版社，1993)，陈江风的《天文崇拜与文化交融》(河南大学出版社，1994)，向柏松的《中国水崇拜》(中华本土文化丛书)(上海三联书店，1999)等专著都是着重从文化的角度对自然崇拜进行研究，以说明各种自然崇拜的文化含义。另一类的著作和论文则把自然崇拜作为原始宗教的一个内容进行阐释。它们通过描述各种不同自然崇拜的内容、特点，然后揭示自然崇拜背后的思想根源和心理根源。如论文《彝族的自然崇拜及其特点》、《永恒的创生之母，石——少数民族民俗中的石崇拜现象》等。

国内第一部系统地研究中国自然神和自然崇拜的专著是何星亮的《中国自然神与自然崇拜》(上海三联书店，1992)。作者根据丰富的考古学、历史学、文字学和民族学调查资料，运用自己多年研究形成的文化的空间与时间层次分析法，分门别类论述了中国各种自然神的观念、形象、名称、祭祀场所、祭祀仪式、禁忌和神话等，既有纵向考察，又有横向分析，古今印证，中外比较，从而全面地揭示了中国自然崇拜的结构、状态及其起源、发展和演变，具有较高的学术价值。

祖先崇拜出现很早，源于原始社会灵魂崇拜和图腾崇拜。对于中国社会、中国民众影响很大，成为家庭、家族生活的一部分，中国学者对于祖先崇拜却没有系统地和深入地研究。在20世纪80年代，论文主要是在概述少数民族的宗教信仰时，把祖先崇拜作为其中一个内容论述；或者是把它作为原始宗教的一个子目进行论述。如孟志东、瓦仍台布、尼伦勒克合著的《鄂伦春族宗教信仰简介》(《内蒙古社会科学》, 1981)，何星亮的《阿尔泰乌梁海人的宗教信仰初探》(《民族研究》, 1986)，于锦绣的

《原始宗教观念的发展及其表现形式》(《思想战线》,1985)等。这时,还没有祖先崇拜研究的专著。1995年王丽珠的《彝族祖先崇拜研究》出版,但它还是对少数民族的宗教研究;林晓平的《中国人崇拜祖先的传统》(北京科学技术出版社,1995)这本书则从文化的角度来阐释祖先崇拜。到了21世纪,除了从文化的角度对少数民族的祖先崇拜研究之外,学者们开始了比较研究,如周洁的《中日祖先崇拜研究》(世界知识出版社,2004)。总体来说,对于祖先崇拜的专题性的论文和专著并不是很多,有待于学者们进行进一步和深层次的研究。

5. 妈祖信仰与关公信仰为代表的民间信仰研究

妈祖研究是一个大课题,与考古学、历史学、民族学、民俗学、宗教学、华侨史、中外文化史都有密切的联系。过去研究妈祖走了一条漫长的路,从清朝开始就有了妈祖研究。运用现代社会科学知识研究妈祖信仰,发端于20世纪30年代前后。当时有许多民俗学家发表了不少报道和论文,开拓了妈祖的研究领域。后来对妈祖的研究淡漠了,发表的文章也少了。近20年来,伴随着我国对外开放,妈祖又回到了大陆学界。妈祖研究硕果累累,涉及的问题相当广泛。学者们从历史学、宗教学、神话学、民俗学的角度,对妈祖信仰的起源、传播、影响、传说和她的家世、生卒时间以及历代褒封等问题,都作了深入的探讨,并提出许多颇有见地的学术观点,使妈祖研究出现了"百花齐放,百家争鸣"的可喜局面,使妈祖研究进入一个发展阶段。从90年代开始,已经有很多关于妈祖研究专著出版问世。其中一部分是介绍有关妈祖的传说故事和渊源;如唐世贵的《妈祖传奇》(巴蜀书社,2000),柳滨编著《妈祖传奇》(海潮摄影艺术出版社,2003)等;一部分则是系统地阐述妈祖文化的形成、传播、影响、作用等。如李露露的《妈祖神韵——从民女到海神》(学苑出版社,2003),黄国华的《妈祖文化》(福建人民出版社,2003)等;还有一部分则是关于妈祖资料方面的研究,如肖一平等编的《妈祖研究资料汇编》(福建人民出版社,1987),1990年出版的《妈祖文献资料》,这部资料集是在李献璋先生的《妈祖信仰的研究》基础上,经过蒋维锬先生的再收集、补充和校订出版。这部资料集,对研究妈祖信仰发展史和了解清代以前妈祖信仰的情况,非常有用。但是,另一方面,民国以后和国外的妈祖信仰资料,尚有待收集、整理。地区性的妈祖信仰资料的汇集,也是妈祖资料库建设上不可少的部分。有关妈祖的文献资料的进一步收集、完善和研究，有助今后提高妈祖研究学术水平。

关帝崇拜是我国民间信仰的重要组成部分。在中国历史文化书卷中，关羽是一个颇具特色的人物。他从一个三国时期有胜有负的将领，上升为气宇轩昂、忠义仁勇的崇拜偶像。从历史到文学，从文学到神坛，跨越儒释道三教，成为中国民间广为推崇、历代皇帝一再晋封的关公、关帝和关圣，可谓是深入民间，高升为圣。关公崇拜在中国盛行了一千多年，至今仍有比较广泛的社会基础。但迄今所见，对这一文化现象的研究仍嫌薄弱，尚欠深入，主要表现在对关羽由武将到武圣的演变过程缺乏系统的梳理，对"关羽现象"形成的原因和正负作用缺乏深入剖析。蔡东洲自1993年始把"关羽现象"作为专门课题进行研究。这说明关公崇拜已经引起了学者们的关注。

三 结 语

总体说来，从20世纪初到现在，中国的宗教人类学有了长足的发展，并且取得了很大的成绩。2003年1月，中国社会科学院民族研究所更名为民族学与人类学研究所，并专门设立了社会文化人类学研究室和宗教文化研究室，这充分说明了宗教人类学研究的重要性。此外，世界人类学大会确定2008年的世界人类学大会将在中国召开。这不仅是对中国人类学研究的认可，同时也将为中国的人类学（宗教人类学）研究的进一步繁荣和发展提供良好的契机和有利的国际环境。但是，我们不能否认，中国的宗教人类学研究还存在着很多问题。仪式、祭祀和象征是宗教人类学研究的重要内容，但从目前的统计数据上看，涉及这几方面的研究著述不是很多，说明我国在这方面的研究相对比较薄弱。而且以往的研究多数仅仅局限于表面现象的描述，既缺乏格尔茨所说的"深描"，亦需要在理论上进一步提升。事实上，宗教人类学在根本上是一种理论探讨，它是一门研究人、研究人类文化的学问，它研究宗教的目的，不是为了认识神，而是为了理解人自己，理解人类的文化本身，进而调整个人和社会群体的精神生活，推动当代社会发展进程中的宗教问题的化解。

推动中国宗教的实证研究
——"宗教社会科学"年会及暑期班综述

魏德东[①]

20世纪70年代末以来,中国大陆的宗教研究有了长足发展。就各分支学科而言,有关宗教史学、宗教哲学乃至宗教神学的研究都有比较丰硕的成果,对当代宗教的实证研究则相对薄弱。为了改善这一状况,中国人民大学佛教与宗教学理论研究所自2004年起,发起举办"宗教社会科学"年会,并主办"宗教社会科学暑期研讨班",努力推动大陆宗教的实证研究。

一 宗教社会科学年会

所谓宗教社会科学,指以社会科学的实证方法对宗教的研究,包括宗教社会学、宗教人类学、宗教心理学等,区别于宗教的神学研究和人文学研究。2004年7月10日至12日,由中国人民大学宗教学系、佛教与宗教学理论研究所主办的第1届"宗教社会科学研讨会"在北京举行,主题是"中国宗教社会学:现状与走向",来自世界各地的40余名专家出席了会议。中国人民大学佛教与宗教学理论研究所所长方立天教授、英国伦敦经济学院巴克(Eileen Barker)教授,国际宗教社会学会会长、美国包尔大学谭穆尼(Joseph Tamney)教授、美国天主教大学侯格(Dean Hoge)教授、意大利罗马大学西普里阿尼(Roberto Cipriani)教授、中国社会科学院世界宗教研究所副所长金泽研究员、中国人民大学哲学系宗教

[①] 魏德东,中国人民大学宗教学系副教授,电子邮箱:wdedong@ruc.edu.cn。

学系主任焦国成教授、香港中文大学宗教与中国社会研究中心主任吴梓明教授等出席了会议。

首次年会围绕3个方向展开：（1）宗教社会学在中国大陆、香港和台湾的历史、现状、特色及走向；（2）对中国宗教，包括基督宗教、佛教、伊斯兰教的实证研究，以及对宗教与民族、宗教与性别等问题的研究；（3）宗教社会学的研究范式转换，讨论了宗教经济学的基本内涵及其在中国的意义等。讨论坦率真诚，争论激烈。《中国民族报》、《中国宗教》、《世界宗教研究》、《中国社会科学院院报》等媒体都予以了报道。

2005年7月25日至26日，第2届宗教社会科学暨"宗教与民族"学术研讨会在云南昆明召开，会议由中国人民大学佛教与宗教学理论研究所和云南民族大学联合主办，来自北京、云南、上海、湖北、四川、台湾及美国等地的60余位学者参加了会议。本次会议的主题是"社会科学视野下的宗教与民族问题研究"，研讨内容主要包括三个方面：第一个重点是当代中国民众的宗教变迁研究。这一主题反映了百余年来中国人民精神生活的变化，兼融国际研究主流，会议有多篇论文采用社会科学实证方法，研究中国民众的改教（religious conversion）或改宗（church switch）现象，体现了研究对象本土化与学术视野国际化的有机结合。会议的第二个重点是关于宗教社会科学基本理论与现实意义的研究。会议的第三大重点是少数民族宗教研究，特别是云南少数民族宗教的研究。此次会议将民族宗教作为宗教社会科学的重要视点，对云南的宗教实证研究有促进作用。《中国民族报》、《世界宗教研究》、《中国社会科学院院报》等媒体再次予以报道。

2006年7月15日至17日，第三届宗教社会科学研讨会作为中国人民大学哲学院（系）成立50周年庆典的重要部分，在中国人民大学召开。来自中国社会科学院、北京大学、人民大学、上海大学等著名教研机构，及美国、英国、台湾、香港等地的知名学者60余人出席了会议。特别值得一提的是，第三届中美欧暑期宗教学高级研讨班的60多名学员也旁听了大会，其中3名学员以其优秀的实证研究论文赢得了正式发言资格。群贤毕至，格物致知，催人奋进。

2006年会的主题是"宗教社会科学的新范式：探索与发展"，集中讨论宗教社会科学的最新理论成果宗教市场理论及其在中国的应用。美国科学研究宗教学会会长、伊利诺伊州立大学芝加哥校区的沃讷（R. Stephen

Warner）教授、台湾"中央研究院"的瞿海源教授等33位学者提交了论文。会议主要讨论了两大方面的问题：（一）宗教市场论范式研究。在主题发言中，沃讷教授以"宗教社会学新范式的最新进展"为题，介绍了他对宗教市场理论的最新看法，认为新范式原本是对美国宗教的独特描述，包括理性选择理论、似然性理论和公民宗教理论3个部分，美籍华裔学者杨凤岗教授将这一范式推广到中国宗教，得到了主流学术界的认同，希望今后有学者能继续推展到印度和阿拉伯世界。杨凤岗等人对沃讷的看法予以了坦率的质疑，认为其对新范式的概括很不准确，分散了焦点。杨凤岗教授将宗教市场理论运用到中国当代宗教，提出了将中国宗教市场分为红市、黑市和灰市的看法，并对每一种市场的发展规律作了初步探讨，引起热烈讨论。上海大学的李向平教授、台湾东海大学的赵星光教授、北京大学的方文教授、美国贝勒大学的卢云峰博士等则分别用市场理论研究当代中国宗教，显示宗教市场论在中国学术界已经开始发挥影响，同时中国的宗教研究也丰富与发展着新范式自身。（二）中国本土宗教的实证研究。会议以"实证方法"、"田野研究"、"地域宗教"、"中国宗教"、"新兴宗教"等为主题，对当代中国的宗教现象予以了大量的实证研究。中国社会科学院的高师宁教授等讨论了在中国进行实证研究的方法问题；瞿海源教授、台湾辅仁大学的郑志明教授重点讨论了台湾的新兴宗教现象及研究；湖北大学的康志杰教授、台湾佛光大学的姚玉霜教授等发表了对中国本土宗教的研究成果；香港城市大学的梁景文教授介绍他对民间宗教黄大仙多年的追踪研究；江汉大学的戴立勇博士以"会堂、丛林、江湖和教门"概括中国宗教的基本社会形式，对于西方的"教会—教派"模式提出了挑战，予人启迪。

2007年7月13日至15日，第4届宗教社会科学年会暨宗教制度与宗教认同国际学术研讨会在上海大学举行。会议发表论文60余篇，学者来自美国、英国、法国、荷兰、新加坡、马来西亚等国及中国台湾、中国香港和中国大陆地区。一半以上的学者来自社会学、人类学、心理学和民俗学等社会科学专业，改变了年会以往由宗教学、哲学和历史学专业学者为主体的状况。论文则在3个方面反映了宗教社会科学在中国的最新进展。第一，有38篇会议论文是对中国宗教的田野研究，表明实证研究宗教的团队已经初步形成。第二，在宗教社会学理论方面，会议集中讨论了世俗化理论、宗教市场论和现代化的关系等问题。第三，有若干论文涉及对中国宗教的量化研究,其中华东师范大学对当代中国人精神生活的调查,发现中国有3亿宗教徒,这一调查有效问卷4569份,是迄今为止在方法论上最有社会学性质的全国性宗教调查,但其调查结果则引起诸多疑惑。

通过上述4届年会,中国的宗教社会科学研究初步为国内外认可。中国宗教学会会长、中国社会科学院卓新平教授,北京大学哲学系宗教学教研室主任张志刚教授等认为,宗教社会科学年会的召开,拓展了当代中国宗教学的领域,标志着中国宗教研究进入一个新的阶段。可以预计,随着中国宗教的现代开展,在未来的20年,对中国宗教的社会科学研究必将出现突破性的飞跃,并以此反哺西方,对世界宗教学术作出中国人的贡献。

二 中美欧暑期宗教学高级研讨班

对现实宗教生活作科学的实证研究是目前国际宗教学界的重要走向,为开阔汉语学者在这一领域的国际学术视野,提升学术水准,中国人民大学佛教与宗教学理论研究所自2004年开始,每年7月举办为时两周的"中美欧暑期宗教学高级研讨班",邀请活跃于学术前沿的美欧一流教授来华讲学,培训有志于宗教社会科学研究的汉语学者。到目前为止,这一活动已经举办4届,培训学员270多人次。主办者希望将此研讨班逐步办成培养中国宗教实证研究人才的摇篮。

2004年7月12—25日,第1届中美欧暑期宗教学高级研讨班在北京中国人民大学举办。美国宗教社会学会会长谭穆尼教授、中国宗教学会会长卓新平教授、中国人民大学副校长冯俊教授等到会祝贺。包括台湾在内的全国20多个省区的近百名学者和青年学生参加了学习,最后有61名学员荣获结业证书,其中8人被评为杰出学员,34人被评为优秀学员,赢得了奖学金。中央民族大学的刘海涛博士被遴选为访问学者,由暑期班支持于2006年赴美国普渡大学访问半年。

研讨班包括外教授课、专家主题演讲、实习和研究指导以及讨论等内容。此次研讨班的主题是"宗教社会学的理论与方法"。主讲巴克(Eileen Barker)教授就职于英国伦敦经济学院,是世界上最重要的新兴宗教研究专家,其成名作《制造统一教徒:洗脑还是选择?》为新兴宗教研究领域的经典,后来她进一步建立了"宗教运动信息网络中心"(Information Network Focus on Religious Movements），为社会各界提供有关宗教特别是新兴宗教的信息，影响很大。另一位主讲侯格（Dean Hoge）教授来自美国天主教大学，是著名的基督教社会学研究专家，其《消失的边界：主流清教与婴儿潮》曾经获得美国科学研究宗教学会的大奖。

为开阔学员视野，研讨班邀请了国内外著名的宗教学者演讲，包括中国人民大学方立天、何光沪，美国包尔大学谭穆尼，中国社会科学院卓新平、高师宁，香港中文大学吴梓明，武汉大学宫哲兵等。研讨班还组织学员利用周末时间展开实习，学员们分别考察了北京佛教法源寺、天主教宣武门教堂、基督教崇文门教堂和道教白云观，在作出田野笔记的基础上，进行了讨论。许多同学黎明即起赶赴教堂参与弥撒，然后又访问佛寺、道观，并对其作出比较，体现了很高的学习热情、敏锐的观察力和犀利的分析能力，受到海内外专家的激赏。

华裔学者杨凤岗博士是暑期班的重要倡议者和组织者。他曾任教于中国人民大学哲学系宗教学教研室，现为美国普渡大学副教授，曾当选为美国宗教社会学会理事和科学研究宗教学会理事，是进入国际学术主流的宗教社会学家。

2005年7月11—22日，第2届中美欧宗教学高级研讨班在北京中国人民大学如期举行，主题是"宗教的社会科学研究：理论与方法"，来自大陆各高校、研究所，以及台湾、香港等地的69名学者学成结业，6名学者荣获杰出学员称号。本届研讨班的主讲老师有两位，一是美国宾夕法尼亚州立大学社会学、宗教学教授罗杰·芬克（Goger Finke），他是最近10年流行国际学术界的宗教经济学的重要创建人，他主要讲述宗教市场论、世俗化理论、宗教与暴力、战争、宗教与道德等宗教社会科学理论方面的最新进展；另一位是高登·梅尔敦（J. Gordon Melton）教授，他独自创立了美国宗教研究所，是研究美国宗教的权威学者，曾主编《美国宗教百科全书》、《美国新兴宗教领袖传》等，梅尔敦依据对美国宗教实证研究的经验，具体传授收集资料、分析数据等方法，同时特别介绍他成功地运用口述史方法的研究个案。

暑期班邀请国内外一流专家做专题讲座。中国人民大学方立天教授解析了他的最新研究成果"中国化的马克思主义宗教观"，中央民族大学牟钟鉴教授结合自己的研究经历，阐明他对中国当代宗教及宗教研究的基本看法，中国社会科学院冯今源研究员发表了对中国当代宗教研究的总体认识，中国人民大学杨慧林教授从宗教学视角解读了美国小说《达芬奇密码》，美国洛杉矶加州大学周敏教授介绍了她在美国从事宗教社会学研究的经验，俄亥俄州立大学麦叶尔（Katherine Meyer）教授讲授了她在美国中西部农场某次水灾后，以 800 份问卷调查为基础，对灾民的精神状况与其宗教信仰关系的研究，普渡大学的杨凤岗教授与学员分享了他以红色、黑色和灰色三个市场，分析当代中国宗教的成果。这些讲座大大开阔了学员的视野。

暑期班的一个重要部分是调查实习，该年的调查点是道教白云观、佛教法源寺、天主教南堂和基督教缸瓦市堂。学员在两天的时间里，利用参与性观察、访问、深度访谈，调查问卷等多种形式，对上述宗教活动场所的建制、机构、制度以及教职人员和信徒进行了实地调查，写成调查报告，并在研讨班选读，由指导老师评议。

2006 年 7 月 10 日至 21 日，第 3 届中美欧暑期宗教学高级研讨班在中国人民大学举办。来自全国各地的 61 名学员最终获得结业证书和优秀学员称号。暑期班的主题是"宗教社会科学的新范式及进展"，由两位美国教授讲授。美国贝勒大学的拜伦·约翰逊（Byron Johnson）是宗教实证研究的专家，曾领导参与许多重大的实证研究课题。他以自己亲身参与的课题研究为例，介绍宗教研究方法。他介绍的课题包括：以信仰为基础的社会组织分类研究、信仰组织如何参与监狱犯人的改造研究、宗教活动如何影响青少年犯罪高危人群研究，以及如何设计美国公众的价值与信仰调查问卷等。约翰逊的讲授不仅在方法论上实用，就是他所研究的内容本身也对中国学者的宗教研究有很多启发。第二位主讲教授是现任科学研究宗教学会会长（SSSR）、伊利诺伊州立大学芝加哥校区的斯蒂芬·沃讷教授，他首先在期刊上使用并论证了"新范式"一词，他的演讲也就围绕宗教市场论的新范式展开，使学员对这一理论的来龙去脉有清晰的认识。

此外，普渡大学的华裔学者杨凤岗教授与学员讨论了他所翻译的宗教新范式经典著作《信仰的法则》，包括对基本思路的理解和一些术语的翻译理由。台湾宗教社会学的奠基者、"中央研究院"的瞿海源教授，香港城市大学的梁景文教授，台湾辅仁大学的郑志明教授等也为暑期班做了专题报告。

暑期班连续 3 年的主办，被称为中国宗教实证研究的"黄埔军校"，一批年轻的学者成长起来，更多的青年学生对这一领域产生了兴趣，受到国内外学者的高度评价。贝勒大学的约翰逊教授接受《中国民族报》采访时表示:"我认为魏德东博士和杨凤岗博士组织的这个研讨班意义很重大。它开始培养新一代能够处理复杂的、综合性宗教问题的实证研究学者。可以预想,它将影响中国未来几十年的宗教研究。……事实上,经过3年的努力,这个研讨班已经看到了成果,但这只是一个开始,以后的影响会更大。暑期班培养的一批年轻学者,用现代实证方法研究中国宗教并不断发表论文,这将是一个影响中国宗教研究几代人的事情。我来中国,希望能给年轻学者介绍些经验,同时也与他们互相学习,一起成长。我说过,中国宗教的复杂性和丰富性在世界上都是罕见的,这样的宗教基础一定会产生优秀的理论成果。"

2007年7月16日至27日,第4届暑期班在上海大学举办,共有80名学员结业,其中62人获得优秀学员称号并赢得奖学金。除大陆学员外,还有18名学员来自马来西亚、中国台湾和中国香港。本届暑期班的主题是"范式转换与宗教组织研究",主讲教授分别为英国埃克斯特大学格瑞斯·戴维(Grace Davie)和美国波士顿大学的南希·艾默曼(Nancy Ammerman)。戴维教授对当代宗教社会学基本理论的发展作了系统的介绍和新锐的评价,她依次讲授的题目是"宗教世俗化理论"、"理性选择理论"、"多元现代性理论"、"当代欧洲的宗教"和"欧洲例外吗?"南希教授主要讲授如何开始地方堂会的研究,她的题目依次是"作为文化生产者的堂会"、"堂会的维系"、"堂会的组织生态学"、"堂会研究方法"和"质性研究资料的数码化"。暑期班还组织参访了玉佛寺、城隍庙、白云观、徐家汇天主教堂和基督教沐恩堂,学员以极大的热情参与并写出观察笔记,结合听课和过去的研究在课堂上发表。

宗教社会科学年会和暑期班的举办,凝聚了研究队伍,提升了学术水平,也增进了国内外的学术交流,其对中国宗教学发展的影响或将逐步展现。

稿　　约

　　本刊旨在推动宗教的社会科学研究，凡有关宗教社会学、宗教人类学、宗教心理学、宗教政治学、宗教经济学以及当代宗教等学科的译文、研究论文、研究综述和书评等，均受欢迎。

　　本刊鼓励对中国宗教的实证研究，相关论文和研究报告将受到特别重视。

　　来稿体例以国家规定之有关条例为准。本刊提醒的是，请提供姓名、职位、单位、论文题目和论文提要的英文翻译。

　　本刊接受电子邮件投稿。本刊收到论文后，会在一周内给您收条，两个月内告知采用与否及相关意见。

　　作品一经发表，本刊将寄赠样刊及薄酬。

　　来稿请寄：
　　北京中国人民大学
　　佛教与宗教学理论研究所《宗教社会科学》编辑部
　　邮政编码：100872

　　本刊其他联系方式：
　　电话：010 - 62515645
　　传真：010 - 62512244
　　电子邮箱：wdedong@ ruc. edu. cn
　　网站：www. zjshkx. com

　　欢迎您就相关问题随时与编辑部联系。